utb 4339

W0174376

Eine Arbeitsgemeinschaft der Verlage

Böhlau Verlag · Wien · Köln · Weimar
Verlag Barbara Budrich · Opladen · Toronto
facultas · Wien
Wilhelm Fink · Paderborn
A. Francke Verlag · Tübingen
Haupt Verlag · Bern
Verlag Julius Klinkhardt · Bad Heilbrunn
Mohr Siebeck · Tübingen
Ernst Reinhardt Verlag · München · Basel
Ferdinand Schöningh · Paderborn
Eugen Ulmer Verlag · Stuttgart
UVK Verlagsgesellschaft · Konstanz, mit UVK / Lucius · München
Vandenhoeck & Ruprecht · Göttingen · Bristol
Waxmann · Münster · New York

Studientexte Bildungswissenschaft

herausgegeben von
Thorsten Bohl, Hans-Ulrich Grunder,
Bernd Hackl und Heike Schaumburg

Bernd Hackl, Mag. art. Dr. phil. habil., geb. 1953, ist Professor für Schulpädagogik und Leiter des gleichnamigen Institut der Universität Graz. Seine Arbeitsschwerpunkte: Theoretische Modellierungen des Lehrens und Lernens, rekonstruktionslogische Schul- und Unterrichtsforschung, pädagogische Körper-, Raum- und Artefaktforschung, Kritik der neoliberalen Schulreform.

Bernd Hackl

Lernen

Wie wir werden, was wir sind

Verlag Julius Klinkhardt
Bad Heilbrunn • 2017

Online-Angebote oder elektronische Ausgaben zu diesem Buch und der Reihe „Studientexte Bildungswissenschaft" sind erhältlich unter www.utb-shop.de

Die Deutsche Bibliothek – CIP-Einheitsaufnahme
Die Deutsche Nationalbibliothek verzeichnet diese Publikation in der Deutschen Nationalbibliografie; detaillierte bibliografische Daten sind im Internet über http://dnb.d-nb.de abrufbar.

Satz: Elske Körber, München.
Umschlagbild: © Katarzyna Bruniewska-Gierczak / 123RF.
Einbandgestaltung: Atelier Reichert, Stuttgart.

Druck und Bindung: Friedrich Pustet, Regensburg.
Printed in Germany 2017.
Gedruckt auf chlorfrei gebleichtem alterungsbeständigem Papier.

utb-Band-Nr.: 4339
ISBN 978-3-8252-4339-5

Inhalt

Vorwort der Herausgeberschaft

Aus dem Verhältnis von Schule und Lernen resultieren fundamentale Antinomien des Lehrerberufs. Die Begriffe scheinen untrennbar verbunden, und gleichzeitig erzeugen sie schwer auflösbare Widersprüche, die Lehrerinnen und Lehrer gemeinsam mit ihren Schülerinnen und Schülern immer wieder produktiv aushandeln und bearbeiten müssen. Dieser Prozess beginnt mit der Schule, die ein Ort des Lernens sein soll, an dem die Schülerinnen und Schüler aber keinesfalls für eben diese Schule lernen sollen. Nein, nicht für die Schule, sondern „für das Leben" wird in der Schule gelernt, wie das berühmte Seneca-Zitat als geflügeltes Wort meist konträr zu seiner ursprünglich gedachten Bedeutung nahelegt. Darüber hinaus findet institutionalisiertes Lernen in der Schule statt und soll doch grundsätzlich über den Horizont der Schule hinausweisen – es soll, um es mit dem Erziehungswissenschaftler und Didaktiker Wolfgang Klafki (1958) zu sagen, im exemplarischen Lernen doch immer die Erfahrung des Fundamentalen und des Elementaren, also die erwünschte ‚kategoriale Bildung' möglich sein. Was aber sind solche Lernerfahrungen und wie können Lehrerinnen und Lehrer sie in der Schule ermöglichen?

Ist diese Frage schon schwierig genug zu beantworten, kommt hinzu, dass auch die Rolle der Lehrkraft im Prozess des schulischen Lernens eine widersprüchliche ist. Gemeinhin wird es als eine zentrale Aufgabe von Lehrerinnen und Lehrern erachtet dafür zu sorgen, dass Schülerinnen und Schüler in der Schule etwas lernen. Gleichzeitig können es jedoch immer einzig und allein die Schülerinnen und Schüler sein, die ihre Lernprozesse steuern. Schülerinnen und Schüler lernen in der Schule also nicht einfach die Sachverhalte und Lerngegenstände, die die Lehrkraft sie lehrt. Lernen und Lehren sind keine unidirektional aufeinander bezogenen Prozesse. Selbst den Lernenden erschließt sich der Prozess des Lernens nicht unmittelbar und entzieht sich oft genug ihres Bewusstseins und ihrer Kontrolle. Und dennoch bleibt es die Aufgabe von Lehrpersonen, Lernprozesse von Schülerinnen und Schülern anzuregen und zu unterstützen.

Schon diese Überlegungen verdeutlichen, dass Lernen ein komplexes und vielschichtiges Phänomen darstellt, und dass angehende Lehrerinnen und Lehrer gut beraten sind, sich, bevor sie sich der Gestaltung des Unterrichts zuwenden, mit dem Phänomen des Lernens selbst zu beschäftigen.

Der vorliegende Band von Bernd Hackl führt deshalb umfassend in den Lernbegriff ein. Dabei nimmt er eine durchgängig pädagogische Perspektive ein. Lernen entwickelt der Autor als einen ganzheitlichen Vorgang, der sich nicht auf den individuellen kognitiven Wissenserwerb beschränkt, sondern soziale Prozesse ebenso einschließt wie die körperliche „Einverleibung" neuer Erfahrungen. Lernen wird als ein Phänomen diskutiert, das bewusste sowie unbewusste Prozesse aufweist und das sich informell sowie als formalisierter Bildungsprozess vollzieht. Hackl verknüpft Grundgedanken mehrerer theoretischer Schulen, die allerdings eines gemeinsam haben, nämlich, dass sie das Lernen von einem subjektwissenschaftlichen Standpunkt aus betrachten.

Für das Nachdenken über Lernprozesse im Kontext Schule erscheint uns ein solcher Standpunkt besonders fruchtbar. Denn wie Lehrerinnen und Lehrer über Lernen denken, ist entscheidend dafür, wie sie ihre eigene Rolle als ‚Expertinnen und Experten für das Arrangieren von Lehrprozessen' wahrnehmen. Wenn Lehrkräfte das Lernen ihrer Schülerinnen und Schüler aus deren subjektiver Sicht verstehen, ist der Grundstein für eine echte Schülerorientierung im Unterricht gelegt.

In diesem Sinn hoffen wir, dass die Lektüre dieses aufschlussreichen Bandes angehenden Lehrkräften nicht nur hilft, ihr Verständnis vom Lernen zu erweitern, sondern ihnen vielfältige Anregungen bietet, Schülerinnen und Schüler in ihren individuellen Lernprozessen zu unterstützen und den Unterricht als einen kollektiven Lernprozess zu begreifen, der sowohl die Schülerinnen und Schüler als auch sie selbst einschließt.

Heike Schaumburg, Berlin
Hans-Ulrich Grunder, Basel
Thorsten Bohl, Tübingen
Bernd Hackl, Graz

im Juli 2017

Literatur
Klafki, W. (1958): Didaktische Analyse als Kern der Unterrichtsvorbereitung. In: Die Deutsche Schule, 50. Jg., 450-471.

Ein Buch über Lernen?

Wenige Vorgänge unseres täglichen Lebens sind so allgegenwärtig wie das Lernen. Wir lernen praktisch ununterbrochen: wie man den Apfelkuchen nicht anbrennen lässt, wie man die Führerscheinprüfung besteht, wie man mit weniger Geld auskommt, als man gerne hätte, oder mehr davon bekommt, als man hat. Wir haben gelernt zu gehen, zu sprechen, zu lesen, zu schreiben und zu rechnen, wir haben gelernt, im städtischen Verkehrschaos zu überleben und ins richtige Geschäft zu gehen, wenn wir etwas kaufen wollen. Wir haben gelernt, wie man lernt.

Wir besuchen Schulen, Universitäten, Volkshochschulen, wir absolvieren Seminare, Kurse, Lehrgänge, wir bestehen Prüfungen und erwerben Zertifikate. Wir sind auf ‚lebenslängliches' Lernen eingestellt und der schnelle Wechsel der Konsumgewohnheiten, weltanschaulichen Modetrends, technischen Innovationen und beruflichen Veränderungen hält uns in einem Zustand permanenter Um- und Neuorientierung. Wir lernen auch, wenn wir gar nicht bemerken, dass wir lernen: wie sich durch die Beschäftigung mit bildender Kunst unsere Farbwahrnehmung verfeinert, wie wir beim Bergsteigen unsere Schritte immer sicherer ins Gelände setzen, wie sich durch die Lektüre spannender Bücher unser sprachlicher Ausdruck verändert, wie es uns gelingt, in der Kommunikation mit anderen Menschen Missverständnisse zu vermeiden. Wir lernen selbst dann, wenn wir uns strikt weigern zu lernen: Dann lernen wir beispielsweise, wie man eine solche Weigerung am besten verwirklicht, ohne durch sie allzu großen Schaden zu erleiden und wie man sie ggf. durch Argumente rechtfertigen oder praktisch verteidigen kann. Wir lernen, wie man sie besonders lautstark kundgibt oder vor allen verheimlicht. Man könnte also sagen: Wir können gar nicht verhindern, unablässig zu lernen.

Vor diesem Hintergrund müssten wir eigentlich alle profilierte Experten des Lernens sein. Wozu also soll es gut sein, auch noch ein Buch darüber zu lesen? Ist es nicht unumgänglich, dass wir nach so vielen Jahren eigenen Lernens in allen Lebenslagen und Fähigkeitsbereichen schon alles Wichtige über das Lernen wissen? – Wissen wir schon alles Wichtige?

Was immer wir denken, es baut auf bestimmte Vorannahmen und Logiken auf, die in diesem Wissen selbst nicht gleichzeitig bedacht werden können und daher oft *gar nicht* bedacht werden. Das gilt selbstverständlich auch für unser Denken über das Lernen. Wenn wir uns heute am Beginn des 21. Jahrhunderts etwa einen lernenden Menschen vorstellen, so gerät er uns ganz schnell zum gestressten Konkurrenzkämpfer der neoliberalen Ökonomie, der aus Gründen blanker Überlebensnot zu lebenslänglicher Umschulung und Daueranpassung verurteilt ist. Ein Lernender erscheint uns dann auf sich allein gestellt, für alles in seinem Leben selbst verantwortlich, permanent so effizient wie möglich allen möglichen Anforderungen hinterher eilend, um sich im Kampf um knappe Ressourcen einen Vorsprung zu sichern – vor allen anderen ebenso gehetzt sich anpassenden und umqualifizierenden Zeitgenossen. Lernen soll interessant und befriedigend sein? Vielen entlockt das heute nur ein mitleidiges Lächeln.

Doch nicht nur die Ich-AG, auch die junge Mutter in den Slums von Soweto lernt, der Indianerhäuptling am Amazonas, das Sámimädchen am nördlichen Polarkreis, der Novize des tibetischen Klosters. Sie lernen nicht nur anderes, sondern auch anders, weil ihre Kultur andere Lebenspraxen, andere Menschenbilder, andere Sinnhorizonte und damit auch andere Verständnisse von Lernen entwickelt hat. Dennoch gleicht ihr Lernen in vielen Aspekten dem unsrigen aber auch wie ein Ei dem anderen.

So selbstverständlich das Phänomen Lernen auf den ersten Blick also erscheinen mag, so vieldeutig, komplex und unbestimmt kann es bei genauerem Hinsehen werden und so vielfältig werden auch die möglichen Antworten auf die Frage, was da eigentlich vor sich geht, wenn wir das tun, was wir gewöhnlich als Lernen bezeichnen.

In der Wissenschaft verhält sich das nicht anders. Der Psychologe Werner Corell (1967, 84ff) untersucht etwa die motivationalen Grundlagen des Lernens und stellt dabei die Behauptung auf, Lernmotivation sei „das Ergebnis einer Verstärkung und der nachfolgenden Vorenthaltung des Verstärkers" (ebd., 86). Daraus schließt er für den schulischen Unterricht, „daß durch geeignete Verstärkungsmethoden durchaus aus einem faulen Schüler ein fleißiger ‚gemacht' werden kann, vorausgesetzt, daß die Faulheit nicht etwa organisch bedingt ist" (ebd., 91). Damit sollte man schon frühzeitig beginnen und keinesfalls warten, bis sich der Heranwachsende von sich aus rein zufällig fleißig verhält – um ihn dann entsprechend belohnen zu können. Denn wir hätten ja – so Corell – „im operativen Konditionieren die Möglichkeit, das Verhalten ebenso zu formen wie ein Bildhauer sein Material formt" und zwar dadurch, dass schon „die kleinsten Elemente einer komplizierten Verhaltensform" (ebd., 91) verstärkt würden.

Auch der Pädagoge Friedrich Copei (1950) beschäftigt sich mit der Lernmotivation. Ihm fällt dabei auf, dass sie etwas mit dem Denkprozess des Lernenden zu tun haben muss: Jemand stößt in Verfolgung einer Aktivität auf ein Ereignis, welches ihn irritiert und zu einer „Erschütterung der Selbstverständlichkeiten" (ebd., 61) führt. Bei Copei beginnt die geistige Tätigkeit mit einem Denkanstoß und verläuft schöpferisch: Es wird eine Fragehaltung aufgebaut, die vom ersten ‚Staunen' über die Zergliederung des Problems zu einem ‚fruchtbaren Moment' weiterleitet, in dem der Lernende dem Lernanlass eine neue Dimension, einen neuen Aspekt, eine qualitativ neue Sichtweise abgewinnt.

Bei Corell wird uns die Motivation als unmittelbares Ergebnis einer *äußeren Einwirkung* auf den Lernenden vorgeführt, bei Copei entsteht sie – gerade umgekehrt – als Produkt einer *Aktivität des Lernenden*. Was stimmt nun? Gibt es beides? Oder kann man einfach jedes Lernen auf beide Arten beschreiben? Bei Corell erscheint Motivation als etwas, das einem Lernenden implantiert wird wie ein Herzschrittmacher. Bei Copei dagegen entsteht die Motivation durch die Aktivität des Lernenden. Ohne sein Zutun passiert gar nichts und der Erzieher kann bestenfalls einen möglichen Anlass schaffen, auf den der Lernende vielleicht reagiert. Was aber nun? Schließt die eine Sichtweise die andere aus? Ergänzen sie einander? Ist eine Sichtweise richtig oder beide? Oder sind gar beide falsch?

Der NLP-Trainer Robert Dilts (1997) beschreibt den Einstieg in einen Lernprozess so: Lernen nehme seinen Anfang beim Zustand ‚unbewusster Inkompetenz'. Damit soll ausgesagt sein, dass der (spätere) Lernende zunächst noch gar nicht erfasst hat, dass und wo es etwas zu lernen gibt. Als nächstes erreicht er die Stufe der ‚bewussten Inkompetenz' und realisiert damit die Erfahrung, dass bestimmte gewünschte Fähigkeiten nicht verfügbar sind. In der dritten Etappe der ‚bewussten Kompetenz' hat sich dann jenes Wissen und Können eingestellt, das der Lernende benötigt, um den erfahrenen Mangel wieder zu beseitigen. Dieses Wissen und Können muss aber – weil noch unzureichend verankert – aufmerksam und konzentriert eingesetzt werden. Erst in der letzten Phase der ‚unbewussten Kompetenz' schließlich kann die Fähigkeit so souverän eingesetzt werden, dass sie sich gleichsam ‚nebenher' entfaltet und man sich ihrer gar nicht erst bewusst zu bleiben braucht.

Ganz umgekehrt ortet der Psychologe Klaus Holzkamp (1995, 207ff) den Ausgangspunkt des Lernvorgangs nicht bei einer *Inkompetenz*, sondern bei einer spezifischen *Kompetenz*: Jeder Mensch hat immer schon eine mehr oder minder ereignisreiche Lernvorgeschichte durchlaufen. Deren letzter Stand hat einen jeweils ganz bestimmten Weltzugang zur Folge, der die Haltung des Lernenden beim Lernen entscheidend mit bestimmt. Dies hat etwa zur Folge, dass jeder Lernende in einer Lernsituation etwas anderes lernt als jeder andere. Er nimmt an ihr nämlich genau das wahr, was ihm aufgrund seiner kognitiven und emotionalen Vorerfahrungen gerade in den Blick kommen kann, und er kann sie zunächst nur auf die Weise angehen, die er sich schon angeeignet hat.

Wie bei Dilts erlebt der Lernende auch bei Holzkamp die Frustration, etwas nicht zu können, doch macht die Sichtweise von Dilts in erster Linie auf das *Defizit* aufmerksam, jene von Holzkamp dagegen auf die *Ressourcen*, die das Lernen ermöglichen. Es stellt sich also wieder die selbe Frage: Wer hat die Problematik besser erfasst? Haben beide vielleicht *irgendwie* recht? Fragen, die man auch aus langjähriger eigener Lernerfahrung nicht so einfach beantworten kann, die man aber beantworten können sollte, wenn man ein – etwa pädagogischer – Experte für die Anregung und Unterstützung von Lernen sein möchte: „Jedes Lehren impliziert, auch da, wo es ohne eigenes methodisches Bewußtsein und bloß okkasionell geübt wird, ein bestimmtes Verständnis des Lernens, dem es dient und an dessen Struktur es sich orientiert." (Buck 1989, 1)

Wie sich im Laufe meiner weiteren Darstellung zeigen wird, ist keine der dargestellten Positionen in dem schlichten Sinne falsch, dass man ihr nachweisen könnte, sie beruhe auf getäuschten Beobachtungen oder absurden Schlussfolgerungen. Jeder der Autoren nimmt gegenüber dem untersuchten Phänomen bloß einen anderen Blickwinkel ein. Er erhält damit ein Bild, das die jeweils anderen Bilder genau genommen nicht wirklich widerlegen kann. Der Wissenschaftstheoretiker Thomas S. Kuhn hat dieses Phänomen als *Inkommensurabilität* bezeichnet und meint damit, dass Theorien ihren Gegenstand aus unterschiedlichen Blickrichtungen so unterschiedlich erfassen, dass die dabei gewonnenen voneinander abweichenden ,Bilder' für die jeweils konkurrierende Position gar nicht aussagekräftig, also beweis- oder widerlegungsmächtig sein können (vgl. 1997).

Dessen ungeachtet ist aber von erheblicher Bedeutung, dass die theoretischen Einsichten für den, der sich ihrer bedienen möchte, nicht gleichwertig sind: Die gewählte Ansicht oder die herausgearbeitete Ausschnittvergrößerung kann einen entscheidenden Aspekt gerade erhellen oder verdunkeln, wie etwa ein Schwarz-Weiß-Film, der eine farbige Signaltafel zeigt. Einem solchen Film kann man keine *Verfälschung* seiner Motive vorwerfen, er zeigt sie bloß so, dass einiges an ihnen sichtbar, anderes dagegen unsichtbar wird.

Die wissenschaftlichen Positionen zum Lernen sind also nicht einheitlich, in vielen Punkten sogar strittig. Dies wird sofort offensichtlich, wenn man das gesamte Theorieangebot zum Lernen in Betracht zieht und sich etwa mit behavioristischen, kognitivistischen, konstruktivistischen, handlungstheoretischen, neurowissenschaftlichen, phänomenologischen, strukturalistischen oder praxistheoretischen Positionen beschäftigt. Eine ausreichend sorgfältige Würdigung der jeweiligen Differenzen zwischen all diesen unterschiedlichen Auffassungen kann und will ich hier jedoch nicht leisten, da mir dies über die Aufgabenstellung hinaus zu führen scheint, ein in die Grundprobleme des Lernens einführendes Buch zu schreiben. Ich verweise daher auf einschlägige systematische Darstellungen, Vergleiche und Kritiken der wichtigsten konkurrierenden Positionen etwa bei Holzkamp (1995, 39ff), Göhlich/Zirfas (2007, 19ff), Meyer-Drawe (2008, 71ff), Künkler (2011, 37ff) oder Faulstich (2013, 35ff).

Meine bisherige Darstellung macht schon deutlich, dass nicht jede Lerntheorie mit jeder anderen umstandslos zusammen passt und so kann die Berufung auf einander widersprechende Konzepte im Denken und Handeln schnell zu Widersprüchen führen. In der Wissenschaftstheorie ist für so etwas der Begriff des *Eklektizismus* geprägt worden. Bei einem solchen handelt es sich um die unbedarfte Zusammenfügung *inkompatibler Theorieteile*, welche eine in sich brüchige, unlogische Argumentation zur notwendigen Folge hat. Vermutlich um diese Gefahr abzuwenden, tendieren viele Autoren gerade in der lerntheoretischen Diskussion dazu, sich auf eine schmal angelegte Position zurückzuziehen und allen davon irgendwie abweichenden Auffassungen mit grundsätzlicher Ablehnung zu begegnen. Diese Strategie hat m.E. jedoch den Nachteil, dass sie jede Teilhabe an den Erkenntnissen und Einsichten konkurrierender Auffassungen ausschließt und zu einem oft äußerst einseitigen und eingeschränkten Verständnis, einem „isolierenden Reduktionismus" führt (Faulstich 2013, 97).

Zwei Grundlagenwerke möchte ich als illustrative Beispiele für eine solche Engführung der Argumentation anführen: Klaus Holzkamp bezeichnet seinen knapp 600 Seiten starken Text *Lernen* im Untertitel als *subjektwissenschaftliche Grundlegung*. Dieser Hinweis würde eigentlich die Erwartung rechtfertigen, dass hier das *gesamte* menschliche Lernen ausführlich dargelegt wird. Dessen ungeachtet handelt das Buch so gut wie ausschließlich von *absichtlichem* Lernen. Unabsichtliches Lernen wird zwar, wenn auch eher beiläufig, erwähnt, doch scheint es keine theoretisch grundlegungsfähigen Aspekte aufzuweisen. Holzkamp konzentriert sich darauf, solche Vorgänge herauszuarbeiten, die ein Mensch vollzieht, wenn er sein Lernen bewusst, rational und planmäßig betreibt. Mit kritischem Blick auf diesen Umstand holt Tobias Künkler mit seinem die 600-Seiten-Marke knapp überschreitenden Buch *Lernen in Beziehung* zum Gegenschlag aus. Sein Hauptvorwurf gegenüber Holzkamp besteht darin, dass dieser seinen Subjektbegriff am philosophischen Auslaufmodell orientiere. Er betrachte den Menschen als „souveränes, autonomes, rationales, sich transparentes und mit sich identisches Vernunft- und Geistwesen" (2011, 275), er ginge „von einem allein stehenden und zuerst für sich existierenden, erwachsenen Subjekt" aus (2011, 277) und dieses sei „ein vom Körper getrenntes Geistwesen, das in einem Körper gefangen ist" (2011, 274). In Abgrenzung zu diesem Subjektkonzept orientiert Künkler dann sein Lernkonzept ausschließlich an Theorien, die sich mit einem subjektfernen, indirekten, *unabsichtlichen* Lernen beschäftigen.

Wenn man von der stellenweise sehr willkürlichen Rezeption des Holzkampschen Werkes durch Künkler absieht, lässt sich hier eine im Kontext der lerntheoretischen Diskussion vollzogene Reprise des allgemeineren sozialwissenschaftlichen Disputs um den *Stellenwert des Subjekts* erkennen. Der Kern dieses Disputs besteht in der Frage, ob bzw. wie weitgehend man den Menschen *ganz generell* als Subjekt ansprechen dürfe. *Ganz generell* heißt dabei im Klartext: schon auf der Grundlage seiner genetischen, also natürlichen durch Lernen weder herstellbaren noch entfernbaren oder modifizierbaren Ausstattung. In diesem Streit lassen sich zwei konträre Positionen beziehen, die Anthony Giddens in knapper Form so resümiert hat: „Während interpretative Soziologien sich gleichsam auf einen Imperialismus des Subjekts gründen, implizieren der Funktionalismus und der Strukturalismus einen Imperialismus des gesellschaftlichen Objekts." (Giddens 1995, 52)

Ich möchte gegenüber solchen Vereinseitigungen zeigen, dass menschliches Lernen weder ohne Subjekt noch ohne Objekt auskommt und zwar in je spezifischen Konstellationen, die die besondere Typik eines bestimmten Lernens ausmachen, und dass erhebliche Bestände der beiden Theoriekonzepte einander auch nicht unbedingt widersprechen, sondern im Gegenteil manchmal höchst aufschlussreich ergänzen können. So lässt sich etwa zeigen, dass das selbe Lernen *sowohl einerseits* durch diskursives Argumentieren (also Prüfen erhobener Geltungsansprüche) *als auch andererseits* durch intuitives Imitieren (also Nachmachen von Vorbildern) vollzogen werden kann. Wenn ich etwa ein Buch lese und mir die darin entfaltete Argumentation zu eigen mache, so vollziehe ich nämlich einen Lernprozess, der in *zweifacher* Weise bestimmt ist: Zum einen lese ich mich ein in den Denkduktus und die spezifischen Argumentationsroutinen des Autors. Dabei übernehme ich intuitiv die Figuren und Modelle der Argumentation und reproduziere sie dann vielleicht in inneren Sprechakten oder tatsächlichen Diskussionen. *Indem* ich dies tue, prüfe ich aber die einzelnen Aussagen *zugleich* in diskursiver Haltung, denn genau in dieser Prüfung besteht ja der Bedeutungsgehalt der ,imitierten' Argumentationen. Auf ihrer Grundlage kann ich mich dann reflektiert dafür entscheiden, der Argumentation zu folgen oder sie zurückzuweisen. Ich habe sie im Imitieren sozusagen ,ausprobiert'. Die beiden Diagnosen widersprechen einander also nicht. Doch sie werden erst möglich, indem man den Vorgang in zwei unterschiedlichen Blickrichtungen betrachtet, die jeweils unterschiedliche Aspekte an ihm sichtbar werden lassen und erst beide zusammen machen die Eigentümlichkeit eines solchen Lernens verständlich.

Ist so etwas schon eine eklektizistische Sichtweise? Man müsste sie so einstufen, wenn eine der beiden Erklärungen etwas *ausschließen würde*, was in der anderen Erklärung *notwendig anzunehmen ist*. Das ist aber in meinem Beispiel nicht der Fall. Ganz im Gegenteil: Würde ich nur eine der beiden Blickrichtungen als legitim anerkennen und damit nur eine der beiden Erklärungen zur Verfügung haben, käme ich zu einer reduzierten Auffassung des Lernens, die mir dann auch eine entsprechend reduzierte Praxis des Lernens oder Lehrens nahelegen würde: im einen Fall wäre das einzig denkbare Ziel dann eine *bloß probierende Imitation ohne kritische Reflexion*, im anderen Fall eine *bloß reflexive Erörterung ohne imitierende Praxis*. Ersteres hätte aber den fatalen Effekt der Erzeugung von blindem Dogmatismus, letzteres dagegen einen der Verhinderung praktischer Verwirklichungsfähigkeit.

Ich möchte dazu noch folgende Analogie ins Treffen führen: Wenn wir den Bauplan eines Hauses betrachten, so zeigen Grund- und Aufriss offensichtlich zwei völlig unterschiedliche Bilder, doch wäre es unsinnig, die Gesamterfassung das Hauses durch sie als eklektizistisch zu bezeichnen. Alle realen Punkte des Gebäudes haben ja in den zwei Ansichten ihre präzise Entsprechung und sofern man diesen Umstand berücksichtigt, vermittelt die ,binokulare' Darstellung des Gegenstandes ein verlässlicheres Bild als jede einzelne Ansicht.

Wie lässt sich also sinnvoll umgehen mit den vorhandenen reduktionistischen Engführungen von Lerntheorien? Eine anspruchsvolle Möglichkeit bestünde darin, von einer bevorzugten Ausgangsposition auszugehen und (mit Bezug auf sie) die dann jeweils ‚fremden' Theoriebausteine einer *systematischen Reinterpretation* zu unterziehen, also genau zu prüfen, was man an ihnen übernehmen kann und was man an ihnen weglassen bzw. ändern, drehen, verschieben muss, um sie aufnehmen zu können. Eine solche Reinterpretation ist jedoch eine aufwändige theoretische Grundlegungsarbeit, die impliziert, die wechselseitigen interpositionellen Abgrenzungen und Kritiken systematisch aufzuarbeiten. Da mir diese Arbeit den Rahmen eines einführenden Texts zu sprengen scheint, werde ich nur fallweise und in ausgewählten Aspekten solche Reinterpretationsschritte vornehmen. Keinesfalls kann meine Darstellung beanspruchen, eine vollständige systematische Reinterpretation aller von mir in Anspruch genommenen theoretischen Denkfiguren zu leisten.

Welches ist nun aber meine bevorzugte Ausgangsposition? Manchmal hat sich beim Schreiben dieses Buches die Versuchung ergeben, sie einem der dzt. gängigen Paradigmen zuzuordnen. Doch dann hat mir die Lektüre der in Umlauf befindlichen Standortbestimmungen immer wieder vor Augen geführt, dass ich dann das Korsett meiner Überlegungen wohl etwas enger schnüren und auf einige der mir wichtigen Ideen und Forschungsresultate hätte verzichten müssen. Ich bevorzuge daher, meine Ausführungen in einem eher breit angelegten Diskursfeld zu verorten, das sich irgendwo zwischen Kritischer Theorie, (Post-)Phänomenologie, (Post-)Strukturalismus, Praxistheorien und einigen weiteren verwandten Ansätzen aufspannen mag.

In jedem Falle peile ich das Thema des Lernens dezidiert in einer *pädagogischen Perspektive* an und konzentriere meine Darstellung daher auf solche Sichtweisen, die das Phänomen des menschlichen Lernens in einer für pädagogische Reflexion und Praxis relevanten Weise erschließen. In Kurzform lässt sich dieser Anspruch so umreißen: Jede Pädagogik steht im Zeichen der Aufgabe, den Prozess der *Aneignung der menschlichen Kultur* durch seine *systematische interaktive Unterstützung* zu befördern. Ein pädagogischer Lernbegriff darf seinen Fokus daher keinesfalls bloß auf das sich durch Lernen verändernde *Individuum* oder gar auf die *physiologischen Prozesse* im Rahmen dieser Veränderung einengen. Er muss das Lernen vielmehr so konzipieren, dass vorstellbar und verständlich wird, in welcher Weise das Individuum sich *kulturelle Gegebenheiten* aneignen und dabei *interaktive Unterstützungsleistungen* in Anspruch nehmen kann. Ersteres bedeutet, das Verhältnis des Lernens zu den möglichen *Lerngegenständen* zu bestimmen, d.h. zu zeigen, in welcher Weise beide füreinander zwingende Implikationen darstellen, zweiteres bedeutet, dieses Lernen in ein weiteres Verhältnis zu seiner *sozialen Einbettung und Unterstützung* zu setzen, d.h. zu beschreiben, in welcher Weise diese als Beitrag zur Realisierung des Lernens benötigt und wirksam wird.

Konzepte, die aus meiner Sicht Aspekte und Dimensionen des Lernens bearbeiten, die für das Verstehen und Betreiben pädagogischer Vorgänge von geringerer oder gar keiner Relevanz sind, habe ich nicht in meine Überlegungen aufgenommen. Damit soll selbstverständlich nicht gesagt sein, dass sie wissenschaftlich weniger seriös oder mit Blick auf andere Forschungsfragen weniger ertragreich wären.

Der vorliegende Text hätte seine aktuelle Gestalt nicht ohne die Mitwirkung einiger Menschen erhalten, die mir durch ihre Unterstützung die Kraft oder auch nur durch ihre Geduld den Raum gegeben haben, ihn abzufassen. Den Studierenden mehrerer Seminare bin ich zu Dank verpflichtet für ihre interessierten, kritischen und ob ihrer Unbefangenheit für mich außerordentlich lehrreichen Rückfragen an vorläufige Manuskriptfassungen. Hinweise auf missverständlich formulierte Passagen verdanke ich auch dem Kollegium des Grazer Instituts für pädagogische Professionalisierung. Mein ganz besonderer Dank gilt schließlich Alois Stifter, der den vorliegenden Text in unterschiedlichen Fassungen gelesen und ausführlich kommentiert hat. Sein reichhaltiges Wissen und seine präzise Beobachtungsgabe waren eine unersetzliche Ressource meiner Arbeit, die ohne seine Eingaben sicher zu einem auch mich selbst weniger befriedigenden Ergebnis geführt hätte. Nichts charakterisiert die kreative Offenheit unserer seit vielen Jahren andauernden Diskussionen besser als der Umstand, dass wir trotz der intensiven gemeinsamen Denkarbeit nicht über alle Details der Argumentation vollständige Einigkeit erzielen konnten. Ich erwähne dies lediglich deshalb, weil ich selbstverständlich für keinen ihrer Mängel jemand anderen verantwortlich machen möchte als mich selbst.

Bernd Hackl, Wien   im Juli 2017

1 Die Praxis des Lernens: Probieren, Imitieren, Reflektieren

Menschliche Individuen müssen sich ihre Welt durch Lernen aneignen. Dieses Lernen beruht auf Probieren, Imitieren und Reflektieren, es baut auf bereits Gelerntes auf und bildet die Grundlage für weiteres Lernen.

1.1 *Erste Charakterisierung des Lernvorgangs* – Die Begriffe Wissen und Können lassen sich als Verben rekonstruieren. Sie zeigen dann an, was wir tun, wenn wir *wissen* oder *können* und sie machen sichtbar, auf welchen Fähigkeiten diese Aktivitäten beruhen und was wir tun müssen, um sie zu erwerben. Aus meiner Betrachtung lassen sich drei elementare Funktionsaspekte des menschlichen Lernens ableiten: *Probieren, Imitieren* und *Reflektieren*. Im unabsichtlichen Lernen wird probiert, imitiert und auf die Möglichkeiten eines erfolgreichen *Handelns* reflektiert. Scheitert dieses, so kann sich eine subjektive *Lernproblematik* bilden, die die Reflexion auf ihre eigenen Prämissen lenkt und deren notwendig werdende Veränderung anzeigt.

1.2 *Lernen als integrales Moment der Lebenspraxis* – Das menschliche Lernen besteht nicht aus isolierten anlassbezogenen Veränderungen, sondern bildet einen durchlaufenden Aspekt unserer gesamten Lebenspraxis. Damit stellt sich das Problem jedes einzelnen Lernvorgangs immer auf der Grundlage eines konkreten lernbiografischen *Vorkönnens* und *Vorwissens*. Dieses enthält auch emotionale Erfahrungen, die sich als *motivationale Dispositionen* geltend machen. Die jeweiligen Vorerfahrungen des Lernens sind bedeutsam für die Entwicklung unterschiedlicher Lernperspektiven, wie sie sich i. B. im Spannungsfeld zwischen der intensiven *Ausschöpfung* der kulturellen Ressourcen und ihrer oberflächlichen *Instrumentalisierung* als Tauschobjekt für Belohnungen, Vergünstigungen oder Bestrafungsvermeidung ergeben.

1.3 *Ich und Welt: ein Abhängigkeitsverhältnis* – Individualität und Autonomie des Menschen entfalten sich durch die lernende Aneignung der Welt und folgen dem Zweck einer bedürfnisgerechten Gestaltung der eigenen Lebensvollzüge und Daseinsbedingungen. Lernen bewegt sich daher im Spannungsfeld von *gesellschaftlicher Integration* und *individueller Lebensführung,* es ist zugleich *abhängig* von der vorfindlichen Kultur und *frei* in der aktiven Bezugnahme auf sie. Die Entwicklung der eigenen Handlungsfähigkeit muss der überkommenen Kultur im Wechselspiel von Übernahme, Infragestellung und Neuentwurf ihrer Erfahrungsbestände abgewonnen werden und trägt so gleichzeitig zur Zivilisierung der menschlichen Gesellschaft insgesamt bei.

1.1 Erste Charakterisierung des Lernvorgangs

Wenn wir etwas gelernt haben, dann wissen oder können wir etwas. Wenn wir etwas *können*, dann sind wir fähig, bestimmte Handlungen auszuführen, wenn wir etwas *wissen*, sind wir in der Lage, bestimmte Sinnzusammenhänge denkend zu vergegenwärtigen. Auch dieses Vergegenwärtigen erfüllt die Bedingungen eines Handelns und beruht auf einem Können. Der Begriff des Könnens wird im alltäglichen Sprachgebrauch oft unbedacht bloß auf Körperbewegungen bezogen, doch auch Denkhandlungen finden in Situationen statt, antworten auf Ereignisse, folgen Absichten, treffen auf Widerständigkeiten und sedimentieren im Falle häufiger Wiederholung zu *Praktiken*. Bei diesen handelt es sich dann um die wirklich gewordenen Verhaltensmuster, die sich „überwiegend im Modus des Gewohnten und Selbstverständlichen" vollziehen sowie durch „kollektiven Zuschnitt" und „eine sich immer wieder aufs Neue bildende Regelmäßigkeit" auszeichnen (Schmidt 2012, 10). Die Gegenüberstellung von Wissen und Können sollte also nicht dazu verführen, den Unterschied zwischen beiden allzu fundamental anzusetzen.

Wenn wir denken, tun wir also nichts weiter, als Praktiken des Denkens auszuführen. Unser *Wissen* bedeutet dann, über jenes *Können* zu verfügen, das wir zum Bereithaben und Vergegenwärtigen des Gedachten benötigen. Ich werde daher im weiteren zumeist von *Denk- und Bewegungshandeln* bzw. *Denk- und Bewegungskönnen* (ersatzweise: *mentales* und *motorisches Handeln* bzw. *Können*) sprechen. Wenn ich aus Gründen einfacherer Lesbarkeit fallweise auch wieder auf die gebräuchlicheren Begriffspaare *Denken und Handeln* bzw. *Wissen und Können* zurückgreife, so ist die hier angestellte Überlegung immer mit gemeint.

Denk- und Bewegungsvorgänge vollziehen wir stets gemeinsam. Wenn wir etwa sprechen, so denken wir und betätigen zugleich unsere Sprechwerkzeuge, wodurch wir dem Gedachten eine akustische Erscheinungsform geben. Wenn wir laufen, beobachten wir vielleicht, wie wir unsere Schritte setzen oder das Lauftempo anlegen, um unsere Bewegung zu optimieren und nicht außer Atem zu kommen. Selbst wenn wir nur still sitzen und schweigend denken, so haben wir uns dazu erst einmal still hingesetzt und wenn wir nur – wie man sagt – ‚gedankenlos' vor uns hin laufen, so stellen sich uns doch unablässig mannigfache Bild- und Sprachgestalten ein, auch wenn sie mit dem Laufen vielleicht nur dadurch zu tun haben, dass wir in unserer rhythmisch-kontemplativen Bewegung lockerer und freier über etwas nachdenken können, als wir das zuhause im Sitzen tun könnten. Von einem *Denkhandeln* lässt sich also begründet nur in dem Sinne sprechen, dass in seinem Falle das Denken den *intentional führenden Teil* unseres Verhaltens ausmacht und die dabei vollzogenen Bewegungen einen nachgeordneten, bzw. von einem *Bewegungshandeln*, wenn es sich entsprechend umgekehrt verhält.

Wenn wir nun sagen, dass wir etwas denken, dann drücken wir aus, dass wir uns etwas mental vergegenwärtigen, das es in der Welt gibt, gegeben hat oder geben könnte. Vergegenwärtigen heißt dabei nicht *real* gegenwärtig machen, sondern in Form einer *sprachlichen Aussage* oder einer *bildhaften Vorstellung*. Im Falle der Aussage übersetzen wir den zu vergegenwärtigenden Sachverhalt in ein System *abstrakter Zeichen*, also etwa in die Form von Worten, Sätzen, Beschreibungen, Argumentationen o.ä. Im Falle der Vorstellung verwenden wir dagegen *anschauliche Repräsentationen*, also solche, die dem Vorgestellten in ihren sinnlich wahrnehmbaren Eigenschaften in irgend einer Weise ähnlich sind, wie etwa Bilder, Klangvorstellungen, Geruchseindrücke o.ä. Auch die sprachlich-abstrakte und die bildhaft-anschauliche Form der denkenden Vergegenwärtigung praktizieren wir im allgemeinen wieder vielfältig miteinander verschränkt.

Wenn wir etwas *denken*, dann vergegenwärtigen wir es uns, wenn wir etwas *wissen*, dann haben wir die Fähigkeit, es zu vergegenwärtigen, in gewisser Weise auf Dauer gestellt. Etwas zu wissen bedeutet also nicht unbedingt, es gerade ausdrücklich zu denken, sondern über die Fähigkeit zu verfügen, mit den unterschiedlichen potentiellen Inhalten unseres Denkens gleichsam ‚Kontakt aufnehmen‘ zu können. Wissend halten wir diese Inhalte in ‚Verwahrung‘, haben sie ‚auf Abruf‘ bereit und können sie in das Denken aufnehmen. Zu wissen, wo wir unser Fahrrad abgestellt haben, wie die Ode an die Freude klingt und was die Formel E=m.v²/2 bedeutet, ist gleichbedeutend damit, dass wir in unserem Denken auf diese Gegebenheiten zugreifen, sie *er=innern* können. Reißt dieser Kontakt ab, so haben wir es *vergessen* und dies bedeutet, dass unser Wissen um sie (zumindest im Augenblick) nicht mehr besteht.

Denken und Wissen greifen also ineinander: Tun wir *ersteres*, stellen wir einen bestimmten Sinnzusammenhang *ins Zentrum* unserer Aufmerksamkeit. Damit setzen wir ihn zugleich in Bewegung und können ihn in Frage stellen, abändern oder verwerfen. Wenn wir ihn dagegen *wissen, ist er bereits hergestellt,* haben wir ihn (zumindest vorläufig einmal) als zutreffend, nützlich, sinnvoll akzeptiert und für allfällige Zugriffe archiviert. Das Denken ist so für den eher fokussierenden und dynamischen, das Wissen für den eher peripheren und statischen Aspekt unseres mentalen Handelns zuständig.

Worin besteht nun das Spezifische des Wissens, wenn wir es als eine besondere Form des Könnens betrachten, als die Fähigkeit nämlich, bestimmte *Praktiken des Denkens* auszuführen? Betrachten wir zunächst das Können *jenseits* seiner Spezialform des Wissens: Wenn wir über die Fähigkeit verfügen, mit dem Auto einzuparken, dann sind wir in der Lage, es einfach ‚geschehen zu lassen‘, während wir unsere Aufmerksamkeit auf ausgewählte Aspekte der Bedingungserfassung und Zielerreichung (z.B.: die Enge der Parklücke, in die wir gerade einparken) oder auch auf außerhalb des gekonnten Handelns liegende Ereignisse (z.B.: ein angeregtes Gespräch während des Einparkens) richten können. Dieses *Können* bewahren wir nicht in Form bildhafter Vorstellungen oder sprachlicher Äußerungen auf. Es liegt uns lediglich in der Form *verkörperter Erfahrung* vor, die wir im Zuge wiederholten *praktischen Handelns* gewonnen haben. Wenn wir nun auch das Wissen als Können betrachten, so können wir darauf aufmerksam werden, dass auch dieses Können, das nun ein bestimmtes *Denken* ermöglichen soll, sprachlos-praktisch verkörperte Erfahrung darstellt.

Dies bedeutet keineswegs, dass Zeichen oder Bilder für ein solches Können keine Rolle spielen. Wenn wir etwa ‚inneres Sprechen‘ oder ‚Kopfrechnen‘ praktizieren, so lässt sich dies ohne (gedankliche) Zeichen ganz offensichtlich nicht ausführen. Sie fungieren dabei jedoch bloß als *Objekte* des Könnens, *repräsentieren* dieses Können aber nicht. Sie werden also bloß auf ähnliche Weise einbezogen wie die Freiflächen und Hindernisse beim Einparken. Man kann es auch so ausdrücken: Was wir uns im inneren Sprechen oder Kopfrechnen durch die Zeichen vergegenwärtigen, ist das *Gesprochene* oder das *Gerechnete*, das *Ausführen* des Sprechens oder Rechnens bleibt dagegen selbst zeichenhaft unrepräsentiert.

Es ist dabei die *durch die Zeichen zum Ausdruck gebrachte Bedeutungskonstellation*, die unsere Aufmerksamkeit auf sich zieht, während uns das praktisch gesteuerte *zum-Ausdruck-Bringen* unauffällig bleibt. Denken wir etwa an unseren letzten Urlaub, so kommen uns mannigfache bildhafte und sprachliche Repräsentationen der Unterbringungsorte, Sehenswürdigkeiten, Begegnungen etc. in den Sinn, die wir in diesem Urlaub erfahren haben, nicht aber die Denkprozesse, die diese Erinnerungen hervorrufen. Wir erleben also *subjektiv als Wissen*, was wir durch ein *im Hintergrund bleibendes Können* hervorrufen.

Dies mag einer der Gründe dafür sein, warum im Alltagsdenken und manchmal auch im wissenschaftlichen Sprachgebrauch unserer Kultur mit dem Begriff des Wissens die Vorstellung einer Menge oder Summe von Informationen, einer kognitiven Materialanhäufung, einer *Substanz* verbunden wird. Wissen erscheint dann wie eine Sammlung mental gegebener Objekte, als eine Art geistigen Schüttgutes, das man horten kann, wie die Münzen in Dagobert Ducks Geldspeicher. An dieser Vorstellung ist – wie ich gleich zeigen werde – nicht alles völlig aus der Luft gegriffen, ihre unbedacht entworfene Version führt aber in wissenschaftliche und praktisch-pädagogische Sackgassen. In neueren Ansätzen zur Wissensforschung wird daher die Frage nach den „Wissensprozessen" (Sørensen 2015), also den *Praktiken des Wissens*, in den Vordergrund gestellt. Damit wird unser Wissen schwerpunktmäßig als das Vollziehen jener *Aktivitäten* betrachtet, durch die wir es realisieren.

Die Praktiken, die wir im Denk- und Bewegungshandeln vollziehen, können keine beliebige Form annehmen, denn sie müssen an die jeweilige Situation angepasst sein. Wenn wir sie erlernen, so bedeutet das (wie das Beispiel ‚Einparken‘ anschaulich zeigt) nicht nur, dass wir erstens den gegebenen physisch-faktischen Bedingungen entsprechen, sondern, dass wir uns zweitens auch mit anderen Menschen koordinieren und dass wir drittens an die Errungenschaften der menschlichen Kultur anknüpfen müssen.

Selbst auf den ersten Blick ‚natürlich' erscheinende Aktivitäten werden sozial vermittelt und in vielfacher Weise kulturell vorselektiert, angepeilt und gerahmt vollzogen. Soziologen wie Norbert Elias, Georg Simmel oder Pierre Bourdieu haben etwa gezeigt, dass auch eine so biologienahe Aktivität wie das Essen ein Ausdruck kulturell bestimmter Haltungen ist, wenn es beispielsweise darum geht, die richtigen Mengen vom richtigen Gericht mit dem richtigen Besteck zu sich zu nehmen und dabei „mit vollem Mund nicht zu sprechen und zu trinken oder sich nicht auf den Tisch zu ‚lümmeln' und was dergleichen mehr ist" (Elias 1976, 191). Wenn wir also gelernt haben zu essen, so essen wir nicht nur so, wie es unsere aktuelle *physische* Situation erlaubt, sondern auch auf genau die Weise, die sich in unserem *kulturellen* Milieu etabliert hat und wie sie uns durch unsere Mitmenschen *sozial* vermittelt wurde.

Die Aufgabenstellung, so komplexe Vorgaben zu verwirklichen, stellt hohe Anforderungen an unsere Verarbeitungskapazität. Unsere Aufmerksamkeit wird ja zunächst einmal von der von uns erlebten Widerständigkeit der Wirklichkeit angezogen, auf die wir uns handelnd beziehen. Dabei können wir zu jeweils einer Zeit nur ein sehr eng abgestecktes Bedeutungsfeld präzise gedanklich erfassen. Wie also lässt sich eine Berücksichtigung so vielfältiger Orientierungsgrößen in einem vor sich gehenden Handeln vorstellen?

Ich habe wichtige Ermöglichungsbedingungen unseres Wissens und Könnens bisher einfach vorausgesetzt: Worte, Bilder, Dinge, Werkzeuge, Kommunikationen mit anderen Menschen, soziale Institutionen etc. Im Gegensatz zu den Tieren bewohnen wir keine uns bloß in Form ‚natürlicher' Wirkungen begegnende Umwelt, sondern eine, in deren Wirkungen auf uns sich das Handeln, die Erfahrung, die Erkenntnisse all jener Menschen zu Wort melden, die ihre einzelnen Bestandteile hergestellt haben. Die Umwelt unserer gesamten Daseinsaktivitäten ist geradezu ein einziger großer Aufbewahrungsort von Wissen und er hält uns das Wissen bereit, das uns auch sehr komplexe Denk- und Bewegungshandlungen ermöglicht.

Der Berner Psychologe Mark Galliker stößt in seiner Betrachtung des Lernens auf folgendes Problem: Im Laufe unserer biografischen Entwicklung würden wir bemerken, dass sich unser Wissen und Denken verändert hat, und nun erhebe sich die Frage:

> „*Wann* hat es sich verändert? Und *wo* hat es sich verändert? In meinem Nervensystem, in meiner Seele, nur in meinem Verhalten oder vor allem in den Personen, Sachen und Sachverhalten meiner Umgebung, mit denen ich mich den ganzen Tag auseinandersetze?" (Galliker 1997, 19)

Wir leben in einer Kultur, die uns vermittelt, unser *individueller Geist* wäre ganz alleine der Ort aller Entscheidungen und Verantwortungen unseres Lebens. Dabei wird ausgeblendet, wie sehr wir in unsere Umwelt eingebettet und durch sie geführt, also mit Ressourcen versorgt und durch Grenzziehungen eingeschränkt werden: Menschliche

Praktiken sind „an bestimmte Umstände, Orte, Kontexte und materielle Rahmungen gebunden", und es spielen in ihnen „ein gemeinsam geteiltes praktisches Wissen und die beteiligten Artefakte eine wichtige Rolle" (Schmidt 2012, 10).

Wir stellen auch selbst immer wieder solche sozialen und materialen Wissensaufbewahrungen her: Ein Gespräch mit anderen Menschen, die Verschriftlichung einer Rechenaufgabe, das Anfertigen einer Einkaufsliste oder der Bauplan eines Hauses helfen uns nicht nur, Sachverhalte vor dem Vergessen zu bewahren, sondern auch, sie zu verarbeiten. Eine Gruppe, die gemeinsam ein Thema erörtert, kann jedem der Anwesenden wesentlich mehr an Details und Zusammenhängen gegenwärtig machen, als dies eine einzelne Person dieser Gruppe auf sich allein gestellt zustande brächte. Und ich, der ich an meinem Buch arbeite, lege mir keineswegs *zuerst* seinen Inhalt in Gedanken zurecht und tippe dann *anschließend* den kompletten Text in den Computer. Ich schreibe vielmehr eine erste Überlegung nieder und bewahre sie damit zunächst einmal vor dem Vergessenwerden. Dann aber prüfe ich sie in Ruhe, verbinde sie mit weiteren Ideen und korrigiere oder verwerfe sie, wenn sie sich nicht bewährt.

Die Teilnehmer der Gruppe denken also, indem ihre Erinnerungen, Vorstellungen und Ideen zwischen allen Beteiligten hin und her laufen und sich wechselseitig verdichten und aufladen, während ich in ständigem Kontakt mit meinem langsam Schritt für Schritt kompletter werdenden Textartefakt denke und auf diese Weise einen ‚Hintergrund' ausdifferenziere, der jeden meiner konzentriert verfolgten Gedanken umgibt und orientiert. Auch hier laufen die Erinnerungen, Vorstellungen und Einfälle hin und her – zwischen meiner augenblicklichen subjektiven Denktätigkeit und der verdichteten Ablagerung meines vorherigen Denkens in Form der bereits getippten Worte, Sätze und Kapitel.

Diese Verknüpfung des *aktuellen* Denkens mit *Materialisierungen* der Ergebnisse bereits *vollzogenen* Denkens ermöglicht uns nun auch, die Bestände der gesamten menschlichen Kultur in unsere Aktivitäten hereinzuholen, sie quasi als Quelle unseres Denk- und Bewegungshandelns anzuzapfen: Wann immer wir etwas wissen oder können, so konfigurieren wir es aus Elementen jener Erfahrung, die der Mensch in seiner Geschichte in Jahrtausende langer mühevoller Veräußerung seiner Kräfte entwickelt und in den Artefakten niedergelegt hat. Die funktionale Verzahnung unserer mentalen Operationen mit Interaktionen und Artefakten bildet so die prozessuale Grundlage für die Aneignung der menschlichen Kultur, die wir in Form von Dingen in der Welt vorfinden und die uns durch andere Menschen vermittelt wird.

Wenn wir also gelernt haben, in Befolgung bestimmter Regeln zu essen und dabei bestimmte Esswerkzeuge zu verwenden, so müssen wir nicht ununterbrochen ausdrücklich an diese Vorgaben denken. Sowohl das Regelwissen wie das Verwendenkönnen, das unser intuitiv-praktisch gesteuertes Essen (mit-)bestimmt, ‚umgibt' unser Handeln als eine Art vergegenständlichtes Wissensreservoir: Es stehen bestimmte Möbel, Gefäße, Bestecke und Textilien bereit, deren regelgerechter Gebrauch uns durch ihre funktionale Gestalt angezeigt wird. Die Nahrungsmittel sind entsprechend zugerichtet und legen uns bestimmte Handlungsweisen nahe und erschweren andere. Die soziale Umgebung (etwa: Servierpersonal, Mitessende etc.) verhält sich auf eine Weise, die uns an unsere eigenen regelkonformen Verhaltensweisen erinnern, sie vielleicht sogar fallweise ausdrücklich sprachlich einmahnen. Wir können also sagen: Wir essen *im Wissen um* die stilistischen Normen und die Brauchbarkeiten der Dinge und, wie sich aus meiner Darstellung ableiten lässt, können wir diese Redewendung auch durchaus als räumlich-materielle Metapher verstehen: unser Handeln verläuft in das vergegenständlichte Wissen regelrecht ‚eingebettet'.

Die Verwahrung jener Sinnzusammenhänge, die wir *wissen*, muss unser *Denken* also nicht im Alleingang leisten. Sie befinden sich zu einem großen Teil in überdauernd materialisierter Form in seiner sozialen, dinglichen und zeichenförmigen *Umgebung*. Wir beziehen in unsere Vergegenwärtigungen Hinweise ein, die wir von anderen Personen erhalten, wir verwenden sprachliche Zeichen, um sie zu kommunizieren, und Abbildungen, die sie veranschaulichen, wir haben Geräte und Maschinen vor Augen, die wir denkend bedienen.

Die wirkliche Materialität, die all diesem vergegenständlichten Wissen eignet, verleiht ihm jene Dauerhaftigkeit und jenen Umfang, die wir durch unser Denken alleine nicht bewerkstelligen könnten: Auch wenn die Fülle der Wissensdetails unser *mentales* Fassungsvermögen überfordert, bleibt ihre *materiale* Ausfertigung unserer Wahrnehmung erhalten und erreichbar. Unsere Interaktionen und Artefakte bilden so den Ort der Aufbewahrung jener Sinnzusammenhänge, die wir wissen müssen (ohne uns auf sie in jedem Augenblick ausdrücklich zu konzentrieren), um denken zu können. Sie halten uns die Ergebnisse fremden und/oder eigenen Denkens sichtbar ‚vor Augen' oder einsatzbereit ‚zur Hand', sie führen und leiten unsere Handlungsverläufe indirekt durch die Möglichkeiten, die sie uns eröffnen und sie geben uns Hinweise, woran wir uns zu halten haben.

Unter dem leitenden Gesichtspunkt meiner bisherigen Darstellung können wir nun zuletzt auch *das Können selbst* als Resultat einer Materialisierung von Wissen begreifen, das wir im Handeln benötigen: Wir haben in früherem Handeln Erfahrungen gemacht, die *in uns selbst* Spuren, Einschreibungen, Verkörperungen hinterlassen haben und auch diese Spuren haben die Funktion von ‚Speicherungen' jenes Könnens, auf das wir zur Ausführung erfolgreichen Handelns zurückgreifen.

Damit komme ich nun wieder ausdrücklich zum Vorgang des Lernens zurück. Jedes Lernen lässt sich beschreiben als *Vorbereitung* darauf, ein bestimmtes Wissen oder Können zu praktizieren. Wie kann eine solche Vorbereitung vor sich gehen? In Einklang mit der weiter oben angeführten Vorstellung vom Wissen als *Substanz* stellen sich viele Menschen den Vorgang spontan wie den *Transport* dieser Substanz vor. Jean Lave nennt dieses Konzept das ‚pipeline model' (1997, 121). Es trägt wenig dazu bei, den Vorgang sinnvoll zu verstehen und schon gar nicht, ihn praktisch zu unterstützen. Was hier als Substanz vorgestellt wird, lässt sich ja weder in einem Behälter sammeln, noch an irgend einer Stelle in jemandes Kopf oder Körper einfüllen (vgl. Abb. 1).

Abb. 1: Nürnberger Trichter. Quelle: https://commons.wikimedia.org/wiki/File:Nuremberg_Funnel_-_ad_stamp_1910.jpg (Zugriff am 27.10.2015)

Der Wiener Erziehungswissenschaftler Alfred Schirlbauer führt die Vorstellung auf die metaphorische Rede vom Lern*inhalt* zurück und kommentiert sie ironisch:

„Da man Inhalte in Behälter füllen kann, stellt sich für manche das Lernen als Dosierungsproblem dar. Da man sie verpacken kann, wird Didaktik vielfach als Kunstlehre von der Verpackung sperriger Gegenstände ausgelegt. Da Inhalte auch schwer bzw. leicht sind, handelt man sich in dieser Vorstellungsspur auch die Irrlehre von schweren und leichten Aufgaben ein. Und da man Inhalte auch von A nach B transferieren kann, wird Didaktik mitunter zu einem Transportproblem und die Tätigkeit des Lehrers zu der eines Zwischenhändlers und Agenten der Vermittlung." (Schirlbauer 2008, 198)

Meine voranstehenden Überlegungen zu den Artefakten haben nun bereits deutlich gemacht, dass die Vorstellung eines Wissens in Gestalt verfügbarer Objekte nicht gänzlich von der Hand zu weisen ist. Sie haben aber auch gezeigt, dass man diese Objekte nicht als solche in das Denken überführen kann, sondern dass sie ihren Bedeutungsgehalt nur in ihrer angemessenen Handhabung offenbaren. Nur wenn wir mit den Artefakten tun, wozu sie gestaltet wurden, verschaffen wir uns das subjektive Erlebnis der in ihnen aufbewahrten Erfahrung, Einsicht oder Erkenntnis. Die angemessene Handhabung ist es also, die den eigentlichen Gegenstand jedes Lernens ausmacht. Sein Ergebnis ist das Können dieser Handhabung, d.h. die körperliche Materialisierung der Praktiken, die die Handhabung der außerkörperlichen Materialisierungen ermöglichen.

Wie können wir nun vorgehen, um uns etwa die Fähigkeit anzueignen zu gehen, einen Löffel zu gebrauchen, grammatisch korrekt zu sprechen, den kategorischen Imperativ folgerichtig zu argumentieren oder eine mathematische Gleichung elegant zu lösen, dazu also u.a. die Artefakte Gehsteig, Nudelsuppe, Sprache, Kantsche Philosophie und Algebra angemessen zu handhaben? Es gibt darauf eine sehr alte, ganz unkomplizierte und vielleicht ein wenig überraschende Antwort: Wir müssen einfach mit dem angestrebten Handeln beginnen: „Denn was man erst lernen muß, bevor man es ausführen kann, das lernt man, indem man es ausführt", formulierte schon Aristoteles in geradezu literarischer Ironie (2003, 34f).

Da erst *gelernt* werden muss, was man noch nicht kann, ist natürlich nicht damit zu rechnen, dass ein solches Ausführen schon ohne Weiteres problemlos möglich sein wird. Es bedarf erst bestimmter Überbrückungsvorgänge, die dazu führen, dass ein korrektes Ausführen tatsächlich eintreten kann. Bestünde überhaupt kein Unterschied zwischen Ausführen und Lernen, könnten wir das Zitat des Aristoteles also in einem platten Sinne wörtlich nehmen und einfach tun, was wir noch nicht können, würde sich die Frage nach dem Lernen erübrigen, dann hätte aber wohl auch Aristoteles kein Wort über sie verloren.

Dennoch bildet das ‚Tun, was man lernen möchte' den Kern dieses Lernens. Da es sich bei ihm notwendigerweise um ein unsicheres, hypothetisches, suchendes Tun handeln muss, können wir es auch als *Probieren* bezeichnen. Seine grundlegende Funktion besteht darin, dass es zur *Inkorporierung* von Strukturen der vollzogenen Praktiken führt. Die verkörperten Praktiken bilden dann jenes unausdrücklich verfügbare *Können*, auf welches, wie gezeigt, *alle Fähigkeiten* (auch das Wissen) zurückführbar sind. Ein solches Können kann *ohne* Probieren nicht entwickelt werden: Aus einem bloßen *Zu-Sehen* oder *Darüber-Reden* ließe sich nicht mehr beziehen als *Darüber-reden-Können* oder *Beobachten-Können*, denn allein dieses Tun hätten wir ja probiert, alleine die bei ihm angefallenen Praktiken inkorporiert.

Woher wissen wir, was wir auf welche Weise probieren sollen? Wir erfahren es zunächst einmal im *sozialen Raum* durch das Tun anderer Menschen, an dem wir sehen können, wann und wo es eingesetzt werden kann, wie es vor sich geht und zu welchen Effekten es führt. Die von diesen anderen Menschen verkörperten Praktiken fungieren damit als Vorbilder, die wir in unserem eigenen Probieren nachahmen können. Soll unser Probieren nicht blind und orientierungslos einsetzen, muss es also durch das *Imitieren* von praktisch sich bereits bewährenden Handlungsvollzügen eine erste Ausrichtung erhalten.

Dies ist aber nicht die einzige Orientierungsquelle. Wir beziehen auch *artefaktvermittelte Informationen* in unser Probieren mit ein: Jemand gibt uns einen sprachlichen Hinweis, wie wir verfahren können, wir betrachten eine bildliche Darstellung, die eine erfolgreiche Verhaltensweise wiedergibt, wir verwenden ein technisches Gerät, dessen Eigenschaften unser Probieren auf bestimmte angemessene Handlungsvollzüge hinführt. Orientierungsimpulse dieser Art gehen – wie gezeigt – auf vorangehende Erkundungen, Erfahrungen und Erkenntnisse zurück und da ihre Herstellung und ihr Gebrauch eine reflexive Beziehung zur Welt bedeuten, können wir ihre Einbeziehung ins Lernen auch unter dem Überbegriff *Reflektieren* zusammenfassen.

Probieren, Imitieren und Reflektieren bilden also das Grundinstrumentarium des menschlichen *Lernens*. Ich bezeichne sie im weiteren als seine grundlegenden *Funktionsaspekte*. Gemäß der eingangs angeführten Überlegung des Aristoteles, dass lediglich zu tun sei, was gelernt werden soll, entsprechen sie den weiter oben dargestellten Eigentümlichkeiten des *Handelns*. Ich zeige diese Zusammenhänge zur Gewinnung einer besseren Übersicht zunächst in tabellarischer Form (vgl. Tab. 1) und werde sie in den nachfolgenden Kapiteln eingehend erläutern: 1. die *körperliche Ausführung* des Handelns, 2. die *soziale Integration*, die durch ein solches Handeln realisiert wird, und 3. der *artefaktvermittelte Weltbezug*, den wir im Rahmen eines solchen Handelns herstellen (Spalte 1).

Tab. 1: Funktionsaspekte des menschlichen Handelns und Lernens

Funktionsaspekte des zu erlernenden Handelns	Funktionsaspekte des handelnden Lernens	Operativer Effekt des Lernvorgangs
Körperliche Ausführung	Probieren des Handlungsvollzuges	Inkorporierung der vollzogenen Praktiken
Soziale Integration	Imitieren des Handlungsverlaufs	Orientierung des Probierens durch Interaktion
Artefaktvermittelter Weltbezug	Reflektieren der Handlungsproblematik	Orientierung des Probierens durch Kultur

Diese Funktionsaspekte des Handelns bestimmen auch die Realisierung des Lernens, wenngleich in einer spezifischen, dem vorerst noch mangelhaften Können geschuldeten Akzentuierung, und zwar als: 1. *Probieren* des Handlungsvollzuges, 2. *Imitieren* des Handlungsverlaufs und 3. *Reflektieren* der sich stellenden Handlungsproblematik (Spalte 2). Das menschliche Lernen enthält grundsätzlich alle drei Funktionsaspekte und wie ich noch ausführlich darstellen werde, folgt ihre Realisierung im Lernprozess einer jeweils ganz spezifischen Eigenlogik. Alle drei bestimmen den Lernvorgang in einem gewissen Ausmaß *mit*, keiner jedoch bestimmt ihn *alleine*.

Die Fähigkeit der Verwendung von Artefakten hat sich evolutionär in Stufen ausgebildet, deren Eigenheiten ich erst später genauer dokumentieren werde: Die Herstellung von *zweckdienlichen Gegenständen* markiert den Beginn der Menschwerdung, die Herstellung von *anschaulichen Repräsentationen* und *sprachlichen Zeichen* entwickelt sich in ihrem weiteren Verlauf. Die sprachlichen Zeichen ermöglichen dann ein Denken, von dem es vielleicht am naheliegendsten erscheint, es mit dem Begriff des Reflektierens in Verbindung zu bringen, doch bergen, wie ich noch zeigen werde, auch die anschaulichen Repräsentationen und praktisch angeeigneten Zweckgegenstände ein fundamentales Reflexionspotential.

Der dritte Funktionsaspekt des Reflektierens eröffnet damit ein so umfangreiches Thema, dass ich ihn in mehreren systematischen Schritten behandeln möchte. In Tab. 2 stelle ich zunächst die drei angeführten Formen gegenüber, die er ausprägen kann: 1. den *zweckmäßigen Mitteleinsatz*, 2. die *bildliche Vorstellung* und 3. die *sprachliche Aussage* (Spalte 1). Entsprechend beruht das reflexive Moment unseres Lernens auf drei Typen von Artefakten: auf *instrumentellen*, *ikonischen* und *symbolischen* (Spalte 2) und diese werden auf eine jeweils ganz bestimmte Weise in Praktiken einbezogen (Spalte 3). Ich habe diese Weisen hier als *bedienen, nacherleben* und *nachvollziehen* bezeichnet und durch Beifügung von *selbst herstellen* hervorgehoben, dass Artefakte aller drei Typen uns nicht nur vorgegeben sind, sondern von uns auch selbst angefertigt oder abgeändert werden können.

Tab. 2: Artefaktvermittelte Weltbezüge und Reflexion im Lernhandeln

	Artefakttypus	Handhabung	Reflexion
Zweckmäßiger Mitteleinsatz	instrumentell z.B.: Hammer	bedienen (und selbst herstellen)	Praktisches Be=greifen
Bildliche Vorstellung	ikonisch z.B.: Stadtplan	nacherleben (und selbst herstellen)	Ästhetische Anschauung
Sprachliche Aussage	symbolisch z.B.: Beschreibung	nachvollziehen (und selbst herstellen)	Diskursive Rekonstruktion

Ein *Artefakt* ist immer als die Vergegenständlichung eines jeweils zugeordneten *Begriffs* zu denken: Dieser Begriff ist der ideelle Gehalt des Artefakts, der Bedeutungsinhalt, den wir subjektiv realisieren können und für den das materiale Artefakt gleichsam eine Art von Körper darstellt. Als *Handhabung* ist hier bezeichnet, was man tun muss, um das jeweilige Artefakt (genauer: den in ihm verkörperten Begriff) in reflexiver Weise einzusetzen. Aus dieser Handhabung ergeben sich drei unterschiedliche Formen der Reflexion (Tab. 2, Spalte 4): das *praktische Begreifen,* die *ästhetische Anschauung* und die *diskursive Rekonstruktion.*

Wie ich noch ausführlicher darstellen werde, verwenden wir Artefakte sowohl im *ausdrücklichen Denken* wie auch in *jedem anderen Handeln* als ein Mittel, das uns die in ihnen repräsentierten Sinngehalte präsent hält, uns ermöglicht, mit ihnen zumindest als ,Hintergrund' unseres Denkens und Handelns in Kontakt zu bleiben. Was immer wir als Menschen tun, tun wir also in einer Form, die das reflexive Potential der dabei verwendeten Artefakte mit berücksichtigt. Diese Feststellung impliziert jedoch keine Vorentscheidung über Form und Ausmaß dieser Berücksichtigung. Auf keinen Fall soll sie die Möglichkeit eines *vollständig* oder auch nur *umfassend* bewusst kontrollierten Vollzugs aller Bestandteile unseres Handelns suggerieren. Dies widerspräche etwa schon den bereits vorgestellten Überlegungen zur Sprachlosigkeit der Erfahrung, die auch allem Wissen zugrunde liegt. So gesehen findet ein großer Teil unserer Lebensaktivitäten mit einem äußerst bescheidenen Maß an Reflexion sein Auslangen. Wollten wir unsere Lebensaktivitäten jedoch *jenseits jeder* verständigen Nutzung der in den Artefakten enthaltenen reflexiven Potentiale anlegen, so kämen wir über die Handlungsfähigkeit eines Neugeborenen nicht hinaus, das sich die reflexiven Potentiale der menschlichen Kultur in der Tat erst aneignen muss.

Die unabweisbare Bedeutung der Reflexivität für das menschliche Lernen impliziert auch keineswegs, dass wir immer schon reflexiv erfassen, *dass und was wir lernen,* wenn wir lernen: Indem die Praktiken, die wir in jedem Denk- und Bewegungshandeln vollziehen, als solche *in actu* zumeist unbeachtet bleiben, registrieren wir auch nicht notwendigerweise jene Veränderungen, die sich an ihnen einstellen und damit faktisch ein Lernen konstituieren oder auch nur die Tatsache, *dass überhaupt eine solche Veränderung stattfindet.* Die Verkörperung von Spuren unseres wiederholten Probierens, in der sie besteht, kann sich auch gleichsam ,in unserem Rücken' ereignen. Die Erweiterung unseres Könnens wächst uns dann zu, ohne dass wir dies überhaupt zur Kenntnis nehmen. Wir lernen dann *unabsichtlich* oder wie ich mich im weiteren auch ausdrücken werde: *inzidentell.* Wie ich in Kap. 2 zeigen werde, kann selbst ein hoch abstraktes sprachlich vermitteltes Lernen inzidentell vor sich gehen. In diesem Falle ist unser ganzes Wahrnehmen darauf gerichtet, wie wir ein bestimmtes sprachliches Reflektieren angemessen *durchführen,* nicht aber darauf, dass wir es lernend *verändern.*

1.2 Lernen als integrales Moment der Lebenspraxis

Es ist eine zentrale Aufgabe des Lernens, den notwendig immer unvollständigen und korrekturbedürftigen Zugriff der einzelnen Subjekte auf die menschliche Kultur zu erweitern und zu vertiefen. Aus diesem Grund ist das Lernen kein fallweise

auftretendes distinktes Spezialereignis, sondern in jeder menschlichen Tätigkeit unablässig präsent, oder wie die amerikanischen Lernforscher Jean Lave und Etienne Wenger in einem bekannten Buch zum Thema Lernen schreiben, „learning is an integral and inseparable aspect of social practice." (1991, 31)
Jedes worauf auch immer bezogene Handeln impliziert mindestens ein gewisses *Üben* und so lässt sich kaum vorstellen, dass es irgend einen Augenblick gibt, in dem wir nicht dabei sind, etwas zu lernen. Vor diesem Hintergrund ließe sich auch sagen, dass unser Lernen keinen Anfang und kein Ende hat. Für Vollzüge des *intentionalen* oder *beabsichtigten* Lernens scheint diese Aussage jedoch zunächst keine Gültigkeit zu haben. An ihnen lässt sich ja durchaus so etwas wie ein Anfang und ein Ende feststellen: Es tritt uns eine bestimmte Problemstellung als Lernanlass ins Bewusstsein und lässt sich nach der Verwirklichung unserer Lernabsicht als gelöst betrachten. Doch auch ein solcherart *besonders beachtetes* Lernen bildet nur eine Etappe in einem andauernden biografischen Gesamtvorgang. Was hier tatsächlich Anfang und Ende hat, ist lediglich die Aufmerksamkeit, die wir dieser Etappe zuwenden. Es gilt für das Lernhandeln, was der britische Soziologe Anthony Giddens für das Handeln ganz generell festgehalten hat (etwa 1995, 53): Es bildet eine *durée*, aus der wir nur durch unsere subjektive Betrachtung begrenzte Abschnitte herausfiltern. Diese Erkenntnis lässt sich auch so formulieren:

> „Praktiken sind nur als Folgepraktiken vorstellbar. Sie können nicht voraussetzungslos, also quasi aus dem Nichts entstehen. Sie ereignen sich als neue Ereignisse im Anschluss an bereits geschehene Praktiken und sind dadurch gegenwärtige Effekte bereits vergangener Praktiken. Zugleich sind sie Attraktoren zukünftiger Praktiken." (Hillebrandt 2014, 58)

Wie wichtig es ist, bei der Untersuchung des Lernens diese Gesamtperspektive nicht aus den Augen zu verlieren, zeigt sich an der Bedeutung des *Vorwissens* und *Vorkönnens*: Lernen ist immer „eine Aneignung von Neuem, noch Unbekanntem auf Grund von schon Bekanntem, von noch Ungekonntem auf Grund von schon Gekonntem" (Buck 1989, 11). Jedes Lernen, jede Lernetappe, jede einzelne Lernsequenz kann nirgend sonst ihren Anfang nehmen, als bei der höchst individuellen Ausgangssituation, die durch die *bis dahin durchlaufene Lerngeschichte* hergestellt wurde. Indem wir unsere Identität durch unser Lernen selbst aktiv erzeugen, repräsentiert dieses vom ersten Lebensmoment an unsere gesamte individuelle Lebensgeschichte und Entwicklungsperspektive.
Das „Vorgelernte", wie es Klaus Holzkamp nennt (1995, 207), darf dabei nicht verharmlosend bloß als ein Erreichthaben eines bestimmten *Niveaus* einer bei allen Menschen annähernd gleich verlaufenden Lerngeschichte vorgestellt werden. Auch wenn Lernbiografien innerhalb einer gemeinsamen Kultur viele Analogien aufweisen, so gleicht doch keine der anderen. Das Vorgelernte ist ein unverwechselbar individueller Horizont meines je eigenen Lernens. In ihm sind alle denkbaren Aspekte meiner Lerndisposition, wie etwa Haltungen, Motivationen, Wahrnehmungs-,

Unterscheidungs- und Bewertungsfähigkeiten etc. vereint, die in meiner Biografie zustande gekommen sind.

Das Vorgelernte wirkt sich daher gravierend auf jedes Lernen aus. In jeder Lebenssituation gehen wir von bestimmten Vorannahmen aus, die zwischen uns und einem möglichen nächsten Lernanlass vermitteln. Dies gilt auch, wenn wir mit für uns neuen, überraschenden, noch nie angetroffenen Lernobjekten konfrontiert werden. In diesem Fall bezieht sich das Vorwissen und Vorkönnen „in mehr oder weniger globaler Weise auf ‚solche' Bedeutungseinheiten, von denen die vorliegende Bedeutungseinheit ein spezielles Exemplar darstellt" (ebd.) und es bedarf eines höchst komplexen Manövers, diesem Neuen entsprechend gerecht zu werden (siehe 3.2). Was immer sich unserem Lernen anbietet, wird auf der Basis des Vorgelernten von uns zunächst als etwas lokalisiert, das einem bestimmten Bereich zugehörig ist, das mit bestimmten Dingen Ähnlichkeiten aufweist, das uns auf eine bestimmte Weise berührt o.Ä. Andernfalls wären wir gar nicht in der Lage, das Objekt „überhaupt als irgendetwas Bestimmtes, auf das sich die Lernhandlung beziehen könnte, aufzufassen" (ebd.). Vorwissen und Vorkönnen entscheiden sogar darüber, *ob* etwas überhaupt zu einer Lernproblematik werden kann: Was dem einen eine spannende Fragestellung ist, erscheint der anderen als nicht erklärungsbedürftige Selbstverständlichkeit, was die eine dringend benötigt, um ihre Lebenssituation zu meistern, ist dem anderen völlig gleichgültig. Die Frage nach einem möglichen Lernen impliziert daher immer die Frage: Welches uns bereits *verfügbares* Können ermöglicht uns, damit zu beginnen, ein von uns erst *angestrebtes* Können zu praktizieren?

Das Vorgelernte ist dabei immer Ressource und Beschränkung zugleich. Alles, was ich bisher gelernt habe, eröffnet mir den weiteren Zugang zu bestimmten kulturellen Errungenschaften, allerdings *nur zu diesen*. Andere Möglichkeiten, für die ich andere Fähigkeiten benötigen würde, können dabei verschlossen bleiben, weil *nicht sie es sind*, auf die mein bisheriges Lernen mich vorbereitet hat (auch dazu Giddens in einem allgemeineren Sinne bezogen auf Handeln generell: 1995, Kap. 4). Beim Vorgelernten handelt es sich also weniger um ein Set instrumenteller *skills* als um die ganze Identität eines Menschen unter dem Blickwinkel des Lernens, um das Gesamt aller konkreten Lernmöglichkeiten, die sich ein Mensch eröffnet hat und die er daher in einer bestimmten Situation realisieren kann.

Die Vorerfahrungen des Lernens betreffen ganz besonders auch die *Lernmotivationen*. Die aneignungsbereite Zuwendung eines Individuums zur menschlichen Kultur kann, wie ich in Kap. 4.3 noch ausführlich erörtern werde, nur erfolgen, wenn dies die *Befriedigung subjektiver Bedürfnisse* verspricht. An einem Beispiel illustriert, das in der einschlägigen Literatur immer wieder aufgegriffen wird: Ein Kind soll lernen, seine Suppe mit einem Löffel zu essen (vgl. etwa Holzkamp 1987, 24ff). Die Lernanforderung besteht hier darin, dass das Kind aufhört, einen Löffel bloß nach seinen zufälligen Verwendbarkeiten, nach seinen „ereignishaften Bedeutungen" (Stieve 2008, 161) zu verwenden (also etwa zum Werfen, Trommeln,

Bohren etc.) und damit beginnt, ihn gemäß jenen verallgemeinerten Gesichtspunkten zu verstehen und einzusetzen, die den Löffel als gesellschaftlich produziertes *instrumentelles Artefakt* ausmachen. Das Kind soll begreifen, dass ein Löffel zu einem bestimmten Gebrauch hergestellt wurde, diese im Gegenstand vorliegende Eigenschaft als optimierte Befriedigungsmöglichkeit allgemeiner, also *auch eigener* Bedürfnisse erkennen und damit das reflexive Prinzip des zweckmäßigen Mitteleinsatzes anwenden. Ich werde das Löffel-Beispiel später noch genauer diskutieren (siehe 7.2).

Meine Formulierung lässt schon erkennen, in welcher Richtung nun günstige Voraussetzungen für einen solchen Lernprozess zu finden wären. Wenn das Kind die Vorerfahrung gemacht hat, dass die soziale Umgebung, von der es sachdienliche Vorbilder und Hinweise beziehen kann, seine Bedürfnisse verlässlicherweise freundlich zu berücksichtigen und solidarisch zu unterstützen pflegt, kann es darauf vertrauen, dass *auch diesmal* die praktischen Vorbilder und sprachlichen Hinweise zu einer bedürfnisgerechten Erweiterung seiner Lebensgestaltungsmöglichkeiten beitragen werden. Dann aber muss das Auffinden und Erproben der neuen Praktiken in weiterer Folge auch tatsächlich *erlebbar* zu einer Verbesserung der Möglichkeiten des Kindes führen. Dies ist beim Essen mit einem Löffel auch unschwer vorstellbar: Sich – wie die Erwachsenen – die Suppe ohne Substanzverlust und Beschmutzung der eigenen Kleider zum Mund führen zu können, lässt sich ja unter geeigneten Umständen durchaus als wünschenswert ansehen.

Demgegenüber wären eher ungünstige Bedingungen gegeben, wenn das Kind gelernt hat, dass die von der sozialen Umgebung angebotenen Vorbilder und Hinweise bloß auf eine Einschränkung der eigenen Handlungsmöglichkeiten hinauslaufen. Dann wird die Bereitschaft nämlich gering sein, ein vorgezeigtes Verhalten nachzumachen und den begleitenden Erläuterungen zu folgen. Nun mag man annehmen, dass die unbezweifelbare Effektivität des Löffelgebrauchs eigentlich trotz dieses Misstrauens überzeugend wirken müsste. Doch kann die Effektivität des angemessenen Löffelgebrauchs für das Kind erst dann evident werden, wenn es sich *bereits darauf eingelassen hat*, den Löffel sachgemäß auszuprobieren. Wenn das vorgelernte Misstrauen also ausreichend groß ist, werden die notwendigen Voraussetzungen für das Eintreten der praktischen Einsicht nur schwer herstellbar sein.

Vor dem Hintergrund der grundsätzlichen Abhängigkeit des Lernens von den Bedürfnissen ergeben sich nun ganz generell zwei grundsätzlich unterscheidbare Möglichkeiten des Lernens. Der Erziehungswissenschaftler Horst Rumpf hat zwischen einem „Lernen als Erledigung" und einem „Lernen als Vollzug" unterschieden: Im ersten Falle greift der Lerner

> „kaum dass etwas Nichtpassendes ihm in den Weg tritt – sofort zu Instrumenten, um den Bruch unspürbar oder unkenntlich zu machen, um möglichst ungestört und ohne Zeitverzug voranzukommen in der Durchsetzung seiner Pläne und Interessen oder auch

in der Befolgung von Vorschriften. Er lernt Antworten, Bewältigungsformen sozusagen aus zweiter Hand. Er nimmt die Brüche des Lebens als Anlässe ihrer möglichst zügigen Überwindung zur Kenntnis. Ihn reizt es nicht, die leeren Räume, die sich im Nachdenken oder in der Lebenspraxis auftun, auszukosten und in ihrem Eigengewicht auszumessen." (Rumpf 2008, 23)

Das Lernen als Vollzug lässt sich dagegen ein

„auf die Unbekanntheiten, die Unstimmigkeiten, die auch bedrohlichen Offenheiten – es nimmt Risiken des Probierens auf eigene Faust hin, es vertraut nicht der Autorität, die Instrumente zum Zeitgewinn und zur Wegabkürzung bereit hält. Es nimmt Umwege und auch Abstürze in Kauf. Er vollzieht die Such- und Tastbewegungen des Neulings und Fremdlings, er überspringt sie nicht, er macht sie nicht unspürbar durch Formeln und übernommene Lehrsätze." (Rumpf 2008, 23)

Das Erledigungslernen verdichte sich heute – so Rumpf zeitkritisch – mehr und mehr zu einer allgemeinen Kultur des Bestrebens, „der Erfahrungswelt verlässliche und vorhersehbare Züge abzugewinnen … oder sich in ihnen steckende Nutzbarkeiten gefügig zu machen" (Rumpf 2010, 9) und die Absichten seien „im allgemeinen Verständnis hingerichtet auf einen Lernzustand des Besitzes" (ebd., 10). Das in ihm beschlossene „platte und pure Bescheidwissen und Bescheidgeben ohne die Präsenz von Gegenströmen, ohne das Salz von latenten Gegenfragen ist steril und regt nicht zum Weiterdenken an." (Rumpf 2010, 14) Alles Widerständige, Uneindeutige, Körperliche, Fantastische, Unkontrollierbare, Spielerische, Ästhetische, Spirituelle und vor allem: alles Unverwertbare am Lernen, alles, mit dem sich dieses produktiv verwickeln und verstricken könnte, werde als ineffizient zurückgewiesen und als romantische Schrulle oder bedenkliche Unaufgeklärtheit angesehen.

Was Rumpf hier formuliert, ist *gegenüber dem Lernenden* keine moralische Verurteilung auf der einen Seite und kein Lob auf der anderen. Die unterschiedlichen Haltungen sind ja in gewisser Weise *beide* durchaus vernünftig: Sie gehen zurück auf unterschiedliche Vorerfahrungen und versuchen diesen verallgemeinernd Rechnung zu tragen. Mit risikoreichen und anstrengenden Versuchen einer fundamentalen Erkundung der Welt fortzufahren, wenn sie sich bisher *nicht* als erfolgreich bewährt haben, kann zwar objektiv sinnvoll sein, dieser Sinn ist dann aber aus dem eigenen Vorgelernten subjektiv nicht ableitbar. Wer also nicht selbst erlebt hat, dass er durch weit ausholendes Lernen seine Lebensqualität steigern kann, dem lässt sich eine fehlende Bereitschaft dazu schwerlich zum Vorwurf machen.

Diese Einsicht lässt sich etwas allgemeiner so formulieren: Die Anreicherung der personalen Fähigkeiten durch Aneignung erweiterter kultureller Wissensbestände kann dann und *nur dann* als subjektiv befriedigend erlebt werden, wenn im Zuge ihrer Realisierung eine spürbare Erweiterung der biografischen Lebensgestaltungsmöglichkeiten eintritt. Es stellt sich also in jeder potentiellen Lernsituation die Frage, in welcher Weise und in welchem Ausmaß ich in meiner Lernvorgeschichte den Zusammenhang zwischen der Befriedigung meiner individuellen

Bedürfnisse und dem in der menschlichen Kultur aufbewahrten Weltwissen subjektiv wahrgenommen habe: Die menschliche Kultur wird mir in all ihren Aspekten anregend und interessant erscheinen, wenn ich mir sicher sein kann, dass alles, was ich in ihr vorfinde, mein Denken und Handeln stärkt und meine Lebensgestaltungsmöglichkeiten erweitert, und ich werde dieselbe menschliche Kultur als langweilig, fremd und sinnlos, vielleicht sogar als unbewältigbar und demütigend empfinden, wenn es mir bisher nicht gelungen ist, ihre Bausteine sinnstiftend auf mein Leben anzuwenden. Zwar mag in diesem Falle noch immer die Möglichkeit bestehen, ein aufgetragenes Lernpensum mit Blick auf eine Entlohnung (oder eine vermeidbare Bestrafung) zu ‚ertragen‘, es vielleicht sogar ertragreich zu ‚verwerten‘, doch werden die eigentlichen Inhalte der Kultur dadurch gleichsam zur Nebensache.

So lässt sich bei dem angeführten Löffel-Beispiel etwa vorstellen, dass das Kind aufgrund seiner Vorerfahrungen weiß, wie sich mit der Befolgung gewisser Wünsche der Erwachsenen ein *Tauscheffekt* lukrieren lässt: Man erhält für folgsames Verhalten eine Belohnung, etwa eine besondere Form der sozialen Anerkennung, materiellen Vergünstigung o.Ä. In diesem Falle kann es daher geboten sein, ein bestimmtes Verhalten gleichsam *äußerlich anzunehmen*. Auch dabei handelt es sich natürlich um Lernen, doch weist dieses eine andere Eigendynamik auf, als im weiter oben als günstig qualifizierten Fall. Indem es nämlich nicht am Aufschließen der kulturellen Potenziale selbst orientiert ist, sondern am Eintausch eines erwarteten Verhaltens gegen eine Belohnung, bleibt es in gewisser Weise unempfänglich gegenüber dem, worin es eigentlich bestehen müsste – der Aneignung jenes Wissens und Könnens, das ein *erweitertes Handeln* ermöglicht – und hält dieses dem Lernenden damit verschlossen. Ein solches Lernen führt dann weniger leicht zu einem sinnvollen Ergebnis als ein vom sachlichen Bedürfnis motiviertes.

Allerdings darf man sich ein solches Bedürfnis auch nicht als völlig *individuelle* Angelegenheit vorstellen. Jean Lave hat darauf aufmerksam gemacht, dass Lernmotivationen stark durch den *sozialen Kontext* beeinflusst werden. So zieht sie etwa aus einer ihrer ethnologischen Fallstudien zum Lernen das Resümee:

> „The *telos* of tailors apprenticeship in Liberia was not learning to sew; not moving towards separation from everyday life into specialization of production skills or special generalization of tailoring knowledge. Instead, the *telos* might be described as becoming a respected, practicing participant among other tailors." (Lave 1997, 129)

Motivierend war hier also nicht so sehr das Nähenkönnen *als solches*, sondern die mit dem Nähen verwirklichbare Integration in eine intakte und die Befriedigung der eigenen Bedürfnisse sichernde Gemeinschaft. Handelt es sich dabei dann aber nicht wieder genau um jene oberflächliche, sachentbundene ‚Erledigung‘ im Rumpfschen Sinne? Bei genauer Betrachtung: ganz und gar nicht. Um nämlich ein anerkannter und gut integrierter Schneider zu sein, genügt es nicht, einfach einige *beobachtbare Verhaltensweisen* an eine vorgegebene Erwartung anzupassen.

Das fachlich-sachliche Können ist hier kein *Tauschobjekt*, sondern das *eigentliche Ziel* des Lernens. Das Ideal des anerkennungswürdigen Schneiders impliziert, dass dieser gerade nicht zum Zweck vordergründiger Belohnung schneidert, sondern aus intrinsischer Hingabe an das Schneidern. Dabei motiviert weniger das Geld, das sich durch die Anwendung der Meisterschaft lukrieren lässt, als *diese selbst*. Ein ‚respected participant' kann nur werden, wer daran interessiert ist, sich alle Facetten der Schneiderkunst so souverän wie irgend möglich zu eigen zu machen und nicht bloß einige oberflächliche Tricks.

Klaus Holzkamp hat die beiden von Rumpf beschriebenen Formen des Lernens mit den Attributen *defensiv* und *expansiv* versehen. Diese Unterscheidung gewinnt noch an Gewicht, wenn man sie mit einer zweiten Bestimmung aus dem Konzept Holzkamps verknüpft: mit der möglichen *Flachheit* und *Tiefe* des Lernens. Dieses Konzept setzt eine allgemeinere Einsicht in das menschliche Lernen voraus, die mich weiter unter noch ausführlich beschäftigen wird (siehe 1.3): Wenn unser Lernen immer in der Aneignung eines Ausschnittes aus der menschlichen Kultur besteht, so bedeutet dies, dass es nicht denkbar ist ohne einen *Gegenstand, auf den es sich bezieht.* Lernen ist immer ein Lernen *von etwas*, der „Begriff des Lernens setzt ein Etwas immer schon voraus." (Liessmann 2006, 35) Damit ist der Vorgang des Lernens nun aber nicht nur abhängig von der Art und Weise, von Ausmaß und Gerichtetheit der *subjektiven Motivation*, sondern auch von den *Eigenschaften des Gegenstandes*, auf den sie sich richtet. Solche Gegenstände können sehr unterschiedliche Eigenschaften haben, wenn wir beispielsweise an einen Computer, an die Tanzschritte des Wiener Walzers oder an die antike Keilschrift denken. Bei ersterem handelt es sich um eine Maschine, bei zweiterem um ein ästhetisches Konzept und bei letzterem um ein sprachliches Zeichensystem (oder, wie ich weiter oben formuliert habe: um Anordnungen instrumenteller, ikonischer und symbolischer Artefakte).

Abgesehen von solch unterschiedlicher *Qualität*, die den Lerngegenständen zukommt, können sie aber auch unterschiedliche *Komplexität* aufweisen. Wie gehaltvoll sie sind, lässt sich u.a. daran ablesen, *wie viel* man an ihnen lernen kann, bzw. muss, um sie angemessen zu beherrschen. Man kann dies nun auch die unterschiedliche *Flachheit* bzw. *Tiefe* des Gegenstandes nennen und daraus eine unterschiedlich ausgeprägte Flachheit und Tiefe des durch ihn ermöglichten Lernprozesses ableiten. So wird der genannte Computer wohl mehr an tiefgreifenden Lernvollzügen ermöglichen als die Rassel eines kleinen Kindes.

Ob ein Lerngegenstand größere oder geringere Tiefe aufweist, zeigt sich für den Lernenden erst im Lernen selbst. Zunächst nämlich

> „ist mir ein Lerngegenstand in meiner unmittelbaren Weltsicht stets nur in seinen naheliegenden, oberflächlichen Beschaffenheiten zugänglich: Ob ich darüber hinaus weiter in ihn eindringen kann, hängt vor allem davon ab, wie weit er vermittelte Bedeutungsstrukturen enthält, die zunächst in der ‚Oberfläche' noch verborgen sind, aber bei weiterem Gegenstandsaufschluß als Erscheinungsformen der mehr oder weniger vermittelten Strukturen erfaßbar werden." (Holzkamp 1995, 222)

Wenn wir diese Eigenheit der Flachheit/Tiefe des Gegenstandes und des auf ihn bezogenen Lernens mit der zuvor erörterten Motivationsproblematik zusammenführen, so zeigt sich folgender Zusammenhang: Ich kann als Lernender das immer weitere Vordringen in die *erst im Lernen selbst erfahrbaren* Tiefendimensionen des Gegenstandes nur dann sinnvoll finden, wenn ich das gesamte Lernen im Hier und Jetzt meiner Lernsituation als Beitrag zur Erweiterung meiner Lebensgestaltungsmöglichkeiten erlebe, also gemäß meinem eigenen Bedürfnis lerne.

Wenn ich nämlich einer Situation ausgesetzt bin, in der ich durch mein Lernen über mich verhängte Zwänge und Bedrohungen abarbeiten muss, so wird es für mich sinnvoller sein, mich auf die taktische Aneignung bloßer *Beweisstücke* für die Erledigung meiner Arbeitspflicht zu konzentrieren als auf die unsicheren Wege in die unabsehbaren Abenteuer grundstürzender Erkenntnisse. Da ich in diesem Falle ja nur für eine zu erwartende Kontrolle meines Lernfortschritts lerne, liegt es ganz besonders nahe, dass ich mich um genau jene *Oberflächen*dimensionen des Gegenstandes bemühe, die ich schnell und umstandslos erfassen und dann als Beweisstücke herzeigen kann, denn im Zuge der zu erwartenden Kontrolle muss ich ja selbst eine entsprechende Oberfläche meines Wissens präsentieren können. Die Aufgabenstellung empfiehlt mir also ganz und gar nicht, mich – wie Rumpf dies ausgedrückt hat – auf die Unbekanntheiten, Unstimmigkeiten und Offenheiten des Lernabenteuers einzulassen, denn diese würden mich bei der Erreichung meines Zieles bloß unnötig aufhalten.

Die unterschiedlichen motivationalen Voraussetzungen des Lernenden sind also nicht nur von Bedeutung, weil sie den Lernprozess bloß in einem quantitativen Sinne *stärker oder schwächer* vorantreiben, sondern weil sie darüber mit entscheiden, ob „die Tiefendimension eines Lerngegenstands, damit auch die in ihm enthaltenen *allgemeineren* Bedeutungsbezüge" (Holzkamp 1995, 224) überhaupt erreichbar werden. Die Redeweise von der Flachheit/Tiefe des Gegenstandes/Lernens drückt dabei ziemlich prägnant aus, dass man durch das Verweilen bei den *unmittelbar einsehbaren* Aspekten des Gegenstands davon abgehalten wird, *durch sie hindurch* weiter in seine (noch) verborgenen Gehalte vorzudringen.

Auf die Implikationen des ‚defensiven' Zugangs zum Lerngegenstand für die Flachheit seiner Aneignung hat übrigens schon der Deutsche Universalgelehrte und Bildungsphilosoph Wilhelm von Humboldt aufmerksam gemacht, der – ohne den Zusammenhang in der gleichen Ausführlichkeit zu begründen – doch seinen Kern präzise in den Worten formuliert: „Was nicht von dem Menschen selbst gewählt, worin er auch nur eingeschränkt und geleitet wird, das geht nicht in sein Wesen über, das bleibt ihm ewig fremd, das verrichtet er nicht eigentlich mit menschlicher Kraft, sondern mit mechanischer Fertigkeit." (Humboldt 1980a, 77) Ein gutes Jahrhundert später hat Theodor W. Adorno in seiner Theorie der Halbbildung präzise beschrieben, in welcher Weise die Aneignung bloßer Oberflächenmerkmale von Kulturbeständen zu einer

„punktuelle[n], unverbundene[n], auswechselbare[n] und ephemere[n] Informiertheit [führt], der schon anzumerken ist, dass sie im nächsten Augenblick durch andere Informationen weggewischt wird. Anstelle des temps dureé, des Zusammenhangs eines in sich relativ einstimmigen Lebens, das ins Urteil mündet, tritt ein urteilsloses ‚Das ist‘, etwa so, wie im Schnellzug jene Fahrgäste reden, die bei jedem vorbeiflitzenden Ort die Kugellager- oder Zementfabrik oder die neue Kaserne nennen ….“ (Adorno 1997b, 115)

1.3 Ich und Welt: ein Abhängigkeitsverhältnis

Ich habe in meinen Vorbemerkungen hervorgehoben, dass ich das menschliche Lernen aus einer pädagogisch bedeutsamen Sicht darstellen möchte. Meine erste Übersicht über das Thema Lernen soll daher durch die Markierung jener Ausgangspunkte abgeschlossen werden, von denen sich ein solcher Anspruch herleiten lässt.

Die Wissenschaft von der Erziehung kann sich als Wissenschaft von dem, was Menschen bewegt, was sie beabsichtigen, was sie tun und was sie damit erreichen, wenn sie erziehen oder erzogen werden, kurz: als Wissenschaft von der Praxis der Erziehung, nicht darauf beschränken, den Prozess des Lernens lediglich als *individuell-physiologischen* oder *inhaltlich beliebigen* Veränderungsprozess zu rekonstruieren. Sie muss in ihrer Sicht auf das Lernen vielmehr den Umstand berücksichtigen, dass pädagogischen Vorgängen stets die Absicht zugrundeliegt, eine Nachkommenschaft bei der Aneignung überlieferter Kulturbestände und Lebensweisen zu unterstützen.

Dies bedeutet keineswegs, dass aus erziehungswissenschaftlicher Sicht das Thema Lernen auf pädagogisch instrumentalisierbare Eigenheiten abzusuchen oder solche als ‚pädagogisch wertvoll‘ oder ‚pädagogisch minderwertig‘ zu klassifizieren wären. Es geht vielmehr darum, den Begriff des Lernens in einer theoretischen Blickrichtung auszuarbeiten, die seinen systematischen Zusammenhang mit dem Vorgang des Erziehens transparent und nachvollziehbar macht. Wie immer man diese Blickrichtung im einzelnen anlegt, in jedem Falle muss in ihr das Lernen *erstens* als Vorgang der Aneignung der menschlichen Kultur und *zweitens* als abhängig von zwischenmenschlichen Interaktionen verständlich werden. Lernen ist hier also in Hinblick sowohl auf seine *inhaltliche* als auch auf seine *soziale* Dimension zu bestimmen.

Als idealtypisches Beispiel für diese Herangehensweise erinnere ich an die zuvor angestellten Überlegungen zu den *unterschiedlichen Motiven* und der mit ihnen verbundenen *Flachheit oder Tiefe* des Lernens. Sie dienen weder dazu, eine Strategie zu entwickeln, wie man ‚wirkungsvoll‘ an Heranwachsende ‚herankommt‘, um ihnen ‚etwas Ordentliches beizubringen‘, noch nehmen sie vorweg, wie man ‚pädagogisch richtig‘ vorzugehen hätte. Sie gehen vielmehr in analytischer Absicht der Frage nach, welche Aneignungsvorgänge unter welchen Bedingungen als möglich, erleichtert, naheliegend oder erwartbar bzw. unmöglich, schwierig, fernliegend oder unwahrscheinlich anzusehen sind.

In eben diesem Sinne zählt es zu den grundlegenden Fragen der Wissenschaft von der Erziehung, wie das Verhältnis zwischen Mensch, Gemeinschaft und Kultur in seinen allgemeinsten Zügen zu denken ist. So viel ist zunächst offensichtlich: Der Mensch kommt nicht als selbstbewusst denkendes und handelndes Subjekt zur Welt, er verfügt aber von allem Anfang an über die notwendigen individuellen Voraussetzungen, sich zu einem solchen zu entwickeln (siehe 4.2). Damit stellt sich die Frage, was geschehen muss, um diese Entwicklung auch tatsächlich einzuleiten. Betrachten wir zunächst die Ausgangssituation: In dem Augenblick, in dem Menschen geboren werden, verfügen sie über recht wenig Eigenständigkeit. Ein Neugeborenes bedarf umfassender Fürsorge, um überhaupt am Leben zu bleiben, und diese Fürsorge schließt alle Entscheidungen ein, die sein Dasein maßgeblich gestalten. Seine Selbstbestimmung beschränkt sich darauf, dass es seine Befindlichkeit durch unmittelbare Zufriedenheits- oder Unmutsäußerungen ausdrückt. Selbstverständlich sind Neugeborene bereits individuelle Wesen und keine Mutter würde ihr Kind mit einem anderen verwechseln. Doch so etwas wie *geistige* Individualität ist bei einem Menschen, der gerade erst geboren wurde, kaum in Ansätzen vorhanden. Worin sollte sie auch bestehen? Neugeborene verfügen zunächst einmal hauptsächlich über ihre genetisch gesicherten Gattungseigenschaften. Diese wurden zwar bereits durch unterschiedliche vorgeburtliche Erfahrungen differenziert, auf die Hervorbringungen der menschlichen Kultur sind sie jedoch erst in sehr diffuser Weise gestoßen, vielleicht in Form diffuser sinnlicher Wahrnehmungen (Geräuschkulissen, Hell-Dunkel-Eindrücke etc.) oder der jeweiligen Befindlichkeit der Mutter (Glück, Stress etc.).

Zu den genetisch gesicherten Gattungseigenschaften zählt die Fähigkeit, sich der Welt lernend zuzuwenden. Wäre sie nicht gegeben, würde kein Lernen einsetzen und keine weitere Entwicklung stattfinden. Die Fähigkeit zu lernen lässt aber noch völlig offen, worauf das Neugeborene sie anwenden wird. Das Vermögen, sich selbst zu entwerfen und zu gestalten, ist also nicht mehr als eine bloße *Disposition ohne konkreten Inhalt.* Auf ihrer Grundlage kann das Neugeborene aber in Kontakt mit seiner Welt treten und sich aneignen, was an ihr sein Lernbedürfnis weckt. Damit wird *diese Welt* zur Grundlage seiner Individualität und Autonomie.

Das Neugeborene kann sich nichts aneignen, das in seiner Umgebung nicht vorhanden ist, doch es ist immer es selbst, das bestimmt, was es an den vorhandenen körperlichen, interaktiven, dinglichen, ästhetischen oder sprachlichen Informationen aus seiner Umgebung bezieht und als Verknüpfungen mit der Welt in sein eigenes Dasein überführt. Von allem Anfang an kommt dem Neugeborenen also eine aktive Rolle zu: Lernend *gestaltet es sich selbst.* Dabei ist es zunächst jedoch völlig ausgeliefert an das, was ihm gegeben ist und so muss es sich notgedrungen zunächst einmal sehr weitgehend an seine Umgebung anpassen.

Keinesfalls darf man sich dieses Gestalten und Anpassen als das Ergebnis reflektierter Wahrnehmung und bewusster Entscheidung vorstellen. Das Neugeborene ist ja nicht nur seinen ‚äußeren' Bedingungen ausgeliefert, sondern gleichermaßen seinen ‚inneren': Sein eigenes *Selbst* besteht zunächst in nichts als dem Umstand, dass auftretende Emotionen sich in spontanem Verhalten eine weitgehend unkontrollierte und eigenmächtige Geltung verschaffen. Das Neugeborene betreibt seine Weltzuwendung zwar aktiv, aber diese Aktivität ist das Resultat gegebener Mechanismen und Befindlichkeiten, in die kontrollierend einzugreifen das Neugeborene erst erlernen muss. Es vollzieht Abläufe, die zwar in einem ‚physischen' Sinne eindeutig von ihm ausgehen, die sich aber zunächst so gut wie ausschließlich ‚durch das Neugeborene hindurch' entfalten. *Frei* ist das Neugeborene nur in dem eingeschränkten Sinne, dass sich ihm (mehr oder weniger) *unterschiedliche Möglichkeiten* bieten, sein spontanes Agieren zu verwirklichen.

Die Freiheit wächst jedoch in dem Maße, in dem das Kind seine Kompetenz im Umgang mit der Welt entwickelt, denn durch das Lernen erzeugt es nicht einfach eine bloße Anhäufung von Informationen. Es vertieft auch beständig die Fähigkeit, sich immer gezielter, systematischer und selektiver der Welt zuzuwenden und damit das eigene Selbstbestimmungsvermögen – also die Fähigkeit der absichtsvollen Einmischung in seine ‚inneren' und ‚äußeren' Bedingungen – kontinuierlich aufzubauen. Doch auch diese Erweiterung der Freiheit kann ihre Abhängigkeit nicht außer Kraft setzen, denn das Kind bleibt stets angewiesen auf die Bedeutungsangebote, die es in seiner Welt vorfindet, also auf die praktischen Lebensvollzüge der anderen Menschen, sowie auf die ihm begegnenden sozialen, technischen und ästhetischen Objekte und Vorkehrungen inkl. aller Faszinationen und Widerständigkeiten gegen die Interaktionsversuche, die es unternimmt, und aller Krisen und Glücksmomente, die sich dabei einstellen.

Die komplexe Verschränkung von Freiheit und Unfreiheit, die sich hier abzeichnet, bietet dem alltäglichen wie dem wissenschaftlichen Denken viele Möglichkeiten, sich vereinseitigend auf einen der beiden Aspekte zu konzentrieren und einen *völlig freien* oder *völlig unfreien* Menschen zu postulieren. Jede solche Vereinseitigung würde jedoch eine umfassende Einsicht in das Potential des menschlichen Geistes von vornherein und unnötigerweise verstellen. Aufschlussreicher scheint mir dagegen, den Menschen als *Subjekt* zu konzipieren, dessen Lebensaktivität sich im Spannungsfeld der (genetischen, kulturellen, situationalen etc.) *Vorgegebenheiten* und einer aus diesen sich herausbildenden, von ihnen aber allzeit abhängig und begrenzt bleibenden *Selbstbestimmung* entwickelt. Alle meine bisherigen Überlegungen sind einem solchen Verständnis verpflichtet. Ich werde es in Kap. 4 noch einmal in einen allgemeineren konzeptuellen Rahmen stellen und dann in Kap. 5 bis 8 weiter entfalten.

Die Auffassung vom Menschen als Subjekt seiner Geschichte schlägt sich nun auch im Begriff der *Bildung* nieder, dessen fundamentale Bedeutung darin besteht, eine *pädagogische* Antwort auf die skizzierte ontogenetische Ausgangslage zu geben. Exemplarisch lässt er sich am Beispiel der Auffassungen Wilhelm von Humboldt's darstellen, der bereits Ende des 18. Jahrhunderts einen klaren und aufschlussreichen Begriff des menschlichen Lernens aus der Sicht seiner systematischen Unterstützung ausgearbeitet hat.

Für Humboldt stellt die Freistellung der Lernaktivitäten von äußeren Zwangsvorkehrungen zunächst eine *notwendige Voraussetzung* der Möglichkeit eines umfassenden Aneignungsprozesses dar: Zu einer „höchsten und proportionirlichsten Bildung … ist Freiheit die erste, und unerlassliche Bedingung." (Humboldt 1980a, 64) Dieser Satz ist keinesfalls als moralisierender Appell zu lesen, sondern als streng analytische Konditionalbestimmung, die der Einsicht in *die aktive Rolle des Heranwachsenden* Rechnung trägt, die *pädagogisch nicht behindert werden darf: Wenn* höchste und proportionierlichste Aneignung eintreten soll, *dann* muss freie Entfaltungsmöglichkeit gegeben sein.

Allerdings ist auch schon Humboldt klar, dass Freiheit alleine nur eine notwendige, nicht aber schon hinreichende Bedingung für eine umfassende Aneignung der Welt darstellt. Daher schließt er sofort an: „Allein ausser der Freiheit erfordert die Entwikkelung der menschlichen Kräfte noch etwas andres, obgleich mit der Freiheit eng verbundenes, Mannigfaltigkeit der Situationen" (ebd.). Damit gibt Humboldt nun zu erkennen, dass er auch die indirekte Eingeschränktheit der Freiheit, ihre *Abhängigkeit von den gegebenen Bedingungen*, im Auge behält. Dies wird durch seine Begründung eindeutig klar:

> „Auch der freieste und unabhängigste Mensch, in einförmige Lagen versezt, bildet sich minder aus. Zwar ist nun einestheils diese Mannigfaltigkeit allemal Folge der Freiheit, und anderntheils giebt es auch eine Art der Unterdrückung, die, statt den Menschen einzuschränken, den Dingen um ihn her eine beliebige Gestalt giebt, so dass beide gewissermassen Eins und dasselbe sind." (Humboldt 1980a, 64)

Kurz: Die *potentiell* mögliche Freiheit kann sich nur entfalten, wenn die lernende Weltaneignung auch *reell* durch vielfältiges und anregendes Kulturgut gespeist wird. Wie energisch uns Humboldt diese Notwendigkeit vor Augen führt, wird daran deutlich, dass er Beliebigkeit in der (pädagogischen) Gestaltung der Situationen mit Unterdrückung und Einschränkung auf eine Stufe stellt.

Die Brillanz der Humboldtschen Argumentation zeigt sich u.a. darin, dass er jedes Folgeproblem, das er durch eine seiner Schlussfolgerungen erzeugt, sofort präzise erkennt und weiter entfaltet: Wenn nun nämlich *Freiheit* eine so grundlegende Rolle für die Bildung des Einzelnen spielt, dann ist – auch bei vielfältiger *Anregung* – damit zu rechnen, dass sich der Lernende für irgend ein Gebiet der menschlichen Kultur ganz besonders zu interessieren beginnt und andere dabei zurückstellt. Jeder Mensch, so vermerkt Humboldt, könne sich in *einem* Augenblick nicht gleichmäßig verteilt auf *alle* Bereiche der Welt konzentrieren und damit werde er schwerpunktmäßig auf *eine bestimmte Tätigkeit* oder *deren wenige* eingestimmt.

Ist der frei sich die Welt aneignende Mensch also zur Einseitigkeit verurteilt? Humboldt bietet darauf eine interessante Antwort in zwei Schritten:

> „Allein dieser Einseitigkeit entgeht er, wenn er die einzelnen, oft einzeln geübten Kräfte zu vereinen, den beinah schon verloschnen wie den erst künftig hell aufflammenden Funken in jeder Periode seines Lebens zugleich mitwirken zu lassen, und statt der Gegenstände, auf die er wirkt, die Kräfte, womit er wirkt, durch Verbindung zu vervielfältigen strebt." (Humboldt 1980a, 64)

Humboldt versucht erst gar nicht, sich durch irgendeine prohibitive Klausel gegen die erwartbaren Spezialisierungstendenzen der Lernenden zu stemmen oder sie pädagogisierend auf irgend einen sorgsam zusammengestellten Kanon zu verpflichten. Er übt sich vielmehr in demonstrativer Gelassenheit und kann sie gut begründen: Es ginge gar nicht um ein vollständiges Kaleidoskop einzelner Wissensbausteine, die man unbedingt kennenlernen und behalten müsse. Wichtig sei es lediglich, die *Kräfte*, die jeweils im Zuge der einzelnen Beschäftigungen entwickelt werden können, zu kultivieren und – wie man heute wohl sagen würde – zu vernetzen.

Aus dieser Überlegung sollte der etwas unpräzise aber letztlich doch ganz illustrative Kalauer entstehen, Bildung wäre, was übrig bleibt, wenn man das, was man gelernt hat, wieder vergessen habe. Humboldts *Kräfte* sind also kein auflistbarer Sammelbestand an Wissen, sondern bestehen in nichts anderem als der Summe jener Fähigkeiten, die wir im Zuge unserer Ich- und Weltaneignung aufbauen und zu immer weiteren Lernaktivitäten einsetzen können. Das Konzept der Kräfte wurde dann später als *formale Bildungsidee* bezeichnet und der *materialen* (also der Auffassung, man müsse die zu erwerbenden Bildungsinhalte taxativ festlegen) entgegengestellt.

Die skizzierte Lösungsvariante stellt Humboldt aber noch nicht zufrieden und er unternimmt daher auch gleich noch den angekündigten zweiten Schritt: Was im formalen Bildungskonzept

> „gleichsam die Verknüpfung der Vergangenheit und der Zukunft mit der Gegenwart wirkt, das wirkt in der Gesellschaft die Verbindung mit andern. Denn auch durch alle Perioden des Lebens erreicht jeder Mensch dennoch nur Eine der Vollkommenheiten, welche gleichsam den Charakter des ganzen Menschengeschlechts bilden. Durch Verbindungen also, die aus dem Innren der Wesen entspringen, muss einer den Reichthum des andern sich eigen machen." (Humboldt 1980a, 64f)

Die Vereinigung der Kräfte des *Einzelnen* in der *biografischen Entwicklungsbewegung* ist also ergänzt zu denken durch die Vereinigung der Kräfte der *vielen Einzelnen* im *gesellschaftlichen Raum*: Nicht jeder einzelne Mensch muss die gesamte Kultur in sich aufnehmen. Dies wäre weder leistbar noch ist es notwendig. Um die Kultur in ihrer Gesamtheit lebendig zu erhalten, steht ja die Gesamtheit aller Menschen zur Verfügung und wenn jeder aus seinem bevorzugten Interessensgebiet *eine* der ‚Vollkommenheiten' macht, so ist die Wahrscheinlichkeit groß, dass *jede* der in der Kultur angelegten Erfahrungsbestände von irgendjemandem angeeignet und damit weitergeführt wird. Man könnte sogar folgern, dass, wollten *alle Menschen das selbe lernen*, dies für die Gesamtkultur eine Katastrophe bedeuten müsste: Der dabei übrig bleibende Rest der menschlichen Kultur hörte dann ja auf zu existieren, da niemand mehr bereit wäre, sich um ihn zu kümmern.

Würde die Kultur aber – wenn auch nur in Teilen – einbrechen, kämen unmittelbar auch sogleich alle Einzelnen zu Schaden, weil ihnen die Kultur als gesamtes ‚Gedächtnis der Menschheit' dann nicht mehr vollständig für ihre das ganze Leben hindurch während Individualisierung zur Verfügung stünde. Um dem vorzubeugen, betrachtet Humboldt die Bildung des Menschen von vornherein als eine Aufgabe, die über das einzelne Individuum hinausweist. Und dies nicht bloß in dem schlichten Sinne, dass jeder Mensch sich einfach irgendetwas ganz besonders gut aneignen solle, sondern durchaus in dem anspruchsvollen, dass alle Teile des quasi ‚arbeitsteilig' erworbenen Gesamt-Wissens und -Könnens auch tatsächlich für *jeden* Einzelnen *individuell zugänglich* bleiben müssen. Dies erfordert seitens der Menschen „eine Verschiedenheit, die, nicht zu gross, damit einer den andren aufzufassen vermöge, auch nicht zu klein ist, um einige Bewunderung dessen, was der andre besitzt, und den Wunsch rege zu machen, es auch in sich überzutragen." (Humboldt 1980a, 65) Johann Friedrich Herbart, ein Zeitgenosse Humboldts hat daraus eine emphatische Maxime entwickelt: „Alle müssen Liebhaber für alles, jeder muß Virtuose in einem Fache sein" (1965a, 42).

Es muss also gewährleistet bleiben, dass die einzelnen Menschen in ihren mannigfachen Spezialisierungen noch aneinander anschlussfähig bleiben, damit sie den jeweiligen ‚Reichtum der anderen sich eigen machen' können. Zumindest *so viel,* um dies zu gewährleisten, muss *jeder von allem* beherrschen. Andernfalls würde dies zu einem Zerfall der Kultur führen, denn ein bloßes Nebeneinander von isolierten Spezialinteressen, quasi eine Menschenmasse bestehend aus lauter unterschiedlich spezialisierten Fachidioten könnte nicht funktionieren. Unter solchen Bedingungen würde keiner mehr den anderen verstehen, müsste jeder jeden anderen für geistig fehlgeleitet halten, wären die einzelnen Teile der Kultur nicht mehr *Teile eines Ganzen*, sondern nur mehr zusammenhanglose Bruchstücke. Es ginge verloren, was Jürgen Habermas als Pointe aller Anstrengungen des menschlichen Geistes so prägnant auf den Punkt brachte: Die „Einheit der Vernunft in der Vielfalt ihrer Stimmen" (1988a, 153).

Das Konzept macht schon in seinem Grundgerüst deutlich, dass es keinerlei Notwendigkeit gibt, Heranwachsende durch Zwang und Gewalt zu irgend einem Lernen zu nötigen, dass also, wenn dies doch geschieht, es andere Motive sein müssen, die hier handlungsleitend sind, etwa der Wunsch, Menschen – sei es in familiärem, institutionellem oder gesellschaftlichem Ausmaß – willkürlich an ihrer selbstbestimmten Entfaltung zu hindern, um sie unterdrücken und ausbeuten zu können. Demgegenüber sind in Humboldts Konzept die Wahrung der individuellen Freiheit und die Sicherstellung der gesellschaftlichen Notwendigkeit in einer theoretisch bestechenden Weise miteinander verknüpft. Doch ist die ‚Wechselwirkung von Ich und Welt‘ so zunächst einmal erst *in Abstraktion von ihren historisch wirklichen Bedingungen* entworfen.

Diese Abstraktion ist nun in einem weiteren Schritt wieder rückgängig zu machen. Für Humboldt ist es nicht einfach eine *Halde von Wissen*, die dem Lernen der Menschen zur Verfügung steht, sondern ein System kumulativer Erkenntnis, dem eine qualitative innere Ordnung zu eigen ist. Dieses bezeichnet er als den „Geist der Menschheit" (vgl. 1797) und versteht es als einen normativen ‚roten Faden‘, der sich durch das gesamte Menschheitswissen zieht. Dieser Geist der Menschheit liegt aber andererseits nicht unmittelbar vor Augen, sondern ist ein zunächst „unbekanntes Etwas", das erst erschlossen werden muss. Es kann sich dabei nur um etwas Allgemeines handeln, da „es auf Alle Anwendung finden soll", also „der Verschiedenheit der Individuen keinen Eintrag thun" darf (1980b, 507), es ist der „Würde des Menschen" (1980b, 507) gewidmet und dient der „Veredlung des ganzen Menschengeschlechts" (ebd.). Dabei ließe es „sich nicht durch blosse Befolgung vollständig angegebener Regeln nachmachen" (ebd., 509) und zu guter Letzt nicht einmal „durch den blossen Verstand … begreifen. Wer keinen Sinn dafür hat, sieht es nicht; und wer es sieht, kann es nicht aussprechen" (ebd.).

Woher diese rätselhaften Formulierungen, warum sagt Humboldt nicht schlicht und einfach, worauf er hinaus möchte? Um seine Formulierungen zu verstehen, müssen wir uns vergegenwärtigen, dass die Bildungsaktivitäten der Menschen nicht einfach *affirmativ* auf die ihnen zunächst vorfindliche Kultur, auf das Menschheitswissen, auf die gegebenen Lebens- und Arbeitsformen, Gerätschaften, Medien, Handwerke, Künste, Wissenschaften, auf die verfügbare Technik, den Kanon der Schulfächer, die Bücher einer Bibliothek, die Webseiten von wikipedia etc. gerichtet sein können. Diese Wendung mag überraschen, doch sie ist zwingend: Soll die Selbstgestaltungsfähigkeit, das Glück, die Würde des Menschen wirklich optimiert werden, so genügt es nicht, dass die kulturellen Vorgaben einer Zeit akzeptiert und unkritisch übernommen werden. Dies würde nämlich voraussetzen, dass in diesen Vorgaben bereits alles in bestmöglicher Form bereit stünde, was der Einzelne zur optimalen Gestaltung seines individuellen, sozialen und gesellschaftlichen Lebens benötigt.

Davon können wir jedoch weder heute ausgehen, noch konnten dies die klassischen Bildungstheoretiker. Blicken wir zurück: Die Idee der Bildung entwickelt sich historisch zu einem Zeitpunkt, an dem die Gesellschaft selbst erst am Beginn ihrer Aufklärung und Zivilisierung steht. Als etwa Pico della Mirandola 1486 in seinem berühmten Traktat ‚Über die Würde des Menschen‘ Gott erklären lässt, dass der Mensch wie sein „eigener, in Ehre frei entscheidender, schöpferischer Bildhauer" sich selbst die Gestalt geben möge, die er bevorzugt (1990, 7), gibt es keinerlei Demokratie, keine sozialen Errungenschaften, keinen allgemeinen Zugang zu Wissen. Nichts war so weit verbreitet wie Analphabetismus und Aberglaube, der Buchdruck war soeben erst erfunden worden und in Spanien brannten die Scheiterhaufen der Inquisition. Wie hätte sich ein Mensch dieser Zeit durch die bloß *zustimmende Übernahme* der vorgefundenen Kultur zu einem selbstbestimmten menschlichen Individuum entwickeln sollen?

Und es ging so weiter: Gute dreihundert Jahre später, zur Zeit Humboldts, hatten Frühkapitalismus und beginnende Industrialisierung zu unvorstellbarem Elend der Arbeiterschaft geführt, die großteils aus von Haus und Hof gewaltsam vertriebenen Bauern rekrutiert worden war. Hunger, Verwahrlosung, Krankheiten, brutalste Ausbeutung, Kinderarbeit in Bergwerken und Fabriken zu Hungerlöhnen und ohne grundlegendste Sicherheitsvorkehrungen waren an der Tagesordnung. Wie hätte unter diesen Bedingungen die einfache Akzeptanz der gegebenen Kultur zu Bildung und Aufklärung, zur Bewahrung der Würde des Menschen führen sollen?

Und heute? Die Zerstörung der planetaren Lebensgrundlagen schreitet voran, unser Wohlstand wird mehr und mehr von kleinen Gruppen macht- und geldgieriger Börsenpiraten abgesaugt, aus vorgeschobenen Anlässen werden mörderische High-Tech-Kriege geführt, eine „kannibalische Weltordnung", wie Jean Ziegler (2015) sie nennt, bewirkt unsagbares Elend in den weniger entwickelten Weltgebieten, eine allgegenwärtige elektronische Überwachung spioniert uns bis in unsere Privatsphäre hinein aus, die manipulativen Attacken auf unser Denken und Fühlen durch Werbefeldzüge, Schrottkultur und die neoliberale Marktreligion werden immer hermetischer. Die aktuelle Kultur einfach kritiklos hinzunehmen, würde wohl auch heute eher zu konsumistischer Verblödung und Abhängigkeit führen als zu Selbstbestimmungsfähigkeit und wirklicher Lebensqualität.

Die Idee der Bildung kann also schon wegen ihrer ungünstigen gesellschaftlichen Voraussetzungen *zu keiner Zeit* anders gedacht werden denn als *Aufklärung beider Teile*: der einzelnen Individuen *und* der Gesellschaft, also des Denkens der Einzelnen sowie der Gesamtkultur, welche ja gleichsam das Bewusstsein der Gesellschaft bildet. Zwar muss der ‚rohe' Mensch durch die Aneignung seiner Kultur zivilisiert werden, doch ist diese selbst zu weiten Teilen unzivilisiert, vorrational, barbarisch und kann die Humanisierung des Einzelnen nur ansatzweise und widersprüchlich anleiten. Es bedarf daher auch die *Kultur* ihrer Humanisierung durch die *Menschen*, bzw. ihres Widerstandes gegen die (unmenschlichen Teile der) Kultur.

Schon Wilhelm von Humboldt hat diese doppelte Bestimmung als „Veredlung" der Gesellschaft wie des Einzelnen vor Augen, wenn er etwa festhält, dass dessen „eignes Vorrücken zum Ziele zugleich die allgemeine Annäherung aller zu demselben, und zwar geradezu und unmittelbar (nicht bloss in so fern er ein einzelner Theil des

Ganzen ist) befördert." (1980b, 508) In der prägnanten Formulierung des Philosophen Theodor W. Adorno kommt dies dann so zum Ausdruck:

> „Die philosophische Bildungsidee … hatte beides gemeint, Bändigung der animalischen Menschen durch ihre Anpassung aneinander und Rettung des Natürlichen im Widerstand gegen den Druck der hinfälligen, von Menschen gemachten Ordnung." (Adorno 1997b, 95)

Die doppelte Aufgabe der Erziehung des Menschen für die Gesellschaft und der Gesellschaft für den Menschen ist auch einer der Gründe, warum der konkrete Bildungsprozess keinesfalls als feststehender Katalog von Bildungspflichten im voraus bestimmt werden kann. Noch kennt ja niemand einen wirklich zivilisierten Zustand der Menschheit und auch ein solcher bliebe immer weiter in historischer Bewegung. Daher kann niemand festlegen, was man zu seiner Erreichung oder Weiterentwicklung wissen und können müsste. Schon Humboldts Argumentation läuft – wie der deutsche Erziehungswissenschaftler Dietrich Benner schreibt – darauf hinaus,

> „daß es keineswegs Telos und Zweck der Geschichte sein kann, aus dem unbekannten Etwas des Geistes der Menschheit ein bestimmtes Etwas zu machen, welches dann als solches in seiner materialen Inhaltlichkeit an die Stelle der vorläufigen Bestimmungen gesetzt werden dürfte." (Benner 1995, 88)

Was sich die Menschen im Interesse ihrer eigenen Humanisierung aneignen müssen, ist immer vorläufige Hypothese, muss immer ,nach vorne offen' bleiben. Die suchende Verwirklichung des Menschlichen bleibt eine Aufgabe, die in jeder einzelnen Biografie wie in der voranschreitenden Geschichte der Menschheit abzuarbeiten ist.

Aber ist die Vorstellung einer gleichzeitigen Humanisierung des Einzelnen und der Gesellschaft nicht völlig unrealistisch? Muss man sie nicht als utopische Träumerei verwerfen? Der individuelle Bildungsprozess ist ja nicht von einem fertigen, philosophisch und lebenspraktisch kompetenten Akteur in Angriff zu nehmen, der seiner dekadenten Kultur in heroischem Widerstand eine gewisse Humanisierung abtrotzen könnte. Das konkrete Individuum wird vielmehr durch all diese Prozesse *selbst erst geformt*. Wie soll da so etwas wie Widerstand *gegen* eine hinfällige Ordnung entstehen, wenn *gerade sie* es ist, durch deren Aneignung der Mensch seine Gestalt gewinnt?

Um diese Idee nachvollziehen zu können, müssen wir uns noch einmal der *Verschränktheit der menschlichen Abhängigkeit und Freiheit* vergewissern. Die Kultur, die wir uns im Lernen aneignen können, ist nichts anderes, als das Resultat der menschlichen Bemühungen, ein gutes Leben zu führen und daher enthält sie neben ihren barbarischen, repressiven und ausbeuterischen Anteilen immer auch die über die Geschichte hinweg unternommenen Versuche des Menschen, sein Dasein dieser destruktiven Potentiale zu entledigen, es mit Sinn zu füllen, es zu humanisieren.

Die menschliche Kultur ist daher zutiefst *widersprüchlich* und immer auch schon durchzogen von vielfältigen *Zivilisierungspotentialen*, die durch den historischen Kampf um Menschlichkeit errungen werden konnten. Sie berichtet von der Macht *und* von denen, die sie immer schon bekämpft haben, sie lehrt Folgsamkeit aber *auch* Eigensinn, sie führt vor, wie der Freiheitsliebende ausgeschlossen und verfolgt wird, aber sie weiß *ebenso*, dass und wie ihn andere Freiheitsliebende verstecken und verteidigen. Die vorfindliche Kultur ist immer unzivilisiert, vorrational und destruktiv, aber sie ist *immer auch* der schon begonnene Versuch, diesen urwüchsigen Zustand zu überwinden und durch eine vernünftige und humane Ordnung der Dinge zu ersetzen (vgl. auch Hackl 2008). Was wir uns lernend aneignen, ist also nie bloß ein statisch-defizitärer Zustand, sondern der dynamische *Prozess der im Gange befindlichen Humanisierung.*

Diese Sicht der Dinge impliziert eine Annahme, die ich ausdrücklich herausstellen möchte, weil sie theoretisch von zentraler Bedeutung ist: die Annahme nämlich, dass es *nicht aufhebbare universelle Dispositionen des Menschen* gibt. Nur wenn es solche gibt, lässt sich vorstellen, dass bestimmte allgemeine gesellschaftliche Zustände menschenwürdiger sind als andere. Machen wir als Gegenprobe das Gedankenexperiment und unterstellen einmal kurz, es gäbe *überhaupt keine* feststehenden ('angeborenen') Eigenheiten des Menschen, dann landen wir notgedrungen bei der Annahme einer in jeder Hinsicht *völligen Entwicklungsoffenheit*. Damit entfiele jede Notwendigkeit, irgendwelche Lebensumstände an den Menschen anzupassen, weil dieser ja seinerseits unproblematisch und zur Gänze an alle denkbaren Umstände angepasst werden könnte. Diese Vorstellung ist offensichtlich unplausibel und es gibt keine sinnvollen Beobachtungen, die sie stützen könnten.

Zu den universellen Dispositionen zählt – wie ich noch darstellen werde – etwa die menschliche *Bedürfnisnatur,* die den Menschen dazu motiviert, möglichst zufriedenstellende Lebensumstände zu schaffen. Von allem Anfang an begleitet die menschlichen Subjekte verlässlich das Vermögen, die Welt am Maßstab der eigenen Bedürfnisse wahrzunehmen, zu bewerten und zu verändern. Wenn wir also – wie bereits angeführt – die Möglichkeit haben, aus der (mit einander widerstrebenden Teilen bestückten) menschlichen Kultur auszuwählen, so können wir solchen Teilen den Vorzug geben, die unserem Bedürfnis nach einem Leben in Würde, Sicherheit und solidarischer Gemeinsamkeit entsprechen und sie gegen jene wenden, die wir als unmenschlich, zerstörerisch und unsolidarisch wahrnehmen.

Natürlich beginnt dieser Prozess zunächst einmal bei Neugeborenen, bei Kindern, bei Heranwachsenden, und damit mag sich zunächst nicht mehr ergeben, als intuitive Vorlieben und diffuse Widerständigkeiten. Und dennoch: Wer mit kleinen Kindern zu tun hat, weiß, wie energisch diese ihre Willenskundgebungen bereits geltend machen können, und spätestens nachdem sie eine Sprache erworben haben, sind sie jedenfalls in der Lage, die unterschiedlichen Bestandteile der sich ihnen anbietenden kulturellen Ordnung in immer weitreichenderen Aspekten und Dimensionen denkend zu vergegenwärtigen, und zu prüfen, in welcher Weise diese Ordnung sich am Kriterium ihrer Bedürfnisse bewährt.

Allerdings dürfen wir uns die Auswahl, die wir hier vollziehen können, auch nicht so vorstellen, als wären wir umstandslos dazu in der Lage, eine für uns immer *richtige* Wahl zu treffen. Wir können nämlich nicht verhindern, dass wir von unserer ‚hinfälligen Ordnung‘ trotz aller kritischen Selektion immer auch deren Widersprüche beziehen und dadurch von einer humanisierungsbedürftigen Kultur selbst zu humanisierungsbedürftigen Wesen geformt werden. Auch wenn wir unser Leben lang uns redlich bemühen, die besten Teile der Kultur auszuwählen und sie auf die tiefgreifendste Weise zu verstehen, uns auf die überzeugendste Seite zu stellen und dort ein möglichst integres Leben zu verbringen, so gehen wir ihr doch unweigerlich und permanent auch immer wieder auf den Leim. Alles was wir uns aneignen, ist geprägt und durchtränkt von den unsere Kultur widersprüchlich bestimmenden Denk- und Handlungsweisen, denen denkend und handelnd zu entkommen uns immer nur in Ansätzen gelingen kann. Wir können nicht anders, als unser Selbst aus ihrem Repertoire zu formen, und wir gleichen ihr daher wie ein Kind seinen Eltern. Auch wenn wir den Zustand der Welt kritisieren, sollten wir also nie übersehen, wie sehr wir ihn unablässig selbst stützen und wieder hervorrufen. Es ist wohl kein Zufall, dass jener Satz von Adorno sein berühmtester werden sollte, in dem er dieses unser aller unentrinnbares Schicksal in knapper Form so zusammenfasste: „Es gibt kein richtiges Leben im falschen." (1997a, 43)

Und so ist es denn das erste Anliegen aller Bildungskonzepte, dass nichts Unbesehenes angeeignet und nichts Angeeignetes unbesehen bleiben soll. In *genau diesem* Sinne geht es in der geistigen Entwicklung des Menschen nicht darum, einfach beliebige Bestände an Wissen aufzuhäufen, sondern kritisch denken, skeptisch prüfen und die Prämissen und Konsequenzen jeder kulturellen Gegebenheit so sorgfältig wie möglich abschätzen zu lernen. Nur wenn dies die oberste Maxime der Weltaneignung bildet, kann sie zur Humanisierung von Gesellschaft und Individuum, von Verhältnissen und Verhalten gleichermaßen beitragen und an dieser Aufgabe führt niemandes Weg vorbei.

2 Unerkannter Ausgang, schweigsamer Verlauf: Die unauffällige Seite des Lernens

Ein Großteil unseres Lernens ist uns zunächst nicht als solches bewusst. Es wächst uns im Zuge unserer Lebenspraxis zu, ohne dass wir es beabsichtigen. Seine Resultate erscheinen uns daher als ‚natürlich' und alternativlos gegeben.

2.1 *Alltägliche Gewissheit als Untergrund des Lernens* – Unser Lernen setzt auf ein nicht klar bestimmbares Vorwissen und Vorkönnen auf. Die bereits erworbenen Fähigkeiten sind uns dabei *wie selbstverständlich* gegeben und werden in unserer handelnden und lernenden Weltzuwendung im allgemeinen *nicht thematisch*. Unser Lernen verläuft innerhalb vorgegebener Bahnen, die wir nicht umstandslos aufklären können, weil sie in unsere geistigen Bemühungen immer zugleich als deren Grundlage und Ausgangspunkt eingehen. Welche Implikationen und Folgen damit verbunden sind, wird in theoretischen Konzepten wie der Lebenswelt, der Ideologie, der Diskursformation, des Habitus oder des Deutungsmusters ausgearbeitet.

2.2 *Zwei Beispiele: Sprech- und Denkgewohnheiten* – Ein Beispiel für die unerkannte Ausgangslage unseres Lernens bildet unsere *Erstsprache*, in deren Strukturen jeweils ganz bestimmte Weltzugänge beschlossen sind. Indoeuropäische Sprachen zerlegen die Welt in isolierte Subjekte, Prädikate und Objekte, während altamerikanische Sprachen Zusammenhänge durch einen Ausgangsbegriff mit einer Kette von spezifischen Endungen ausdrücken. Unterschiede wie dieser beeinflussen, in welcher Weise die Welt bevorzugt gedacht werden kann. Ähnlich entscheiden auch erlernte *Denkstile* über unser Verständnis von Vernünftigkeit. Unterschiedliche Sprachstrukturen oder Denkstrategien sind nicht von vornherein besser oder schlechter, allenfalls bestimmten Anforderungen mehr oder weniger gut angepasst, in jedem Falle aber prägen sie unser Lernen zunächst, ohne dass wir uns dessen bewusst werden.

2.3 *Lernen als unthematische Gewöhnung* – Inzidentelles Lernen bildet quasi das Nebenprodukt eines bloß als gelingendes *Handeln* intendierten Ereignisses: Die erfahrungsoffen-probierende Verfolgung eines Handlungsziels führt dabei wie selbstverständlich zur Anpassung und Erweiterung bereits verfügbarer Fähigkeiten an wiederkehrende ähnliche Situationen und ihr Ergebnis wird durch Gewöhnung auf Dauer gestellt. Das menschliche Probieren darf jedoch nicht als bloß *zufällig-individuelles* Variieren gedacht werden, es beruht vielmehr auf interaktiven *Vorbildern* und auf Hinweisen, die wir aus *Artefakten* beziehen. Auch dort, wo unsere Aufmerksamkeit von den augenblicklichen Ereignissen des Probierens angezogen wird, agieren wir *im Wissen um* die kulturelle Bestimmtheit der Dinge, mit denen wir zugange sind.

2.1 Alltägliche Gewissheit als Untergrund des Lernens

Wann immer wir lernen, bestimmte Denk- oder Bewegungshandlungen auszuführen, beginnen wir beim Stand unseres Wissens und Könnens, den wir uns bis zu diesem Zeitpunkt unseres Lebens durch unser Lernen angeeignet haben. Ich habe im ersten Kapitel das Lernen als einen Aspekt jeder menschlichen Lebenspraxis dargestellt und dabei die Bedeutung des Vorgelernten besonders hervorgehoben. Dieses möchte ich nun unter einem speziellen Blickwinkel wieder aufgreifen: Der Punkt, von dem aus wir in einem Augenblick zu lernen beginnen, ist für uns als Lernende *nicht klar bestimmt.* Wir erleben das Vorgelernte zumeist als alternativlos-natürliche Ggegebenheit und seine Bestandteile und inneren Zusammenhänge sind uns weitgehend undurchsichtig.

Die „Herkunft" unseres Lernens, „welche sich uns stets nur verstellt zeigt, weil sie als Herkunft nicht zu bezeugen ist" (Meyer-Drawe 2008, 193), die Undurchsichtigkeit der in uns selbst jeweils beschlossenen ontogenetischen Voraussetzungen unseres Denkens, Handelns und Lernens, sie beschäftigen Philosophie und Sozialwissenschaften seit jeher. Um die Logik ihres hintergründigen Wirkens zu fassen, wurden unterschiedliche Begriffskonzepte entworfen, wie etwa jene der Lebenswelt, der Ideologie, der Diskursformation, des Habitus oder des Deutungsmusters, um nur jene zu benennen, die ich im weiteren erörtern möchte.

Ich beginne mit dem *Lebenswelt*-Begriff, wie er in der philosophisch-sozialwissenschaftlichen Tradition der Phänomenologie entwickelt wurde. Der dänische Phänomenologe Dan Zahavi hat ihn in einer ganz einfachen Formulierung zusammengefasst: Die Lebenswelt „ist die Welt, die wir im Alltag ganz selbstverständlich voraussetzen, die vorwissenschaftliche Erfahrungswelt, mit der wir vertraut sind, und die wir nicht in Frage stellen." (2007, 31) Der Lebenswelt-Begriff hebt schon in seiner wörtlichen Bezeichnung hervor, woher die Vertrautheit stammt und welche Konsequenz dies hat: Sie bildet sich in den jeweiligen Umständen des alltäglichen *Lebens* aus und macht sie dadurch zu unserer *Welt.* Damit soll keinesfalls gesagt sein, dass alles, was wir in und an diesem Leben wahrnehmen, durch unser Lernen erst tatsächlich als solches zu existieren begänne. Der Begriff der Welt meint hier vielmehr, dass alles, was vorhanden ist, erst durch seine subjektive Wahrnehmung und Einordnung in unser Dasein *für uns* zu einem strukturierten Ganzen konfiguriert wird.

Bei der Lebenswelt handelt es sich also um ein *durch Lernen erworbenes* Hintergrundwissen und es besteht in den Selbstverständlichkeiten der Kultur, in der wir aufgewachsen sind und leben. Die Funktion dieses Hintergrundwissens beschreibt der deutsche Philosoph und Soziologe Jürgen Habermas so: „Während der Aktor die Lebenswelt als Ressource verständigungsorientierten Handelns im Rücken behält, begegnen ihm die Restriktionen, die die Umstände der Durchführung seiner Pläne auferlegen, als Bestandteil der Situation." (1987b, 203) Im Zuge unseres

Lebensprozesses stellen sich uns bestimmte Probleme. Sie treten uns quasi ‚von vorne' entgegen, doch das Wissen, das wir einsetzen, um sie zu bewältigen, wirkt als unproblematische Voraussetzung unseres Denkens und Handelns ‚in unserem Rücken'.

Habermas hat das Konzept der Lebenswelt in seine eigene *Theorie des kommunikativen Handelns* aufgenommen und dabei einige interessante Spezifizierungen vorgenommen. In seiner Lesart ist die Lebenswelt *erstens* ein „gemeinsamer kultureller Wissensvorrat, den die Beteiligten für ihre Situationsdeutungen nutzen können", *zweitens* ein „Kernbestand an intersubjektiv geltenden Normen, auf den sich die Beteiligten als ihre soziale Welt beziehen können" und *drittens* ein „gemeinsames Vokabular für Bedürfnisinterpretationen, in dem die Beteiligten ihre subjektiven Erlebnisse, vor allem Wünsche und Gefühle, öffentlich zugänglich und reziprok zurechenbar machen können." (1980, 78)

Die Lebenswelt wie Habermas sie sieht – er bezeichnet sein Konzept als ein phänomenologisch inspiriertes ‚kommunikationstheoretisches' – besteht jedoch nicht nur aus vorgegebenen Strukturen des *Denkens* (dabei ganz besonders auch der *Sprache* als dessen Grundlage), sondern auch aus Strukturen der *Persönlichkeit* und Strukturen der *gesellschaftlichen Ordnung* (Habermas 1987b, 204) Einen wesentlichen Unterschied zwischen diesen drei Elementen sieht Habermas zunächst darin, dass Hintergrundüberzeugungen und Sprachstrukturen ohne besonderen Anlass *überhaupt nicht* problematisch zu werden pflegen, während Persönlichkeits- und Gesellschaftsstrukturen „durchaus den Initiativspielraum der Aktoren beschränken, ihnen als Bestandteile der Situation begegnen" (1987b, 204) und damit auf sich aufmerksam machen können. Der Begriff des Hintergrund*wissens* darf hier nicht dazu verleiten, es auf *kognitives* Wissen beschränkt zu denken, denn es „besteht *auch* aus individuellen Fertigkeiten, dem intuitiven Wissen, *wie* man mit einer Situation fertig wird, und aus sozial eingelebten Praktiken, dem intuitiven Wissen, *worauf* man sich in einer Situation verlassen kann …" (1987b, 205).

Damit wird noch einmal offensichtlich, worin die fundamentale Bedeutung der Lebenswelt besteht: Es handelt sich bei ihr um einen Bestand an Gelerntem, der das Vollziehen der alltäglich anfallenden Lebensaktivitäten und damit zugleich der lebenspraktisch notwendig werdenden Lernvorgänge ermöglicht und inhaltlich fundiert. Doch bleibt die Tatsache, *dass* es sich so verhält, selbst unauffällig: Das lebensweltliche Wissen ergibt insgesamt ein Gefühl fragloser Gewissheit, „weil man nicht *von* ihm weiß" und „das Wissen, *worauf* man sich verlassen kann und *wie* man etwas macht, noch undifferenziert mit dem, *was* man präreflexiv weiß, zusammenhängt." (1987b, 205)

Was man der Habermasschen Sichtweise, so differenziert und umsichtig sie angelegt ist, als Mangel ankreiden kann, ist der Umstand, dass hier eine tendenziell unkörperliche, gleichsam ätherische Lebenswelt entworfen wird: In den Blick gerückt werden Strukturen des Denkens und Sprechens, der Persönlichkeit und der

Gesellschaft, wie sie v.a. unser (geistiges) Weltbild und unsere (intellektuellen und psychischen) Haltungen prägen. Weitgehend unerwähnt bleibt dagegen eine wesentliche Dimension der Welt, mit der wir gleichwohl Tag für Tag handelnd, denkend, erkennend zurecht kommen müssen, weil sie jeden unserer Lebensvollzüge maßgeblich mit bestimmt: unsere *physisch-seelische Selbstgegebenheit* als zugleich *materielle* wie *fühlende Wesen*. In der phänomenologischen Tradition ist diese Selbstgegebenheit mit dem Begriff des *Leibes* bezeichnet worden. Ich werde sie in Kap. 5 detaillierter behandeln.

Jeder Gedanke, den wir denken, baut also wie selbstverständlich auf lebensweltliche Vorannahmen auf und folgt den in ihnen beschlossenen Richtungsvorgaben, ohne dass wir diese im Verlauf seiner Verfolgung kritisch überprüfen würden. Das lebensweltlich angeeignete Arsenal an Sprachformen, Wissen, Regeln, Ausdrucksmöglichkeiten etc. bildet so nicht nur eine unhintergehbare Bedingung jedes Wissens und Lernens, sondern auch einen Komplex an *Vorentscheidungen* über seine Orientierung, denn die kommunikativ Handelnden ordnen „die jeweils problematischen, d.h. einigungsbedürftigen Situationskontexte in ihre als unproblematisch vorausgesetzte Lebenswelt" ein (Habermas 1987a, 107). Zwar wissen wir natürlich, dass wir etwa unsere Erstsprache durch Lernen erworben haben, solange wir aber keine Alternative zu *dieser* kennengelernt haben, können wir uns gar nicht vorstellen, dass eine *andere* unser Denken in ganz andere Bahnen hätte lenken können. Trotz aller Rationalität, die im sprachlich strukturierten Denken und Verständigen angelegt ist, bleibt dieses so auf einen selbst nicht rational geprüften Boden gestellt.

Eine wesentliche und folgenreiche Eigenheit der lebensweltlichen Prämissen unseres Weltzuganges besteht also darin, dass – auch wenn wir dies anstreben würden – sie durch unser Denken nicht umstandslos geprüft werden können, denn damit müsste geprüft werden, *was zugleich selbst die Prüfinstanz bildet:* Jede Vorstellung, jeder Gedanke, jedes Argument, durch welche wir diese Prüfung vornehmen wollten, ruht selbst auf genau jenen Prämissen auf, die wir dann hinterfragen müssten. Damit aber würden die Vorstellung, der Gedanke, das Argument entweder gleichsam den Boden unter den Füßen verlieren und ins Stocken geraten oder unerkannt einfach nur sich selbst reproduzieren. Was als Prüfung gemeint war, müsste dann scheitern oder zur bloßen Kopie seiner selbst führen. Die Prüfinstanz kann sich nicht selbst prüfen, denn das wäre so, als würde ich meine Kamera mit dieser selbst filmen wollen: Wie immer ich sie drehe, ist sie an dem Ort, auf den ich das Objektiv richte, schon wieder verschwunden.

Zwar kann ich meine Aufmerksamkeit auf *einzelne* Teile meines bereits etablierten Denkens konzentrieren und sie argumentativ prüfen, *damit zugleich* aber werden die jeweils anderen Teile zu genau jenem Hintergrund, der in meinem Argumentieren als Fundament benötigt wird und ungeprüft weiter wirkt. Bei jeder denkenden Prüfung der eigenen Denkvoraussetzungen bleibt also immer ein ‚blinder Fleck' bestehen und genau besehen ist dieser Fleck so groß, dass man eigentlich besser von einem ‚sehenden Fleck‘ inmitten eines blinden Feldes sprechen sollte.

Strittig ist nun, als wie folgenreich man dieses Problem taxieren muss. Jürgen Habermas spricht etwa von der Möglichkeit einer ‚Rationalisierung der Lebenswelt‘. Zwar ist ihm klar, dass auch bei noch so selbstkritischer Haltung bestimmte Teile des Denkens *in diesem Denken* immer ungeprüft bleiben müssen. Doch verweist er auf die Möglichkeit, über eine biografische Zeitspanne hinweg *alle Prämissen*, die dem eigenen Denken zugrunde liegen, sukzessive als solche zu identifizieren und nach und nach irgendwann einmal zu hinterfragen. Damit wäre prinzipiell die Möglichkeit gegeben, mit der Zeit alle Vorannahmen kritisch durchzuarbeiten und das gesamte Denken perspektivisch gesehen immer rationaler zu gestalten. Entsprechend könnte dann „eine Lebenswelt in dem Maße als rationalisiert angesehen werden, wie sie Interaktionen gestattet, die nicht über ein normativ zugeschriebenes Einverständnis, sondern – direkt oder indirekt – über eine kommunikativ [also argumentativ und daher rational; B. H.] erzielte Verständigung gesteuert werden." (1987a, 455) Man müsste zu diesem Zweck nicht einmal an ein bloß einzelnes Menschenleben denken, die Rationalisierung der Lebenswelt ließe sich auch als Akkumulation von Erkenntnis über die historische Entwicklung der menschlichen Kultur hinweg vorstellen.

Bernhard Waldenfels, ein deutscher Phänomenologe, hat dagegen grundsätzliche Einwände erhoben: Wenn in jeder argumentativen Prüfung eines Tatsachenwissens, einer moralischen Norm oder einer Ausdrucksgestalt ein Hintergrund an lebensweltlichen Vorannahmen unaufgeklärt bleibt, so kann dies nicht durch eine wiederholte Verschiebung der prüfenden Wahrnehmung kompensiert werden, wenn bei dieser *immer wieder* ein Teil der Vorannahmen bedeckt bleibt. Denn keiner der Prüfvorgänge könne sich damit ja *völlig* von ungeprüften Vorannahmen frei halten. Die Idee einer ‚Rationalisierung der Lebenswelt‘ sei also grundsätzlich zum Scheitern verurteilt (Waldenfels 1994).

Außerdem unterstelle das Habermassche Konzept, dass der *sprachlichen Reflexion* eine absolute Oberhoheit über die menschliche Vernunft zuzubilligen sei. Das vorsprachliche Denken des Kindes oder ‚primitiver‘ Kulturen sei in dieser Sicht zu unrecht als fehlerhaft und inadäquat markiert (vgl. Waldenfels 1994, 112ff). Ähnlich äußern sich auch Göhlich/Zirfas gegen dieses ‚Vernunftmonopol‘ der sprachlichen Argumentation: Verständigung entstünde „ebenso durch nonverbale Interaktion wie körperliche Nähe und Distanz, durch mimetische Anschlusssuche auch an die nicht-personale Welt, durch kollektive Gewohnheitsbildungen, durch Rhythmisierungen und Grenzbildungen." (2001, 60)

Welcher der beiden Sichtweisen man auch zuneigen möchte: Keinesfalls können sie zu der Schlussfolgerung führen, dass irgend eine, selbst die weitestgehende prüfende Durcharbeitung der Lebenswelt jemals zu ihrer *Auflösung* als Basis des jeweils aktuell vor sich gehenden Denkens führen könnte. Der Begriff der Lebenswelt beschreibt den unaufhebbaren Umstand, dass dem Menschen die Gesamtheit der Welt, in der er sein Leben lebt, nicht einfach durchsichtig und verfügbar gegeben ist, als wäre sie ein Ding, das vor seinen Augen liegt. Das denkende, fühlende, handelnde Subjekt konstituiert sich in ihr und aus ihr und bleibt daher in seinem Wissen und Denken, seinem Fühlen und Wollen, seinem Handeln und Lernen von ihr geprägt, ohne dies bemerken zu müssen und ohne es gänzlich aufklären zu können. Vielfach wird dafür auch die Formulierung gewählt, das Wissen und Denken, Fühlen und Wollen etc. sei in den Gegebenheiten der Lebenswelt *situiert,* und auch ich werde den Begriff der *Situiertheit* des Denkens, Handelns und Lernens im weiteren entsprechend verwenden.

Die unbemerkten Lernprozesse, die über Inhalt und Richtung unseres Denkens vorentscheiden, stehen auch im Zentrum anderer theoretischer Bemühungen, das Wesentliche des Zusammenhangs zwischen der menschlichen Weltwahrnehmung und der Wirklichkeit, auf die sie sich richtet, begrifflich auszuzeichnen. Der französische Philosoph Louis Althusser etwa übernimmt von Karl Marx den Begriff der *Ideologie,* in dem schon der Bezug auf die Welt der ‚Ideen' wörtlich angesprochen ist. Bei Marx bezeichnet der Begriff der Ideologie das System jener Vorstellungen, welches dem lebenspraktischen Lernen der Menschen entspringt und die gegebenen gesellschaftlichen Herrschaftsverhältnisse so verschleiert, dass die Menschen sich im allgemeinen nicht gegen sie zur Wehr setzen, weil sie sich andere Ideen, ein anderes Leben, eine andere Gesellschaft gar nicht vorstellen können. Althusser setzt dieser Vorstellung ein Konzept der „Interpellation" hinzu, demzufolge der Einzelne von der Kultur, in der er lebt, „angerufen" wird, jemand Bestimmter zu sein und bestimmte Dinge auf bestimmte Weise zu tun (vgl. 1977, 140ff). Auch in diesem Konzept, auf das ich später noch zurückkommen werde (siehe 4.2), ist das Subjekt also kein unumschränkter Souverän seiner selbst (als den wir uns oft gerne fantasieren), sondern jemand, der Suggestionen folgt und Zumutungen akzeptiert (oder sich ihnen auch widersetzt), über die er selbst jedoch wenig Macht und Verfügungsgewalt hat.

Michel Foucault, einer der Schüler Althussers, sollte einer der berühmtesten und einflussreichsten französischen Philosophen des ausgehenden zwanzigsten Jahrhunderts werden. Bei Foucault tritt an die Stelle der Ideologie u.a. der Begriff des *Diskurses,* welcher jedoch durchaus etwas Ähnliches bedeutet. Der Terminus selbst lässt schon erkennen, dass Foucault noch stärker hervorheben möchte, dass es nicht nur um unerkannte ‚ideelle' *Randbedingungen,* sondern um das *reflexive Denken selbst,* also das Argumentieren, das Forschen, das sich-selbst-Verstehen und sich-selbst-Definieren des Subjekts geht. In seiner Sicht sind es keineswegs nur Angelegenheiten der alltäglichen Lebenspraxis, sondern ganz besonders auch die „gesellschaftlich bzw. institutionell geregelte(n) Formen der Wissensproduktion im Rahmen allgemein-öffentlicher oder spezialisierter (z.B. einzelwissenschaftlicher)

Auseinandersetzungen" (Koller/Lüders 2004, 58), die von den Vorgaben und Vorentscheidungen der jeweiligen Kultur entscheidend präformiert sind.

So schreibt Foucault etwa: „Drei große Ausschließungssysteme treffen den Diskurs: das verbotene Wort; die Ausgrenzung des Wahnsinns; der Wille zur Wahrheit." (2003, 16) Feststellungen wie diese sind als *Beobachtungen* zu verstehen, keinesfalls als wertende Zustimmung oder Ablehnung. Foucault geht es nicht um ein praktikables *Konzept*, sondern um die *Analyse* unseres Denkens, Wissens und Sagens. Betrachtet man die historischen Konstellationen, die Foucault als Diskurse bezeichnet, so kann man eben feststellen: Es gibt *Tabus*, die nicht verletzt werden dürfen, es gibt *Akzeptanzbedingungen,* deren Erfüllung dem Wahnsinn abgesprochen wird, und es gibt eine immanente Tendenz, alles Sagbare einem Prinzip zu unterwerfen, das im Diskurs selbst als *Wahrheit* verhandelt wird.

Als weitere „Prozeduren der Kontrolle und Einschränkung des Diskurses" mit dem Zweck, seine Dimension „des Ereignisses und des Zufalls" zu bändigen (ebd., 17), betrachtet Foucault den ‚Kommentar', den ‚Autor' und die ‚Disziplin'. Auch hier gilt wieder: Die Begriffe sollen strukturelle Eigentümlichkeiten des Diskurses bezeichnen, nicht bewerten. *Kommentare* sind demnach „große Erzählungen …, die man erzählt, wiederholt, abwandelt; Formeln, Texte, ritualisierte Diskurssammlungen, die man bei bestimmten Gelegenheiten vorträgt; einmal gesagte Dinge, die man aufbewahrt, weil man in ihnen ein Geheimnis oder einen Reichtum vermutet." (ebd., 18). Der *Autor* ist nicht der personale Sprecher oder Schreiber, sondern ein „Prinzip der Gruppierung von Diskursen, als Einheit und Ursprung ihrer Bedeutungen, als Mittelpunkt ihres Zusammenhalts" (ebd., 20). Es handelt sich beim Autor also um keine Person, sondern um einen Sinnzusammenhang, der sich lediglich so gebärdet, als wäre er eine solche. Die *Disziplin* (von der Wortbedeutung hier so gemeint, als würde man von einer Sportart, einem Fachgebiet oder einer Einzelwissenschaft sprechen) „definiert sich durch einen Bereich von Gegenständen, ein Bündel von Methoden, ein Korpus von als wahr angesehenen Sätzen, ein Spiel von Regeln und Definitionen, von Techniken und Instrumenten" und dies alles bildet dann „ein anonymes System, das jedem zur Verfügung steht, der sich seiner bedienen will oder kann, ohne daß sein Sinn oder sein Wert von seinem Erfinder abhängen" (ebd., 22).

Schließlich gibt es gewisse Zutrittsbedingungen zum Diskurs: das ‚Ritual', die ‚Diskursgesellschaft' und die ‚Doktrin'. Das *Ritual* definiert dabei

> „die Qualifikation, welche die sprechenden Individuen besitzen müssen …; es definiert die Gesten, die Verhaltensweisen, die Umstände und alle Zeichen, welche den Diskurs begleiten müssen; es fixiert schließlich die vorausgesetzte oder erzwungene Wirksamkeit der Worte, ihre Wirkung auf ihre Adressaten und die Grenzen ihrer zwingenden Kräfte." (Foucault 2003, 27)

Die *Diskursgesellschaften* haben die Aufgabe, „Diskurse aufzubewahren oder zu produzieren, um sie in einem geschlossenen Raum zirkulieren zu lassen und sie nur nach bestimmten Regeln zu verteilen" (ebd.). Die *Doktrin* schließlich „bindet die Individuen an bestimmte Aussagetypen und verbietet ihnen folglich alle anderen; aber sie bedient sich auch gewisser Aussagetypen, um die Individuen miteinander zu verbinden und sie dadurch von allen anderen abzugrenzen" (ebd., 29).

Es findet sich in Foucaults Werk allerdings kaum der Versuch, den Begriff des Diskurses systematisch zu erläutern oder gar zu definieren. Und so schreibt Ralf Konersmann im Nachwort zu Foucaults *Ordnung des Diskurses*: „Foucault wäre nicht Foucault, würde er die Frage nach dem Diskurs-Begriff schlicht und erschöpfend mit einer bündigen Definition beantworten." (2003, 77) Nichts desto weniger lässt sich über den Foucaultschen *Diskurs* sagen – und dies sollte den Zwecken meiner Darstellung hier genügen – dass er als „die Regelförmigkeit und Determination des Sprechens, Handelns und Verhaltens gilt, dem der einzelne nicht vorgreifen und entrinnen kann" (ebd., 82). Foucaults ‚diskursive Praxis' besteht darin, „wie eine Aussage – in ihrer spezifischen Funktion des Hervorbringens von Diskursgegenständen, Subjektpositionen, Begriffsbündeln und strategischen Verwendungsmöglichkeiten – mit anderen Aussagen, Aussagegruppen und anderen Diskursen sowie nichtdiskursiven Praktiken, Institutionen und gesellschaftlichen Gruppen in Beziehung gesetzt wird." (Koller/Lüders 2004, 60) Allerdings betont Foucault stärker als die meisten anderen Autoren auch das Moment der *Brüchigkeit* und *Unbeständigkeit* der Ordnungen des Denk- und Sagbaren.

Foucault analysiert in vielen historischen Untersuchungen, wie konkrete Lebenspraxen des Menschen zu bestimmten Einstellungen, Haltungen und Bewusstseinsformen führen, die dann dem Menschen gar nicht mehr auffallen bzw. als völlig alternativlos, quasi *natürlich* erscheinen. So beschreibt er etwa, wie in der neuzeitlichen wissenschaftlichen Medizin Gesundheit und Krankheit oder Normalität und Wahnsinn definiert werden und dann das gesellschaftliche Bewusstsein prägen, er analysiert, wie die Ideen und Selbstwahrnehmungen im Banne von Disziplinierungstechnologien, die in Gefängnissen, Fabriken, Schulen oder militärischen Einrichtungen praktiziert werden, vom Individuum selbst aktiv ausgebildet werden und anderes mehr. Ein großer Teil dessen, was den Menschen in ihrem alltäglichen Denken als *fixe Eigenschaften* ihrer selbst erscheint, wird so als das Ergebnis eines historisch-kulturell bestimmten Lernprozesses erkennbar:

> „Es sind bestimmte scheinbar profane Techniken, in denen eine bestimmte Subjektform immer wieder neu hervorgebracht wird – Techniken wie die des Schreibens von Manualen und der Teilnahme an Beichten, der systematischen Registrierung von Populationen, der Fremd- und Selbstbeobachtung körperlicher und psychischer Merkmale etc. Diese Techniken oder Praktiken sind wiederum mit bestimmten Diskursen verknüpft, welche die Klassifikationsraster bieten, nach denen Subjekte überhaupt vorgestellt, unterschieden und entsprechend produziert werden bzw. sich selber produzieren können." (Reckwitz 2010, 24f)

Ein Zeitgenosse und Landsmann Foucaults, der poststrukturalistische Soziologe Pierre Bourdieu, verwendet zur wissenschaftlichen Erfassung der unerkannten

Voreinstellungen der Subjekte wieder einen anderen Zentralbegriff. Eines seiner lebenslangen Arbeitsprogramme bestand darin, den *Habitus* der menschlichen Akteure, seine Funktionsweise, die Mechanismen seiner Ausbildung und die Effekte seines Wirkens, zu rekonstruieren. Unter *Habitus* versteht Bourdieu ein „erworbenes System von Erzeugungsschemata" (1999, 102) des menschlichen Denkens und Handelns. Dieses funktioniere als ein „System von strukturierten und strukturierenden Dispositionen" (ebd., 97), es bilde also eine Anordnung, die die Grundlagen ihrer eigenen Reproduktion permanent wieder selbst erzeugt. Ein berühmtes Zitat dazu lautet im Volltext:

> „Die Konditionierungen, die mit einer bestimmten Klasse von Existenzbedingungen verknüpft sind, erzeugen die Habitusformen als Systeme dauerhafter und übertragbarer Dispositionen, als strukturierte Strukturen, die wie geschaffen sind, als strukturierende Strukturen zu fungieren, d.h. als Erzeugungs- und Ordnungsgrundlagen für Praktiken und Vorstellungen, die objektiv an ihr Ziel angepaßt sein können, ohne jedoch bewußtes Anstreben von Zwecken und ausdrückliche Beherrschung der zu deren Erreichung erforderlichen Operationen vorauszusetzen, die objektiv ‚geregelt' und ‚regelmäßig' sind, ohne irgendwie das Ergebnis der Einhaltung von Regeln zu sein, und genau deswegen kollektiv aufeinander abgestimmt sind, ohne aus dem ordnenden Handeln eines Dirigenten hervorgegangen zu sein." (Bourdieu 1999, 98f)

Wir haben hier quasi eine ganze Theorie im Telegrammstil vor uns: In bestimmten Lebensverhältnissen ergeben sich konditionierende, man könnte auch sagen: prägende Erfahrungen und verschmelzen zu Habitusformen. Diese kann man sich als komplexe Gebilde aus relativ stabilen und übertragbaren – also: erlernbaren – Bereitschaften, Einstellungen, Gewohnheiten, Vorentscheidungen u.ä. vorstellen, die durch häufiges Vollziehen unterschiedlicher Praktiken eingeprägt wurden. Jetzt kommt der vielleicht entscheidendste Punkt: Es handelt sich dabei zunächst einmal um *strukturierte Strukturen*. Das klingt vielleicht ein wenig tautologisch, denn was sonst sollten Strukturen sein, als strukturiert? Man kann die Formulierung aber auch so lesen, dass diese Strukturen nicht einfach chaotisch entstehen, sondern als Ergebnis eines regelmäßig bestimmten Vorgangs. Nun sind diese Strukturen aber zugleich auch wieder *strukturierende*. Das heißt, sie sind geeignet, jene Strukturierung, deren *Ergebnis* sie sind, *selbst wieder fortzusetzen*. Und zwar tun sie dies jenseits unseres Bewusstseins, also *ohne* dass wir dies *wollen*, uns wissentlich *an Regeln halten* oder uns *kontrollierend beaufsichtigen*. Es handelt sich um einen Paradefall eines inzidentellen Lernens: Wir *handeln* und bemerken gar nicht, dass, wie und was wir dabei *lernen*.

Damit ist nicht nur angesprochen, dass es diese unauffällige Geformtheit des menschlichen Denkens und Handelns gibt, sondern auch bereits, warum sie sich der bewussten Wahrnehmung so beharrlich entzieht. Es ist wieder das gleiche Argument, das schon gegen die rationale Prüfung der Lebenswelt ins Treffen geführt wurde: Die Eigenheiten unseres Denkens (die ‚Schemata', die ‚Strukturen', die

,Dispositionen') können nie in unproblematischer Weise einfach zum *Gegenstand* dieses Denkens werden, denn sobald wir zu denken beginnen, wenden wir seine Eigenheiten wie selbstverständlich schon wieder auf ihn an. Die dabei erzielbaren Effekte sind also im Vollzug des Denkens schon ,vorprogrammiert': Wir können uns die Strukturen nicht einfach in der für ihre Aufklärung notwendigen Distanz ,vor Augen führen', weil sie in diesem Vor-Augen-Führen immer selbst schon wieder enthalten sind. Die Dispositionen, Schemata, Gewohnheiten präformieren auf diese Weise *alle* Praktiken, also *alles*, was handelnd ausgeführt wird. Auch das Nachdenken über sie und das Nachdenken über dieses Nachdenken sind wieder Praxen, die den selben Voreinstellungen folgen. Anthony Giddens hat daraus die Überlegung abgeleitet, dass wir stets unter „unerkannten Handlungsbedingungen" agieren und aus diesem Grund stets „unbeabsichtigte Handlungsfolgen" hervorrufen würden (1995, 56ff).

Der Habitus ist, so fasst Bourdieu zusammen, ein System von *Erzeugungsschemata* und mit ihm könnten „alle Gedanken, Wahrnehmungen und Handlungen, und nur diese, frei hervorgebracht werden, die innerhalb der Grenzen der besonderen Bedingungen seiner eigenen Hervorbringung liegen." (1999, 102) Der Habitus *definiert* zwar den Spielraum für jedes geistige und körperliche Handeln, weil er die *Ausschöpfung* dieses Spielraums aber in keiner Weise einschränkt, wird er subjektiv auch nicht als Ausdruck von Unfreiheit erlebt. Wir fühlen uns völlig frei, jede uns erdenkliche Idee und Handlungsweise zu produzieren. Dass wir das nur *auf seiner Grundlage* tun können, können wir dabei nur unter ganz bestimmten Ausnahmebedingungen erkennen. Gleichzeitig erscheint er uns schon durch seine permanent wiederholte Anwendung (und die damit verbundene vermeintliche Bestätigung) als vertraut, alternativlos und unhinterfragbar. Er wird zu unserer ,zweiten Natur'.

Daraus lässt sich folgern: „Über den Habitus regiert die Struktur, die ihn erzeugt hat" (ebd.). Man müsste hier natürlich immer anfügen: *Zunächst einmal*, denn Bourdieu selbst zeigt ja durch seine theoretische Argumentation vor, dass man auch die Strukturen des Habitus bis zu einem gewissen Grad denkend erkunden und ihrer scheinbaren Naturhaftigkeit entkleiden kann. Dennoch bleibt das grundsätzliche Problem auch dann bestehen: Jede Reflexion und Kritik des Habitus findet wieder auf der Grundlage irgendwelcher Voreinstellungen statt und diese wären dann erneut kritisch zu untersuchen und so fort.

Bourdieu registriert auch Analogien des Habitus zu unserer Sprache. Diese zählt ja (s.o.) zu den selbstverständlichen Grundlagen unseres Sprechens und Denkens und wenn etwas nicht in ihre Logik passt, dann sind wir eher geneigt, dieses Etwas in Frage zu stellen als unsere Sprache. Auch sie wird also von der Struktur regiert, der sie sich verdankt. Unter diesem Gesichtspunkt ist es nun möglich, „sich den Habitus als eine Art *Handlungsgrammatik* vorzustellen und eine Analogie zwischen dem Verhältnis von Äußerungen und Grammatik zum Verhältnis von Handlungen und Habitus zu ziehen." (Künkler 2011, 379) Was soll das bedeuten?

Eine Sprache ist u.a. ein System von Regeln, das es möglich macht, bestimmte symbolische Formen zu erzeugen (siehe 8.1). Soferne nun mehrere Menschen die Kompetenz teilen, nach diesen Regeln vorzugehen, können sie damit kommunizieren. Der Algorithmus, den diese Regeln definieren, erlaubt eine unbegrenzte Vielfalt von durch ihn mittelbar erzeugten Inhalten, die allerdings allesamt auf die Logik dieses Algorithmus beschränkt bleiben. Ich werde dies später ausführlich an Beispielen demonstrieren (siehe 2.2). Der Algorithmus besteht im Falle der *Sprache* hauptsächlich in den Regeln der Grammatik. Von einer Grammatik des *Handelns* zu sprechen, ist also eine Art metaphorischer Übertragung, die die Wirkungsweise des Habitus veranschaulichen soll. Die Parallele zwischen Handeln und Sprechen ist indessen nicht zufällig, sondern weist darauf hin, dass – wie schon angeführt – auch das Verwenden einer Sprache eine spezielle Erscheinungsform unseres Handelns darstellt.

Auch bei Bourdieu steht die aus dem hintergründigen Wirken des Habitus resultierende alltägliche Gewissheit wieder im Kontext einer Analyse der gesellschaftlichen Herrschaftsverhältnisse: Wenn wir gar nicht bemerken, was wir nicht bemerken, entgeht uns natürlich auch leicht der Umstand, dass wir manipuliert, betrogen, unterdrückt und ausgebeutet werden. Wir selbst befestigen und reproduzieren diesen Zustand sogar durch unser eigenes Denken und Handeln: Solange wir uns zu unseren aktuellen Lebensumständen gar keine mögliche Alternative vorstellen können, können wir vielleicht diffus und blind an ihnen leiden, ein konkretes Bedürfnis nach einer veränderten Welt kann auf diese Weise aber nicht entstehen. Dazu bedürfte es einer Vorstellung davon, *dass* und *wie* es anders sein könnte.

Unter solchen Bedingungen wird sich, was man ersehnt, von dem, was man schon hat, zumeist nur *graduell* unterscheiden. Wir wollen dann eben bloß ein wenig mehr oder weniger vom Gleichen, anstatt etwas wirklich anderes. Man könnte den Habitus also auch als einen Mechanismus der Befestigung strukturkonservativer Haltungen verstehen. Der Habitus trachte – wie Bourdieu ironisch anmerkt – danach, „die ‚vernünftigen‘ Verhaltensweisen des ‚Alltagsverstandes‘ zu erzeugen" und „alle ‚Dummheiten‘ (‚so etwas tut man nicht‘), also alle Verhaltensweisen auszuschließen, die gemaßregelt werden müssen, weil sie mit den objektiven Bedingungen unvereinbar sind" (ebd., 104).

In ähnlicher Weise macht der deutsche Soziologe Ulrich Oevermann den Begriff des *Deutungsmusters* zum Ausgangspunkt eines anspruchsvollen Konzepts theoretischer und empirischer Forschung. Auch hier geht es wieder darum, zu erfassen, wie man sich die alltäglichen Gewissheiten des menschlichen Denkens vorstellen kann. Oevermann arbeitet heraus, dass und warum man sich die ‚Blindheit‘ des alltäglichen Denkens nicht so vorstellen darf, dass einfach gewisse Themen oder ganze Sektoren der Wirklichkeit ausgeblendet würden oder verloren gingen, vielmehr wäre das gesamte Denken von unerkannten Abschattungen, Verdrehungen und logischen Brüchen durchzogen, deren Funktion darin bestehe, auftretende Widersprüche – etwa zwischen Wahrnehmungen und Erklärungen, zwischen Bedingungen und Praktiken oder zwischen verschiedenen Bestandteilen des eigenen Lebenskonzepts – unkenntlich zu machen und zu halten.

Ein Motiv, das zur Immunisierung der Wahrnehmung gegenüber den Widersprüchen beiträgt, kann darin gesehen werden, dass jeder Mensch den Anspruch hat, vernünftig zu denken und zu handeln, und daher beständig daran arbeitet, sein Denkkonzept als in sich schlüssig und folgerichtig zu interpretieren. Im Ergebnis sichert er sich damit die Überzeugung, diesem Anspruch auch gerecht geworden zu sein und über ein funktionstaugliches denkerisches Orientierungssystem zu verfügen. Deutungsmuster enthalten dann *Schlüsselkonzepte*, welche die Prinzipien vertreten, mit denen die Probleme der Alltagspraxis „einerseits strukturiert als bestimmt und lösbar interpretiert werden können, und die andererseits gegen Argumente wirksam abdichten, mit denen die Inkonsistenzen in diesen Lösungen kenntlich gemacht werden können" (2001, 67). Sie müssen die Widersprüche der Alltagspraxis „zugleich nach dem Prinzip der Stimmigkeit interpretieren und so weit in sich aufnehmen, so weit eine Lösung für diese Praxis in ihrer Zukunftsoffenheit gar nicht möglich sein kann. Inkonsistenzen sind also für Deutungsmuster geradezu endemisch und typisch" (2001, 67).

Oevermann grenzt sein Deutungsmuster-Konzept von einigen der hier genannten Konzepte ausdrücklich ab und schließt zugleich an sie an, wenn er es etwa von der Ideologie dadurch unterscheidet, dass diese – im Sinne der Marxschen Originalfassung – eher als ein Gebilde zu verstehen sei, das aktiv zur Verschleierung und Absicherung von Herrschaftskonstellationen beitrage, während Deutungsmuster nicht von vornherein diese Funktion erfüllen, sondern lediglich „als verbindliche Interpretationen von Welt eine wie selbstverständlich für gültig gehaltene Orientierung in der typischen, durchschnittlichen und erwartbaren Handlungswirklichkeit der Lebenswelt verbürgen" (ebd., 43).

Ich habe nun zunächst ohne Klärung ihrer Kompatibilität die Auffassungen eines Habermas, Foucault, Bourdieu oder Oevermann ins Treffen geführt. Es ist daher noch der Hinweis nachzutragen, dass es zwischen diesen Theoriekonzepten eine ganze Reihe partieller Unvereinbarkeiten gibt, die ihr vollständiges Zusammenfügen schwer vorstellbar machen. Darauf weisen die genannten Autoren auch selbst immer wieder hin. Als ein elaboriertes Beispiel dafür erwähne ich nur etwa die Auseinandersetzung Habermas' mit Foucault, die in der Diagnose gipfelt, dieser würde „‚Macht' zum transzendental-historischen Grundbegriff einer vernunftkritischen Geschichtsschreibung" erheben (Habermas 1988b, 298). Habermas bezweifelt die Plausibilität des Foucaultschen Versuches, den

„spezifischen Willen zum Wissen und zur Wahrheit, der für die moderne Wissensform im allgemeinen und für die Humanwissenschaften im besonderen konstitutiv ist, diesen Willen zum Wissen und zur Selbstbemächtigung *generalisierend* in einen Machtwillen per se um[zu]deuten und [zu] postulieren, daß *allen* Diskursen, keineswegs nur den modernen, ein verhohlener Machtcharakter und die Herkunft aus Praktiken der Macht nachzuweisen ist." (Habermas 1988b, 312)

Ungeachtet solcher Differenzen in Details und rahmenhaften Begründungsüberlegungen beschreiben die genannten Ansätze die Ausbildung und Eigendynamik der ‚in unserem Rücken' wirkenden Voraussetzungen unseres Denkens und Lernens in den Grundzügen jedoch weitgehend übereinstimmend.

2.2 Zwei Beispiele: Sprech- und Denkgewohnheiten

Wie gravierend unauffällige Lernprozesse unsere ‚Voreinstellungen' und damit unser gesamtes Denken und Handeln prägen, möchte ich an zwei Beispielen genauer demonstrieren, zunächst am Beispiel unserer Sprache. Ich könnte dazu eine ganze Palette unterschiedlicher wissenschaftlicher Quellen bemühen. Die gesamten Geistes-, Sozial- und Kulturwissenschaften des 20. Jahrhunderts stehen unter dem Eindruck einer ‚linguistischen Wende', die darin besteht, Sprache nicht mehr einfach als bloß willfähriges Werkzeug unseres Denkens und unserer Verständigung anzusehen, sondern zu erkennen, dass sie – quasi im Hintergrund unseres Denkens und Kommunizierens – in grundlegender Weise bestimmt, was uns als unsere wirkliche Welt erscheint und wie wir mit ihr umgehen. Ich habe mich hier für eine in den 60er Jahren des 20. Jahrhunderts berühmt gewordene Schrift entschieden, die mein eigenes Denken schon in den Jahren meiner Studienzeit erheblich beeinflusst hat, also gewissermaßen meinen eigenen Einstieg in diese Thematik darstellt. Ich tue dies allerdings nicht aus sentimentalen Gründen, sondern weil diese Schrift die Idee einer Neubewertung der Sprache auf illustrative und originelle Weise einführend erläutert und mit interessanten empirischen Forschungsdaten untermauert.

„Die natürliche Logik sagt uns, das Sprechen sei nur ein beiläufiger Vorgang, der ausschließlich mit der Weitergabe, aber nichts mit der Formulierung von Gedanken zu tun habe. Im Sprechen oder beim Gebrauch der Sprache wird angeblich nur ‚ausgedrückt', was im wesentlichen bereits unsprachlich formuliert war", schreibt der amerikanische Linguist Benjamin Lee Whorf (1963, 7). Denken erscheint uns so als Werkzeug unseres vernünftigen Umgangs mit der Welt und die Struktur der Sprache als dessen unmittelbarer Ausdruck, quasi als ein den objektiven Weltgegebenheiten natürlich entspringendes Instrumentarium, das im Grunde gar nicht anders aussehen könnte als es aussieht. „Das Denken hängt nach dieser Ansicht nicht von der Grammatik ab, sondern von Gesetzen der Logik oder Vernunft, die für alle Beobachter des Universums die gleichen sind …" (ebd.). Zwar wusste man schon immer, dass es verschiedene Sprachen gibt und dass diese auch erhebliche Unterschiede in der Logik ihres Ausdrucks aufweisen, doch wurden sie lediglich als Variationen betrachtet, die eben jeweils *mehr oder weniger* zur korrekten Erfassung der Welt und zur Formulierung eines zivilisierten wissenschaftlichen Bildes von ihr geeignet seien. Unter den „modernen europäischen Sprachen" herrsche dieser Sicht zufolge „eine Einstimmigkeit der Grundstrukturen" und sie scheine „der natürlichen Logik Recht zu geben" (1963, 12f). Dieser Eindruck erweist sich nun allerdings als Irrtum: Die Ähnlichkeiten bestehen keineswegs aufgrund einer notwendig obwaltenden Logik, sondern lediglich, „weil diese Sprachen alle indoeuropäische Dialekte sind, nach dem gleichen Grundriß zugeschnitten und historisch überkommen aus dem, was vor sehr langer Zeit eine Sprachgemeinschaft war" (1963, 13). Sprachen, die nicht indoeuropäischer Herkunft sind, weisen dagegen völlig andere, jedoch zum Erfassen der Welt keineswegs weniger geeignete Strukturen auf.

Nicht die objektive Welt – so Whorfs Argumentation – erzwinge also *die* vernünftige Struktur der Sprache, es sei vielmehr die Sprache, die den konkreten Blick auf jene erst eröffne. Whorf formuliert dies als ‚linguistisches Relativitätsprinzip', und dieses besagt: „Menschen, die Sprachen mit sehr verschiedenen Grammatiken benützen, werden durch diese Grammatiken zu typisch verschiedenen Beobachtungen und verschiedenen Bewertungen äußerlich ähnlicher Beobachtungen geführt" (1963, 20). Die jeweils erlernte Sprache beinhalte erhebliche Vorentscheidungen über das, was uns überhaupt als Gedanke fassbar wird und als vernünftig verhandelbar erscheint. Sie wäre demnach

> „ein eigenes riesiges Struktursystem, in dem die Formen und Kategorien kulturell vorbestimmt sind, aufgrund deren der einzelne sich nicht nur mitteilt, sondern auch die Natur aufgliedert, Phänomene und Zusammenhänge bemerkt oder übersieht, sein Nachdenken kanalisiert und das Gehäuse seines Bewußtseins baut." (Whorf 1963, 53)

Dass dies so ist, wird auch von Whorf als *Hintergrundphänomen* bezeichnet, das sich unserer unmittelbaren Wahrnehmung entzieht, weil wir in unserem normalen Lebensalltag nie auf die Alternative eines anderen sprachlichen Zugangs zur Welt stoßen, der uns die Möglichkeit eines ganz anderen Weltbildes nahe legen würde. Wie ein Mensch, der nur die Farbe blau sehen kann, von sich aus nie auf die Idee käme, dass es so etwas wie andere Farben, ja *Farben überhaupt* gibt, erleben wir daher als evident, dass alles, was wir in unserer Sprache auszudrücken gelernt haben, alternativlos der objektiven Wirklichkeit entspricht, und „die zwingenden Formen in unserem scheinbar freien Redefluß herrschen so völlig autokratisch, daß Sprecher und Zuhörer von ihnen unbewußt gebunden sind wie von Naturgesetzen" (Whorf 1963, 20). Die Rede von ‚Naturgesetzen' soll hier verdeutlichen, dass uns bestimmte Vorgaben so selbstverständlich sind, wie etwa die Schwerkraft, die wir in unserem Alltagshandeln ebenfalls nicht problematisieren, weil sie in analoger Weise allgegenwärtig ist.

Dies darf allerdings nicht so verstanden werden, dass Sprecher wie Hörer auf bestimmte Bedeutungen *unentrinnbar festgelegt* wären. Wie ich durch meine Ausführungen – indem ich die indoeuropäische Sprache Deutsch verwende – hier ja selbst beweise, kann man durchaus auch im Rahmen unserer Sprachen deren Eigenheiten benennen, charakterisieren und damit bewusst machen und sogar bis zu einem gewissen Grad in ihrer Wirkung relativieren. Es bedarf jedoch erheblicher analytischer Anstrengungen, um die strukturellen Eigentümlichkeiten unserer eigenen Sprache sprachlich ‚gegen den Strich‘ zu bürsten.

Zu den Anlässen der sprachphilosophischen Relativitätstheorie zählt – wie zu erwarten ist – die Entdeckung und vergleichende Beforschung von Sprachen aus Kulturkreisen außerhalb der modernen ‚westlichen‘ Zivilisation. Whorf führt als Beispiel die Sprachen der indigenen amerikanischen Völker an: Sätze *indoeuropäischer* Herkunft würden aufgrund ihrer Struktur, die auf einer durchgängigen Trennung von Subjekten, Prädikaten und Objekten (als eigenständigen Satzelementen) beruht, alle Phänomene dieser Welt aufspalten in einen *Akteur*, eine von ihm vollzogene *Aktivität* und ggf. einen von dieser Aktivität betroffenen *Gegenstand*. In den *altamerikanischen* Sprachen wäre dagegen eine ganz andere Satzbildungslogik anzutreffen und dies brächte eine ganz andere Vorstellung von der Welt mit sich.

Der englische Satz ‚He invites people to a feast‘ enthält etwa sechs Worte, die die strikte Unterscheidung eines Subjekts, einer Handlung und eines Akkusativobjekts als eigenständig benennbare Vorkommnisse repräsentieren. Im *Nootka*, einer alten Indianersprache, würde eine Aussage dieser Art durch ein einziges Wort mit mehreren hintereinander angefügten Endungen ausgedrückt werden (vgl. 1963, 43) und in strikt wörtlicher Übertragung lauten: ‚Boiledeatersgoforhedoes‘ (Gekochtes-Essende-holen-er-tut), wobei die Lautfolge des Nootka-Ausdrucks keineswegs eine bloße Verschmelzung von Einzelwörtern bildet (als würde man ‚He invites people to a feast‘ sehr schnell aussprechen), sondern (an der englischen Übertragung erläutert) einen Ausgangsterm ‚Boil‘ mit den aneinandergereihten Endungen -ed, -eat, -ers, -gofor, -hedoes. Eine etwa dem Englischen oder Deutschen analoge Aufspaltung der Szene in einen einladenden Akteur, eine Handlung des Einladens, eine Gruppe von Eingeladenen sowie einen Einladungszweck ist auf diese Weise schon sprachlich – und daher eben auch gedanklich – keinesfalls so angelegt, wie in den genannten europäischen Sprachen.

Whorf folgert aus seinen Untersuchungen, dass es für unser ‚zivilisiertes‘ Denken geradezu charakteristisch sei, Gegebenheiten in relativ isolierte Einzelerscheinungen aufzulösen. Wir denken das gesamte Universum „so, als sei es eine Kollektion von gesonderten Dingen und Vorgängen, die unseren Worten entsprechen." (1963, 40) So würden etwa Begriffe wie ‚sky‘, ‚hill‘ oder ‚swamp‘ uns dazu verführen, „irgend einen ungreifbaren Aspekt der unendlich mannigfaltigen Natur wie ein abgesondertes *Ding*, ungefähr wie einen Tisch oder einen Stuhl zu betrachten." Nun mögen im Rahmen *unseres* alltäglichen Denkens solche Beispiele zunächst genau jene Verwunderung auslösen, die Whorf als Bestätigung seiner Argumente reklamieren könnte: Warum sollte es einen Himmel, Hügel oder Sumpf *nicht* geben? Im Rahmen eines Denkens auf der Grundlage des Nootka würde man wohl antworten müssen: Die blaue Kuppel des Himmels ist kein physischer Gegenstand, sondern lediglich eine optische Erscheinung, Hügel und Sumpf sind nur „lokale Variationen in der Höhe oder im Bodenzustand" (1963, 54), keinesfalls aber eigenständige abgrenzbare Dinge.

Genauso wie wir unsere Welt auf diese Weise mit einer gigantischen Ansammlung von Einzeldingen bestücken, animieren wir sie durch eine ebensolche Ansammlung von absichtsvollen individuellen Handlungen. Wir lesen „ein Tun in jeden Satz hinein", da die meisten der von uns verwendeten Verben einen Typus repräsentieren, „der aus der Natur etwas isoliert, was wir ‚Tätigkeiten‘ nennen, also etwas, das sich in Bewegung befindet." (1963, 43) Dies verbindet sich nun mit der Einzeldinghaftigkeit der Welt und weil „unsere Verben Substantive vor sich haben müssen", lesen wir „dauernd fiktive Täterwesen in die Natur hinein" (1963, 44). Selbst ein Naturereignis, wie etwa ein Blitz wird von uns dann sprachlich nach dem Muster der Handlung eines Handelnden rekonstruiert: *Es blitzt.* Ganz anders verhält es sich damit z.B. im *Hopi*, einer anderen alten Indianersprache. Hier wird das Ereignis des Blitzes durch ein subjektloses Verb ausgedrückt. Es ist dort also kein Es-Subjekt, das blitzt, sondern ein Blitzen, das sich ereignet (vgl. 1963, 44). Gleichzeitig fehlt im Hopi von vornherein das Wort Blitz als Substantiv. Da es sich um ein äußerst kurzzeitiges Vorkommnis handelt, kann es dort – aus im Kontext der Hopi-Denkweise völlig logischen Gründen – nicht die Form eines Substantivs (was ja wörtlich bedeutet: eines *Substanz*-Begriffes) annehmen (vgl. 1963, 14).

Es ist also (wenngleich nicht nur) die *logische Struktur der Sprache*, die uns entweder einen Hügel sehen macht *oder* die Eigentümlichkeit, dass der Boden unter unseren Füßen von Punkt zu Punkt in seiner Höhe variiert. Zwar gibt es natürlich auch – mehr oder minder – isolierbare *Dinge*, i.B. jene *Artefakte*, die der Mensch selbst hergestellt hat, doch bestünde die entscheidende Frage nicht darin, „was verschiedene Sprachen mit solchen künstlich isolierten Objekten tun, sondern: Was tun sie mit der fließenden Natur in ihrer Bewegung, Farbigkeit und wechselnden Form – mit Wolken, Ufern und dem Flug der Vögel?" (1963, 41) Alte Indianersprachen würden hier das Ganze, die Verflochtenheiten und Abhängigkeiten, das wechselseitige ineinander Übergehen aller Phänomene sichtbar halten. Das bedeutet selbstverständlich nicht, dass solche indigenen Sprachen *frei* von lebensweltlichen, habituellen, ideologischen Strukturen sind, sondern lediglich, dass sie *andere* Selbstverständlichkeiten repräsentieren.

Es ist vielleicht bemerkenswert, dass eben jener Wilhelm von Humboldt, den ich weiter oben als Vordenker der Bildungstheorie angeführt habe (siehe 1.3), auch an der Erforschung der Einflüsse unterschiedlicher Sprachen auf das Denken der Menschen gearbeitet hat und dabei mehr als hundert Jahre vor Whorf bereits auf ganz ähnliche Phänomene gestoßen ist. So stellte er etwa fest, dass die „Mexikanische Einverleibungsmethode" (1996, 534), also die für Indianersprachen typische, am Beispiel des Nootka bereits dargestellte Erweiterung eines Ausgangsbegriffes durch viele Endungen, eine ganz andere Sprech- und Denkstrategie repräsentiert als die alte indoeuropäische Sprache *Sanskrit*, mit welcher er sie vergleicht: Es liege „in dieser Mexikanischen Satzbildung eine eigenthümliche Vorstellungsweise. Der Satz soll nicht construirt, nicht aus Theilen allmählich aufgebaut, sondern als zur Einheit geprägte Form auf Einmal hingegeben werden" (ebd., 535). Es kann nicht verwundern, dass Humboldt der Sprache eine ganz ähnliche Funktion zuschreibt wie Whorf dies tut: „Die Sprache ist gleichsam die äusserliche Erscheinung des Geistes der Völker; ihre Sprache ist ihr Geist und ihr Geist ihre Sprache, man kann sich beide nie identisch genug denken" (ebd., 414f).

Gegen Whorfs Thesen sind auch Zweifel und Einwände erhoben worden. So hat etwa der Deutsche Linguist Helmut Gipper (vgl. 1972) durch eingehende Feldstudien einige Details der Whorfschen Forschungen korrigieren, die Grundidee jedoch bestätigen können. In jüngerer Zeit hat sein Kollege Iwar Werlen in einer ausführlichen Arbeit zum Thema der sprachlichen Relativität das Werk Whorfs einer präzisen Rekonstruktion unterzogen. Dabei konnte er u.a. deutlich machen, dass viele der ‚empirisch' ausholenden Widerlegungsversuche auf grundlegenden Missverständnissen gegenüber den Aussagen Whorfs beruhen (vgl. etwa 2002, 238f).

Ein anschauliches Beispiel für solche Missverständnisse bildet die polemische Abhandlung *Im Spiegel der Sprache* des israelischen Linguisten Guy Deutscher (2013). Dieser sieht sich veranlasst, die Überlegungen Whorfs mit Hohn und Spott zu übergießen, weil er vermeint, einige der Whorfschen Formulierungen so lesen zu müssen, dass sie den Sprachen unterstellten, „ein Gefängnis" zu sein, „welches unsere Vorstellungskraft beschränkt" (2013, 168), dass „die in einer Sprache ausgedrückten Begriffe mit den Begriffen identisch sind, welche die Sprecher zu verstehen vermögen", sowie dass „die in einer Grammatik vorgenommenen Unterscheidungen mit den Unterscheidungen identisch sind, die sich die Sprecher vorstellen können" (ebd.). Angelpunkt seiner Kritik ist die Zurückweisung der „Behauptung, dass unsere Muttersprache die Art und Weise bestimmt, in der wir denken und die Welt wahrnehmen." (ebd., 149) Die Plausibilität seiner Kritik versucht Deutscher dadurch zu gewinnen, dass er die von ihm selbst gewählten Formulierungen „zu verstehen vermögen" und „sich vorstellen können" in weiterer Folge gleichsetzt mit *„ausschließlich als einzige* zu verstehen vermögen" und *„ausschließlich als einzige* vorstellen können". Auf diese Weise macht er aus Whorfs Annahme einer *habituellen Begünstigung* einer bestimmten Denkweise durch die Sprache die Behauptung eines *strikten und unumgehbaren Zwanges*. Zusätzlich reduziert er „die Welt wahrnehmen" auf den Vorgang des *unmittelbar-sinnlichen* Registrierens von Eindrücken aus der Welt, als hätte Whorf behauptet, die Sprache würde schon die *sinnlichen Eindrücke selbst* definieren, nicht erst deren *mentale Ordnung*. Mit den vielfältigen Argumenten, die man aus einer weniger bornierten Lesart gewinnen kann, setzt sich Deutscher erst gar nicht auseinander. Darüber hinaus bestreitet er einen Groß-teil seiner Polemik gegen Whorf erst gar nicht mit dessen Originalaussagen, son-dern mit Autoren, die sich in ihren Darlegungen auf Whorf lediglich beziehen. Es mag vor diesem Hintergrund dann Deutschers abschließendes Eingeständnis ganz besonders verwundern, dass „die Sprache möglicherweise doch als eine Art Linse fungiert, durch die wir die Welt wahrnehmen …" (2013, 150)

Whorf wurde auch verschiedentlich mit dem Etikett eines ‚linguistischen Relativis-ten' versehen, der das Gesamt der menschlichen Sprachmächtigkeit quasi mono-kausal aus der Wirkung der Sprachstrukturen auf das Denken herleiten möchte. Da ich mich zu Beiträgen zu einer linguistischen Debatte weder berufen noch durch mein Darstellungsanliegen veranlasst sehe, kann ich diese Frage nicht abschließend beurteilen. Ich habe jedenfalls keine Stelle gefunden, an der sich Whorf über den Prozess der *Entstehung der unterschiedlichen Sprachen* äußert, er widerspricht also etwa nicht von vornherein der – mir ebenfalls äußerst plausibel erscheinenden – Annahme, die je konkreten Lebensumstände einer historischen Gesellungsform würden sich ihrerseits erheblich prägend auf die Strukturen der Sprachen auswir-ken. Ebenso wenig widerspricht er m.E. der – wiederum sehr plausiblen und viel-fach der Theorie Whorfs entgegen gehaltenen – Annahme, dass in die konkrete Struktur der Sprachen auch so etwas wie die „Natur der menschlichen intellektu-ellen Fähigkeiten" im Sinne der allgemeinsten Grundstruktur einer „universalen Grammatik" (Chomsky 2012, 50) eingeht. Tatsächlich äußert Whorf an manchen Stellen sogar ausdrücklich die Einschränkung, dass seine Darstellung *nicht* auf ei-nen sprachlichen Relativismus hinauslaufen soll.

Als zweites Beispiel, an dem ich demonstrieren möchte, wie erheblich sich die un-auffällige Ausbildung unseres Habitus durch unbemerktes Lernen auswirkt, stelle ich hier die Ausbildung von *Denkstilen* vor. Sie wurde vom amerikanischen Psy-chologen Robert J. Sternberg beschrieben, welcher eine ganz andere wissenschaft-liche Traditionslinie als Whorf repräsentiert. Sternberg zeigt, in welcher Weise un-sere Erfahrungen dazu führen, dass wir bestimmte Denkpraktiken bevorzugen und andere meiden:

> „From early on we perceive certain styles of interaction with others and with things in the environment to be more rewarded than others, and we probably gravitate towards these styles, at the same time that we have built-in predispositions that place constraints in how much and how well we are able to adopt those rewarded styles." (Sternberg 2009, 99)

Ganz in der in Amerika noch immer weit verbreiteten Tradition des Behaviorismus bezeichnet Sternberg gelingende Handlungsweisen als *rewarded*, also *belohnt*. Ich möchte diese Frage an dieser Stelle nicht diskutieren und stelle sie mit dem Hinweis zurück, dass ich für mein Argumentationsanliegen – weniger intentionalistisch und theoriegeschichtlich belastet – lieber von *erfolgreichem* Handeln spreche.

Sternberg identifiziert drei *Funktionen*, vier *Formen*, zwei *Stufen*, zwei *Bereiche* und zwei *Tendenzen*, die in je unterschiedlicher Kombination einen bestimmten Denkstil ergeben. Das Vokabular zur Beschreibung dieser unterschiedlichen Ausprägungsdimensionen entlehnt Sternberg der *politischen Sphäre* und rechtfertigt dies eher vordergründig damit, dass wir in unserem Denken für uns als Individuen ähnliche Leistungen zu erbringen hätten wie eine Regierung in der Gesellschaft, etwa

> „… just as society needs to govern itself, so do we need to govern ourselves. We need to decide our priorities, as does a government. We need to allocate our resources, just as does a government. We need to be responsive to changes in the world, as does a government. And just as there are obstacles to change in government, so are there obstacles to change within ourselves." (Sternberg 2009, 20)

Ich will auch diese begriffliche Entscheidung nicht weiter in Frage stellen, da es mir an dieser Stelle primär darum geht, die erhebliche Bedeutung des *inzidentellen Lernens* aufzuweisen, nicht seine terminologische Kategorisierung durch Sternberg zu diskutieren. Wie in der Gesellschaft, so wären also auch in unserem Denken – so Sternberg – drei zentrale *Funktionen* zu erfüllen: Legislative, Exekutive und Judikative. In Entsprechung dieser Funktionen neigen die meisten Menschen dazu, sich auf *einen* Typus von Denkmustern zu spezialisieren, der sich für eine dieser drei Funktionen besonders eignet, und damit prägt sich entweder ein (eher) legislativer, ein (eher) exekutiver oder ein (eher) judikativer Denkstil aus. Jeder dieser Stile habe nun seine spezifischen Stärken und Schwächen.

Der *legislative* Stil begünstige neue Ideen, das Ausbrechen aus Routinen, das Schaffen und Erfinden. Der legislative Denker habe gelernt, Vorgänge zu leiten und zu bestimmen, wie er dies für richtig hält. Er habe schöpferisches Potential und Willensstärke entwickelt und die Fähigkeit, Verantwortung zu tragen. Die Schwäche des legislativen Stils bestehe in der Tendenz, Menschen zu dominieren, an den Rand zu drängen und gegen diese Tendenz aufzubringen. Umgekehrt habe sich der *exekutive* Denker darin geübt, auszuführen, was andere ihm übertragen. Er sei realistisch und verlässlich und habe gelernt, die Dinge, die er in Angriff nimmt, zu verwirklichen und zu ihrem Ende zu bringen. Die Stärke des exekutiven Denkens bestehe darin, Übersicht zu bewahren, Zusammenhänge zu berücksichtigen und Ausdauer zu zeigen. Sein Risikopotential liege in einer geringen Resistenz gegenüber Abhängigkeiten und einer Tendenz zur Unsicherheit und Banalität der eigenen Entscheidungen. Der *judikative* Denkstil sei weniger auf das Produzieren oder Umsetzen von Ideen orientiert, als darauf, diese Prozesse zu betrachten, zu analysieren und zu bewerten. Er sei durch Unbestechlichkeit in der Beobachtung und Kritikfähigkeit im Urteil charakterisierbar. Die Stärke, die der judikative Denker aufgebaut hat, bestehe im Erkennen von Strukturen und Auffinden von Widersprüchen und potentiellen oder reellen Problemauslösern. Dabei sei er stets in Gefahr, destruktiv zu werden.

Es ist offensichtlich: Durch ein legislatives Denken wird man sich schwer tun mit der Aufgabe, langwierige Vorhaben klein zu arbeiten oder auf Fehler und Schwachstellen zu untersuchen, das exekutive wird zu Problemen führen, wenn die Übernahme von Führung oder die Unterbreitung kreativer Vorschläge erwartet wird, das judikative hingegen wird sich zu Zwecken der Planung und Konzeption oder Umsetzung und Fertigstellung von Projekten aller Art als wenig geeignet erweisen.

Analog verhält es sich mit den *Formen* der Denkstile: Hier steht nun die Logik der bevorzugten Organisation der Gedankenführung im Vordergrund. Diese wird von Sternberg – wieder in Analogie mit entsprechenden politischen Strukturen – als jeweils monarchisch, oligarchisch, hierarchisch oder anarchisch ausgezeichnet. Auch diese vier Typen heben sich voneinander ab und zeigen spezifische Stärken und Schwächen.

Der *monarchische* Stil sei durch intensive Versenkung in das jeweils gerade anstehende Thema gekennzeichnet. Der monarchische Denker ziehe die Beschäftigung mit *einem* Thema vor, jedes weitere empfinde er als unnötige Ablenkung. Er habe sich Gründlichkeit und Ausführlichkeit angeeignet, sein monothematisches Denken bündle seine ganze Kraft in einem einzigen Vorhaben. Dabei bestehe die Gefahr, dass sein Denken sich von seiner Umgebung zu sehr abkopple und autistisch werde. Der *hierarchische* Stil sei ebenfalls durch intensive Bündelung und Konzentration gekennzeichnet, doch bleibe hier der Wechsel zwischen unterschiedlichen Themen entlang einer Reihung von Prioritäten möglich. Das Denken sei also nicht auf ein einziges Thema fixiert, ein Wechsel verlaufe aber dennoch planmäßig und intensiv strukturiert. Dies verleihe dem hierarchischen Denken besondere Verlässlichkeit, berge aber zugleich die Gefahr, dass Starre und Unbeweglichkeit entstehen und keine Außeneinflüsse mehr aufgenommen werden können. Noch weiter entfernt vom monarchischen befinde sich der *oligarchische* Denkstil. Er zeichne sich durch einen fluktuierenden Wechsel zwischen unterschiedlichen Themen aus. Die Stärke, die dabei entwickelt werden könne, bestehe in der möglichen Integration unterschiedlicher Zugänge, Sichtweisen und Problemstellungen, als Gefahr drohe die Oberflächlichkeit ihrer Rezeption, die mit dem permanenten Wechsel der Aufmerksamkeit einher gehe. Den grundsätzlichsten Kontrast zum monarchischen bildet schließlich der *anarchische* Stil. Er zeige sich in einer grundsätzlichen Ablehnung jeder Planung und Systematik, das Denken gehe auf in spontaner Situationsorientierung. Dies bedeute ein Maximum an Flexibilität des Denkens, doch könne diese zu Lasten seiner Geordnetheit gehen und in Strukturlosigkeit und Chaos abgleiten.

In ähnlicher Weise diskutiert Sternberg die weiteren Begriffspaare: *Stufen* oder *Ebenen* (*levels*): *global* (generalisierendes Denken in Übersichten und Verallgemeinerungen) vs. *lokal* (spezifizierendes Denken in Konkretheit und Realitätsnähe), *Bereiche* oder *Umfänge* (*scopes*): *internal* (selbstbezogenes, individualistisches, introvertiertes

Denken) vs. *external* (umgebungsbezogenes, kollektivistisches, extravertiertes Denken) sowie *Tendenzen,* die offensichtlich in Anlehnung an das amerikanische politische System des 20. Jh. entworfen sind: *liberal* (neugieriges, risikobereites Denken) und *konservativ* (bewahrendes, risikovermeidendes Denken).

Der eigentliche Erkenntniswert der unterschiedlichen Typen in Zusammenhang mit meiner Argumentation liegt nun weniger in den konkreten Details ihrer Rekonstruktion als in der Relativierung der auf ein vernünftiges Denken gerichteten Ansprüche. Es gibt offenbar nicht *den* vernünftigen Denkstil, sondern dessen ganz unterschiedliche Ausprägungen. Diese Erkenntnis wäre zunächst noch wenig aufregend, wenn wir unterstellen, dass jeder und jede von uns in einer bestimmten Anforderungssituation eben auf die jeweils am besten geeignete Weise vernünftig vorgeht. Doch machen die Untersuchungen Sternbergs sichtbar, dass wir biografisch dazu tendieren, uns auf eine der möglichen unterschiedlichen Logiken gleichsam festzulegen und diese auszubauen und zu perfektionieren, während wir die anderen vernachlässigen.

Dabei konzentrieren wir uns offensichtlich – ohne dies bewusst zu entscheiden oder auch nur wahrzunehmen – auf jene Strategie, die sich dort, wo uns dies wichtig ist, biografisch zunächst am besten bewährt. Gerade weil wir nicht bemerken, dass wir dabei einen Lernprozess durchlaufen, erscheint uns das Ergebnis dann als weitgehend alternativlose Eigenschaft unserer personalen Identität: Unsere Erfahrung zeigt und bestätigt uns eine einmal eingeschlagene Richtung immer wieder, denn indem wir damit erreichen, was wir erreichen wollen, werden wir beständig darin bestärkt, dass es *vernünftig* ist, *genau so* zu denken, wie es der von uns dabei unbewusst gewählte Typus vorsieht: monarchisch oder anarchisch, liberal oder konservativ etc., bzw. umgekehrt: dass es schlicht unvernünftig wäre, auf eine andere Weise zu denken.

Dies bewirkt natürlich *auch*, dass wir i.a. eine viel größere Ähnlichkeit der von uns allen produzierten Denkvorgänge unterstellen, als sie tatsächlich gegeben ist. Da wir jedoch in unserer Kommunikation nicht unsere gesamten und vollständigen Gedanken wiedergeben, sondern nur eine für Zwecke der effektiven Verständigung und Koordinierung vereinfachte und geglättete ,Schnittstelle', tritt nur selten ein Verständigungsproblem auf, das wir als einen diesbezüglichen Hinweis verstehen könnten. Sind wir dann ausdrücklich mit einem dem unseren konträren Denkmuster konfrontiert, so sind wir geneigt, dieses spontan als ,unlogisch', ,absurd' oder ,dumm' anzusehen, es repräsentiert ja gerade all das, was wir uns angewöhnt haben, als *vernünftigerweise zu vermeidende* Denkweisen anzusehen.

Keineswegs bedeutet eine solche Einsicht in die Unterschiedlichkeit konkreter vernünftiger Denklogiken, dass jedes Denken in jedem Fall gleich sinnvoll, logisch oder wirksam ist, und selbstverständlich kann man im Rahmen jeder der skizzierten Typen unterschiedlich erfolgreich sein. Wer monarchisch denkt, hat noch keine Garantie, langwierige Projekte bewältigen zu können, und wer anarchisch denkt, ist noch nicht von vornherein kreativ. Ein entsprechendes Urteil über die Qualität eines Denkvorgangs müsste sich also daran orientieren, wie weitgehend es seinem jeweiligen Gegenstand angemessen ist und ihn mit Aussicht auf günstige Folgen erfasst. Ein Fehlurteil wäre es aber jedenfalls, den Nachweis tatsächlicher Leistungsfähigkeit eines Denkens mit jener spontanen Plausibilität zu verwechseln, die von seiner bloßen Übereinstimmung mit *unserem eigenen* Denken herrührt.

2.3 Lernen als unthematische Gewöhnung

Lebenswelt, Habitus, Erstsprache, Denkstile, sie alle sind also durch Lernen erworbenes Wissen und Können und an den meisten ihrer Bestandteile erinnern wir zunächst nicht einmal, dass es sich bei ihnen überhaupt um Lernergebnisse handelt. Dessen ungeachtet haben wir bereits ein erhebliches Ausmaß an Lernen bewältigt, bevor uns der Tatbestand eines Lernens auch nur in den Sinn gekommen ist und auch unsere weitere Lerngeschichte steht zu einem großen Teil im Zeichen eines Lernens, das sich ereignet, ohne dass uns dies ausdrücklich zu Bewusstsein käme:

> „Vieles und Entscheidendes lernen wir, wie man sagt, ‚unbewußt‘, also so, daß wir uns prinzipiell nicht darauf besinnen können, wie das Lernen vor sich gegangen ist. Eines Tages ‚können‘ wir eine Leistung. Wir wissen dabei deshalb nichts zu sagen über den Prozeß, der zum Können geführt hat, weil dieses Können erst die Bedingung dafür darstellt, dass wir uns eines Lernens bewußt werden." (Buck 1989, 7)

Wie kann man sich den Vorgang eines als solchen *unbemerkten* und *erst später erkennbaren* Lernens vorstellen? Ich knüpfe zur Beantwortung dieser Frage wieder an die Überlegung des Aristoteles an, derzufolge man tun müsse, was man lernen möchte, und wende mich zunächst einmal dem Vorgang des Handelns zu.

Die Situationen, in denen wir handeln, variieren, jede ist ein wenig anders konfiguriert als alle anderen, auch sehr ähnliche Situationen enthalten geringfügig unterscheidbare Elemente und immer wieder neue Beziehungen zwischen diesen. Daraus ergibt sich, dass wir mit keinen starren Festlegungen an sie herangehen können, vielmehr muss, was immer sich als Muster unseres Handelns bereits herausgebildet hat, in jedem Anwendungsfalle mehr oder weniger flexibel abgewandelt und an die konkrete Situation adaptiert werden. Erfolgreiches Handeln kann nur in einer grundsätzlich *erfahrungsoffenen Haltung* vollzogen werden. Sie besteht in der Fähigkeit und Bereitschaft, unser Handeln in seinem Verlauf *zu korrigieren* und den Notwendigkeiten der Situationen *anzupassen*. Ein dogmatisch veränderungsresistentes Handeln wäre nicht in der Lage, den Erfordernissen der unterschiedlichen und sich über die Zeit immer wieder verändernden Situationen zu entsprechen. Jedem Handeln, auch wenn es nur als bloßes Ausführen angelegt ist, wohnt also bereits das Moment des Probierens inne: Wir greifen die uns gebotenen Handlungsmöglichkeiten gemäß unseren Bedürfnissen auf und nützen und verändern sie. Dabei stellen wir fest, dass unser Handeln einmal zu geringerem und einmal zu größerem Erfolg führt. Letzteres erleben wir als befriedigender und daher tendieren wir dazu, es zu wiederholen. Man beachte: In dieser Formulierung ist noch von keinem Lernen die Rede, obwohl man ein solches ‚zwischen den Zeilen‘ bereits herauslesen kann. Genau dadurch repräsentiert die Formulierung nun jene Haltung, die wir praktisch handelnd einnehmen, wenn wir subjektiv auf die möglichst absichtsgemäße und reibungslose *Durchführung einer Handlung* orientiert sind und dabei die vor sich gehende *Veränderung der Praktiken ihrer Durchführung* nicht beachten.

Wenn wir etwa einen Nagel einschlagen, dann werden wir kaum mit einer *Lerneinheit Nägeleinschlagen* beginnen, sondern einfach versuchen, erfolgreich zu sein. Wenn sich der Nagel verbiegt, so ziehen wir ihn wieder heraus und variieren beim nächsten Versuch den Aufschlagwinkel oder die Aufschlagstärke oder auch ein anderes operatives Detail so, wie es uns eben plausibel vorkommt. Was wir an unserem Tun modifizieren, um erfolgreich zu sein, erscheint uns dabei *im Rahmen unserer bereits etablierten Fähigkeiten* zu liegen und dass dabei ein Lernen stattfinden könnte, wird uns nicht thematisch. Schließlich wird der Nagel zufriedenstellend eingeschlagen sein und wenn wir gefragt werden, was wir getan haben, werden wir sagen, wir hätten einen Nagel eingeschlagen, vielleicht sogar, es habe dazu mehrerer Versuche bedurft, kaum aber, dass wir *gelernt hätten*, einen Nagel einzuschlagen. Dennoch haben wir im Zuge der Arbeit mit Hammer und Nagel unsere handwerklichen Fähigkeiten ganz sicherlich erweitert.

Der *Lern*effekt, der auf ein Handeln zurückgeht, muss also nicht bemerkt werden, wenn die Aufmerksamkeit auf das Erreichen des Handlungsziels gerichtet ist, er stellt sich dann als „Nebenprodukt" (Künkler 2011, 542) seiner Verfolgung ein. Die bei der Erreichung des Handlungszieles sich stellenden Probleme ‚begegnen uns‘ in der Formulierung von Habermas (s.o.) ‚als Bestandteil der Situation‘, und werden daher intentional betrachtet oder, wie ich an anderer Stelle formuliert habe: fokussiert. Die Umstrukturierung der Praktiken, die sich im Zuge der intentionalen Erwägung und Bearbeitung der Handlungsprobleme ergibt, ereignet sich dabei ‚in unserem Rücken‘, von uns also unbeachtet und unkontrolliert.

Genau dies ist dann der paradigmatische Fall eines *inzidentellen* oder *unabsichtlichen* Lernens. Dieses bildet die lebensgeschichtlich ursprünglichste Form unseres Lernens. Sie beruht (wie noch genauer zu zeigen sein wird: wie jedes Lernen) auf *Erfahrung* und diese ist „die anfängliche und für alle weitere (begriffliche) Vermittlung grundlegende Vermitteltheit der Dinge und meiner selbst" (Buck 1989, 14). Da wir gar nicht bemerken, dass wir gerade dabei sind zu lernen, wird dieses Lernen nicht durch Lernziele gesteuert, die wir dabei bewusst verfolgen würden. Wir wollen etwas tun, tun es einfach und *spüren und akzeptieren, wie es geht*. Dabei bilden sich Muster, Schemata, Strukturen, Routinen aus und bleiben auf (eine bestimmte) Dauer bestehen. Das im Zuge der Situationsbewältigung veränderte (ausführende) Handeln sedimentiert zu einer Selbstverständlichkeit meiner Lebensführung: „[E]ine wiederholte Handlung, die eine bestimmte typische Gestalt hat wie Handgriffe, die ich immer wieder ausführe, führt zur Gewohnheit." (Waldenfels 2000, 183)

Die Erfahrungsoffenheit des Handelns bildet also die Grundlage dafür, dass aus grundsätzlich *jedem Handeln* ein neuer Eindruck, eine verschobene Einstellung, eine präzisierte Kalibrierung, eine erweiterte Variabilität des Handelns etc. *mitgenommen und behalten* werden kann. Es lässt sich daher sagen, dass „learning is not merely situated in practice – as if it were some independently reifiable process that just happened to be located somewhere; learning is an integral part of generative social practice in the lived-in world." (Lave/Wenger 1991, 35) Lernen ist kein fallweise zum Handeln *zusätzlich* auftretendes Ereignis, sondern ein integraler *Bestandteil jeder Praxis.*

Aus diesem Grund gehen in die Gewohnheiten unseres Lebens unablässig neue im Zuge der Handlungserfahrung sich wie selbstverständlich einstellende Modifikationen unseres Denk- und Bewegungshandelns ein, wie sie sich in der Konfrontation unseres Tuns mit den personellen und materiellen Bedingungen bilden, unter denen wir es unternehmen. Solange sich kein Anlass ergibt, die aktuell eingeschlagene Richtung in Zweifel zu ziehen und ihre Gültigkeit sich damit wie selbstverständlich bestärkt, verbleiben alle Vorentscheidungen, die unserem Handeln – und sei es einem noch so kritischen Denkhandeln – zugrunde liegen, unbezweifelt, unangetastet, in einem *quasi natürlichen* Zustand und gehen damit in den Grundbestand jener Routinen und Hintergrundüberzeugungen ein, wie sie als Lebenswelt, Diskursformation, Habitus, Ideologie, Deutungsmuster etc. verallgemeinert wurden.

Um die Unterscheidung von intentionalen und inzidentellen Lernprozessen aufschlussreich zu verstehen, darf man sie sich allerdings nicht als zwei völlig unterschiedliche Vorgänge vorstellen, etwa dergestalt, dass ersteres *zur Gänze* kontrolliert und rational geplant und letzteres *zur Gänze* naturwüchsig und unabhängig von jeder Reflexion verliefe. Zunächst beruht ja, wie ich schon im ersten Kapitel gezeigt habe, *jedes* Lernen, also auch das intentionale, darauf, dass wir durch *Erfahrung* ein *Können* entwickeln und selbst dann, wenn dieses Können auf die Beherrschung eines reflektierenden Umgangs mit zeichenhaften Repräsentationen gerichtet ist, so ist es doch *selbst* nicht zeichenhaft-reflexiv, sondern lediglich als verkörperte Handlungsstruktur ausgebildet.

Umgekehrt verläuft das inzidentelle Lernen zwar jenseits unserer subjektiven Aufmerksamkeit, keineswegs jedoch *jenseits aller reflexiven Einflüsse* auf die in ihm vollzogenen Praktiken: Das Einschlagen eines Nagels beispielsweise ist ja ein Vorgang, dessen begriffliche Rahmung, Orientierung und Begrenzung ihm bestimmte Ansprüche auferlegt und Potentiale verleiht, die ihn etwa von unverständigen Imitationsversuchen eines Schimpansen eindeutig unterscheidbar macht. Ich habe diesen Modus des in den kulturellen Gewohnheiten, sprachlichen Bezeichnungen, Werkzeugen etc. situierten Handelns, bereits als ein Handeln ‚im Wissen um' seine kulturelle Bestimmtheit dargelegt (siehe 1.1). Die Beschränkung der reflexiven Kapazität des inzidentellen Lernens besteht also lediglich darin, dass das *aktuell handlungsbegleitende* Denken nur Probleme thematisiert, die *handlungsausführend* gelöst werden müssen, dabei aber jene einer möglichen Veränderung der Ausführungs*fähigkeiten,* also eines entsprechenden *Lernens* unbeachtet lässt.

Wie anspruchsvoll das kognitive Niveau eines bloß auf das Handeln bezogenen Reflexion dessen ungeachtet sein kann, lässt sich etwa an *Denksportaufgaben* ermessen, die – wie schon der Name suggeriert – angestrengtes Reflektieren in einem besonderen Maße erforderlich machen. Holzkamp arbeitet im Kontext seiner Kritik an der *Problemlöse-* als *Lern*forschung heraus, dass die dort untersuchten Probleme zumeist solche der – wenn auch anspruchsvollen – *Anwendung von bereits angeeignetem Wissen* darstellen würden. Wenn sie „auftauchen, so sind diese aufgrund ihrer Struktur nicht als Lernproblematiken identifizierbar …, sondern erweisen sich als Spielart primärer Handlungsproblematiken, die prinzipiell ohne intentionales Lernen überwindbar sind." (1995, 230) Es handelt sich hier um einen Fall eines hoch reflexiven Ausführungshandelns, der vom Handelnden keineswegs als Lernen intendiert oder interpretiert wird, das aber dennoch zugleich stets von unabsichtlichem Lernen begleitet ist.

Betrachten wir also genauer, wie sich das von mir für *jedes* Lernen veranschlagte Probieren, Imitieren und Reflektieren im Kontext des inzidentellen Lernens entfaltet. Die erste Dimension des Lernens, das *Probieren*, bildet, wie bereits ausgeführt, den Grundvorgang jedes Lernens. Die Logik des Probierens werde ich in Kap. 5 ausführlich erläutern. Sein unbeabsichtigtes Zustandekommen habe ich bereits als erfahrungsoffenes Ausführungshandeln beschrieben. Wären wir *allein* auf Probieren angewiesen, so müssten wir damit ungerichtet beginnen und es würde unverhältnismäßig lange dauern, bis wir auf der Grundlage wiederkehrender Zufälle zu einer erfolgversprechenden Entwicklung fänden. Das *Imitieren* bedeutet also eine Orientierung des Probierens, die dieses auf der Grundlage bereits gemachter Erfahrungen anderer Menschen auf erfolgversprechende Verhaltensweisen eingrenzt.

Beim Imitieren handelt es sich um eine Interaktion, in deren Rahmen ein Organismus mit Verhaltensweisen eines anderen Organismus konfrontiert ist und strukturelle Momente davon in sein eigenes Verhalten einspeist. Ich werde seine Eigenheiten in Kapitel 6 systematisch darstellen. Das Imitieren ist ein wesentliches Moment so gut wie aller (auch) unabsichtlicher menschlicher Lernprozesse. Wenn wir regelmäßig mit den selben Menschen zusammen sind, ergeben sich – soferne wir dies nicht absichtlich unterdrücken – vielfache unbeachtete Angleichungen im Verhalten. Man kann dies unschwer am dialektalen Idiom oder an den Bewegungs- und Essgewohnheiten von Kindern studieren, die sich spontan am Verhalten ihrer elterlichen Vorbilder beim Sprechen, Gehen oder Essen orientieren, ohne über ein mögliches Lernen je nachgedacht zu haben.

Ein solches Nachahmen beschränkt sich keineswegs auf *motorische* Vorgänge, sondern gibt auch den *mentalen* Praktiken eine jeweils bestimmte Richtung vor. Wir erlernen auch die Muster sprachlich-reflexiver Aktivitäten, indem wir (zunächst einmal) einfach *nachmachen, was jemand anderer vormacht*. In diesem Fall handelt es sich eben nicht um eine Form, den Körper zu bewegen, sondern um eine des Umgangs mit Daten und Fakten, des Denkens oder des wissenschaftlichen Argumentierens. Auch die Strukturen geistiger Aktivitäten anderer Menschen, mit denen wir häufig zusammen sind, ,färben auf uns ab'. Dies geschieht, indem wir in unserem Handeln versuchen, erfolgreich zu sein und dabei spontan bei anderen Menschen beobachtete Handlungsmuster einsetzen, ohne dies als nachhaltige Veränderung unserer eigenen Handlungsstrategien, d.h. als Lernen, einzuordnen.

Imitierte Menschen müssen nicht unbedingt physisch anwesend sein. Auch wenn ich etwas von ihnen Geschriebenes lese, erfahre ich wesentliche Elemente eines nachahmbaren Tuns. Wenn ich mich etwa in die Bücher eines Autors vertiefe, so bedeutet dies, dass ich seinen Gedanken nachgehen muss. Ich kann gar nicht anders als im Lesen seine Art des Denkens *nachzumachen*, Wort für Wort, Satz für Satz, Argument für Argument – und damit entsteht das gesamte fremde Gedankengebäude in meinem eigenen Denken. In dem Maße, indem sich dieses Gedankengebäude für meine eigenen Verstehensbedürfnisse bewährt, habe ich keinen Grund, es wieder zu verwerfen und dies bedeutet dann: Ich habe mir, ohne dies zu beabsichtigen und vielleicht gänzlich ohne es zu bemerken, angeeignet, über dieses Etwas auf die selbe Weise zu sprechen, zu schreiben, zu argumentieren, zu reflektieren wie der Autor. Ich habe gelernt, zu denken wie er, ohne dass es mir aufgefallen wäre.

Das Probieren im Kontext des inzidentellen Lernens wird aber auch durch *Reflektieren* vororientiert. Ich habe ja bereits herausgearbeitet, auf der Grundlage welcher Überlegungen auch inzidentelles Lernen als von reflexiven Bestimmungsmomenten betroffen gedacht werden muss: Ob wir erfahrungsoffen daran gehen, unsere Zähne zu putzen, eine Flasche Wein zu entkorken oder uns auf einem schmalen Gebirgspfad trittsicher fortzubewegen, immer *denken* wir auch das Problem, das wir durch unser jeweils entsprechendes Handeln zu bewältigen versuchen. Dabei setzen wir hauptsächlich Wissen ein, das nicht aus unserer persönlichen Erfahrung stammt, sondern aus der *gesellschaftlichen Kultur.* Wir beziehen es in Form mit Wissen aufgeladener materieller Gegenstände (etwa der neuesten elektrischen Zahnbürste, des intelligenten Designer-Korkenziehers oder auch bloß der altbewährten Bergschuhe) und über kommunikative Hinweise (etwa des Zahnarzts, des Sommeliers oder des Bergführers), die ihrerseits wiederum auf sprachlichen Artefakten (also Worten, Sätzen, grammatischen Regeln etc.) beruhen.

Die *dinglichen* Artefakte sind also ebenso wenig einfach zufällige Gegenstände, wie die *sprachlichen* Artefakte zufällige Lautfolgen markieren, durch die man unmittelbar selbstevidente Wirkungen herbeiführen könnte. Ihre kulturelle Hergestelltheit impliziert, dass sie eine Form erhalten haben, in der ein verallgemeinerter Weltbezug, der ‚Begriff' eines spezifischen Subjekt-Welt-Verhältnisses aufgehoben ist. Sie stellen damit die Möglichkeit eines jederzeitigen *ausdrücklichen Re=flektierens*, also eines gezielten Sich-Zurückbeugens, eines Noch-einmal-darauf-Zurückkommens auf die in ihnen materialisierten Erkenntnisbestände bereit. In irgendeiner Weise müssen wir diesen Begriff in jedem Falle berücksichtigen, präsent haben, mitführen o.ä., um die angemessene Handhabung der Artefakte nicht zu verfehlen, um also *im Wissen um* die Hergestelltheit und Zweckmäßigkeit, die sie repräsentieren, agieren zu können.

Dies bedeutet nun keineswegs, dass *zu unserem Können zusätzlich* noch *etwas anderes hinzu* kommt. *Alles* Gelernte muss ja im Körper körperlich gespeichert werden und dieser Körper kennt keinen artefaktförmigen ‚Behaltemodus', sondern nur jenen sprachlosen der ausgeprägten Spur oftmaliger Wiederholung, der Erfahrung eben. Daher muss auch das artefaktbasierte (z.B. sprachliche) Wissen als eine solche Spur praktischer Erfahrung behalten werden. Es bildet dann ein Können *im Umgang mit den Artefakten*, sowohl mit Zahnbürste, Korkenzieher und Bergschuhen, als auch mit den sprachlichen Zeichen, die uns etwas über den Gebrauch dieser Dinge zur Kenntnis bringen. Dieses Können unterscheidet sich von jenem des weiter oben angeführten Schimpansen, dem wir diese Gegenstände einfach in den Käfig legen. Wie dieser haben wir zwar nur *praktische Erfahrung* gesammelt, doch schließt diese in unserem Falle Erfahrung mit den *reflexiven Potentialen* oder anders ausgedrückt: mit der *Sinnhältigkeit* der zweckmäßig hergestellten Artefakte ein. Dies ist zumindest der Fall, sobald wir in unserer Lernbiografie uns den begreifenden Umgang mit Artefakten grundsätzlich einmal angeeignet haben.

Auch wenn das inzidentelle Lernen also nicht ohne den Funktionsaspekt des Reflektierens auskommt, so bringt es diesen dennoch nur in einer spezifisch beschränkten Weise zur Wirkung. Betrachten wir dazu, wie von Aristoteles unter dem Titel der *Gewöhnung* ein Lernen *ohne jede Problematisierung seiner Prämissen* charakterisiert wird: „Werkgerechtes Bauen wird gute, das Gegenteil schlechte Baumeister hervorbringen. … Und durch unser Verhalten in gefährlicher Lage, Gewöhnung an Angst oder Zuversicht, werden wir entweder tapfer oder feige." (Aristoteles 2003, 35) Wir können davon ausgehen, dass in einem solchen Gewöhnungsgeschehen immer auch vieles ausgiebig bedacht und erwogen – also mehr oder minder ausdrücklich reflektiert – wird. Doch wohnt einem Reflektieren, das lediglich auf das *Durchführen* der Handlungen bezogen ist, das *dessen Prämissen* also *immer schon als Selbstverständlichkeiten akzeptiert*, naturgemäß eine Tendenz zur Verfestigung, Verfertigung, Verkörperung auch des Unzureichenden, Fehlerhaften, Falschverstandenen inne. Die etablierte Orientierung *des Reflektierens* wird ja nicht in Frage gestellt.

Damit kann ich nun noch einmal deutlich herausstellen, warum die Unterscheidung von inzidentellem und intentionalem Lernen von so erheblicher Bedeutung für ein substanzielles Verständnis unserer unerkannten Denkvoraussetzungen ist:

Zwar schafft das Reflektieren unserer praktischen Herausforderungen als *Handlungs-problematiken* (mit der Folge *inzidentellen* Lernens) der Rationalität immer schon einen gewissen Raum, doch bleibt dieser beschränkt durch unsere aktuellen Voreinstellungen, durch unseren von uns als ausreichend erlebten Entwicklungsstand und unser Lernen damit gefangen in einem engen Horizont. Es ist grundsätzlich strukturkonservativ und gegenüber diesem Sachverhalt selbst wiederum blind.

Diese affirmative Tendenz des inzidentellen Lernens malt Bourdieu etwa in grellen Farben: Der biografisch ursprünglich erworbene Habitus habe deshalb so besonderes Gewicht, weil er

> „seine eigene Konstantheit und seine eigene Abwehr von Veränderungen über die Auswahl zu gewährleisten sucht, die er unter neuen Informationen trifft, indem er z.B. Informationen, die die akkumulierte Information [und damit den ursprünglichen Habitus: B. H.] in Frage stellen könnten, verwirft, wenn er zufällig auf sie stößt oder ihnen nicht ausweichen kann, und vor allem jedes Konfrontiertwerden mit derlei Informationen hintertreibt." (Bourdieu 1999, 113f)

So diskutiere man etwa am liebsten mit Leuten, die der gleichen Meinung sind. „Durch die systematische ‚Auswahl', die er zwischen Orten, Ereignissen, Personen des *Umgangs* trifft, schützt sich der Habitus vor Krisen und kritischer Befragung, indem er sich ein *Milieu* schafft, an das er so weit wie möglich vorangepasst ist" (Bourdieu 1999, 114)

Was hier so nachdrücklich beschrieben wird, ist uns wohl allen bekannt und es zeigt, dass es die fehlende Rückwendung der Reflexion *auf sich selbst*, die mangelnde Bewusstwerdung der Probleme *als Lernprobleme* ist, die einem Umlernen im Wege steht. Keinesfalls darf aus den Phänomenen ‚blinder' Reproduktion von Weltzugängen, wie wir ihnen in der Lebenswelt, dem Habitus, dem Deutungsmuster etc, begegnen, dagegen auf die Existenz eines grundsätzlich *irreflexiven menschlichen Lernens* geschlossen werden. In dem Augenblick, in dem wir uns kulturelle Erfahrungsbestände aneignen, praktizieren wir immer schon eine (wie immer auch bescheidene) Reflexion unseres Handelns und seiner Bedingungen und wir bleiben auch weiterhin mit ihr in aktivem Kontakt, mindestens dadurch, dass wir sie als subsidiäre Bedeutungen im Hintergrund unseres Denkens mitführen. Eine inzidentelle *Hinterfragung* dieser Reflexion und ihrer ‚mitgedachten' Resultate ist allerdings nicht vorstellbar, die kritische Prüfung der Prämissen unseres Denkens und Handelns stößt uns nicht zu, wir können sie nur im Fokus unserer gedanklichen Aufmerksamkeit und einer auf sie gerichteten Absicht vollziehen.

Das Lernen, das einem als unbeachtetes Widerfahrnis zustößt, ist also kein Hort des kritischen, prüfenden, skeptischen Welt- und Selbstentwurfes. Dies schließt nicht aus, dass etwa durch die gewohnheitsmäßige Aneignung kritischer Gedankengänge eine Gewöhnung an kritisches Denken geschehen kann: Wir können uns nämlich angewöhnen, ‚immer alles zu akzeptieren' oder ‚immer alles in Frage zu stellen'. Was im Rahmen eines solchen inzidentellen Lernens jedoch unbefragt bleibt (und

aufgrund seiner Vollzugslogik immer bleiben *muss*), ist *es selbst*. Im soeben angeführten Beispiel bliebe also die Gewöhnung an das affirmative oder an das kritische
Denken selbst (zunächst) unkritisiert. Im Resultat würden wir dann Menschen
vorfinden, die ihre Haltung, alles zu akzeptieren oder alles in Frage zu stellen, *wie
selbstverständlich* praktizieren, ohne daran etwas Besonderes zu finden.

Inzidentelles Lernen besorgt also im Gegensatz zu intentionalem Lernen primär
die Verstetigung von bereits Bestehendem, es vertieft und verfestigt Strukturen,
die bereits entwickelt wurden, es tendiert zu ‚more of the same'. Und doch kann es
operative Grundlagen ausbilden, die wir dann später für Zwecke kritischer Reflexion einsetzen können, denn selbstverständlich wird eine Gewöhnung an kritisches
Hinterfragen bessere Ausgangsbedingungen dafür schaffen, auch *das Lernen selbst*
in die Reflexion einzuholen, als eine Gewöhnung an passive Akzeptanzbereitschaft.

Wie können wir uns nun vorstellen, dass aus dem Vollzug eines bloßen Handelns
in uns etwas ‚hängen bleibt'? Wenn in jeden Versuch, ein bestimmtes Handlungsre-
sultat zu bewirken, die Erinnerungsspuren bereits erzielter Ergebnisse früherer Versuche eingehen, so veranlassen uns die Gefühle, die mit unseren Erfolgserlebnissen
verbunden sind, jene Praktiken anzuwenden, die sich schon bisher am besten bewährt haben und weniger bewährte zu vermeiden. Weil wir jene faktisch häufiger
durchführen als diese, *prägen sie sich auch entsprechend stärker ein.*

Soferne diese Selektion bloß durch spontane Rückkoppelungsvorgänge gesteuert
wird, muss sie die Schwelle unserer bewussten Wahrnehmung, die ja auf die Durchführung des Handelns gerichtet ist, nicht überschreiten und das Lernen kann als
solches unbeachtet bleiben. Wir beachten die Führung der Zahnbürste beim Putzen, die Schonung des Korkens beim Herausziehen, die Vermeidung des Ausrut-
schens beim Bergsteigen und registrieren lediglich, dass uns dies mehr oder weniger
gut gelingt. Auf diese Weise führen wir bloße *Ausführungshandlungen* durch *und*
erwerben dennoch zugleich eine *veränderte Grundlage unseres Handelns.*

Damit stellt sich nun zuletzt noch die Frage, wo genau das ‚Behaltene' aufbewahrt
wird, wo sich also die Muster, Schemata und Strukturen befinden, wenn sie ‚bestehen bleiben'. Waldenfels gibt darauf folgende Antwort:

> „Dieses Wissen steckt in den Händen oder in den Füßen, es ist im Leib inkorporiert. Der
> Leib ist geradezu der Inbegriff dessen, was ‚ich kann', ohne daß ich es mir ausdrücklich
> vorstellen *muß*, und teilweise auch, ohne daß ich es mir ausdrücklich vorstellen *kann*."
> (Waldenfels 2000, 169)

Um diesen Satz nicht misszuverstehen, muss man bedenken, dass Waldenfels hier
phänomenologisch argumentiert, nicht aber physiologisch. Es soll hier also keineswegs ausgesagt sein, dass sich in den Händen und Füßen ‚Denkorgane' befinden, die
in ihrer Funktion dem Gehirn vergleichbar wären. Allerdings soll die Formulierung
durchaus hervorheben, dass das hier in Rede stehende Wissen *nicht nur* im Gehirn

gespeichert ist, sondern in allen Körperteilen, an denen die Durchführung der Praktiken eine Veränderung hinterlassen hat. Das Können, das wir etwa im Klavierspielen anwenden, ist auch im Gewöhntsein an das Ausführen des Klavierspielens verankert und diese Gewöhnung formt auch den physischen Zustand etwa der Muskeln und Nervenverbindungen der Finger, Arme und Beine des Pianisten.

Wir verwahren das durch Gewöhnung Gelernte also in keinem *sprachlich geordneten* Gedächtnis, in dem wir durch gedankliche Suchbewegungen aussagekräftige Sätze herauspräparieren könnten, die ihren Inhalt ausdrücken, sondern in den *eingeprägten Spuren unseres wiederholten Handelns.* Auch diese Formulierung hat keinerlei physiologische Bedeutung, sie soll nichts über chemische oder physikalische Vorgänge aussagen, die ihnen zugrunde liegen. Sie bezeichnet lediglich die subjektive Erfahrung des Lernenden: Das wiederholte *körperliche Ausführen* von Handlungen hinterlässt eine Veränderung seiner Denk- und Handlungsvoraussetzungen, in der bestimmte konkrete Eigenheiten der vollzogenen Praktiken repräsentiert sind. Das Können (bzw. das Wissen als seine spezialisierte Form) steckt dann in einem ganz wörtlichen Sinne im gesamten Körper.

3 Blockade, Krise, Suchbewegung: Die thematische Seite des Lernens

Wenn wir auf Probleme stoßen, die wir auf mangelnde Fähigkeiten zurückführen, können wir unseren Weltzugang in Frage stellen. Der Durchgang durch eine krisenhafte Selbstveränderung führt zu einer Umorientierung des weiteren Lernens.

3.1 *Der Vollzug des intentionalen Lernens* – Ich beginne damit, die Voraussetzungen eines absichtlichen Lernens zu klären: Am Anfang steht ein *Diskrepanzerlebnis*. Auftretende Widerständigkeiten lassen sich durch bloßes Ausführungshandeln nicht überwinden und führen zu einem emotionalen Spannungszustand, der die Aufmerksamkeit auf das Vorliegen einer Lernproblematik lenkt. Auf dem Hintergrund des Vorgelernten kann sich eine ausdrückliche Lernbereitschaft entwickeln. Damit geht das *unabsichtliche* Lernen in *absichtliches* Lernen über und kann die Form eines *Umlernens* annehmen: Im Gegensatz zu unabsichtlichem Lernen, das einer affirmativen Grundtendenz folgt, kann das absichtliche Lernen seine eigenen Grundlagen von Grund auf in Frage stellen und verändern.

3.2 *Lernkrise und kreative Synthese* – Mit dem Eintritt in das intentionale Lernen stellt sich das Problem, wie das *noch unbekannte Können* systematisch angezielt werden kann: Sofern es ermöglichen soll, die Lernproblematik auf neue Weise zu bewältigen, kann es nicht auf der verlängerten Spur des alten liegen. Im Umlernen muss die Logik des Lernens von strukturkonformer Variation und Gewöhnung auf *Entdeckung* und *kreative Neuausrichtung* umgestellt werden. Die zu vollziehende Strukturtransformation impliziert eine Entwertung bereits bestehender Fähigkeiten, eine transitorische Einbuße von Handlungsfähigkeit und damit einen *Orientierungsverlust* im Zuge des Lernverlaufs. Praktische Vorbilder und diskursive Kommentare unterstützen die Bewältigung dieser krisenhaften Dynamik.

3.3 *Lernwiderstände, widerständiges Lernen* – Die emotional prekäre Situation im Umlernen birgt die Gefahr, sich zu generell *zwiespältigen Haltungen* und *Lernwiderständen* zu verdichten. Ein anstehendes Lernen verspricht nicht schon von vornherein einen sicheren Zugewinn an Lebensgestaltungsmöglichkeiten. Die daraus resultierende widersprüchliche Motivationslage kann zu Verweigerungshaltungen führen, welche sich jedoch auflösen lassen, wenn sie in ihrer Funktion als Selbstbehinderung intuitiv wahrgenommen oder reflexiv erkannt werden. Dann lässt sich das Lernen als Mittel der eigenen Emanzipation verstehen und als Schutz vor Unterdrückung und Bevormundung in Stellung bringen. Der Widerstand *gegen* das Lernen wird damit verwandelt in *widerständiges Lernen*.

3.1 Lernen als Selbstreflexion

In unserem Handeln, das stets von einem unabsichtlichen Lernen begleitet ist, geraten wir von Fall zu Fall in eine Situation, zu deren Bewältigung unsere verfügbaren Fähigkeiten nicht ausreichen und die durch bloß erfahrungsoffenes Weiterhandeln nicht adaptiert werden können. Damit eröffnet sich die Möglichkeit eines *intentionalen* Lernens. Der Begriff der Intentionalität wird in den Wissenschaften vom Menschen nicht immer völlig gleich verwendet. Konsens herrscht zumeist in der Festlegung, dass Intentionalität als Ausdruck einer vom Organismus auf der Grundlage innerer Orientierungsaktivitäten ausgehenden Gerichtetheit auf die Welt betrachtet wird:

> „Der phänomenologischen Auffassung zufolge ist Intentionalität … eine Eigenschaft, die nur mentalen und auch nur Bewusstseinszuständen zukommt und also keinen nicht-bewussten oder nicht-mentalen Entitäten oder Vorkommnissen (etwa Computern, funktionalen Zuständen, neuronalen Gehirnzuständen, Thermostaten und Ähnlichem) zugeschrieben werden kann." (Szanto 2012, 57)

Es handelt sich dabei um „das grundlegende und als solches irreduzible Medium des Weltbezugs bewusster Subjekte" (ebd.). Nicht ganz übereinstimmend wird die Frage beantwortet, in welchem Ausmaß Intentionalität nur den *in einem engeren Sinne bewussten* Zuständen und Ereignissen zugesprochen und unserer (evtl. sogar rational) geordneten Aufmerksamkeit und absichtlichen Tätigkeit vorbehalten werden soll. Vor allem die sog. ‚Leibphänomenologie' tendiert dazu, Intentionalität weiter zu fassen und ihr auch das unmittelbare subjektive *Empfinden* und *Gestimmt-Sein*, i. B. das Wahrnehmen sogenannter *Qualia* zu subsumieren. Auf diese Weise wird dann auch schon unser Körper in seinen unmittelbaren, vor-rationalen Betroffenheiten und Strebungen als Ausgangspunkt menschlicher Intentionalität aufgefasst. Auf der Grundlage eines solchen weiten Intentionalitätsbegriffes ist offensichtlich jedes Lernen in der einen oder anderen Form von Intentionen mit beeinflusst. Der Begriff des intentionalen Lernens hat sich jedoch für ein Lernen etabliert, bei dem sich die Absicht des Lernenden ausdrücklich *auf das Lernen selbst* richtet. Ich bezeichne mit ihm also im weiteren jenes *explizite* oder *absichtliche* Lernen, von dem wir bemerken und wollen, dass es stattfindet. Entscheidend ist dabei, dass wir unseren *bisherigen Zugang* zu einer sich ergebenden Problematik ausdrücklich in Frage stellen, weil offensichtlich wird, dass er sich nicht ausreichend bewährt.

Für ein solches Lernen ist charakteristisch, dass es seinen Ausgang beim Auftreten von Widerständigkeiten nimmt, die sich durch bloß fortgesetztes Ausführungshandeln nicht überwinden lassen. Indem wir dies bemerken, wird unsere Aufmerksamkeit durch eine „Anfangsdissonanz" (Rumpf 2008, 22), durch die Erfahrung, dass etwas „sich nicht wie gewohnt erledigen lässt" (Meyer-Drawe 2008, 15), durch eine „Diskrepanzerfahrung" (Holzkamp 1995, 214) auf den Umstand gelenkt, dass ein Lernen notwendig wird. Wir versuchen also, zunächst ein *Hand-*

lungsproblem zu lösen, es gelingt uns nicht und damit kann es sich in ein *Lernproblem* verwandeln.

Bis zum Augenblick dieser Wendung lernen wir (nur) inzidentell, *ab* diesem Augenblick (auch) intentional, unabhängig vom Inhalt, dem wir uns lernend widmen, von der Dimension, die unser Lernen gewinnt oder von der Zeit, die es in Anspruch nimmt. Wie gezeigt, impliziert inzidentelles Lernen ja sogar den Funktionsaspekt des Reflektierens – solange dieses Reflektieren nicht *selbst* zum Gegenstand der Reflexion wird. Erst dann beginnt das intentionale Lernen. Man könnte diesen Moment auch als jenen bestimmen, in dem die Vollzüge des Probierens, Imitierens und Reflektierens durch ihre aus gegebenem Anlass hervortretende Fraglichkeit *als solche*, das heißt, in ihrer Funktion als *Aspekte eines Lernens* ins Bewusstsein treten. Sie werden dann selbst zum ausdrücklichen *Gegenstand* unseres Lernens. Im intentionalen Lernen wendet sich unser Können so auf unser Können zurück. Wir beginnen, „in mündiger Weise [zu] lernen, also so, daß sich unser Lernen ausdrücklich zu sich selbst verhält, sich erfährt und beeinflußt" (Buck 1989, 7). Wir reflektieren auf unser Reflektieren.

Diese Wende steht im Zeichen einschneidender emotionaler Vorgänge: Der erste Schritt des intentionalen Lernens besteht darin, dass wir angesichts der unlösbaren Handlungsproblematik mit unseren bereits entwickelten Fähigkeiten *unzufrieden*, mithin *bereit* werden, die gegebene Lernnotwendigkeit anzunehmen. Die subjektive Anerkennung einer Lernproblematik beruht also nicht auf einer bloß sachlichen Information über gegebene Fähigkeitsdefizite und mögliche Entwicklungswege, sondern stellt sich ein, *weil* und *indem* sich in der beschriebenen Ausgangssituation für uns eine bestimmte *subjektive Betroffenheit* ergibt. Holzkamp charakterisiert sie so: „Die Behinderung der Handlungsrealisierung impliziert als (wie immer näher zu bestimmende) Beeinträchtigung der Verfügung/Lebensqualität einen irgendwie gearteten Gefühlszustand des Ungenügens, der ‚Frustration‘, der Beunruhigung, Angst o.ä." (Holzkamp 1995, 214). Die Unfähigkeit, eine Lernproblematik durch bloßes Handeln zu bewältigen, wird so durch unser emotionales Erleben lokalisiert und präzisiert und das dann mögliche Eintreten von Lernbereitschaft ist keineswegs eine Bringschuld oder moralische Verpflichtung, sondern ereignet sich einfach, weil wir subjektiv erleben, dass es zwischen dem, was wir erreichen möchten, und dem, wozu wir in der Lage sind, eine Diskrepanz gibt, die wir nur dadurch überwinden können, dass wir etwas *an uns selbst* aktiv verändern.

In der zitierten Aufzählung Holzkamps erscheinen lediglich negative Gefühlszustände als mögliche Indikatoren eines subjektiv notwendig werdenden Lernens. In Bezug auf die Anzeige des zu registrierenden Ungenügens mag dies plausibel sein, es sind m.E. aber durchaus auch positive Emotionen als Begleitphänomene denkbar, so etwa *Vorfreude* über eine durch Vorbilder und Hinweise vor Augen geführte spätere Fähigkeit, *befriedigende Erinnerungen* an frühere entsprechend gemeisterte Lernsituationen oder ein Gefühl der *Aufgehobenheit* in der menschlichen Zivilisation, welche in diesem Augenblick in Form einer bereitgehaltenen Lernmöglichkeit erfahren werden kann. In jedem Fall zeigt sich hier, dass Emotionen und Kognitionen keine voneinander trennbaren Ereignisse sind: Ohne subjektive Betroffenheit führt eine sachliche Information zu keinem Handeln, ohne sachliche Information besteht für jene noch kein Anlass (vgl. dazu auch Hackl 2009a).

Bei der Anerkennung der Lernproblematik spielt die Lernvorgeschichte (siehe 1.3) wieder eine zentrale Rolle: Unser Vorgelerntes bestimmt, ob wir überhaupt einen Lerngegenstand als Lerngegenstand oder ein Problem als Problem wahrnehmen: Was immer ich lernen kann, „steht für mich notwendig stets in irgendeinem Verhältnis zu den schon vorgelernten Bedeutungszusammenhängen, erscheint mit Bezug darauf als da- oder dorthin gehörig, als ein besonderer Fall von dem und dem, als Bestätigung, Erweiterung, Problematisierung schon bekannter Handlungsmöglichkeiten etc." (Holzkamp 1995, 209) Das Vorgelernte bestimmt also die *Perspektive*, die wir angesichts einer Lernproblematik entwickeln: Günstig sind die Voraussetzungen für einen Einstieg in den Lernvorgang dann, wenn ich aufgrund meiner voraus liegenden Erfahrungen erwarten kann, dass ich es schaffe, die Lernproblematik zu bewältigen und sie sind ungünstig, wenn ich daran zweifle oder es gar für unmöglich halte.

Damit ist neben der Motivation noch ein weiterer Aspekt der Lernvorgeschichte angesprochen, nämlich die Frage, ob ich *tatsächlich* die Fähigkeit besitze, die Lernproblematik zu bewältigen. In der Lage zu sein, mit einem Problem sinnvoll *lernend* umzugehen, ist ja selbst wieder eine Fähigkeit, die ich in meiner Lernbiografie durch Lernen entwickelt habe. Dies wäre der rationale Kern der heute viel strapazierten Rede vom ‚Lernen des Lernens'. Vielfach wird dabei jedoch so getan, als könne man das Lernen *als solches* lernen, dies ist aber eine unsinnige Vorstellung. Man lernt das Lernen nicht, indem man versucht, *das Lernen selbst* zu lernen, sondern, indem man sich aneignet, was man zur Meisterung der Probleme benötigt, die sich einem im Laufe des Lebens stellen. Der Erwerb einer allgemeinen Fähigkeit, zu lernen, ist dann nichts anderes, als die sich einstellende Verallgemeinerung der einzelnen vollzogenen Lernvorgänge. Diese zeitigt nicht nur technische Fertigkeiten, sondern auch ein ausreichendes Selbstvertrauen, befriedigende Erfolgserfahrungen, Wissen um praktikable Zugänge zu sozialen und materialen Unterstützungsressourcen etc.

Wenn nun auf einer solchen Grundlage mein *Vorwissen* und *Vorkönnen* meinen Blick auf die Notwendigkeit eines Lernens frei gelegt hat, wenn ich weiters daraus subjektiv für mich eine Lernproblematik gewonnen habe und es als realistisch einschätze, den notwendigen Selbstveränderungsprozess auch bewältigen zu können, kann das intentionale Lernen einsetzen. Gemäß meinen früheren Überlegungen muss ich auch in dieser Situation versuchen, *damit beginnen, zu tun, was ich gerne können möchte.* Alles, was ich im zurückliegenden Kapitel über die *Funktionsaspekte des Handelns* und *Lernens* ausgeführt habe, gilt auch hier, mit dem einen Unterschied, dass nun auch die *Prämissen meines Handelns* und damit *der Umstand des*

Lernens in den Lichtkegel meiner bewussten, sprachlichen, ausdrücklichen Denk-vorgänge geraten, das Ausführen von Bewegungen, das Denken, das Reflektieren selbst also zu Gegenständen des Reflektierens werden.

Indem das erfahrungsoffene Ausführungshandeln nun nicht mehr wie selbstver-ständlich ein beiläufiges Lernen nach sich zieht, tritt zunächst die *Lernnotwendigkeit*, dann der *Lernverlauf* in seinen unterschiedlichen Sequenzen und Dimensionen in den Fokus der Aufmerksamkeit und Reflexion. Bis das *Tun, was ich können möchte*, dazu führt, dass ich *kann, was ich lernen wollte*, werde ich das angestrebte Handeln unsicher, unbeholfen, suchend, fehlerhaft ausführen. Ich werde meine neu ausge-richteten Körperbewegungen und Gedankengänge also kontrolliert *wiederholen*, da-bei immer wieder geringfügig *variieren* und einen – im besten Falle kleiner werden-den – Teil meiner Aufmerksamkeit darauf richten, so wenige Fehler wie möglich zu machen, in Hinblick auf die möglichen und erwarteten Effekte meines Tuns *Vorsicht walten lassen*, da ich ihm noch nicht ausreichend vertrauen kann etc.

Das Lernen kann kurz und einfach, aber auch von langer Dauer und hoher Kom-plexität sein. Es kann daher eintreten, dass wir überfordert sind, *sofort* das *ganze* angestrebte Handeln auszuführen, das wir erlernen wollen. In diesem Falle müssen wir es zunächst in kleinere *Teilvorgänge* zerlegen, bevor wir diese dann zu dem an-gestrebten Gesamtvorgang zusammensetzen können. Und selbstverständlich kann eine solche Lernphase auch *in der Schwierigkeit reduzierte Versuche* beinhalten, das angestrebte Handeln oder seine Teilabschnitte fehlerfrei zu realisieren.

Die Praktiken, die in meiner Wahrnehmung normalerweise hinter die meine Auf-merksamkeit absorbierenden Ziele, Bedingungen und Objekte meines Tuns zurück-treten und unbeachtet bleiben, treten ob ihrer beschränkten ,Fertigkeit' hier also stärker in der Vordergrund und belasten dadurch meine Kontroll- und Verarbei-tungskapazität. Dabei ist – worauf ich noch ausführlicher zurückkommen werde – zu veranschlagen, dass wir zunächst gar nicht so genau wissen, worin das Neue überhaupt besteht. Was wir zu tun beginnen können, erweist sich also im weiteren Verlauf vielleicht oft als gänzlich unangemessen und hat mehr den Charakter eines Ratespiels als eines zielgerichteten Experiments.

Es ließe sich an dieser Stelle nun ein grundsätzlicher Vorbehalt anmelden: Wie soll es möglich sein, dass wir – gemäß der Aristotelischen Anweisung – *ausführen*, was wir lernen wollen und zugleich – gemäß meiner Bestimmung des intentionalen Lernens – eben dieses Ausführen *reflektieren*? Ich habe ja ausführlich dargelegt, dass wir uns zu einem Zeitpunkt nur auf einen relativ beschränkten Bedeutungszusammenhang konzentrieren können (siehe 1.1) und ganz besonders, dass wir nicht gleichzeitig *denken* und die Prämissen dieses Denkens *in Frage stellen* können (siehe 2.1). – Es kann an dieser Stelle also offensichtlich weder um ein *abstrakt-distanziertes* Reflektie-ren, wie man es etwa in der Wissenschaft oder Kunst betreiben kann, noch um ein *gleichzeitig-vollständiges* Reflektieren der Voraussetzungen unseres Könnens gehen. Beides würde unsere mentalen Kapazitäten überfordern. Was hier als Re=flektieren geleistet werden kann, ist lediglich eine *ergebnisoffene Wahrnehmung und Bewertung* der Handlungsversuche, die wir in lernender Absicht vollziehen.

Betrachten wir zu ihrer Präzisierung noch einmal kurz das Reflektieren im *unabsichtlichen* Lernen: Hier liegt unsere leitende Intention in der handelnden Zielerreichung, unsere Aufmerksamkeit daher auf dem Wählen einer erfolgreichen Vorgangsweise, die wir jedoch im Rahmen unserer bereits vorhandenen Fähigkeiten lokalisieren. ‚Finden' heißt hier also soviel, wie ‚aus dem schon bereit stehenden Werkzeugkoffer nehmen'. Wir beziehen unsere Handlungsweisen aus dem Repertoire der bereits verfügbaren Praktiken, aus dem Arsenal des schon ausgebildeten Könnens, das wir im laufenden Handeln auch sofort daran erkennen, dass wir es verzögerungslos einsetzen können (und dabei lernen, *ohne* es zu bemerken).

Anders verhält sich dies nun im absichtlichen Lernen. Hier suchen wir ausdrücklich nach einer *neuen* Vorgangsweise, unsere leitende Prämisse liegt in der *Infragestellung* der Prämissen des bisherigen Handelns. Wir sind also dessen gewahr, dass das von uns probierend eingesetzte Können grundsätzlich *unverlässlich ist*. Wir erwarten nicht, dass die probierten Strategien umstandslos funktionieren werden, unsere Aufmerksamkeit ist daher notgedrungen weniger mit sich *bewährenden* Mustern als mit sich *nicht bewährenden* beschäftigt. Es ist offensichtlich, dass eine solche ‚offene' Probierstrategie wesentlich stärker von einer reibungslosen Zielerreichung ablenkt, ja sie geradezu behindert. Anders als im inzidentellen Lernen kommt es im intentionalen daher zwangsläufig zu Blockaden, Verlangsamungen, Verirrungen, Abbrüchen, Wiederholungen etc. Klaus Holzkamp hat diese Phase daher auch das Einlegen einer „Lernschleife" (1995, 183) genannt.

Es bleibt aber jedenfalls auch hier aufrecht, dass Reflektieren soviel bedeutet wie ‚sich zurückwenden'. Im Falle eines notwendig werdenden *Abbruchs* des probierenden Handelns und damit einer ausdrücklich – also ‚fokal' – zu untersuchenden Fragwürdigkeit unseres Könnens ist dies auch ganz offensichtlich der Fall. Doch zeichnet sich auch das erfolgreich *voranschreitende* selbstkritisch-selbstbeobachtende Probieren dadurch aus, dass wir es im – ‚subsidiären' – *Wissen um* die Unklarheit und Fragwürdigkeit der eingesetzten Praktiken vollziehen.

Wenn wir nun in eine intentionale Lernphase eintreten, dann ergeben sich zwei grundsätzlich verschiedene Möglichkeiten ihrer Entwicklung: Es gibt eine Form des intentionalen Lernens, die sich durch einen mehr oder weniger *kontinuierlichen Zuwachs* an Wissen und Können auszeichnet. Wenn wir etwa *üben*, produzieren wir eine grundsätzlich bereits bewältigbare mentale oder motorische Figur um ihrer größeren Sicherheit oder Eleganz willen immer wieder aufs Neue. In diesem Falle ist das intentionale Lernen in den kontinuierlichen Strom der inzidentellen Lernprozesse mehr oder minder bruchlos eingelassen und setzt diese fort, ohne eindeutig Anfang und Ende zu haben. Man kann es daher auch als *Weiterlernen* ansprechen. Seine Verlaufsdynamik besteht ja darin, dass es in gewisser Weise ‚immer weiter voran geht'.

Dies ist aber nicht bei jedem Lernen der Fall. Manchmal haben wir etwas gelernt, das uns *beim weiteren Lernen im Wege steht*, weil in ihm bestimmte Einstellungen, Haltungen, Routinen, Gewohnheiten, Fehlorientierungen etc. beschlossen sind, die verunmöglichen, dass wir auf sie weiter aufbauen können. In diesem Falle sind wir zu einem *Umlernen* gezwungen. Da das intentionale Lernen das Auftreten einer subjektiven Lernproblematik voraussetzt und diese i.a. auf das Scheitern eines bloßen Weiter-Handelns zurückgeht, gehen intentionales Lernen und Umlernen zumeist Hand in Hand.

Wenn wir uns etwa beim Schifahren auf der Piste einen schlechten Stil angewöhnt haben und dann versuchen, die Technik des Tiefschnee-Fahrens zu erlernen, so werden wir schnell bemerken, dass die uneleganten Verrenkungen, mit denen wir auf einem glattgewalzten Hang noch relativ unbeschadet zu Tal gekommen sind, nun unter diesen erschwerten Bedingungen nicht ausreichen, um Richtungsänderungen sturzfrei zu überstehen und – was hier von besonderer Bedeutung ist – auch nicht *weiter* zu einer gut funktionierenden Technik ausgebaut werden können. Wenn wir in einer Liebesbeziehung immer wieder gute Erfahrungen damit gemacht haben, Interessenskonflikte durch das Erregen von Mitleid zu unseren Gunsten zu entscheiden und dieses Mittel daher bereits flüssig, geschickt und selbstverständlich einsetzen, werden wir dennoch früher oder später in eine Konfliktsituation geraten, die sich auf diese Weise nicht lösen lässt, und mit unserer Strategie die Beziehung gefährden oder zerstören.

Es müssen allerdings keine manifesten *Fehler* sein, die uns zu einem Umlernen nötigen. Manchmal ist eine bestimmte etablierte Struktur bloß einfach zu wenig elaboriert, um sich als Lösung bestimmter Probleme zu bewähren. Wenn wir etwa die Vervielfältigung gleicher Zahlen immer durch deren *Addition* bewältigen wollen, anstatt uns auf die elaboriertere rechnerische Strategie des *Multiplizierens* einzulassen, so ergibt das zunächst noch keine falschen Ergebnisse. Wir werden aber immer wieder auf mathematische Aufgaben stoßen, in denen diese Additionen unverhältnismäßig großen Aufwand und eine Behinderung einer eleganten Aufgabenlösung bedeuten.

In all diesen Beispielen stoßen wir also an eine Grenze des Weiterlernens, die wir nur dadurch überwinden können, dass wir einen einmal erlernten Problemzugang aufgeben oder zumindest seinen Geltungsbereich einschränken. Die Lernproblematik eines solchen Umlernens bedeutet, dass wir nicht primär durch ein *quantitatives Defizit* an Wissen und Können am Handeln und weiteren Lernen gehindert werden, sondern dass *etwas an diesem Lernen selbst* unserem Vorankommen im Wege steht: Das bloße Weiterlernen würde hier bedeuten, neuen Herausforderungen lernend durch ‚more of the same' gerecht zu werden, also dasselbe geschickter einzusetzen, seinen Vollzug durch wiederholte Übung zu perfektionieren und zu eruieren, wie man die bereits angeeignete Struktur doch noch irgendwie der Situation aufdrücken könnte. Damit aber würden wir vermeiden, auf *genau die* Weise zu lernen, die den gegebenen Problemen tatsächlich entspricht.

Umlernen entsteht keineswegs nur in seltenen Ausnahmefällen, sondern bildet ein regelmäßiges Vorkommnis einer normalen Lernbiografie. Das Beispiel der Vervielfältigung gleicher Zahlen zeigt eine sehr undramatische Variante, die in jeder Durchschnittsbiografie eines Kindes unserer Kultur mit Sicherheit vorkommt, da wir alle spätestens in der Schule das Multiplizieren lernen. Die Notwendigkeit eines *Verlernens* ist dabei kaum ausgeprägt, ablegen müssen wir eigentlich nur die Annahme, dass die Addition die in jedem Falle geeignetste mathematische Operation der Vervielfältigung von Zahlen darstellt. Anders stellt sich dies im Tiefschnee-Beispiel. Hier muss möglicherweise die ganze Architektur der Körperbewegungen neu entworfen werden. Ähnlich liegt der Fall bei der Gewohnheit, auf Interessenskonflikte spontan mit Leidensinszenierung zu reagieren. Eine Umstrukturierung so komplexer Praktiken setzt daher unter Umständen die Überwindung äußerst hartnäckiger Widerstände voraus.

Die Unterscheidung von Weiterlernen und Umlernen beschäftigt die meisten Lernkonzepte in der einen oder anderen Weise. So bezeichnet Max Miller im Kontext seiner soziologischen Lerntheorie das Umlernen als *fundamentales Lernen* und stellt es einem *relativen Lernen* gegenüber (vgl. etwa 1986, 141), Künkler unterscheidet in analoger Weise *formatives* von *transformativem* Lernen (2011, 543), Göhlich/ Zirfas *additives* von *innovativem* (2007, 35) und Gregory Bateson nach einer ähnlichen Logik überhaupt gleich zwischen einem Lernen 0, Lernen 1, Lernen 2 und Lernen 3 (vgl. 1971, 362ff).

Der Hamburger Erziehungswissenschaftler Rainer Kokemohr hat vorgeschlagen, *Bildung* als Prozess der Verarbeitung von Erfahrungen aufzufassen, „die der Subsumtion unter Figuren eines gegebenen Welt- und Selbstentwurfs widerstehen" (2007, 21), soferne dieser Prozess „eine Veränderung von Grund legenden Figuren meines je gegebenen Welt- und Selbstentwurfs einschließt" (ebd.). Sein Kollege Hans-Christoph Koller, der sich in seinem Konzept ‚transformatorischer Bildungsprozesse' vielfach auf ihn bezieht, thematisiert die selbe Vorstellung als Verhältnis von *Lernen* und *Bildung*: Lernprozesse bestünden so gesehen

> „darin, dass neue Informationen angeeignet werden, ohne dass sich der Modus der Informationsverarbeitung grundlegend verändert. Dagegen werden Bildungsprozesse als höherstufige Lernprozesse verstanden, in denen nicht nur neue Inhalte angeeignet werden, sondern auch die Art und Weise, in der Menschen sich zur Welt, zu anderen Menschen und zu sich selbst verhalten, einer Transformation unterliegt." (Koller 2010, 290)

Käte Meyer-Drawe wendet gegen die begriffliche Unterscheidung von *Um-* und *Weiterlernen* ein, dass eigentlich jedes Lernen ein Umlernen sei. Es gebe kein Lernen, das nicht die Bahn des Handelns verändere. Und „selbst noch das Üben behält Spuren davon; denn unsere Wiederholungen sind keine Automatismen, sondern unvermeidlich Modifikationen, auch wenn sie unscheinbar sein mögen." (Meyer-Drawe 2008, 213) Tobias Künkler ortet an der Position Meyer-Drawes hier eine entschiedene Abgrenzung „von allen Verständnissen des Lernens, die Lernen vornehmlich als Gewohnheitsbildung betrachten" (2011, 399). Meyer-Drawes Beobachtung lässt sich keinesfalls bestreiten, doch steht sie tatsächlich im Widerspruch zur Möglichkeit von Weiterlernen und Gewöhnung? Die Veränderung einer alten Gewohnheit macht die Gewöhnung an eine neue nicht schon überflüssig. *Umlernen* hebt das verändernde Moment hervor, *Gewöhnung* das (neuerlich) zu Routinen führende, doch beides sind notwendige Aspekte des selben Vorgangs.

Dass genau betrachtet jedes Lernen zu einer Modifikation der vorherigen Handlungsweise führt, widerspricht letztlich auch der Unterscheidung eines Weiterlernens und Umlernens nicht, es stellt sich lediglich die Frage, worauf sich das ‚Um-' bezieht: Es ist unbestreitbar, dass auch im Weiterlernen eine Veränderung entsteht, denn sonst wäre es ja kein Lernen. Es verändert sich aber lediglich jenes *Handeln*, das durch das Lernen (wieder) möglich werden soll. Weiterlernen wäre so gesehen eine Art ‚Um-*Handeln*'. Im *Umlernen* aber wird *das Weiterlernen selbst* durch Lernen verändert und daher verdient es aus meiner Sicht erst im Vollsinne die Bezeichnung ‚Um-*Lernen*'. Dieses nämlich „ist nicht nur die Korrektur dieser und jener Vorstellungen, die man sich über etwas gemacht hat; es bedeutet auch einen Wandel der ‚Einstellungen', d.h. des ganzen Horizonts der Erfahrung." (Buck 1989, 47)

Klaus Holzkamp hat ganz in diesem Sinne vorgeschlagen, das diskontinuierliche Moment des Umlernens als ‚qualitativen Lernsprung' zu fassen. Wie es beim Lernen generell notwendig sei, die *handelnde* Herangehensweise an ein Problem zu verändern, sei es hier nun notwendig, die einmal eingeschlagene *lernende* Herangehensweise zu modifizieren, um anschließend ein weiteres kontinuierliches Lernen auf veränderter Grundlage zu etablieren. Dabei würde durch diese Modifikation „nicht weniger, sondern mehr ‚problematisch'", der Lernende gewinne „ein neues ‚Problembewusstsein'" (1987, 29).

Holzkamp führt nun einen Grund ins Treffen, warum *inzidentelles* Lernen nicht dazu in der Lage sein könne, einen solchen qualitativen Sprung zu befördern: Es sei diesem nämlich vorausgesetzt, dass wir als Lernende die bisher eingeschlagene Lernstrategie entsprechend *reflektieren* würden, zunächst in Hinblick auf etwaige operative Mängel der „Planung, Organisation, hierarchischen Durchstrukturierung" (1995, 240), dann aber v.a. in Hinblick auf seine inhaltliche, ‚thematische' Ausrichtung. Eine zentrale Rolle weist Holzkamp dabei dem ‚inneren Sprechen' zu. Dieses befördere nicht nur eine rational-argumentative Strukturierung der Erfahrungen, sondern bilde auch eine Art begleitenden Rapports und Kommentars, der die Grundlage der „Wahrnehmungspräsenz" (ebd., 260) im Handlungsvollzug sicherstelle. Die auf dieser Grundlage erreichbare subjektive Ausgangslage des Lernenden formuliert Holzkamp so:

> „Ich bin durch den *Lernfortschritt bei Anwendung des bisherigen Prinzips* an einen Punkt gekommen, wo dieses für den *weiteren Lernfortschritt nicht mehr ausreicht,* also *ein neues Prinzip für das Weiterlernen* gefunden werden – mithin ein qualitativer Lernsprung vom bisherigen zum neuen Prinzip vollzogen werden muss." (Holzkamp 1995, 241)

Damit wird der Umstand eines notwendig werdenden *intentionalen* (Um-)Lernens evident.

Die völlige Gleichsetzung von intentionalem und Umlernen scheint mir jedoch leicht überzogen. So müssen wir etwa auch für die Entwicklung *vor* einem der sprachlichen Selbstreflexion vorausgesetzten ontogenetischen Entwicklungsniveau bereits qualitative Lernsprünge, also Umlernen, veranschlagen und daher einige ihrer Formen auch im Kontext *inzidentellen* Lernens lokalisieren. Wir beginnen ja mit dem Lernen biografisch zu einem Zeitpunkt, an dem wir in Ermangelung einer Sprache weit davon entfernt sind, inneres Sprechen praktizieren zu können oder überhaupt zu wissen, dass es so etwas wie ‚Wissen‘, ‚Können‘ oder ‚Lernen‘ gibt. Wir versuchen einfach, mit uns und der Welt zurecht zu kommen, imitieren Dinge, Vorgänge und Handlungen von Personen, denen wir begegnen, und probieren aus, welche Effekte sich dadurch lukrieren lassen. Wenn wir etwa zum wiederholten Male versuchen, die Rassel, die man uns ins Kinderbett gelegt hat zu erreichen, festzuhalten oder ihr immer aufs Neue merkwürdige Töne zu entlocken, wenn wir versuchen, erste Schritte zu unternehmen, ohne zu stürzen, oder wenn wir experimentell herauszukriegen versuchen, wie wir uns verhalten müssen, damit unsere Mitmenschen uns ihre ungeteilte Aufmerksamkeit schenken, realisieren wir zweifellos auch mannigfaches *Umlernen*, und zwar ganz *ohne* jede Reflexion unseres bisherigen lernenden Weltzugangs.

Die Begriffe intentionales Lernen und Umlernen können also nicht völlig bedeutungsgleich sein, denn ein *nicht-intentionales Umlernen* (etwa das hier angeführte vorsprachliche Umlernen) ist offensichtlich ebenso vorstellbar wie ein *intentionales Weiterlernen* (wie etwa das absichtliche Üben). Was könnte dann aber in einem nicht-intentionalen Umlernen an Stelle der von Holzkamp ins Treffen geführten *Reflexion auf den Lernprozess* als möglicher Ausgangspunkt fungieren?

Kokemohr beschreibt die Bedingungen der Möglichkeit intentionalen Lernens zunächst recht ähnlich wie Holzkamp. Anders als dieser betont er jedoch, dass die bei ihm als Synonym für Umlernen erscheinende *Bildung* „als ein Prozess zu begreifen ist, der durch einen fremden Anspruch herausgefordert wird." (2007, 14) Dabei laufen Kokemohrs Ausführungen nicht darauf hinaus, dass es unbedingt eine *Person* sein muss, von der hier ein solcher fremder Anspruch ausgehen muss, und Hans-Christoph Koller, der Kokemohrs Idee aufnimmt, interpretiert dessen Bildungsverständnis dann auch so: „Bildung ist … ein ‚responsives‘ Geschehen, bei dem das Subjekt auf einen Anspruch antwortet, der *von einem anderen Ort aus* ergeht …" (2007, 71; Hervorhebung B. H.). In Formulierungen wie diesen erscheint auch denkbar, dass es *nicht-personale* Gegebenheiten sind, die einen Akteur ‚ansprechen‘ und eine entsprechende Irritation oder Provokation bewirken.

Soll der ‚Anspruch von einem anderen Ort aus‘ nun aber mehr bedeuten als das, was durch die bereits beschriebene ‚Anfangsdissonanz‘ oder ‚Diskrepanzerfahrung‘ ohnehin bereits ausgedrückt wurde (siehe 3.1), so kann er sich nicht bloß in einem

Hindernis für das voranschreitende Handeln erschöpfen, sondern muss auch schon ein zumindest rudimentäres *Orientierungspotential* enthalten. Der Anspruch i.S.v. Kokemohr/Koller wäre dann also ein Hindernis, das auch schon Informationen darüber enthält, in welcher Richtung es zu bewältigen sein könnte. Woher könnte ein solches kommen?

Ein (im Sinne der Phänomenologie) *responsiv* zu beantwortender Impuls kann von sehr unterschiedlichen interaktiven und kulturellen Bedeutungen ausgehen, auch von so indirekten, wie sie beispielsweise im Kontext von körperlichem Ausdruck, Werkzeugen, Kunstwerken, Räumen o.ä. anzutreffen sind. Nachdem wir hier die Möglichkeit eines Umlernens *vor* der biografischen Ausbildung artefaktvermittelter Reflexion ausloten und dabei an sehr *junge* menschliche Wesen zu denken haben, lassen sich allerdings zweckmäßig hergestellte Gegenstände wie Werkzeuge, Kunstwerke o.ä. nicht veranschlagen, denn diese könnten ja ebensowenig verstanden werden wie sprachliche Hinweise. Es lägen hier daher ganz besonders *pädagogisch* gestaltete *Interaktionen* nahe, die so gestaltet sind, dass sie nicht nur eine ‚Dissonanz' erfahrbar machen, sondern auch schon mögliche Lösungswege aufscheinen lassen.

Ein solcher ‚Anspruch von einem anderen Ort aus' wäre nun eine denkbare weniger diskursive Alternative zur von Holzkamp ins Treffen geführten sprachlichen Manöverkritik. Dabei dürfen wir jedoch nicht vergessen, dass eine wirkliche *kritische Infragestellung* einer bisher eingesetzten Lernstrategie *ohne* Einsatz sprachlicher Mittel nicht denkbar ist. Bevor solche zur Verfügung stehen, bleibt jedes Umlernen daher weitgehend abhängig von jenen äußeren Vorgaben, denen Hinweise auf eine mögliche Korrektur der bisher eingeschlagenen Lösungsversuche zu entnehmen sind.

Dies bildet nun einen triftigen Grund, warum die Holzkampsche Reflexionsthese auch nicht gänzlich von der Hand zu weisen ist. Einmal ihrer Verabsolutierung entkleidet macht sie darauf aufmerksam, dass der *inhaltlichen Problematisierung* einer überkommenen Lernstrategie als unzureichend, damit der *Wendung des Denkens auf seine eigenen Prämissen* die entscheidende Bedeutung zukommt und eine solche Neuorientierung des Problemzugangs ohne Reflexion und diese wiederum ohne – insbesondere sprachliche – Artefakte nicht auskommen kann.

3.2 Lernkrise und kreative Synthese

Ich habe nun eine erste Skizze des intentionalen Lernens entworfen, dabei aber eine wichtige Problematik vorerst ausgeklammert: Wenn der Lernvorgang gerade deshalb notwendig wird, weil wir *nicht mehr in der Lage sind*, mit unserem (erfahrungsoffenen und anpassungsbereiten) Handeln fortzufahren (siehe 3.1) und jedes Lernen zugleich darin bestehen soll, *dass wir tun, was wir lernen wollen* (siehe 1.1), dann scheint die Aufgabe zunächst doch einigermaßen unlösbar: Wie können wir etwas beginnen, dessen Unmöglichkeit wir gerade erleben?

In etwas anderer Akzentuierung hat diese Frage schon den antiken Denker Sokrates beschäftigt: Wie können wir die Richtung unserer Lernbewegung orientieren, wenn wir das Ziel, an dem wir ankommen möchten, noch gar nicht kennen? *Dass* wir es nicht kennen – zumindest in jenem konkreten Sinne, der eine solche Orientierung einfach erklärbar machen würde – ergibt sich schon daraus, dass wir sonst gerade nichts mehr wirklich Neues zu lernen hätten. Bei Platon, der die Ideen Sokrates' aufgeschrieben hat, lautet die Frage so:

> „Und auf welche Weise wirst du die Suche auf etwas richten, von dem du nicht einmal weißt, was es ist? Wie soll denn das, was du nicht kennst und was du dir zum Suchen aufgibst, beschaffen sein? Oder wie wüsstest du, wenn du zufällig darauf kämest, dass es das ist, was du nicht wusstest?" (Platon 1994, 35)

Betrachten wir drei idealtypische Beispiele: Wir würden gerne über eine Latte springen, eine Étude von Chopin spielen oder den Sinn der Relativitätstheorie verstehen können. Im Fall der Ambition, über die Latte zu springen, mag die lernende Schrittfolge relativ einfach vorstellbar sein. So könnte ich mit meinen Versuchen etwa bei abgesenkter Latte beginnen, um das Anspruchsniveau dann langsam zu steigern, also bei jedem Mal ein wenig höher zu springen als davor und dabei meine Körperhaltung, meine Anläufe, bestimmte Gewichtsverlagerungen etc. variieren und beobachten, was dabei herauskommt. Beim Erlernen der Étude von Chopin könnte ich – abhängig von meiner bereits erworbenen Klavierspiel-Fähigkeit – versuchen, sie entweder einfach so gut es geht zu spielen, oder, wenn mir das noch nicht gelingt, die aufeinander folgenden Passagen einzeln zu üben, spezielle Abschnitte zuerst langsamer anzugehen, um das Tempo dann Schritt für Schritt zu steigern, bis ich sie zuletzt zum ganzen Stück zusammensetzen kann.

Bei meinem Versuch, die Relativitätstheorie zu verstehen, drängt sich vielleicht keine so unmittelbar einleuchtende Vorgangsweise auf. Worin besteht jenes *Handeln*, das ich fehlerhaft und unvollständig beginnen muss, um zu lernen, wie es fehlerfrei und vollständig vor sich gehen kann? – Das Handeln, mit dem ich beginnen muss, ist *das Verstehen*. Wie ich bereits gezeigt habe, bedeutet etwas *zu denken*, dass man es sich mental vergegenwärtigt. Etwas zu verstehen ist dann eine besondere Form dieses Denkens: Es besteht darin, etwas so zu denken, dass dabei die inneren Zusammenhänge seiner einzelnen Bestandteile und ihre Einbettung in das Gesamt der menschlichen Kultur offensichtlich werden. Wenn es sich, wie in diesem Beispiel, um eine Theorie handelt, bedeutet dies, die *Annahmen und Begründungen* zu vergegenwärtigen, die die Aussagen der Theorie schlüssig erscheinen lassen. Genau das muss ich nun also im Zusammenhang mit der Relativitätstheorie zu tun versuchen: Ich muss sie zu denken beginnen und dabei immer neue Motive, Informationen und Argumente hinzuziehen. Worin die innere Logik solcher Argumente genau besteht und auf welche Weise und in welchem Verständnis sie ein solches Verstehen implizieren, werde ich in Kap. 8.2. noch ausführlich behandeln.

Die Beispiele machen jedenfalls deutlich: Wir eigenen uns im Lernen immer etwas an, *das es bereits gibt,* und wir können von anderen *etwas darüber erfahren.* Auf diese Weise betreten wir auch im waghalsigsten Umlernen kein vollständiges Neuland: Das Einparken, das Schifahren, der konstruktive Umgang mit Beziehungsproblemen, das Multiplizieren, der Löffelgebrauch, die Hochsprungtechnik, das Étude-Spielen, die Relativitätstheorie etc., sie alle sind bereits erfunden und wir müssen die ihnen entsprechenden Praktiken lediglich erst in unser eigenes Handlungsrepertoire überführen. Dabei können wir *von anderen Menschen,* die bereits über entsprechendes mentales und motorisches Können verfügen, Hilfestellungen, Vorbilder und Hinweise beziehen. Und da wir im intentionalen Lernen auch reflexiv erfassen, *dass* wir lernen, können wir eine solche Unterstützung als hilfreich wahrnehmen und bewusst aufsuchen und annehmen.

Wie kann man sich eine solche *Unterstützung* in ihrer Wirkungsweise vorstellen? Sie könnte etwa darin bestehen, unserem probierenden Tun Raum zu schaffen, uns praktisch vorzuzeigen, was man tun muss, um das Problem zu lösen, uns sachdienliche Informationen, Ratschläge oder Hinweise zu geben, wie und wo sie aus dem Bestand des kulturell verfügbaren Wissens bezogen werden können, welche Lernwege sich bei anderen als zielführend bewährt haben, welche Strecke wir auf ihnen bereits sichtbar zurückgelegt haben etc. Für unsere Sprungversuche können wir uns beispielsweise vorstellen, einen geübten Sportler zu finden, der uns vorzeigt, wie man am besten möglichst große Sprunghöhen erreichen kann, und uns dazu erläutert, welche uns noch unbekannte Sprungtechnik sich zu unserem Vorhaben am besten eignet. Im Falle der Étude wäre an das Spiel eines qualifizierten Pianisten zu denken, der über die Feinheiten der Étude und seines Spiels auch verbale Auskünfte geben und erkennen kann, an welchen mangelhaften Zugängen oder Gewohnheiten unser aktuelles Spielvermögen krankt.

Um die Relativitätstheorie zu ‚knacken‘, kann ich mir Vorträge anhören oder Bücher lesen, um Informationen und Hinweise zu erhalten, die ich für das Verstehen des mir zunächst überhaupt nicht einsichtigen Gedankengebäudes benötige. Das *Nachmachen* der angemessenen Denkvorgänge bildet auch hier einen unumgänglichen Teilmodus der Aneignung: Den Vortrag zu hören oder das Buch zu lesen, bedeutet – wie gezeigt – nichts anderes, als die Gedankengänge ihres Autors *aktiv nachzuvollziehen.* Mit anderen Worten: Ich vergegenwärtige mir die Zusammenhänge genau in der mir vom Autor vorgeführten Weise. Man könnte auch sagen: Ich *mache das Denken nach,* wie es mir der Autor vormacht. Das wiederholte Hören eines Vortrages, der die Theorie fundiert und plausibel darstellt, das wiederholte Lesen einer ebensolchen Abhandlung, das wiederholte Mitvollziehen der Art und Weise, wie über die einzelnen Aspekte der Theorie gesprochen wird, versetzt mich so nach und nach in die Lage, die Struktur dieser Gedanken selbst immer vollständiger und angemessener zu reproduzieren. Die Relativitätstheorie zu *verstehen* bedeutet dann, angesichts der im Zuge dieses Imitierens selbst vergegenwärtigten Sinnstruktur ihrer inneren Logik subjektiv gewahr zu werden.

Nun wird sich beim *Nach-Denken*, also beim mentalen Vergegenwärtigen aller vorgeführten Details und deren Verbindungen untereinander vielleicht nicht sofort ein ausreichender Erfolg einstellen. Dann aber können wir nur tun, was wir auch beim Sprungversuch und bei der Étude tun müssen: Die Geschwindigkeit heraus nehmen, zunächst kleine Abschnitte bewältigen und vor allem: es immer und immer wieder versuchen, denn in jedem vollzogenen Durchgang können sich Details unseres Könnens so verändern, dass sich dies auf andere Details unterstützend und förderlich auswirkt.

Die zuletzt erwähnte Vorgangsweise ist keineswegs banal: In der wissenschaftlichen *Hermeneutik* gilt sie als eine anerkannte Methode oder sogar als Grundmodus des Verstehens überhaupt und wird dort als ‚hermeneutischer Zirkel‘ bezeichnet. Er besteht darin, einen noch unbekannten Sinnzusammenhang immer wieder zu ‚durchlaufen‘. Dabei stellt sich der eigentümliche Effekt ein, dass jedes Detail im Licht der anderen Details schrittweise verständlicher wird. Diese Vorgangsweise ist keine ungeschickte Kompromisslösung, sondern lässt sich als eine notwendige Eigenheit des menschlichen Verstehens betrachten: Der

> „Zirkel des Verstehens ist nicht ein Kreis, in dem sich eine beliebige Erkenntnisart bewegt, sondern er ist der Ausdruck der existenzialen *Vor-Struktur* des Daseins selbst. … Der ‚Zirkel‘ im Verstehen gehört zur Struktur des Sinnes, welches Phänomen in der existenzialen Verfassung des Daseins, im auslegenden Verstehen verwurzelt ist.“ (Heidegger 2001, 153)

Ungeachtet dieser zweifellos hilfreichen Überlegungen haben wir die Frage, wie wir unseren Blindflug bewältigen können, noch nicht hinreichend beantwortet. Es ist noch nicht geklärt, wie wir uns tatsächlich in die Lage versetzen können, das Neue zu tun, das wir uns lernend aneignen wollen, wenn wir es noch gar nicht kennen, wie wir es also schaffen, die kulturell bereits errungene, uns aber noch unbekannte Einsicht in unserem individuellen Tun erfolgreich zu ‚treffen‘.

Vergegenwärtigen wir uns noch einmal die Ausgangslage: In meinem Hochsprung-Beispiel wird zunächst relativ klar sein, wo ich nach dem Lernen angekommen sein möchte, *weiter oben* nämlich. Vielleicht habe ich auch Bilder von Videoaufzeichnungen berühmter Springer im Kopf, habe sie vielleicht auch detailliert analysiert und weiß daher wichtige Punkte, auf die ich achten sollte. Ich weiß aber noch nicht, wie sich die einzelnen Operationen und ihre Koordination untereinander und mit Laufboden und Latte in meinem Körper anfühlen, *wenn ich sie selbst korrekt durchführe*. Auch beim Étuden-Beispiel kann ich mich – wie gezeigt – an *Modellen* orientieren, die ich vom Hören kenne und solche Modelle geben immerhin schon ein gewisses ‚Gefühl‘ für das Ganze. Auch hier können differenzierte Detailreflexionen die Aufmerksamkeit auf besonders wichtige Aspekte des Spiels lenken. Doch ist die dadurch erzielbare Haltung gegenüber der Aufgabe immer noch weit von jener Wirklichkeit entfernt, *die ich durch eigenes Spielen erzeugen möchte*, und es ist höchst zweifelhaft, ob ich am fremden Spiel überhaupt so präzise erhören und an den reflexiven Hinweisen ausreichend klar erfassen kann, worauf es ankommt, *bevor ich die Étude selbst spielen kann.* Bei der Relativitätsheorie ist schließlich zunächst noch völlig unabsehbar, wo wir landen werden, denn eine reflexive Darlegung, die uns das Ziel genau angeben könnte, verstehen wir ja erst, wenn wir die Theorie bereits verstehen. Ein ,vorgezeigtes' Denken, das uns die Theorie korrekt präsentiert, wird uns daher zunächst *vielleicht mehr verwirren als nachvollziehbar anleiten.*

Die Unterschiede sind keine prinzipiellen: In allen drei Fällen geht es darum, bei jenen Praktiken zu ,landen', die in unserer Kultur zur Bewältigung eines bestimmten Problems entwickelt wurden. Jedes probierende Suchen impliziert nun Entscheidungen darüber, *was* ich jeweils als nächstes *auf welche Weise* variiere, um festzustellen, ob es ,greift'. Das Problem besteht also darin, in welche Richtung wir unser Handeln *abwandeln* sollen und wie wir seine ,richtige' Form *erkennen* können, sobald wir sie getroffen haben. Das Problem scheint auf den ersten Blick bei der Relativitätstheorie am größten, wer über die Feinheiten des Sports oder der Musik ausreichend informiert ist, weiß jedoch, dass es sich auch beim Hochspringen und Klavierspielen nicht grundsätzlich anders verhält. Wie also finden wir unseren Weg ins Unbekannte?

Man erzählt die schöne Geschichte, der russische Chemiker Dmitri Mendelejew hätte das von ihm entwickelte Periodensystem der Elemente beim Patiencen-Legen entdeckt. Zum Glück gibt es in diesem Falle eine genaue Rekonstruktion der Ereignisse, die interessante Einblicke in den wissenschaftlichen Schöpfungsakt gewährt. Tatsächlich spielte Mendelejew gerne Patience. Es handelt sich dabei um ein Kartenspiel für eine Einzelperson. Seine Regel besteht darin, die gemischten Karten nach einem ,periodischen' System aufzulegen (eine abgezählte Reihe, darunter wieder eine gleich lange Reihe und so fort) und sie von dort aus nach bestimmten Regeln in typengleichen Stapeln zu ordnen. Nun hatte Mendelejew im Zuge seiner Forschungsarbeit und vielleicht tatsächlich inspiriert vom Patiencenlegen die einzelnen chemischen Elemente auf Kärtchen notiert, um eine für sie geeignete Ordnung zu finden. Gleichzeitig hatte er Tabellen angefertigt, in die die Elemente nach der ,Patiencen-Logik' eingetragen waren:

> „Horizontal waren die Elemente entsprechend ihren allgemeinen chemischen Eigenschaften oder entsprechend ihrer chemischen Ähnlichkeit angeordnet (was einer Anordnung der Spielkarten nach der Farbe entspricht), und in der Vertikalen waren sie entsprechend der Ähnlichkeit der Atomgewichte angeordnet (was einer Anordnung der Spielkarten nach Benennungen entspricht)." (Kedrow 1973, 259)

Dem historischen Bericht zufolge geschah es nun, dass Mendelejew nach erschöpfender Anstrengung beim Versuch, ein stimmiges Konzept zu finden, einschlief und einen Traum hatte, der den entscheidenden Anstoß zur Lösung gab. Er wachte auf und konnte die richtige Lösung niederschreiben. Mendelejew fand die Lösung also nicht einfach durch systematisches Denken, sondern durch einen Prozess, den er letztlich nicht willentlich herbeiführen konnte.

Wir alle kennen den alltagssprachlich so genannten ‚Geistesblitz', den Augenblick, in dem uns scheinbar mühelos, wenngleich oft in erregter Stimmung etwas ‚einfällt' oder ‚zufällt', das wir zuvor nicht hätten beschreiben können, etwas das eine ganz neue Wendung bringt, etwas das eine lange gesuchte Lösung für ein Problem bedeutet. Der geisteswissenschaftliche Pädagoge Friedrich Copei hat ausführlich und präzise das Zustandekommen des ‚fruchtbaren Moments im Bildungsprozess' beschrieben, an dem „uns plötzlich ‚ein Licht aufgeht'" (1950, 17) Eine solche neue Erkenntnis kann durch *systematisches Denken* nicht erzeugt werden, denn in diesem können wir (‚deduktiv') nur Variationen und Kombinationen dessen herstellen, was wir *schon wissen*. Und durch bloße *Erfahrung* können wir (‚induktiv') nur erkennen und zusammenführen, was wir auf der Basis unseres bestehenden Denkens, also unserer mentalen, begrifflichen ‚Voreinstellungen' *bereits wahrnehmen können*. Zwar ist es keine Frage, dass wir im Zusammenhang mit einer ‚Entdeckung' oder ‚Kreation' *auch* deduktive und induktive Operationen vollziehen, das *Neue* verdankt sich aber nicht diesen selbst. Der amerikanische Mathematiker, Philosoph und Semiotiker Charles Sanders Peirce hat für den gedanklichen Vollzug eines solchen ‚Qualitätssprungs' daher die Bezeichnung *abduktiv* eingeführt: „Abduktion ist jene Art von Argument, die von einer überraschenden Erfahrung ausgeht, das heißt von einer Erfahrung, die einer aktiven oder passiven Überzeugung zuwiderläuft." (1993, 95)

Was können wir nun tun, um eine solche überraschende Erkenntnis herbeizuführen? Wir können tun, was man emphatisch als ‚Wir folgen unserer Intuition' formulieren könnte: Es handelt sich dabei um eine nicht-zielgerichtete Gewinnung neuer Zugänge zur Welt oder einem bestimmten Gegenstand in ihr. Man kann dabei seine Vorstellungen assoziativ treiben lassen oder einfach dafür offen bleiben (oder wieder werden), dass die Wirklichkeit mehr ist als die Summe der eindeutig fixierten und fixierbaren Daten und Fakten. Horst Rumpf hat das Motto einer solchen Lernorientierung als „Betreffbarkeit" bezeichnet (2010, 9) und ausführlich seine vielfältigen Erscheinungen diskutiert. Mit Rumpf könnte man von einer *empfänglichen* Bezugnahme auf die Welt sprechen (vgl. 2010, 24ff). Sie ermöglicht, dass sich in der Konfrontation mit ihren Gegebenheiten aus dem bereits verfügbaren Erfahrungsbestand neue Formen, Kombinationen, Gestaltschließungen etc. ausbilden.

Klaus Holzkamp hat eine solche Generierung von neuem Wissen und Können im Lernen auf psychische Selbstorganisationsprozesse zurückgeführt, mit Verweis auf Mark Gallikers Konzept des ‚affinitiven Denkens' (1990) als affinitives Lernen bezeichnet und von einem definitiven Lernen unterschieden. *Affinitives Lernen* beruhe auf einem spezifischen Problemzugang, der sich beschreiben lässt als

„nicht aus-, sondern einschließende Herangehensweise, ein ‚Kommen-Lassen' von gegenständlichen wie sprachlichen Bedeutungsverweisungen, ein ‚Sich-Zurücklehnen', Übersicht-Gewinnen, eine ‚distributive' (im Gegensatz zu ‚fixierender') Beachtung, die Aufhebung von Festlegungen und Beschränkungen durch das In-den-Blick-Nehmen des ‚Ganzen', dabei das Sich-leiten-Lassen von ‚Verwandtschaften', das Fortgetragenwerden von einer Verweisung zur nächsten in den modalitätsübergreifenden Bedeutungsnetzen, dadurch Einbeziehung des Vergangenen in seinem Verhältnis zum Gegenwärtigen." (Holzkamp 1995, 328f)

Dadurch bilde es quasi das Kontrastprogramm zum *definitiven Lernen*, welches konzentriert, fokussiert, stringent, systematisch, dabei Aspekte isolierend und fixierend etc. verfahre.

Beide Logiken sind in einem Interaktions- und Ergänzungsverhältnis zu denken: Die plötzlich aufleuchtende Einsicht fällt nicht vom Himmel. Jede Erfindung oder Entdeckung von *Neuem* baut auf ein bestehendes *Vorwissen* auf, wie die Geschichte von Mendelejew anschaulich vor Augen führt: Seine plötzliche (‚affinitive') Eingebung bildet den Höhepunkt einer jahrelangen (‚definitiven') Arbeit, i. B. einer noch einmal ganz besonders intensivierten Anstrengung über Tage und Wochen hinweg. So gesehen zeigt auch die Erfindung von etwas Neuem nicht etwas *vollständig* Neues. Der Akt der Erkenntnis ist ein Vorgang, durch den die Sichtweise auf eine problematische Gegebenheit zunächst lediglich *verändert* wird. Er stellt keine willkürliche Setzung dar, sondern einen Prozess der Identifizierung neuer Aspekte, Dimensionen, Zusammenhänge am Gegenstand, wie er als mehr oder weniger angemessen erschlossener bereits dem Denken verfügbar ist.

Als besonders aufschlussreich erweist sich in diesem Zusammenhang die Unterscheidung von affinitivem und definitivem Lernen, wenn man sie nicht bloß als Beschreibung zweier *verschiedener Möglichkeiten zu lernen* versteht, sondern als eine Beschreibung zweier *notwendiger Bestandteile jedes lernenden Ausführens komplexer Denkvorgänge*: Unser *intentional* auf ein bestimmtes Thema *konzentriertes* (‚definitives') Denken ist aufgrund seiner beschränkten Kapazität darauf angewiesen, dass es von einem unterstützenden (‚affinitiven') Hintergrundwissen *begleitet* wird. Wie die Geschichte Mendelejews zeigt, können wir dieses mitlaufende Hintergrundwissen erweitern und vertiefen, indem wir uns immer wieder konzentriert mit einer Materie beschäftigen und dadurch eine immer größere Menge an Bedeutungsbezügen in Form eines weniger ausdrücklichen, komprimierten und rahmenhaften Gewahrsein behalten können. Ich werde diese ‚Kooperation' unterschiedlicher Vergegenwärtigungsformen im Denken später noch ausführlicher erläutern (siehe 5.2, 5.3).

Die Begriffe „Er=Finden", „Ent=Decken" oder „Hervor=Bringen" weisen schon darauf hin, dass Neues nicht willkürlich gesetzt, sondern „er=kannt" wird. Die Anreicherung des Denkens mit einem *Höchstmaß an Hintergrundwissen* bildet dabei eine fundamentale Gelingensbedingung der kreativen Synthese im ‚großen' künstlerischen oder wissenschaftlichen Schöpfungsgeschehen, wie in jeder ‚kleinen‘ intentionalen Lernetappe. Je mehr an bereits verfügbarem Wissen und Können, an genauer Kenntnis des Problems, an facettenreicher Erfahrung etc. der ‚distributive‘ Hintergrund des Denkens, wenn auch noch so ungeordnet, der kreativen Synthese zur Verfügung hält, desto reichhaltiger kann sie sich entfalten. Der Schriftstellerin Mary Shelley wird ein Satz zugeschrieben, der dies sehr treffend ausdrückt: „Invention (…) does not consist in creating out of void, but out of chaos.“

Schon aus den dargestellten Gründen trägt das Neue dann immer auch die Züge des Alten, aus dem es hervorgegangen ist und darin liegt die enge Verwandtschaft des *Erfindens* mit dem nachfolgend möglichen *Erlernen*. Beide bewegen sich in analoger Weise aus einer *überkommenen* in eine *unbekannte neue Ordnung* des Gegebenen und für den entscheidenden Schritt der subjektiven Realisierung der Erkenntnis ist es dabei einerlei, ob sie von anderen Menschen bereits gewonnen wurde oder nicht.

Die Logik des intentionalen Lernens lässt sich nun keinesfalls angemessen verstehen, wenn man verabsäumt, ihren *emotionalen Aspekt* mit einzubeziehen. Ich erinnere zunächst noch einmal an den Regulationsmechanismus, der uns im einfachen *Weiterlernen* zur Verfügung steht. Hier ist alles noch ganz einfach: Die Frustration der ‚Diskrepanzerfahrung‘ macht durch ihre subjektive Wirkung bereits deutlich, worin das Problem besteht und in welcher Richtung dessen Lösung zu suchen ist: Je *erfolgreicher* wir das angestrebte Handeln durchführen können, desto *befriedigender* erleben wir es. Die Lernbewegung muss sich also in Richtung auf die *Verringerung jener Diskrepanzerfahrung* entwickeln, die den Anlass des Lernens darstellt. Sie ist es, die uns anzeigt, dass wir uns auf dem richtigen Weg befinden. Im inzidentellen Lernen muss sich diese emotionale Erfahrung nicht auffällig in die bewusste Wahrnehmung drängen, im intentionalen Weiterlernen streben wir sie absichtlich an. In beiden Fällen ist es ihre Aufgabe, den Verlauf des Lern-Handelns in die richtige Richtung zu lenken.

Genau diese Funktion können die Emotionen nun aber beim *Umlernen* nicht mehr erfüllen. Mehr noch: Sie verwandeln sich geradezu in ein veritables Hindernis des weiteren Lernens. Bedenken wir noch einmal das Vorgelernte: Dieses ist nicht als Anhäufung irgendwelcher Informationen entstanden, von denen wir angenommen haben, wir würden sie *vielleicht irgendwann später einmal* benötigen. Was wir wissen und können, haben wir vielmehr gelernt, indem wir *tatsächlich* auf Probleme gestoßen sind und diese durch unser Lernen *tatsächlich* bewältigt haben. Unser Vorgelerntes bildet also geradezu das Rückgrat unserer praktischen Lebensgestaltungsmöglichkeiten. Die unelegante Technik des Schifahrens hat uns ja schon einmal ausreichend sicher den Hang hinuntergebracht und mit dem Mitleidseffekt konnten wir einen erheblichen Teil unserer mikropolitischen Interessen innerhalb unserer Beziehung durchsetzen. Wenn wir nun umlernen müssen, dann bedeutet dies, wie zuvor erläutert, dass wir auf einen Teil der vorgelernten Fähigkeiten, die Welt und uns selbst zu meistern, wieder *verzichten müssen*.

Natürlich lässt sich erwarten, dass wir nach erfolgtem Lernen in der Lage sein werden, eine *befriedigendere* Lebenspraxis einzurichten – und durch nichts anderes könnten wir sinnvollerweise zu ihm motiviert werden. Doch die alten Strategien plötzlich nicht mehr in Anspruch nehmen zu können, bedeutet nicht *sofort und gesichert*, eine bessere Lösung verfügbar zu haben, sondern zunächst einmal nur eine mehr oder minder empfindliche Schlechterstellung. Das, was wir zuvor vielleicht *unzureichend* zuwege brachten, können wir jetzt *noch weniger* oder *gar nicht mehr:* „Der Weg führt nicht vom Schatten ins Licht, sondern endet zunächst in einem Zwielicht, auf einer Schwelle zwischen *nicht mehr* und *noch nicht*." (Meyer-Drawe 2008, 15) Der *Einstieg ins Umlernen* ist eher von einer Verlust- als von einer Gewinnerfahrung geprägt: Gerade *wenn* wir uns in der ‚richtigen' Richtung bewegen, stellt sich keine *Abnahme* der Diskrepanzerfahrung ein, sondern ihre *Intensivierung,* und damit erleidet unser emotionales Orientierungssystem quasi eine Art Schubumkehr: Wir lernen und der Leidensdruck, den wir durch dieses Lernen verringern wollen, steigt.

Die *Orientierungskrise* im Lernen ist also zugleich eine *Motivationskrise.* Sie stellt uns vor die Frage: Sollen wir überhaupt das Risiko eingehen, auf unsere augenblicklichen Fähigkeiten zu verzichten und anschließend vielleicht schlechter dastehen als jetzt? Oder, wenn wir die Situation weniger pessimistisch beurteilen: Steht es dafür, den unangenehmen Zwischenzustand in Kauf zu nehmen, der uns von der unsicheren besseren Lösung trennt? Was sollen wir tun, wenn wir uns gerade zwischen der alten und der neuen Routine befinden und diese noch nicht ‚so richtig' greift, während sie jene doch schon merkbar außer Kraft gesetzt hat?

Solche Fragen müssen sich keineswegs in dieser klar bewussten Form stellen. Zugleich gilt auch hier, dass unser spontanes, immer schon laufendes Verhalten von begleitenden emotionalen Dispositionen reguliert wird, und das bedeutet: Wir kommen in eine widersprüchliche Stimmungslage, wir fühlen uns unsicher, scheuen vielleicht gefühlsmäßig vor einem entschlossenen Handeln zurück, oder wie Kokemohr diagnostiziert: Die von ihm als möglicher Lernanlass ins Treffen geführte Konfrontation mit *subsumtionsresistenten Erfahrungen* lege stets nahe, „dass eingelebte Figuren durch Abdunkelung, Abwehr, Negation, Diffamierung oder Umdeutung … aufrecht erhalten werden" (2007, 21).

Die mit der Orientierungskrise einher gehende Unsicherheit ist jedoch keineswegs eine Art ‚Feigheit' oder ‚Faulheit', sondern die subjektive Erfahrung des Umstandes, dass uns der zuvor so gut funktionierende emotionale Mechanismus zur Anzeige einer angemessenen Lernbewegung abhanden gekommen ist und wir nun nicht erkennen können, wie die Entwicklung weiter gehen soll. Wir navigieren gleichsam im Nebel und die Navigationsinstrumente sind ausgefallen. Zwar können wir angeben, wohin wir im Blindflug gelangen wollen, was also nachher *anders sein sollte* als vorher: Wir wollen über die Latte kommen, die Étude spielen, die Theorie verstehen. Was wir aber nicht wissen, ist, worin der Zustand der neuen Wissens- und Könnensfähigkeit konkret besteht, wie wir vorgehen könnten, um uns ihm anzunähern, wie er sich anfühlt, was es genau bedeutet, ihn zu beherrschen, welche Implikationen und Konsequenzen wir durch ihn zu gewärtigen haben – kurz: Es ist ein ziemlich vage bestimmtes Ziel, das wir anpeilen.

Wie wir uns nun verhalten, hängt auch davon ab, was wir *davor* gelernt haben. Hat sich in unserer Erfahrung häufig zugetragen, dass wir mit einem solchen Ver- und Umlernen schlecht gefahren sind, dann werden wir die selbe Erfahrung wieder erwarten. Haben wir dagegen oft erlebt, dass eine solche Selbstinfragestellung, ein solcher Potentialverzicht, eine solche ‚Rückkehr zum Start‘ zu neuen befriedigenderen Zuständen geführt hat, so werden unsere Verzichtsängste kleiner oder gar nicht vorhanden sein. Ein häufiges Erleben erheblicher langfristiger Lernerfolge kann sogar dazu führen, dass man eine regelrechte Euphorie des Erneuerungsrisikos ausbildet und zu einem neugierigen, experimentierfreudigen Menschen wird, der temporäre Unsicherheiten durchaus auch als lustvoll erleben kann.

3.3 Lernwiderstände, widerständiges Lernen

Ich habe zuletzt gezeigt, dass die Notwendigkeit des Umlernens *subjektiv* zu einer krisenhaften Situation führt und dass diese, soferne es nicht gelingt, sie zu überwinden, in eine Stagnation des Lerngeschehens mündet. Das Verweigern der notwendigen Belastungstoleranz kann sich nun auch rezidivierend festsetzen. In diesem Falle wird der gleichsam natürliche dynamische Wechsel und Zusammenhang von Handeln und Lernen bzw. routine- und krisenhaftem Zuwachs an Fähigkeiten stillgestellt und es bildet sich ein *auf Dauer gestellter Lernwiderstand*. Ein solcher Lernwiderstand wird in den seltensten Fällen alle denkbaren Fähigkeitsbereiche erfassen, sondern sich auf bestimmte Bereiche beschränken, in denen dann wirksam wird, was ich in diesem Abschnitt erläutern möchte.

Lernwiderstände stellen ein geradezu endemisches Phänomen der Lebensverhältnisse unserer Zeit dar. Davon zeugen alleine schon die vielfältigen institutionellen Maßnahmen, die ersonnen werden, um ihren diversen Erscheinungsformen entgegenzuwirken: gesetzliche Schulbesuchspflicht, Lernvereinbarungsklauseln in Verhaltensverträgen, Kampagnen gegen vorzeitigen Schulabbruch, Einschüchterungsstrategien wie die ‚Trainingsraummethode‘, diverse plumpe Manipulationstricks wie *edutainment* oder *gamification* und ähnliches mehr. Klaus Holzkamp zeichnet ein vielsagendes Bild der in unserer Kultur weit verbreiteten Erfahrung eines in sich gespaltenen Lernens, das ich aufgrund seiner Eindringlichkeit in einem umfangreicheren Zitat vorstellen möchte. Holzkamp setzt an bei der Beobachtung einer spezifischen *Enteigentlichung, Zurückgenommenheit, Unengagiertheit, Halbherzigkeit*, die mit unserem Lernen immer wieder verbunden ist:

> „In manchen Formen wird dabei offensichtlich der Aufwand für die Erfüllung von fremd- oder selbstgestellten Lernanforderungen so weit reduziert, daß unter Ausklammerung sachlicher Notwendigkeiten lediglich der äußere Eindruck von Lerneffekten erreicht ist, wobei sich ja (je nach dem institutionellen Zusammenhang des Lernprozesses) die verschiedensten Techniken der Vorspiegelung bzw. Vortäuschung von Können oder Leistung eingebürgert haben und tradiert werden. In anderen Formen widerständigen Lernens scheint sich die Widerständigkeit für jeweils mich selbst hinter vielfältigen Scheinbegründungen und Rationalisierungen zu verbergen, die es mir vordergründig plausibel machen, warum es sich in einem bestimmten Falle ‚nicht lohnt‘, sich im Lernen wirklich zu engagieren, warum man durch vollen Lerneinsatz eher ‚Nachteile‘, etwa Mißgunst der anderen, soziale Isolierung etc. zu erwarten hätte. Auch gegenüber einer bestimmten Art von präventiver ‚Kritik‘, die nicht *nach* der Rezeption erfolgt, sondern den Lerngegenstand schon *vorher* abwertet, also bereits die Aneignung selbst ‚kritisch‘ vereinseitigt und verwässert, ist der Verdacht des Lernwiderstandes zu erheben. Selbst, wo der Lernende den jeweiligen Aufgabenstellungen in optimaler Weise nachzukommen scheint, ist ‚widerständiges‘ Lernen nicht auszuschließen: Vielmehr können bestimmte Formen der ‚Folgsamkeit‘ und Gefügigkeit, indem man sich dabei nur durch die erstrebte Anerkennung leiten läßt, aber jedes hierfür nicht unbedingt gebotene Eindringen in den Lerninhalt vermeidet, eine besondere ‚Technik‘ der Lernwiderständigkeit darstellen, in welcher man den Druck der fremdbestimmten Lernanforderung sozusagen ‚leerlaufen‘ läßt, damit aber gleichzeitig auch engagiertes Lernen im Eigeninteresse nicht vollziehen kann. – Dabei ist ‚widerständiges Lernen‘ keineswegs nur in diskursiven, sondern auch in ‚praktischen‘ Lerndimensionen aufweisbar und hier überall da zu vermuten, wo man sich bei der lernenden Aneignung von Fertigkeiten bzw. Handlungskompetenzen in gebrochener Weise ‚selbst im Wege steht‘, permanent durch irrelevante Nebengedanken oder Nebenimpulse ‚abgelenkt‘ ist, den eigenen Leistungsanspruch einerseits erhebt, andererseits aber immer wieder vor sich selbst und anderen zurücknimmt, in der sachgegründeten Überzeugung von der Möglichkeit des eigenen Lernfortschritts immer auch das mißgünstige, verwerfende Urteil des konkurrierenden Anderen antizipiert, sich angesichts des möglichen Erfolges immer mehr verkrampft oder verspannt, also ‚Angst vor der eigenen Courage‘ hat, ‚über die eigenen Füße stolpert‘ etc." (Holzkamp 1987, 7f)

Die hier so einprägsam geschilderte Brüchigkeit unserer Lernambitionen führt Holzkamp darauf zurück, dass wir einerseits zwar beständig aus *eigenem* Interesse lernen, dieses Lernen aber andererseits auch *zugleich* und nachdrücklich *von uns eingefordert wird:* Kindergarten, Schule, Berufsausbildung, Studium, frühkindliche Sprachschulung, Kompetenzorientierung, zentralisierte Prüfungskontrollen, lebenslanges Lernen – die Gesellschaft ersinnt immer neue Institutionen und Ideologeme, die uns zum Lernen drängen oder gar zwingen sollen.

Dazu gesellt sich der Umstand, dass die gesellschaftlichen Lernzumutungen auch in Form und Inhalt eine höchst widersprüchliche Beziehung zu unseren Interessen haben. So treffen wir zwar immer wieder auf Lern*einladungen*, die sich aufgrund ihres sinnstiftenden und aufklärerischen Charakters als anregend, vielleicht sogar beglückend erweisen, dann aber ebenso wieder auf knallharte Lern*zwänge*, deren rigide Organisation und langweilige Inhalte wir überhaupt nicht als bedürfnisadäquat empfinden können. Die für das Lernen als zuständig betrachteten Institutionen unserer Gesellschaft wechseln wie Dr. Jekyll und Mr. Hyde zwischen zwei ‚Identitäten‘, und dies geschieht von Institution zu Institution, von Lerneinheit zu Lerneinheit, oft im Wechsel von einem Augenblick auf den nächsten, wie etwa die genaue wissenschaftliche Analyse des schulischen Unterrichts erweist (vgl. nur etwa Breidenstein 2006; Langer 2008; Gruschka 2009; Hackl/Stifter 2011; Hackl/Hummel 2012; Falkenberg 2013).

Damit geraten wir in eine begründungslogisch widersprüchliche Situation: Wenn wir permanent zum Lernen gedrängt, überredet, bestochen, gezwungen werden müssen – liegt es dann vielleicht doch nicht so ganz in *unserem eigenen* Interesse? Was ich gerade als Maßnahmen bezeichnet habe, den massenhaft auftretenden Lernwiderständen entgegenzuwirken, hat so faktisch oftmals die Funktion, sie hervorzurufen und zu befestigen.

Das Phänomen widerständiger Haltungen gegenüber dem zugemuteten Lernen darf also nicht bloß als individuelle Fehlreaktion oder persönliches Defizit verhandelt werden, sondern hat seinen Kern in den tatsächlichen Bedingungen, die wir für unser Leben und Lernen vorfinden. Gleichwohl birgt es ein fatales selbstschädigendes Potential, denn in der Brüchigkeit unserer Lernbereitschaft ist immer auch schon die Brüchigkeit der Gewinnung von Widerstandsmöglichkeiten *gegen* diese Bedingungen *durch* Lernen beschlossen. Wer sich gegen sein mögliches Lernen wehrt, wehrt sich *auch* gegen die Möglichkeit, die Grundlagen seiner Autonomie aufzubauen und *durch diese* seine Unterwerfung unter jene Instanzen zu überwinden, die ihn zum Lernen in fremdem Interesse zu veranlassen suchen. Natürlich ist nicht die Abwehr *jeden* Lernens schädlich, denn um ein eigenständiges, verantwortliches und glückliches Leben führen zu können, müssen wir nicht *alles* wissen und können – wir müssen dazu etwa nicht lernen, wie man in der U-Bahn Brieftaschen klaut. Doch wenn sich in unserer Kultur angesichts der Tatsache, dass wir beinahe permanent zum Lernen angehalten werden, die Verteidigung unserer Autonomie zu einem generalisierten Lernwiderstand verdichtet, schränkt dies unseren Denkhorizont und die Wirkmächtigkeit unseres Handelns empfindlich ein und bereitet den Boden für Unwissenheit, Reflexionsunfähigkeit und Manipulierbarkeit.

Wie lässt sich die innere Logik eines solchen Lernwiderstands aufschlüsseln? Erinnern wir uns noch einmal der subjektiven Lernproblematik und ihres Auftretens angesichts der Unmöglichkeit, mit dem unproblematischen und überwiegend unbemerkten *Weiterlernen* fortzufahren. Die Lernkrise konstituiert sich hier zunächst als erlebte Fraglichkeit zweier möglicher Perspektiven: Man kann den Anstieg des emotional registrierten Ungenügens (der im Weiterlernen das Einschlagen eines *fal-*

schen Wegs anzeigen würde) ertragen und auf einen *späteren erweiterten* Rückgang dieses Ungenügens hinarbeiten, quasi ‚durchtauchen' und den Punkt suchen, von dem ab es wieder – und dann besser und weiter – aufwärts gehen wird. Oder man kann den Lernvorgang abbrechen.

Eine solche Lernkrise kann sich nun zunächst an *strukturellen Schranken* des Lernens entzünden, wie sie in der speziellen vorgelernten Konfiguration meiner Fähigkeiten beschlossen sind. Die Lernkrise ist dann dadurch charakterisiert, dass ich weiterlernen „zwar will aber nicht kann" (Holzkamp 1987, 23). In diesem Fall besteht mein Problem als Lernender darin, jene neue sachliche (also durch die Eigenheiten des jeweiligen Lernobjekts definierte) Struktur aufzufinden, die mir die Fortführung eines wie immer ausgerichteten Weiterlernens ermöglicht. Die Hilfestellungen, die mir dazu von außen gegeben werden (imitationsfähige Vorbilder, verbale Hinweise etc.), kann ich dabei emotional widerspruchsfrei annehmen, soferne ich in der Lage bin, mir ihren Gehalt angemessen zu eigen zu machen.

Die Lernkrise kann aber auch dadurch bestimmt sein, dass meine Suche nach der neuen *sachlichen* Struktur von *emotionalen* Phänomenen abgelenkt, irritiert oder behindert wird. Es kann nämlich sein, dass auch das Erreichen jenes Punktes, von dem an ich wieder erfolgreich weiterlernen kann, also *das Überwunden-Haben der Lernkrise selbst* emotional nicht eindeutig positiv bewertet werden kann, etwa indem die erlebbaren oder erwartbaren Effekte des Lernens *sowohl* einen motivierenden *als gleichzeitig auch* einen abschreckenden Anteil aufweisen. Damit findet sich das lernende Individuum in der prekären Lage wieder, „daß es seinen eigenen Lernfortschritt in Richtung auf die Anforderungen des Lerngegenstands nicht widerspruchsfrei ‚selbst wollen kann'." (Holzkamp 1987, 25) In diesem Fall ist zwar noch nicht geklärt, ob das Lernen abgebrochen oder weitergeführt wird, doch es verkompliziert sich die Disposition des *ich will aber kann nicht* zu einem *ich will und will zugleich nicht*.

Stellen wir uns etwa vor, eine Sekretariatskraft erhält den Auftrag, im Rahmen von Schulungen die Bedienung immer neuer Computerprogramme zu erlernen. Dies kann einesteils sehr interessant für sie sein, und zwar in dem Sinne, dass ihre Souveränität im Umgang mit dem Arbeitsgerät steigt und dies ihre berufliche Anerkennung hebt und vielleicht auch erweiterte private Nutzungsmöglichkeiten eröffnet. Gleichzeitig kann sie aber auch erwarten, dass dann alle Arbeiten, die mit diesen Programmen erledigt werden können, an ihr hängen bleiben werden, während gleichzeitig ihre Kolleginnen andere, angenehmere, weniger anstrengende, sozial erstrebenswertere Arbeiten übernehmen können, sie diese vielleicht sogar an ihre Kolleginnen abtreten muss. In dieser Situation wird es dazu kommen, dass die betroffene Person eine widersprüchliche, halbherzige, brüchige emotionale Orientierung erleidet.

Ein solcher Widerspruch muss nicht in der *erwarteten Fähigkeit* liegen. Stellen wir uns eine Schülerin vor, die sich vor die Alternative gestellt sieht, sich *entweder* ein bestimmtes Wissen über unterschiedliche Theorien zur Entstehungsgeschichte des Nibelungenlieds anzueignen *oder* eine bevorstehende Prüfung nicht zu bestehen. Einerseits verspricht die Beschäftigung mit dem Thema die Eröffnung äußerst spannender Horizonte, andererseits impliziert die Bereitschaft, sich auf den aufgenötigten Lernprozess einzulassen, eine Akzeptanz oder doch wenigstens Duldung eines Zwangsverhältnisses, innerhalb dessen gar nicht vorgesehen ist, dass die Schülerin *sich selbst* dafür entscheidet, was sie im Sinne ihres Aufklärungsbedürfnisses plausibel und spannend findet und sich aneignen möchte. So wird sie nun einerseits erwarten, dass sie durch ihr Lernen genauer überprüfen kann, ob die Annahme tatsächlich begründbar ist, das Nibelungenlied müsse etwa aufgrund seiner detaillierten Angaben zu häuslichen Tätigkeiten und Werkzeugen tatsächlich von einer (oder mehreren) Frau(en) verfasst worden sein, und dies könnte ein Beitrag zu der von ihr selbst für wichtig gehaltenen Aufwertung der Stellung der Frau in der Gesellschaft sein. (Vielleicht ist sie von ihrer Lehrerin auch gerade deswegen zu diesem Thema verpflichtet worden.) Sie wird aber andererseits auch spüren, dass ihre Unterwerfung unter die fremdgesetzte Anforderung bedeutet, dem damit verbundenen Verlust an Autonomie zuzustimmen. Damit aber würde sie signalisieren, ohnehin gar keine Rechte auf eine solche Autonomie zu beanspruchen.

Unter den skizzierten – vielleicht präzise erfassten, vielleicht auch nur diffus gefühlten – Umständen das Aufgetragene zu lernen, bedeutet also, dass sowohl die Sekretariatskraft als auch die Schülerin *einerseits* einen *Zuwachs, andererseits* und *damit zugleich* einen empfindlichen *Verlust* von Lebensgestaltungsmöglichkeiten erleben. In dieser Situation ist es so gut wie unmöglich, eine widerspruchsfreie Lernmotivation auszubilden. Dies hat dann u.a. zur Folge, dass eine *sachliche* Unterstützung, also eine bessere Erklärung, ein anschaulicheres Vormachen, präzisere Ratschläge etc., wie man sie im Kontext einer bloß *strukturellen* Lernschranke vielleicht dringend benötigen würde, hier keinerlei Hilfe darstellen und daher auch nicht angenommen werden können.

Wenn ich nun herausgearbeitet habe, worin der rationale und daher nachvollziehbare Kern eines Lernenwiderstandes liegt, so bedeutet das nicht, dass er eine optimale – also insgesamt gesehen rationale – Lösung des Problems darstellt. Dabei besteht seine Schädlichkeit nicht so sehr in der jeweils aktuell erlittenen *widersprüchlichen Befindlichkeit*, die die Widerständigkeit hervorruft, sondern in der *Behinderung des Lernens*, das wir im Interesse der Befriedigung unserer umfassenden Lebensbedürfnisse dringend benötigen. Um dies genauer verständlich zu machen, müssen wir am Vorgang des Umlernens noch einen weiteren wichtigen Aspekt herausarbeiten.

Wenn wir einem Lerngegenstand erstmalig begegnen, so ist es kaum vermeidlich, dass wir das, was wir an ihm als Lernproblematik bestimmen können, zunächst an einer eher oberflächlichen Einschätzung orientieren (siehe 1.3). Wenn wir etwa zum ersten Mal auf einer Schipiste stehen und dort die Aktivitäten der anderen Schifahrer beobachten, so können wir dem ersten Anblick schon entnehmen, dass es darauf ankommt, jederzeit die Schier unter dem Körper so drehen zu können, dass sich daraus eine Änderung der Fortbewegungsrichtung oder ggf. ein Anhalten der Fortbewegung ergibt. Wenn wir erstmalig vor Diego Velásquez' Gemälde ‚Alte Frau beim Eierbraten' stehen (vgl. Abb. 2), so sehen wir unmittelbar, dass es sich um eine Szene handelt, an der eine alte Frau und ein Knabe beteiligt sind, wir sehen einige Haushaltsgeräte aus der Entstehungszeit des Gemäldes, es ist in harmonischen Brauntönen gehalten, strahlt eine gewisse Ruhe aus und vielleicht finden wir es schön und könnten uns vorstellen, es in einem unserer Wohnräume aufzuhängen.

Abb. 2: Diego Velásquez: Alte Frau beim Eierbraten. Quelle: https://commons.wikimedia.org/wiki/File:
Diego_Velázquez_017.jpg (Zugriff am 27.10.2015)

In beiden angeführten Beispielen können wir eine Menge lernen, wenn wir uns mit den von uns vorgefundenen Problemlagen *vertiefend* beschäftigen. In dem einen Falle könnte unsere Lernproblematik darin bestehen, herauszufinden, wie wir die Schier so souverän dirigieren können, dass es uns gelingt, sicher, elegant und von einem entsprechend faszinierenden Körpergefühl begleitet abzufahren, im anderen, wie wir erschließen können, was uns das Bild über die erste Anmutung hinaus alles sagen kann. Durch die erste Fassung unseres Lernproblems haben wir also lediglich einen *initialen* Zugang gewonnen und können von diesem aus versuchen, durch eine entsprechende Lernbewegung an *weitere* Potentiale des Lerngegenstands heranzukommen.

Dabei wird sich aber an irgend einem Punkt die Erfahrung einstellen, dass unser *Weiterlernen* zum Stillstand kommt und wir die Struktur unseres bisherigen lernenden Zugangs verändern müssten. Damit stellt sich nun offensichtlich das Problem eines *Umlernens*. So machen wir vielleicht die Erfahrung, dass unsere Versuche, die Fahrtrichtung unserer Schier durch ein aktives Drehen aus dem ganzen Körper heraus zu ändern, sich zwar bis zu einem gewissen Grad vollziehen lässt, daraus aber keineswegs eine elegante und sichere Richtungsänderung zu gewinnen ist. Um die Drehung zu bewerkstelligen, müssen wir dann nämlich mit den Armen und Schultern eine gegenläufige Drehbewegung ausführen, die dem Halten des Gleichgewichts durchaus abträglich ist. Nun können wir etwa beobachten oder durch Hinweise erfahren, dass die Richtungsänderung unserer Schier auf die probierte Weise auch gar nicht ausgeführt werden soll, sondern durch eine geringfügige Gewichtsverlagerung, die dazu führt, dass die Schier vorne seitlich ein wenig in den Untergrund ,hineinschneiden' und dadurch eben dort einen höheren Gleitwiderstand erzeugen, der die erwünschte Drehung der Schier damit wie von selbst entstehen lässt. Wenn wir dies einmal verstanden haben, können wir auf eine neue Weise weiterlernen, die uns zur angestrebten sicheren und eleganten Abfahrt ins Tal voranschreiten lässt.

Im zweiten Beispielfall könnten wir etwa entdecken oder darauf hingewiesen werden, dass Velásquez hier keine ,natürliche' Perspektive verwendet hat. Betrachtet man etwa den Kopf der Frau so scheint es, als befände sich der eigene Kopf auf gleicher Höhe, als würde man die Frau also quasi ,auf gleicher Augenhöhe' ansehen. Betrachtet man dagegen die oberen Öffnungen der verschiedenen abgebildeten Gefäße (der Bratpfanne, des weißen Tellers, des Mörsers etc.), so blickt man beinahe *von oben* hinein. Noch stärker ist die Tischplatte ,aufgeklappt', in gewisser Weise dem Bildbetrachter ,entgegen gedreht'. Die Kombination dieser beiden Ansichten in einem Bild ist – wenn man einen naturalistischen Maßstab anlegt – *unmöglich*, denn in einer realen Situation könnte man aus der durch das Bild definierten Entfernung des Betrachters nicht alle dargestellten Objekte zugleich in der hier abgebildeten Weise sehen. Allerdings erzeugt die Darstellung dadurch einen interessanten Effekt: Man wird als Betrachter an das Bild heran und in es gleichsam hineingezogen. Dieser Effekt entsteht dadurch, dass wir in der Wirklichkeit tatsächlich einen Platz einnehmen könnten, an dem wir zugleich den Kopf der Frau von der Seite und die Gefäße von schräg oben sähen. Er läge jedoch ganz nahe am

Kopf der Frau, viel näher jedenfalls, als jener, der uns durch die Größenverhältnisse der im Bild dargestellten Gegenstände zugewiesen wird. Was lässt sich daraus für unser Weiterlernen schließen? Offensichtlich ging es Velásquez ganz und gar nicht um die fotografisch korrekte Wiedergabe einer Szene, sondern um ein Bild von ihr, das die subjektiven *Gesetzmäßigkeiten der Wahrnehmung* aufseiten des Bildbetrachters gezielt dazu verwendet, einen bestimmten Bildausdruck zu erzeugen. Wir müssen also (mindestens auch) nach ganz anderen als den vordergründig identifizierbaren Dingen suchen, um zu begreifen, was Velásquez uns hier mitteilen bzw. mit uns anstellen möchte.

In beiden Fällen bedeutet nun diese Neueinrichtung des lernenden Zugangs gegenüber dem jeweils davorliegenden nicht bloß eine *beliebige Variation* seiner Struktur, sondern eine *Annäherung an eine Angemessenheit* im Umgang mit dem Lerngegenstand, die sich dem ersten Blick nicht sofort erschließt. Diese Annäherung verläuft dergestalt, dass man zunächst gleichsam an die *Oberfläche* des Gegenstandes herantritt und dann erst durch qualitative Neujustierungen des Lernens, also *Umlernen*, entsprechende „Möglichkeiten der Realisierung *neuer* Bedeutungsebenen und -bezüge des Lerngegenstandes über die bisher … erfassten hinaus" (Holzkamp 1987, 29) bewerkstelligt und so erst auf *tiefer liegende* Dimensionen des Gegenstandes stoßen kann. Klaus Holzkamp hat aus diesem Sachverhalt – wie bereits ausgeführt (siehe 1.2) – die theoretische Bestimmung der *Flachheit* oder *Tiefe* des Lernens abgeleitet (vgl. 1995, 218ff).

Hier wird durch das Konzept der Tiefe nun erklärlich, worin ein besonders brisantes Problem der Lernwiderstände besteht: Das dargestellte halbherzige, brüchige, von widersprüchlichen Motiven durchzogene Interesse am Lerngegenstand wird vielleicht nur selten zu einem *gänzlichen Ausbleiben aller* Lernaktivitäten führen, da trotz der Blockaden ja immer *auch* positive Impulse gegeben sind. Angesichts der sich abzeichnenden *krisenhaften Umstrukturierung* des in der ersten Begegnung entstandenen Lernproblems wird die widersprüchliche Haltung jedoch in vielen Fällen dazu beitragen, dass die transitorisch erhöhte emotionale Belastung des Umlernens nicht überbrückt werden kann und wir sozusagen im ‚Seichtbereich' des Lerngegenstandes auf Grund laufen und hängenbleiben.

Wenn wir den Prozess des Umlernens jedoch verweigern, bleibt uns der Gegenstand in allen gleichsam *unter seiner Oberfläche* liegenden Dimensionen verschlossen. Damit entfällt das umfassende Ausschöpfen der im Gegenstand beschlossenen Lern-, Orientierungs- und Handlungsmöglichkeiten. Besonders fatal wirkt sich eine solche oberflächliche Aneignung dann aus, wenn sie allzu regelmäßig auftritt und wir daraus die generalisierte Erwartung ableiten, dass aus den kulturellen Objekten *ohnehin nicht mehr bezogen werden kann* als auf den ersten Blick zu sehen ist. Auf diese Weise wissen und können wir dann nicht nur *nicht*, was wir uns anzueignen versäumt haben, sondern kriegen nicht einmal mit, dass es hier überhaupt etwas zu versäumen gab.

Damit wird hier noch einmal deutlich, worin die Problematik dessen liegt, was ich weiter oben bereits als ‚defensives Lernen' bzw. ‚Lernen als Erledigung' vorgestellt habe (siehe 1.2): Indem wir es praktizieren, agieren wir eindeutig selbstschädigend: Wir versuchen, den auf uns gerichteten äußeren Lernzumutungen durch spontane Ausweichbewegungen zu entkommen, *befestigen* damit aber fatalerweise genau jene Unbeholfenheit, die unsere Abhängigkeit gegenüber Verhältnissen, in denen uns etwas aufgedrängt werden kann. Als *dynamisch* kann man diese Selbstbehinderung ansprechen, weil jede Variation des (z.B. pädagogischen) Zugriffes, der zum Zweck der Unwirksammachung unserer Ausweichbewegung vorgenommen wird, doch nur zu deren immer neuer Abänderung und Anpassung führt. Wer gegängelt wird, findet viele Möglichkeiten, die an ihn gerichteten Zumutungen ins Leere laufen zu lassen.

Die Analyse des Zustandekommens von Lernwiderstand lässt nun auch schon erkennen, wodurch es ggf. überwunden werden kann: Es muss eben diese selbstschädigende Funktion der Verweigerung erkannt werden. Nun wird es dazu keineswegs genügen, dass mir jemand einzureden versucht, dass es doch in meinem eigenen Interesse läge, mich weiter lernend in einen Gegenstand zu vertiefen, denn eine solche Intervention würde wohl erst wieder als (geschickt variierter) Zugriff interpretiert und mit der charakterisierten Widerständigkeit beantwortet werden. Nicht einmal ein *von mir an mich selbst* gerichteter Appell, dass ein solches Lernen doch in meinem eigenen Interesse läge, könnte die Aporie auflösen, dass mein spontan spürbarer Widerwille mir dringend davon abrät.

Holzkamp hat eine andere und wohl auch die einzig stimmige Lösung so skizziert: Erst wenn ich nicht nur zum Schluss komme, dass ein bestimmter Lernprozess in irgend einem *augenblicklichen Interesse* liegt, sondern dass mein Lernen zur *perspektivischen Sicherung meiner Autonomie* beiträgt, kann die Widerständigkeit abnehmen und das positive Motiv eine dominante emotionale Wirkung entfalten. Ich muss also – wie diffus oder ausdrücklich auch immer – realisieren, dass ich gerade *durch mein Lernen* jene Autonomie und Wirkmächtigkeit nähren kann, die alle äußeren Zugriffe auf meine Integrität zurückdrängt oder unwirksam macht. Damit *entwinde* ich also das Lernen gleichsam dem fremden Zugriff auf mich, drehe es um und mache es umgekehrt zu einem Moment meines eigenen Widerstandes gegen ihn. Mein Umlernen impliziert dann – wie Holzkamp schreibt –

> „den Erwerb der gedanklichen und praktischen Mittel, mit denen ich die in meinem Lebensinteresse notwendige Erweiterung des Lerngegenstandes bis zur Erkennbarkeit seiner objektiven sozial-gesellschaftlichen Verflochtenheiten etc. gegen die ‚herrschenden Interessen' an der Verhinderung solcher Erweiterung durchsetzen kann." (Holzkamp 1987, 31)

Holzkamp verwendet, wie etwa in dem langen diesen Erörterungen vorangestellten Zitat, die Bezeichnung ‚widerständiges Lernen' gerne als Sammelbegriff für das brüchige und blockierte Lernen, wie es sich als Reaktion auf manipulative Reizlandschaften und verhängte Lernzwänge einstellt. Ich würde an diesen Stellen demgegenüber die Formulierung *widerstrebend* bevorzugen. Mir erscheint nämlich dem Sprachsinn von *widerständig* besser zu entsprechen, damit gerade jene Haltung zu bezeichnen, die sich zuletzt als tendenzielle *Überwindung* dieser Widersprüchlichkeiten ergeben kann. Als *widerständig* möchte ich daher ein Lernen dann qualifizieren, wenn es über *Lernwiderstand* hinausgeht, indem es diesen in *Lernen als Widerstand* transformiert. Der Begriff des *widerständigen Lernens* steht dann dafür, auf eine Weise zu lernen, durch die man gegenüber den Bedingungen, die Lernwiderstände hervorrufen, wirksam und nachhaltig Widerstand leistet und die einen dadurch ermächtigt, die eigenen Interessen immer besser zu erkennen und zu verfolgen.

4 Das Subjekt des Lernens

Der Mensch gestaltet sein Tun und erfährt sein Schicksal. Im Begriff des Subjekts wird versucht, die komplexen Bestimmungsmomente dieses Daseins möglichst präzise zu erfassen und dem Denken präsent zu halten.

4.1 *Abhängige Freiheit: das Subjekt und sein Handeln* – In wissenschaftlichen Theorien wird der Mensch, der als Lernender in Frage kommt, zunächst konzeptuell bestimmt. Am Beispiel des Begriffes *Subjekt* lässt sich zeigen, wie implikationenreich eine solche Bestimmung ist: Er hält präsent, dass der Mensch ein aktives Wesen ist, dessen Eigenständigkeit im Spannungsverhältnis von Abhängigkeit und Freiheit auf dem Spiel steht und kultiviert werden muss. Der Begriff des *Handelns* zeigt eine sinnhaft-intentionale Aktivität des Menschen an, die durch die Situation, in der sie stattfindet, nicht mechanisch festgelegt ist: Sie besteht im bedürfnisorientierten Aufgreifen, Nützen und Weiterentwickeln gesellschaftlich entwickelter Handlungsmöglichkeiten.

4.2 *Subjektivität als responsives Potential* – Begriffe wie *Subjekt* oder *Handeln* sind wissenschaftlich nicht unumstritten, denn sie können dazu verleiten, die in ihnen angesprochenen Möglichkeiten zu verabsolutieren und den Menschen zu sehr als ein abgesondertes *Gegenüber* jener Welt zu denken, in der er sich behaupten muss. Andererseits würde der Verzicht auf diese Begriffe eine umfassende Erklärung der menschlichen Eigenheiten unnötig erschweren. Ihre umsichtige Schärfung rückt daher in den Vordergrund, dass Subjektivität sich nicht *aus sich heraus,* sondern immer als *Antwort* auf vorgängige Weltgegebenheiten konstituiert bzw. Handeln durch diese erst *motiviert* und *orientiert* wird. Im Begriff der *Praktiken* lassen sich schließlich Tendenzen einer begrifflichen Spaltung von Ich und Welt überwinden, indem er herausstellt, dass es verinnerlichte objektive Strukturen der Welt sind, die die subjektive Erfahrung eines Ich überhaupt erst ermöglichen.

4.3 *Emotionen und die menschliche Freiheit* – Menschliches Handeln kann ohne das Wirken von *Emotionen* nicht vor sich gehen. Die Emotionen entstehen bereits in der vormenschlichen Evolutionsgeschichte und schon die innere Antriebsstruktur der Tiere ist durch eine spannungsvolle Beziehung zwischen *unmittelbarer* und *perspektivischer* Befriedigung von Bedarfszuständen gekennzeichnet. Bei der Entstehung des Menschen differenzieren sich diese Strukturen weiter aus und münden in eine doppelte Bedürfnisorientierung zwischen unmittelbar-konsumtiven und mittelbar-vorsorgenden Bedürfnissen. Die Fähigkeit, sich alternative Handlungsmöglichkeiten denkend zu vergegenwärtigen, bildet die Grundlage dafür, ihre erwartbaren Auswirkungen im Hier und Jetzt emotional zu erfahren und zu beurteilen. Damit entsteht eine Voraussetzung dessen, was man die *menschliche Freiheit* nennt.

4.1 Abhängige Freiheit: das Subjekt und sein Handeln

Ich komme nun zur genaueren Darstellung zentraler Voraussetzungen des Lernens, wie ich sie bisher eher im Vorbeigehen eingeführt habe, und beginne in diesem Kapitel mit der Frage, *wer denn das ist, der da lernt.* In den Theorien, die den Menschen in seiner sozialen, gesellschaftlichen oder kulturellen Daseinsreproduktion zum Gegenstand haben, wird versucht, diese Frage in einer allgemeingültigen wissenschaftlichen Weise zu klären. Hier betritt der Mensch dann etwa als ‚Akteur‘, ‚Subjekt‘, ‚Ich‘, ‚Geist‘, ‚Selbst‘, ‚Individualität‘, ‚Bewusstsein‘ oder gar als ‚psychisches System‘ die Bühne des Lebens und Lernens.

Solche terminologischen Festlegungen signalisieren eine wesentliche Eigenheit wissenschaftlicher Theorien: Sie versuchen, bestimmte Vorstellungen und Denkkonzepte *präziser* abzufassen, als dies im umgangssprachlichen Denken und Sprechen geschieht. Es macht ja schon einmal einen gravierenden Unterschied, ob man den Menschen durch eine medizinische, ökonomische, juristische, soziologische oder eben erziehungswissenschaftliche Theorie anvisiert, und auch innerhalb einer solchen wissenschaftlichen Disziplin gibt es oft sehr unterschiedliche theoretische Vorstellungen davon, was als Gegenstand im Zentrum des Denkens und Forschens stehen sollte. Jede dieser Wissenschaften und jede ihrer Theorien rückt also bestimmte *ausgewählte Aspekte* des menschlichen Seins in ihren Vordergrund und dies kommt dann auch in der verwendeten Terminologie zum Ausdruck.

So etwas wie der ‚Akteur‘, das ‚Subjekt‘ oder das ‚psychische System‘ ist dann nicht mehr der *konkrete Mensch*, sondern eine Abstraktion, vollzogen mit Blick auf eine bestimmte Fragestellung, die wissenschaftlich geklärt werden soll. Man könnte mit einer gewissen Berechtigung sogar sagen, dass es beispielsweise den *Akteur* als solchen gar nicht gibt, bzw. nur in unserer Vorstellung, denn er ist bereits eine *spezifische Zuspitzung* des Menschen auf sein *aktiv Sein* hin. Dagegen würde seine Bezeichnung als ein *Ich* ein geringfügig anderes Bild erzeugen, etwa den Umstand hervor heben, dass der Mensch sein Dasein als ein *sich selbst denkendes Wesen* bestreitet. Der Terminus *psychisches System* wiederum lässt erkennen, dass der Mensch hier als *Zusammenwirken spezifischer Systemfunktionen* betrachtet wird, die ihren Fortbestand evolutionär aus sich selbst reproduzieren, während das Aktive des *Akteurs* oder das sich selbst Erfassende des *Ich* hier nicht ausdrücklich angesprochen und in weiterer Folge vielleicht auch weniger beachtet wird.

In solchen Grund- oder Ausgangsbegriffen, die man auch als *Kategorien* bezeichnet, wird so bereits eine erste Festlegung über das Forschungsprogramm der Theorie getroffen, wird angekündigt, was bevorzugt in den Blick genommen werden soll. Sie sind daher von großer Tragweite:

> „Die Kategorien … schreiben Wege vor, blockieren hier eine Richtung, kanalisieren dort eine andere. Ihr Ensemble stellt ein Geflecht von Artikulationsmöglichkeiten dar. In ihnen äußern und bewegen sich Praktiken, bilden sich Objekte und Ziele der Erkenntnis wie Projekte des Eingriffs. … Die Anlagen der Kategoriennetze produzieren unzählige Diskurse. Und wir diskurrieren darin, laufen hin und her in diesem Netz." (Haug 1985, 61)

Besonders augenfällig werden die Probleme der Begriffsfestlegung bei der Übersetzung eines Werkes in eine andere Sprache. Soll man das englische *self* auf deutsch eher durch die intellektueller klingende Wendung *Ich-Identität* oder das etymologisch verwandte *Selbst* ausdrücken? Kann man das im Englischen mögliche *Me* als Bezeichnung für das *verallgemeinerte Ich* (siehe 6.1) im Deutschen als *Mich* übersetzen oder verschiebt sich die Bedeutung damit unzulässig (vgl. dazu etwa Joas 1987, 16ff)? Bei der Klärung solcher Fragen muss immer mitgedacht werden, dass mit den *Begriffen* nicht die einzelnen (von Sprache zu Sprache austauschbaren) *Worte* gemeint sind, sondern das gesamte präzisierte und begründete *Konzept*, durch welches das Objekt eben *begriffen* wird.

Bei vielen wissenschaftlichen Kategorien handelt es sich um Metaphern, also um Bedeutungen, die aus anderen Zusammenhängen auf den Gegenstand übertragen wurden. Dabei werden Konzepte durch Bilder ausgedrückt, die mit ihnen nicht von vornherein bedeutungsgleich sind. Lakoff/Johnson merken dazu an: „Indem ein metaphorisches Konzept uns erlaubt, dass wir uns auf einen bestimmten Aspekt dieses Konzepts … konzentrieren, kann es uns davon abhalten, daß wir uns auf andere Aspekte dieses Konzepts konzentrieren, die mit dieser Metapher nicht konsistent sind." (2011, 18) Damit wird durch die Metapher ein Teil der ursprünglichen Bedeutung des angezielten Zusammenhangs abgeschattet, aus dem Denken abgedrängt und bildet dann eine Quelle möglicher Problemverkürzungen und Missverständnisse.

Ein gutes Beispiel für all diese Überlegungen bildet der Begriff des *Subjekts,* der auch in meinen bisherigen Ausführungen bereits verschiedentlich (häufig auch in adjektivischer oder adverbieller Form) Verwendung gefunden hat. Er ist geradezu konstitutiv für ein bestimmtes Verständnis von Lernen und es ist eine erste entscheidende Frage, *ob* man ihn überhaupt verwendet, und eine zweite, *in welcher Weise* man dies tut. Denn jedenfalls bildet „das implizite Subjektverständnis der Lerntheorien eine zentrale Wirkgröße dafür […], was in den jeweiligen Lerntheorien überhaupt unter Lernen verstanden und untersucht werden kann und wie das Lernen dort spezifisch konzipiert wird." (Künkler 2011, 26) Welche Argumente sprechen also *für* die kategoriale Verwendung des Begriffes *Subjekt* und worin bestehen die *Lasten und Risiken,* die diese Entscheidung mit sich bringt?

Sub=jectum heißt auf lateinisch *darunter=geworfen* oder *unter=worfen.* Die ursprüngliche Bedeutung, die hier metaphorisch aufgerufen wird, entstammt also einem physischen Ereignis. Was kann in welcher Weise unterworfen sein oder werden? Als erstes mag man vielleicht an die Unterwerfung eines Gegners denken, dann hieße unterworfen so viel wie gezähmt, beherrscht oder unterdrückt. Unter sich werfen kann man aber auch eine Decke, wenn man sich auf einen harten Untergrund legt. Unterworfen heißt auch in diesem Falle: untergeordnet, dienstbar, nützlich, verwendet. Dann allerdings, wenn dieses Etwas erst einmal unter=liegt, kann es auch als das *Grundlegende*, das *Tragende* oder das *Begründende* angesehen werden.

Assoziationen dieser Art ließen sich vielfach weiter spinnen und genau das ist in der Geschichte des Subjektbegriffes auch tatsächlich geschehen. Er hat in der Philosophie und anderen Wissenschaften einen äußerst vielfältigen Bedeutungswandel durchgemacht. Im deutschen Sprachraum ist dabei eine sehr anspruchsbehaftete Bedeutung entstanden:

> „Subjekt, unklar übergehend ins Subjektive und in Subjektivität, ist wie ein Fließblatt, das sich vollgesaugt hat mit vielfältigen Bedeutungen: Bewusstsein, Denken, Reflexion … Ich, das Selbst und seine Zusammensetzungen mit Erfahrung, Findung, Verwirklichung … die Person und das Persönliche, übergehend in das Individuelle, ja Eigne, vielleicht gar Private … Da sind die konnotativen Seiten des Lebens, des Alltags, der Spontaneität angeschlagen. Die Eiswüste der Abstraktion und das Reich der Herrschaftsverhältnisse scheinen weit entfernt. Um was es hier zu gehen scheint, das bin ‚ich, wie ich mich und meine Welt hier und jetzt erfahre'." (Haug 1985, 60)

In anderen Sprachen und Kulturen ist das vielfach ein wenig anders. Im Französischen etwa bedeutet der Begriff *sujet* u.a. auch den *Untertan*, auf den ersten Blick also eher das Gegenteil vom selbstbestimmten Individuum der deutschen Version. Aber auch im Deutschen wurde der Ausdruck Subjekt früher einmal ganz anders gebraucht, als *abschätzige* Bezeichnung nämlich: Ein Subjekt war dann eine Person zweifelhaften Rufes und als ein solches bezeichnet zu werden, galt als Beleidigung (vgl. Grimm/Grimm 2014). So gesehen repräsentiert das Wort Subjekt also ganz und gar nicht aus sich heraus bereits eine eindeutige und klare Bedeutung. Dieses Schicksal teilt es mit vielen wissenschaftlichen Bezeichnungen, seien sie nun aus dem alltäglichen Sprachschatz, aus einer Fremdsprache übernommen oder überhaupt gänzlich neu erfunden. Jede Wissenschaft muss daher einige Anstrengungen investieren, um ihre Grundbegriffe so auszuwählen und zu präzisieren, dass sie einerseits möglichst gehaltvoll ‚aufgeladen' und zugleich so weit wie möglich gegenüber Missverständnissen abgeschottet sind.

Was spricht nun trotz aller Mehrdeutigkeiten für den Subjektbegriff? Zunächst einmal stellt er theoriestrategisch reizvolle Konnotationen zur Verfügung: Wenn jemand *unterworfen* ist, dann muss es zum einen etwas oder jemanden geben, das oder der dieses Unterworfensein herbeigeführt hat, und zum anderen muss das Subjekt dagegen einen gewissen Widerstand leisten oder leisten können. Unterwerfen kann daher eine Naturgewalt, ein Schicksal, eine gesellschaftliche Macht oder aber auch ein einzelner Mensch, *unterworfen sein* kann dagegen nur ein Mensch oder eine aus Menschen gebildete Gruppe. Ein Stein wird demgegenüber *ge*=worfen und ein Hund *dressiert*. Allenfalls ‚die Natur' lässt sich noch unterwerfen, womit dann eben ausgedrückt ist, dass sie Widerstand leistet, der auch durch planmäßige Vorkehrungen nicht dauerhaft zu brechen ist. Ohne die Annahme eines solchen zumindest möglichen Widerstandes wäre der Begriff des Unterwerfens ohne Sinn.

Auf diese Weise lässt sich der Begriff des Subjekts nun für eine erste bedeutsame Aussage über den Menschen verwenden: Er markiert ihn als einerseits *unfrei*, weil unterworfen, andererseits aber auch als *frei*, sich gegen diese Unterworfenheit zur Wehr zu setzen. Seine Unfreiheit ist nicht einfach sein besiegeltes Schicksal, sie kann – so erscheint es zumindest sprachlich – beseitigt oder wenigstens bekämpft und vielleicht gemindert werden. Umgekehrt ist aber auch seine Freiheit keine einfach gegebene, sie muss erst errungen werden und doch besteht sie immer schon als Keim und Möglichkeit: in der gegebenen Fähigkeit, dieses Ringen zu denken und zu beginnen (siehe 1.3).

Wer oder was ist es nun, dem das Subjekt unterworfen ist? Schon durch seine sprachliche Verwandtschaft bietet sich dazu sein geläufiges Gegenstück an: das *Objekt*. Aus der Schule wissen wir, dass in einem Aussagesatz das Subjekt häufig mit einem Objekt kombiniert ist. Das *sub*=*jectum* ist dabei zumeist das ‚der Aussage zugrunde Liegende', der aktive Teil, die Instanz, die *etwas tut*. Das *ob*=*jectum* hingegen, das ‚Entgegen=geworfene', ‚Vor=gesetzte' hält den passiven Part, es ist der Teil des Satzes, der bezeichnet, *womit etwas geschieht*. Allerdings kann auch das vor-Gesetzte etwas mit dem Subjekt anstellen, etwa unterstützen und fördern, oder auch behindern und blockieren. Doch ist die Objektwelt nicht als so etwas wie ein *personaler Gegner* konzipiert, denn ein solcher wäre ja keinesfalls passiv, sondern vielmehr selbst ein Subjekt. Die Objektwelt lässt sich eher als das Arrangement jener *Fakten und Tatsachen* vorstellen, die dem Subjekt *vor-gegeben* sind.

So ließe sich das Subjekt nun schon einmal sehr komplex als *unfrei-freies Wesen* denken, das einer ihm vorgesetzten objektiven Welt unterliegt und der es die Verwirklichung seiner Selbstbestimmung erst durch eigenes Bemühen abringen muss. Dabei ist es nicht auf sich allein gestellt, denn es gibt auch noch andere solche sich selbst bestimmen wollende, von der Objektwelt eingeschränkte (oder, wie sich noch zeigen wird, auch: mit Ressourcen ausgestattete) Individuen, die um ein Dasein in Glück und Würde kämpfen, *andere Subjekte* also. Unsere Beziehung zu ihnen wäre dann eine *inter*=*subjektive*. Wenn ich dagegen einen anderen Menschen unter *strategischen* Gesichtspunkten betrachte, ihn also *nicht* kommunikativ in eine soziale Gemeinsamkeit einbinde, sondern einfach nur mit *von mir bestimmten* ‚harten Fakten' konfrontiere, um meinen Willen durchzusetzen, ihn also *nicht* behandle wie einen Mit-Menschen, sondern wie ein Ding, mit dem ich geschickt oder gewaltsam verfahre, kann ich dies theoriesprachlich auszeichnen, indem ich sage, ich *mache* diesen Menschen *zum Objekt* meines Handelns.

Der Begriff des Subjekts mag auf den ersten Blick verwirrend und diffus erscheinen, zumindest nicht den Exaktheits-Standards einer seriösen Wissenschaft angemessen.

Doch genau betrachtet ist er weniger unpräzise als *vielschichtig* und *facettenreich* und damit vielleicht gerade besonders geeignet, dem Denken *die tatsächliche Komplexität seines Gegenstandes präsent zu halten*, i. B. jene oft unübersichtlichen Vermischungen und Verwandlungen, die das Dasein des Menschen prägen – eine Komplexität, die man im Auge behalten muss, um ein realistisches Bild von ihm zu gewinnen.

Das Subjekt-/Objekt-Konzept zeitigt indessen nicht nur die auf den ersten Blick so reizvollen Orientierungsmöglichkeiten, es legt auch problematische Assoziationen nahe. So verleitet es etwa dazu, dass wir zwischen den beiden Teilen der Beziehung einen grundsätzlichen Schnitt machen: Was Subjekt ist, kann nicht Objekt sein und umgekehrt. Ja, es legt geradezu ein kontroversielles Verhältnis nahe: Das Subjekt ist der aktiv wahrnehmende, fühlende, denkende, handelnde Mensch und alles, was dieses Subjekt *nicht* ist, steht ihm, außerhalb von ihm, beschränkend, behindernd, seine Freiheit bedrohend, feindlich (oder auch nützlich und verwendbar) gegenüber.

Was können wir uns als Beispiele für ein solches *Objekt* vorstellen? Die Gesellschaft? Die Kultur? Die moderne Technik? Die mit ihr einhergehende Umweltzerstörung? Die Finanzkrise? Die Erderwärmung? Stehen diese Dinge dem Menschen einfach bloß *gegenüber*? Oder handelt es sich bei ihnen nicht allesamt um Gegebenheiten, hinter denen *wiederum Menschen stecken*, etwa in Gestalt der beabsichtigten oder in Kauf genommenen Resultate ihrer Handlungen? Wenn ich ein Buch lese, das jemand geschrieben hat, begegne ich dann nur dem Packen gebundenen Papiers oder in seinem Text nicht auch diesem Jemand? Waren es nicht auch solche Jemande, die dieses Papier erzeugt, zurechtgeschnitten und gebunden haben? Wenn ich ein Werkzeug verwende, das ein anderer Mensch konstruiert hat, ist er dann nicht in der Hilfe gegenwärtig, die ich aus diesem Werkzeug beziehe? – Wenn man genau hinsieht, ist es nicht zu bestreiten: In der Objektwelt sind *andere Subjekte* in gewisser Weise immer schon mit enthalten. Wie haltbar ist angesichts solcher unklaren Grenzverläufe also die Subjekt-Objekt-Unterscheidung?

Auch wenn wir es mit der *Natur* versuchen, stoßen wir auf ein ähnliches Phänomen. Zunächst einmal gibt es ja heute kaum noch, was man rechtens unter Natur verstehen kann. Unsere extraurbane Welt besteht mittlerweile beinahe ausschließlich aus angelegten Wiesen und gepflegten Wäldern, aus verbauten oder künstlich wieder renaturierten Seen und Flüssen, aus gefütterten Gemsen und alpinen Lehrpfaden, aus mit Abgasen geschwängerten Luftmassen und von Kunststoffpartikeln durchsetzten Meeren, und selbst das Polareis schmilzt aus Gründen menschlich induzierter Entwicklungen dahin. Und wenn wir den Begriff der Natur abstrakter fassen und nur auf wirkende Natur*gewalten* beziehen, wie sie in den Natur*gesetzen* rekonstruiert werden und von denen wir annehmen können, dass sie keine vergleichbaren menschlichen Aktivitäten enthalten, so stürzen die Befestigungen der

Subjekt-Objekt-Grenze an einer anderen Stelle ein: Denn wodurch unterscheidet sich dann solche Natur von jener, die wir selbst sind – z.B. als unser eigener Körper, in dem die Zellen atmen, das Herz pocht und zugeführtes Material chemisch umgewandelt wird?

So bliebe uns zuletzt nur noch das gewagte Manöver, die Subjekt-Objekt-Grenze so zu verschieben, dass sie mitten durch uns selbst verläuft und dabei unseren Körper (als Objekt) von unserem Geist, Ich oder Selbst (als Subjekt) trennt. Man kann sich so etwas, wie ich gleich zeigen werde, tatsächlich vorstellen. Doch damit verlieren wir dann sozusagen die Füße über unserem Boden: Wo soll denn unser Fühlen, Denken, Wollen vor sich gehen, wenn nicht in diesem Körper? Wohnt unser Ich nicht in unseren Organen, in unseren Bewegungen, in unserem Gehirn? Stecken wir nicht in unserer Haut?

Und werden wir nicht zuletzt gerade auch durch Gegebenheiten unterworfen, die selbst ganz ‚geistig‘, ‚persönlich‘, ‚ichig‘ in uns wirken? Gewiss, es steht uns frei, zu denken, was uns einfällt, aber können wir frei entscheiden, worin es jeweils besteht und wozu wir uns dann tatsächlich entschließen? Sind wir nicht allzu oft bloß ein willfähriger Sklave unserer eigenen Gewohnheiten, unserer verzerrten Ansichten, unserer Ängste, unserer Sehnsüchte? Haben wir nicht lernen müssen, dass es ein *Unbewusstes* gibt, das uns manchmal an kurzer Leine führt, also in Sigmund Freuds berühmter Formulierung das Ich „nicht einmal Herr im eigenen Hause, sondern auf kärgliche Nachrichten angewiesen bleibt von dem, was unbewusst in seinem Leben vorgeht" (Freud 1999c, 295)? Wenn dies aber alles zutrifft, müssen wir dann am Ende nicht nur unseren Körper, sondern auch noch unser Fühlen, Denken und Wollen selbst von uns abtrennen und dem *Objekt* zuschlagen? Was aber bleibt dann von uns als *Subjekt* übrig?

Das abendländische Denken hat sich solchen Fragen mit großer Hingabe gewidmet. Als einer seiner Höhepunkte gilt das Werk des französischen Philosophen *René Descartes*, den man gemeinhin mit einem berühmten Ausspruch assoziiert: *Ich denke, also bin ich.* Seine Vorstellung ging dahin, dass unser Dasein auf die Wechselwirkung zwischen zwei streng unterscheidbaren *Substanzen* zurückgeht: die *ausgedehnte* Substanz (‚res extensa‘) und die *erkennende* Substanz (‚res cogitans‘). Letztere würde intentional steuernd und kontrollierend auf erstere einwirken, diese wiederum wäre für den Kontakt mit der realen Welt, also für das Ausführen der Anweisungen und für das Gewinnen entsprechender Informationen zuständig, um sie dann der res cogitans wieder zurück zu leiten.

Das Wort Substanzen ist hier natürlich nicht nach dem Modell von Zahnpasta oder Superbenzin zu verstehen, sondern im Sinne von abgegrenzten *Sphären*, die eine ‚substanzielle‘ oder auch ‚essentielle‘, also *eigenständige* Existenz besitzen. Die beiden Sphären sind *geistige Aktivität* und *physische Materie* und wir können in ihnen sofort eine Version unserer Gegenspieler *Subjekt* und *Objekt* wieder erkennen. Man sieht auch: Unser Körper wurde von Descartes tatsächlich der Objektwelt zugeschlagen. Wo aber ist bei ihm dann der Ort des Geistes und wie lässt sich von ihm eine Verbindung zur ausgedehnten Welt aufnehmen?

Descartes' Geist ist in der Tat ziemlich geistig und da er daher schon definitionsgemäß keine Ausdehnung hat, benötigt er gar keinen im engeren Sinne weltlichen Ort. Geist und Körper, Ich und Welt, Subjekt und Objekt sind so im wahrsten Sinne des Wortes in zwei verschiedene Universen verräumt, die einander fremd und undurchschaubar gegenüber stehen. In Ableitung aus Descartes' lateinischem Namen Renatus Cartesius wird diese Sichtweise heute auch oft als *cartesianischer Dualismus* bezeichnet und kritisiert.

Um allzu schlichten Missverständnissen vorzubeugen: Descartes war ganz zweifellos ein außerordentlich genialer Denker, dem wir nicht weniger als die „Entdeckung des Subjekts" (Waldenfels 2000, 262) verdanken, und niemand sollte sich ihm heute vorschnell überlegen fühlen, nur weil er gestützt durch die seither vollzogene Entwicklung der Philosophie und der Wissenschaften ein paar ‚anti-cartesianische‘ Ideen entwickeln konnte (von denen schließlich auch niemand weiß, ob sie nachfolgenden Generationen nicht wieder ziemlich fragwürdig erscheinen werden).

Ich selbst werde in meiner weiteren Argumentation auf mindestens eine cartesianisch inspirierte Überlegung zurückgreifen: Descartes hat durch sein Konzept u.a. die Erkenntnis grundgelegt, dass die Logik, nach welcher der menschliche Geist funktioniert, nicht den gleichen Prinzipien folgt, wie jene, die den menschlichen Körper bestimmen, dass erstere also durch physikalische, chemische, biologische oder allgemeiner: naturwissenschaftliche Argumente *nicht hinreichend erklärt werden kann*. Dies trifft, um ein prominentes Beispiel anzuführen, auf alles zu,

> „was wir als den ‚kreativen Aspekt des Sprachgebrauchs‘ bezeichnen können, nämlich die prinzipielle menschliche Fähigkeit, neue Gedanken formulieren und völlig neue Formulierungen von Gedanken verstehen zu können, und zwar im Rahmen einer ‚instituierten Sprache‘ …, [deren] Gesetze und Prinzipien […] in einem noch so erweiterten Begriffssystem, das sich zur Verhaltensanalyse und zur Analyse der Wechselwirkung physikalischer Körper eignet, nicht formuliert und durch einen noch so komplexen Automaten nicht realisiert werden [können]." (Chomsky 2012, 18f)

Wir haben nun im Subjektbegriff eine erste Idee zur Verfügung, wie wir uns diesen *Jemand* vorstellen können, dessen Schicksal als Lernender wir in diesem Buch verfolgen. Damit bietet sich als nächstes an, darüber nachzudenken, wie sich mit theoretisch günstigen Folgen erfassen lässt, *was dieser Jemand tut*. Auch dafür kandidieren wieder einige spezielle Bezeichnungen und – wie zu erwarten – hängen auch an ihnen wieder mannigfache Vorgeschichten, Implikationen und Erwartungen. Am prominentesten geworden sind dabei wohl die Begriffe der *Handlung* und des *Verhaltens*. Letzterer hat sich vor allem in der Psychologie stark etabliert, wo er als Erkennungszeichen einer strikt naturwissenschaftlichen Gegenstandsauffassung gilt. Dagegen ist der Handlungsbegriff stärker in der Soziologie beheimatet und steht dort für die theoretische Einbeziehung des *Sinnhaften* am menschlichen Tun. Carl Friedrich Graumann, ein phänomenologisch orientierter Psychologe, hat diese ihm durchaus willkürlich erscheinende Aufteilung darauf zurückgeführt, dass einst „ein Psychologe namens John B. Watson" und „ein Soziologe namens Max Weber" diese Zugänge für ihre jeweils eigene Wissenschaft reklamiert hätten (Graumann 1980, 19).

Zu *handeln* bedeutet nun, historisch-gesellschaftlich hervorgebrachte Bedeutungen in Verfolgung eigener Bedürfnisse aufzugreifen und umzusetzen. Solche Bedeutungen werden durch gegenständliche (instrumentelle), bildliche (ikonische) oder sprachliche (symbolische) Artefakte repräsentiert (siehe Tab. 1) und sie bilden in ihrer Summe gleichsam die auskristallisierte menschliche Kultur, wie sie seit Beginn der evolutionären Menschwerdung von den Mitgliedern der menschlichen Gattung im Rahmen ihrer gemeinsamen Lebens- und Überlebensanstrengungen entwickelt worden ist. Unter einem bestimmten Blickwinkel betrachtet bestehen sie aus nichts anderem als erprobtem verallgemeinertem Wissen über die unterschiedlichsten vom Menschen produzierten und gesicherten Möglichkeiten, menschliche Bedürfnisse zu befriedigen, vom nackten Überleben bis hin zur elaborierten ästhetischen, philosophischen oder spirituellen Weltbegegnung. Zu handeln impliziert also, dass wir diese Bedeutungen praktisch umsetzen. Mit ihrer Hilfe können wir entweder auf die Welt *faktisch einwirken* oder uns darauf beschränken, sie *bloß zu denken*. Der Begriff des Handelns ist ja, wie schon mehrfach angeführt, nicht auf *motorische* Aktivitäten beschränkt, sondern schließt auch *mentale* ein. Ferner ist das Umsetzen von Bedeutungen nicht auf bereits *bestehende* beschränkt, sie können auch verändert oder durch neue ersetzt oder erweitert werden.

Ein Hund ist nun, wie gezeigt, kein *subjectum*, er kann um keine Freiheit ringen und daher auch nicht unterworfen werden. Seine Umwelt ist für ihn keine Palette von Bedeutungen, sondern eine Art Steuerungssystem, über das es sich nicht erheben kann. Wenn ein Hund dressiert ist, dann hat er so gut wie keine subjektive Möglichkeit, einem gegebenen Kommando seine Gefolgschaft zu verweigern. Seine Reaktionen sind weitgehend *berechenbare* Ereignisse, sie treten mehr oder minder *gesetzmäßig* ein. Ein dem dressierten Hund kompetent gegebenes Kommando ist ein bloßer *Verhaltenszwang*. Was dem Menschen in Form der *Bedeutungen* entgegentritt, ist dagegen etwas anderes: Bedeutungen bilden Handlungs*möglichkeiten*, die aufgegriffen werden können aber nicht müssen. Die Bedeutungen des Menschen zwingen diesen zu keiner bestimmten *mechanisch abhängigen* Reaktion, er kann jedem Angebot, jeder Aufforderung, selbst jeder Suggestion auf der Grundlage seines abwägenden Denkens widerstehen. *Kann* bedeutet hier: Es ist *grundsätzlich* möglich. Dies schließt nicht aus, dass empirische – etwa ‚pathologische' – Fälle vorstellbar sind, in denen dieses Können faktisch nicht oder kaum realisierbar ist, etwa im Falle von Phobien, Zwangsneurosen o.ä.

Die Rede von den Handlungsmöglichkeiten impliziert nun, dass die Bedeutungen vom Menschen aus *Gründen* aufgegriffen werden. Diese Gründe beziehen sich auf der einen Seite auf *Bedürfnisse,* die er befriedigen möchte, und auf der anderen Seite auf jene *Möglichkeiten,* die ihm dazu verfügbar sind. Die Formulierung ‚beziehen sich auf' soll dabei hervorheben, dass – dies war ja gerade der Unterschied zu den Tieren – es hier keinen ‚Kurzschluss', also keine unmittelbare Verbindung zwischen Bedeutungen und Aktivitäten gibt. Der Mensch kann sich zu den Bedeutungen vielmehr *reflexiv* verhalten (siehe 4.3). Indem er dies tut, gewinnen die Bedeutungen wie die möglichen Handlungen für ihn *Sinn,* ist das mögliche Handeln *sinnhaft.* Dieser Begriff ist nicht zu verwechseln mit dem Begriff *sinnvoll.* Ersterer zeigt an, dass einem Tun oder Objekt so etwas wie Sinn prinzipiell unterstellt werden kann, weil es in Verfolgung einer *Absicht* zustande gekommen ist, letzteres, dass die innere Ordnung dieses Tuns oder Objekts für einen Betrachter einen solchen Sinn auch tatsächlich (in ausreichendem Ausmaß) verwirklicht. Ein Mensch handelt demzufolge immer sinn*haft,* nicht immer aber – wie wir wissen – so, dass alle Beobachter oder vielleicht auch er selbst es als sinn*voll* empfinden.

Der britische Philosoph Peter Winch hat in einem berühmten Buch über die Logik der Sozialwissenschaften, die er im Sinne Max Webers (s.o.) als ‚verstehende' interpretiert, anhand eines einfachen Beispiels demonstriert, was es bedeutet, eine sinnhafte Handlung zu vollziehen:

> „Angenommen, es werde von einer Person N gesagt, sie habe bei den letzten allgemeinen Wahlen deswegen für Labour gestimmt, weil sie dachte, eine Labour-Regierung werde am ehesten den wirtschaftlichen Frieden erhalten. Welche Art von Erklärung ist dies? Der einfachste Fall ist der, dass N vor dem Wählen das Für und Wider einer Stimmabgabe für Labour diskutiert hat und ausdrücklich zu dem Ergebnis gekommen ist: ‚Ich werde Labour wählen, weil das die beste Möglichkeit ist, den wirtschaftlichen Frieden zu erhalten.' Dieser Fall ist ein Paradigma dafür, dass jemand eine Handlung aus einem Grunde ausführt." (Winch 1974, 61)

Es ist nun von erheblicher Bedeutung, ob man von *Gründen* und *Handlungen* spricht oder von *Reizen* und *Reaktionen* (wie dies ein Großteil der Psychologen im Kontext des *Verhaltens*konzepts zu tun pflegt): Verwendet man die letzteren beiden Begriffe, so bleibt ungeklärt, ob es zu der Reaktion für den reagierenden Organismus eine von ihm selbst wählbare Alternative gegeben hätte, ob also Bedingung und Ereignis durch eine mechanische Gesetzmäßigkeit verbunden oder reflexiv entschieden worden sind. Dagegen kann man von einem *Handeln* als *Antwort* auf eine bestimmte Situation immer nur in dem Sinne sprechen, dass ein Subjekt auf diese Antwort nicht mechanisch festgelegt ist, sie demnach als Resultat seines Denkens auch unterlassen könnte.

Dabei ist nicht jeder Aspekt unserer Aktivitäten unmittelbar selbst durch ein Bedürfnis begründet: Bestimmte Denkvorgänge und Bewegungsabläufe vollziehen wir, weil sie ganz einfach eine Implikation dessen darstellen, was wir aus Gründen tun möchten. Wenn wir etwa eine Mitteilung in den Computer tippen, so ist es (zunächst) unsere Intention, den Inhalt der Mitteilung in sinnvoller Formulierung auf dem Schirm zur Erscheinung zu bringen. Dies ist aber nur möglich, indem wir auch noch etwas anderes tun: Wir müssen die richtigen Tasten anschlagen, unseren Blick die Zeilen entlang führen, aus den Buchstaben die Worte und aus diesen die Sätze zusammenbauen, frühere Aussagen erinnern und mit späteren in Beziehung setzen etc. All diese *Operationen* vollziehen wir, ohne dass wir sie selbst anstreben würden, zumeist sogar unbeachtet, vielleicht sogar gänzlich automatisiert.

Nun lässt sich zu guter Letzt noch die Frage aufwerfen: Woher haben wir unsere Subjektivität? Wurden wir mit ihr schon geboren oder haben wir sie im Laufe unserer Biografie erst erhalten oder gar selbst erringen müssen? Diese Frage wurde in den Wissenschaften vom Menschen bisweilen mit größter Heftigkeit diskutiert und sie ist auch heute noch nicht so weit geklärt, dass über sie völliger Konsens bestünde.

Wenn wir die möglichen Extrempositionen zunächst einmal idealtypisch zuspitzen, so zeigen sich zwei Annahmen, die einander diametral gegenüber stehen. Unstrittig ist, dass man in der realen Welt Menschen vorfindet, die sich aktiv und eigensinnig verhalten, keine Einigkeit besteht jedoch über die Frage, worin dieses Verhalten begründet liegt. Die radikal *naturalistische* Annahme lautet: Das menschliche Selbstbestimmungsvermögen ist *angeboren*. Es muss sich – wie das körperliche Wachstum – nach der Geburt einfach von sich aus entfalten. Träfe *diese* Annahme zu, wäre das Subjekt unter allen Umständen in einem radikalen Sinne *autonom*. Seine Abhängigkeit von der Welt bezöge sich lediglich auf die Sicherung seines physischen Überlebens. Wir müssten uns dann über den Entwicklungsweg der einzelnen Menschen keine besonderen Gedanken machen: Was genetisch fixiert ist, kann man ohnehin weder fördern noch unterdrücken, es entsteht gesetzmäßig wie es entstehen muss. Die radikal *kulturalistische* Annahme hält dagegen: Das Neugeborene kommt als ‚unbeschriebenes Blatt‘ auf die Welt und muss die Ausbildung seines Selbstbestimmungsvermögens erst durch Einwirkungen von außen vermittelt bekommen, es muss *lernen*, ein Subjekt zu sein. Träfe *diese* Annahme zu, wäre das Neugeborene *offen für alles*, was man mit ihm anstellt. Es wäre damit völlig *heteronom*, ein bloßes *Produkt* jener Welt, in die es hineingeboren wurde.

In dieser verabsolutierenden Form wird heute niemand mehr eine dieser beiden Positionen vertreten. Die Diskussion rankt sich eher um das Thema, ob und in welcher Weise eine Auffassung einer der beiden puristischen Positionen unzulässig nahe kommt. Einen ersten Hinweis dazu können wir aus interessanten Experimenten gewinnen, in denen Schimpansen- und Menschenkinder unter den selben Bedingungen auf die gleiche Weise gemeinsam großgezogen wurden. Hier zeigt sich, dass in den ersten Lebensmonaten sich zunächst keine allzu große Differenz zwischen den Entwicklungen beider Wesen abzeichnet. Dann aber kann das Menschenkind plötzlich ganz anders auf die Angebote seiner Umwelt reagieren:

„At the age of 15 to 18 months the mental development of the chimpanzee is nearing completion; that of the child is only about to start. By responding to people who talk to it, the child soon begins to understand speech and to speak itself. By this one single trick in which it surpasses the animal, the child acquires the capacity for sustained thought and enters on the whole cultural heritage of its ancestors." (Polanyi 1962, 69)

Die Annahme scheint also plausibel, dass es zumindest basale angeborene Fähigkeiten geben muss, die der Aneignung der kulturellen Errungenschaften zugrundeliegen, insbesondere die Fähigkeit, den in der zitierten Passage angesprochenen *denkenden Umgang mit Sprache* zu erlernen. Ganz in diesem Sinne – wenngleich vielleicht noch ein wenig radikaler – argumentiert der amerikanische Sprachwissenschaftler Noam Chomsky für die Annahme einer angeborenen *Universalgrammatik*, also einer genetisch verankerten Verstehens- und Handhabungsfähigkeit von Zeichensystemen, auf welche die unterschiedlichen Sprachen erst differenzierend aufbauen. Sie bestehe in einer „Initialstruktur" (Chomsky 2012, 130), die der menschlichen Natur zugeschrieben werden müsse, um erklären zu können, wie es dem Menschen möglich ist, in seinem Spracherwerb die je konkrete Grammatik der Sprache, in die er hineingeboren wurde, lernend nachzuvollziehen. Er bezieht sich dabei seinerseits auf den amerikanischen Pragmatisten Charles Sanders Peirce, der bereits ein halbes Jahrhundert vor ihm „angeborene Begrenzungen für zulässige Hypothesen" und einen „Rate-Instinkt" (ebd., 148) als Voraussetzung des Lernens angenommen hatte.

Ob diese Annahme tragfähig ist, vermag ich nicht zu beurteilen, sie liegt aber in einem Bereich, der mir plausibel denkbar erscheint. Eine analoge Annahme liegt auch dem von mir weiter unten skizzierten Konzept der menschlichen *Bedürfnisstruktur* zugrunde (siehe 4.3). Für alle Annahmen dieser Art über angeborene Dispositionen muss jedenfalls gelten, dass sie noch keine *manifesten* Sprachgewohnheiten, Bedürfnisse oder Denkstrategien betreffen, sondern lediglich deren Funktionsgrundlagen und die Grenzen, innerhalb derer sie sich bewegen können. Denn es ist ebenso offensichtlich, dass die menschliche Subjektivität keine fixe Größe, kein gesichertes Realvermögen der menschlichen Akteure darstellt. Subjektivität kann die unterschiedlichsten Formen annehmen und das Dasein des einzelnen Menschen in unterschiedlichster Weise bestimmen. Diese Frage ist so komplex, dass ich ihr den gesamten nächsten Abschnitt widmen möchte.

4.2 Subjektivität als responsives Potential

Das Bild, das ich bis jetzt vom menschlichen Handeln gezeichnet habe, würde eine rationalistische und dualistische Subjektvorstellung, wie ich sie weiter oben als ungünstig skizziert habe, noch nicht ausschließen, denn ich habe bis jetzt eher die *zielgerichtete Seite* des Handelns hervorgehoben: wie wir tun, was wir anstreben und wie wir erreichen, was wir angestrebt haben. Schon aus unserem Alltag wissen wir aber, dass wir nur selten so souverän agieren. Wir tun vielmehr oft, wofür wir uns gar nicht entschieden haben, wir bewirken, was wir gerade verhindern wollten, wir wissen gar nicht mehr so genau, was wir eigentlich erreichen wollten, oder wenn doch, dann bemerken wir vielleicht gar nicht, dass wir es verfehlt haben, und schließlich müssen wir vielleicht sogar erkennen, dass es gerade das bemühte Anstreben eines Zieles war, das dazu geführt hat, an ihm gescheitert zu sein.

Das *subjectum* ist also ganz und gar nicht jener unumschränkte Herr seiner Lage, den wir uns am Beispiel von Winchs Labour-Wähler vielleicht zunächst vorgestellt haben mögen. Das spricht nicht gegen das Beispiel, wenn es lediglich veranschaulichen soll, worin die Logik eines Handlungsgrundes besteht, es ist aber kein Modell für das menschliche Handeln generell. Es stellt sich also die Frage, welche theoretischen Differenzierungen wir an unserem Handeln vornehmen müssen, damit die spezifische Kombination von Selbstbestimmung und Unterworfenheit, von rationalem Durchblick und blinder Orientierungslosigkeit angemessen erfasst ist, die uns als Subjekte offenbar auszeichnet.

Rufen wir uns noch einmal den klassischen cartesianisch inspirierten Subjektbegriff in Erinnerung: Das *autonome Subjekt*, dessen theoretische Konzeption im Zeitraum zwischen 1600 und 1800 sukzessive entstanden ist,

> „erscheint als eine irreduzible Instanz der Reflexion, des Handelns und des Ausdrucks, welche ihre Grundlage nicht in den kontingenten äußeren Bedingungen, sondern in sich selber findet. Das klassische Subjekt ist als Ich eine sich selber transparente, selbst bestimmte Instanz des Erkennens und des – moralischen, interessegeleiteten oder kreativen – Handelns. Das klassische Subjekt erhält seinen Kern in bestimmten mentalen, geistigen Qualitäten, die zugleich Ort seiner Rationalität sind. Ihm werden im klassischen Diskurs in diesem Sinne universale, allgemeingültige Eigenschaften – seien diese in einer Vernunft oder einer Natur begründet – zugeschrieben." (Reckwitz 2010, 12)

An einer solchen Auffassung lässt sich offensichtlich eine zu große Nähe zur naturalistischen Position kritisieren und auch ich habe in meiner bisherigen Darstellung bereits viele Gründe und Argumentationslinien referiert, die gegen eine solche *fixe*, *unabhängige und souveräne* Subjektivität als allgemeines Merkmal des *homo sapiens* sprechen. Wie ich in den folgenden Kapiteln noch ausführlich zeigen möchte, bilden die jeweils gegebenen Bedingungen in *jedem Augenblick* des Lebens das Gerüst, durch welches allein wir in der Lage sind, *uns als uns* aufrecht zu erhalten. In diesem Sinne *sind* wir also in der Tat nicht *aus eigenem*, was wir sind, wir müssen uns vielmehr stets aufs Neue *erzeugen*, indem wir mit den – von uns teilweise selbst geschaffenen, teilweise aber auch unbeeinflussbaren – Bedingungen interagieren. Sie weisen uns den Raum zu, in dem wir uns einfinden können, ihre Dauerhaftigkeit ist es, die die unsrige gewährt, sie lassen uns in jedem Hier und Jetzt unseres Lebens *werden*, was wir stabil zu *sein* vermeinen.

Umgekehrt würde sich aber auch eine zu große Nähe zur kulturalistischen These – also der Annahme der *völligen* Determiniertheit der Verhaltensdispositionen des Menschen durch dessen jeweilige Existenzbedingungen – eine Reihe von kaum bewältigbaren Beweislasten aufbürden. Die erste und bedeutsamste bestünde schon einmal darin, dass nun erklärt werden müsste, wie ein solcher Mensch alle Fähigkeiten, die wir mit dem Begriff des Subjekts in Verbindung bringen, *nach seiner Geburt* durch die ihn umgebende Welt ‚eingepflanzt‘ oder ‚aufgepfropft‘ erhalten könnte, wie also eine postnatale *Erzeugung* von Subjektivität in einem von sich aus zunächst vollständig nicht-subjektiven Wesen vorstellbar wäre.

Die rhetorisch schärfste Figur der Infragestellung menschlicher Subjektivität stammt wohl vom französischen Philosophen Michel Foucault, der überhaupt gleich den *Tod des Subjekts* bzw. den *Tod des Menschen* in Aussicht gestellt hat. Es gibt dazu mehrere Textstellen in Büchern, Aufsätzen und Interviews. Eine besonders nachdrückliche findet sich als Resümee einer diesbezüglichen Darstellung der historischen Herausbildung der Humanwissenschaften: „Der Mensch ist eine Erfindung, deren junges Datum die Archäologie unseres Denkens ganz offen zeigt. Vielleicht auch das baldige Ende." (Foucault 1974, 462) Der Mensch sei im 19. Jahrhundert zum Thema spezieller Wissenschaften wie etwa der Soziologie, der Psychologie, der Pädagogik etc. auf der Grundlage spezieller „Dispositionen des Wissens" (ebd.) geworden, also bestimmter kultureller Ordnungen, die das Denken der Menschen prägen, und diese Dispositionen könnten auch wieder ins Wanken geraten. Dann aber könne man – so Foucault – „sehr wohl wetten, daß der Mensch verschwindet wie am Meeresufer ein Gesicht im Sand" (ebd.). Zwar ist der Tod des Subjekts gemäß dieser Diagnose noch nicht eingetreten, wenn er aber für so wahrscheinlich gehalten werden muss, dann ist zumindest einmal die Vorstellung von der *Universalität des Subjekts* gestorben.

Ich habe den Foucaultschen Diskursbegriff weiter oben schon kurz skizziert, dort aber noch nicht herausgearbeitet, dass es in der Sicht (zumindest des frühen) Foucaults nicht das Subjekt ist, das sich der Gesetzmäßigkeiten des Diskurses bedient, sondern dass dieses Subjekt umgekehrt durch seine Verwicklung in den Diskurs überhaupt erst gebildet wird. Nähme man diese Überlegung in einem strengen Sinne ernst, müsste man die Subjektivität der Akteure aus jeder Erklärung der Bewegungen und Veränderungen des Diskurses als ursächlichen Einflussfaktor ausschließen. Denkbar bliebe dann nur noch ein Vorgang spontaner Neu- und Umbildungen durch ziellose Brüche und Verformungen, blinde Emergenz, vergleichbar der ‚natürlichen‘ biologischen Evolution, „ein Wuchern ohne Kontrolle und Identität" (Lüders 2004, 63)

Judith Butler, die sich vielfach auf Foucault bezieht und in subjektskeptischen Abhandlungen ebenfalls gerne zitiert wird, schreibt:

> ‚Subjektivation‘ bezeichnet den Prozeß des Unterworfenwerdens durch Macht und zugleich den Prozeß der Subjektwerdung. Ins Leben gerufen wird das Subjekt, sei es mittels

Anrufung oder Interpellation im Sinne Althussers oder mittels diskursiver Produktivität im Sinne Foucaults, durch eine ursprüngliche Unterwerfung unter die Macht." (Butler 2001, 8)

Betrachten wir diese Darstellung genauer: Das Subjekt wird ins Leben gerufen, hat also vorher nicht existiert. Wodurch wird es ins Leben gerufen? Durch eine Anrufung oder ursprüngliche Unterwerfung unter die Macht der Diskurse. Wer oder was aber ist das, der oder das hier angerufen oder ursprünglich unterworfen wird? Diese Frage ist fundamental und darf auf keinen Fall ausgeblendet werden, denn wenn das Subjekt erst durch Anrufung oder Unterwerfung zu existieren beginnt, wer ist es dann, der davor diese Anrufung erhört hat, wer ist es, der diese Unterwerfung durch die Annahme der Diskurse vollzieht?

Wie immer wir diese Frage beantworten wollen, wir müssen ein Etwas annehmen, das schon vorhanden und fähig ist, auf die Einwirkung zu reagieren, und zwar in einer spezifischen Weise: Wenn man einen Regenwurm, Dackel oder Schimpansen anruft, wird diese Anrufung (ersatzweise: Unterwerfung) nämlich ganz sicher kein Subjekt ergeben. Illustrativ ist es dazu, einen Blick auf die von Butler ins Treffen geführte *Interpellation* i.S. Althussers zu werfen. Im zitierten Original erläutert Althusser das Grundmuster seines Konzepts an folgendem Beispiel:

> „Es gibt Individuen, die spazieren gehen. Irgendwo (gewöhnlich hinter ihrem Rücken) ist der Anruf zu hören: ‚He, Sie da!' Ein Individuum (in 90% der Fälle ist es der Gemeinte) wendet sich um in dem Glauben, der Ahnung, dem Wissen, es sei gemeint, und erkennt damit an, daß es ‚gerade es ist', an den [sic!] sich der Anruf richtet." (Althusser 1977, 143)

Althussers Spaziergänger dreht sich also *von sich aus* um und bezieht die Ansprache *aktiv* auf sich. Er erleidet ganz und gar keine passive Verfertigung, keine Erzeugung, Einpflanzung oder Aufpfropfung. Zwar trifft ihn die Anrufung unverhofft und irritierend und in der Tat kann er sich auf sie (noch) nicht klar und eindeutig beziehen, doch *vollzieht* er einen *Akt der Annahme*, er hat einen Glauben, eine Ahnung, ein Wissen, er *erkennt an*, wie Althusser es selbst formuliert. Warum tut er das? Warum kann er das? Es muss etwas nicht erst durch die Anrufung Erzeugtes geben, das ihn dazu befähigt und veranlasst, und von der Art dieses Etwas hängt fundamental ab, in welcher Weise die Entfaltung der menschlichen Subjektivität einsetzt. Dieses Etwas muss als bereits vorhanden angenommen werden, denn wie sollte sich ein Individuum der ihn anrufenden Kultur *zuzuwenden beginnen*, wenn seine Zuwendungsbereitschaft und -fähigkeit selbst erst das Produkt eines kulturellen Einflusses wäre?

Ganz ähnlich verhält es sich mit Foucaults diskursiver Produktivität: Die von ihm minutiös und aufschlussreich rekonstruierten historischen Denk- und Sprechweisen, körper- und artefaktbezogenen Routine-Einübungen, Eingewöhnungen in raumzeitliche Ordnungen, Transformationen von Fremdregierungs- in Selbstregierungs-Prozeduren etc., von denen er vielfach behauptet, sie würden die Subjekte

‚erzeugen' oder ‚verfertigen', können nur dadurch zur Wirkung kommen, dass da immer schon jemand ist, der diese als „Diskurse", „Disziplinen", „Dispositive" etc. bezeichneten Strukturen *aktiv*, in Verfolgung *eigener Bedürfnisse* und unter Einsatz *natürlich gegebener Fähigkeiten* aufnimmt und durch *eigene aktive Tätigkeit* Wirklichkeit werden lässt. Wie immer wir es also drehen und wenden, wir kommen nicht darum herum, einen Keim, eine Voraussetzung, eine basale Disposition zur Subjektivität bereits vor aller Erziehung und individueller Welterfahrung als gegeben anzunehmen und das bedeutet, dass diese Disposition bereits in unserem genetischen Programm – also biologisch – verankert sein muss.

Die basale Subjekt*fähigkeit* des Menschen kann also nicht sein, was Denker wie Butler oder Foucault als nicht universell betrachten. Es lassen sich Butlers Rede von der Subjektwerdung durch Anrufung oder Foucaults (immer wieder abgeändertes) Konzept (vgl. nur etwa Rieger-Ladich 2004) der Unterwerfung in der Tat auch auf eine Weise lesen, die den angezeigten Widerspruch vermeidet, indem wir das Subjekt, das sie in Frage stellen, nicht als die dem Menschen universell gegebene Fähigkeit verstehen, ein subjektives Selbstverhältnis *auszubilden*, sondern die jeweils bereits *konkret ausgebildete Form* dieses Verhältnisses. Damit wäre dann das Subjekt nicht *verabschiedet*, sondern lediglich die *überhistorische Allgemeinheit bestimmter Subjektformen* bestritten, wie sie seit dem 18. Jahrhundert von den Humanwissenschaften beschrieben wurden (vgl. etwa Foucault 1974, 413ff). Die tatsächliche Ausbildung von Subjektivität wäre dann bloß offen für sehr viel unterschiedlichere Ausprägungen, als dies in den klassischen Theorien vorgesehen wurde.

Es ist also eine delikate Aufgabe, den Subjektbegriff einigermaßen realistisch anzulegen, und so verhält es sich, wie sich erwarten lässt, auch mit dem Handlungsbegriff. Der britische Sozialwissenschaftler Anthony Giddens schlägt dazu vor, zunächst einmal den Begriff der *Handlung* generell durch jenen des *Handelns* zu ersetzen. Erstere suggeriere, man habe es mit einer klar begrenzten, planmäßigen, durchschaubaren Sequenz zu tun, die einen eindeutigen Anfang und ein eindeutiges Ende habe und eine in sich abgeschlossene Einheit bilde. Eine solche Handlung gäbe es aber nur in seltenen Ausnahmefällen, normalerweise würden wir vielmehr einen kontinuierlichen Strom andauernder und vielfältig ineinander verwobener Aktivitäten produzieren, an welchem uns einiges mehr, einiges weniger und einiges auch gar nicht bewusst sei. Eine gute Theorie müsse auch berücksichtigen, dass wir nicht beständig *vor* dem Handeln entscheiden und diese Entscheidungen *dann* handelnd umsetzen würden. Dies könne zwar vorkommen, aber nur in besonderen Fällen. Im Normalfall wäre das Handeln dagegen immer schon im Gang und unser Bewusstsein beschränke sich im allgemeinen darauf, bestimmte Ausschnitte des Geschehens genauer zu betrachten:

> „Menschliches Handeln vollzieht sich ebenso wie menschliches Erkennen als eine *durée*, als ein kontinuierlicher Verhaltensstrom. Zweckgerichtetes Handeln ist nicht aus einem Aggregat oder einer Serie separater Intentionen, Gründe und Motive zusammengesetzt.

Es ist vielmehr sinnvoll, Reflexivität in der ständigen Steuerung des Handelns verankert zu sehen, die menschliche Wesen entwickeln und die sie von anderen erwarten." (Giddens 1995, 53)

In einer ähnlichen Richtung wie Giddens bewegt sich der Soziologe Hans Joas. Er beschäftigt sich in einer umfangreichen Arbeit mit der Frage der menschlichen Kreativität und stößt dabei ebenfalls auf Descartes, in dessen philosophischem Fahrwasser er viele moderne Theoretiker manövrieren sieht. Ganz besonders nennt er etwa Vertreter des *rational choice* – Ansatzes in der Ökonomie, welche einfach als gegeben unterstellen, alle Menschen würden *ökonomisch rational handeln*, und zwar in dem unrealistischen Sinne, dass sie über all ihre Bedürfnisse, wie über die ihnen verfügbaren gesellschaftlichen Bedürfnisbefriedigungs-, also Konsum- und Arbeitsmöglichkeiten, präzise und unverzerrt bescheid wissen und sich die für sie optimalen Wahlangebote gezielt aussuchen. Joas stellt nun „drei stillschweigende Annahmen der Handlungstheorie" (vgl. 1996, 218ff) in Frage, drei Annahmen, die er im dualistischen Denken Descartes' verankert sieht.

Um diese Argumentation nicht misszuverstehen, muss man wissen, dass Joas *rationalistische* Ansätze, wie jenen des *rational choices*, in *kritischer Absicht* unter die Bezeichnung Handlungstheorien einordnet. Diese Zuordnung unterscheidet sich grundlegend von jener, die der ebenfalls mehrfach von mir zitierte Habermas trifft, denn dieser bezeichnet alle Konzepte, die die *sinnhafte Natur des menschlichen Daseins* berücksichtigen – darunter auch sein eigenes – als handlungstheoretisch.

Die von Joas kritisierten stillschweigenden Unterstellungen sind die Annahmen vom *zielgerichteten Charakter des menschlichen Handelns*, von der *Fähigkeit des Menschen, seinen Körper zu kontrollieren*, und von der *autonomen Individualität des Menschen*. Ich werde seine Kritik an diesen drei Unterstellungen jeweils dort ausführlicher referieren, wo sie für meine Darstellung inhaltlich relevant werden (siehe 5.1, 6.1, 7.1) Hier verweise ich auf sie zunächst nur als Beispiele für die mannigfachen Versuche, die Theorie des menschlichen Handelns von rationalistischen Engführungen zu befreien. Handlungstheorien, die diesen Mangel aufweisen, werde ich zur Vermeidung von Missverständnissen im weiteren als *teleologische* Handlungstheorien bezeichnen.

Giddens und Joas zählen zu den Wegbereitern einer konzeptuellen Neuorientierung der Wissenschaften vom Menschen, die inzwischen unter der Sammelbezeichnung *Praxistheorien* in den meisten sozialwissenschaftlichen Einzeldisziplinen Fuß fassen konnte. Das hauptsächliche Anliegen dieser Neuorientierung besteht darin, die skizzierten „Dichotomien zwischen Subjekt und Objekt, Körper und Geist, Individualität und Kollektivität, Handlung und Struktur sowie zwischen Theorie und Praxis zu destabilisieren" (Schmidt 2012, 70). Zu diesem Zweck wird der Begriff der *Praktiken* in den Vordergrund der Interpretation des menschlichen Handelns gerückt.

Damit soll herausgestellt sein, dass weniger ein *personales Intentionalitätszentrum* (das abgegrenzt-individuell gedachte Subjekt) als hauptursächlich bestimmende Einflussgröße des Handelns angesehen wird, als das immer schon bestehende *Zusammenwirken* einerseits der Intentionalitätszentren (also der unterschiedlichen Subjekte) *untereinander* und andererseits jenes mit den sie umgebenden dinglichen und zeichenförmigen *Artefakten*. Dieses Zusammenwirken lässt aufgrund der durch seine Bedingungen jeweils mehr oder weniger ermöglichten, erschwerten, erleichterten oder erzwungenen Ereignisverläufe *wiederkehrende strukturanaloge Handlungsweisen* (die ‚Praktiken‘) entstehen. Die Subjekte sind damit nicht mehr die alleinigen und allein verantwortlichen ‚Urheber‘, ‚Schöpfer‘ oder ‚Gestalter‘ ihrer Aktivitäten, sie agieren zwar aktiv und in wahrnehmender, denkender, reflektierender und (mehr oder weniger) bewusst entscheidender Weise, aber doch zugleich in weitgehend vorgegebenen, beschränkenden und oftmals nur sehr schwer neu auszurichtenden Korridoren. Theorien dieser Art machen also darauf aufmerksam, wie fundamental die Entfaltung der menschlichen Subjektivität von den *Situationen* abhängt, in denen sie sich vollzieht.

Dies mag der Grund sein, warum in praxistheoretischen Abhandlungen gerne eine Redewendung Erving Goffmans zitiert wird, derzufolge es nicht *um die Menschen und ihre Situationen* ginge, sondern um *die Situationen und ihre Menschen* (vgl. Goffman 1986, 9). Ohne es damit auf das Œuvre Goffmans insgesamt abgesehen zu haben, halte ich *diese* Redewendung für zumindest missverständlich und ich problematisiere sie hier als *pars pro toto* für eine in praxistheoretischen Texten manchmal anklingende Tendenz einer *Marginalisierung des Subjekts*. Das Zitat weist dem Menschen – gerade auch durch die rhetorische Gegenüberstellung – die Rolle eines eher *passiven Produkts* der Situationen zu, die Rollen von Bestimmendem und Bestimmten scheinen hier *bloß vertauscht*, anstatt in Frage gestellt.

Was wir aus der Diskussion um das Handeln mitnehmen können, ist eine erneute Bekräftigung der Idee, dass sich das menschliche Subjekt nicht in einem luftleeren Raum entfaltet, sondern unter vorgefundenen Bedingungen, die seine konkrete Gestalt mit bestimmen, hier nun erweitert um die Vorstellung einer Anrufung, Aufforderung, Herausforderung, Provokation: Entwicklung vollzieht sich nicht aus sich selbst, sondern nimmt immer auf vorgängig Objektives Bezug, beantwortet es, akzeptiert es oder widersetzt sich ihm. Subjektivität waltet weder unaufhaltsam noch autistisch, es ist nicht mehr aber auch nicht weniger als ein *responsives Potential*, das jedes menschliche Wesen auszeichnet. Man könnte auch sagen: die eigene Subjektivität zu entfalten heißt: *sich ver=antworten*.

Eine wirklich präzise Grenzziehung zwischen Natur und Kultur, zwischen Bedingtheit und Freiheit, zwischen faktischem und bewusstem Sein steht aus und scheint auch beim gegenwärtigen Stand der Forschung noch nicht möglich. Käte Meyer-Drawe hat daher – in ausführlicher Betrachtung des abendländischen Streits um den Status des Subjekts – vor einer vorschnellen Abwehr oder Verharmlosung der subjektskeptischen Philosophien gewarnt: Es sei eine argumentative Strategie der Einschüchterung, wenn man dem subjektskeptischen Gegner nachweise,

> „daß er sich prinzipiell oder auch gelegentlich nicht an seine eigenen Regeln hält, die er als Ausgangsbasis verbindlich machen möchte. ... Derjenige, der Vernunft kritisiert, wird dabei ertappt, daß er sich in seiner Kritik gerade ihrer Möglichkeiten bedient. Derjenige, der das Subjekt abschaffen will, wird überführt, daß er heimlich doch eine Subjektkonzeption voraussetzt." (Meyer-Drawe 2000, 9)

Lässt sich so etwas ins Treffen führen? Argumentiert nicht unlogisch, wer solche Argumente nicht gelten lässt? Wir müssen redlicherweise einräumen: Streng genommen haben wir keinen wirklichen Gegenbeweis vor uns: Jemandem eine unsaubere Argumentation vorwerfen zu können, bedeutet ja noch nicht, dass die mit ihr belegte Behauptung auch wirklich unzutreffend sein muss. Man kann sagen, dass drei und drei nicht acht sein könne, da sich aus *zwei ungeraden* Zahlen nicht *eine gerade* machen ließe. Das *Argument* ist offensichtlicher Unsinn, die *Behauptung*, die sie stützen soll, dennoch zutreffend.

Die Rede von den genetisch verankerten Subjektivitätsvoraussetzungen ist auch aus einem weiteren Grund mit großer Vorsicht zu führen: Immer wenn in der Geschichte der Wissenschaften vom Menschen ein Phänomen des menschlichen Daseins nicht sinnvoll erklärt werden konnte, hat sich die verführerische Möglichkeit angeboten, das Problem durch eine einfache Behauptung zu entsorgen: *Ist angeboren*. („Intelligenz ist angeboren und Schwarze sind dümmer als Weiße", so etwa der britische Psychologe Hans Jürgen Eysenck, vgl. Der Spiegel 1997) Da man die inhaltlichen Festlegungen der genetischen Programmierung bis dato nicht entschlüsseln kann, muss man für diese Behauptung dann keine weitere Beweisführung antreten und kann zur Tagesordnung übergehen. Um also zu vermeiden, dass man durch einen solchen argumentativen Taschenspielertrick die Entwicklung einer sinnvollen wissenschaftlichen Erklärung verspielt, muss man so streng und skeptisch wie möglich prüfen, ob sich das Phänomen nicht auch anders erklären ließe.

Ich finde es daher einen vorsichtigen Ausweg, vorderhand „die provozierende Kraft modernitätskritischen Denkens auszuhalten, ohne zu schnell Strategien der Abwehr zu organisieren" (Meyer-Drawe 2000, 9) und dem Subjekt zwischen basaler Subjektfähigkeit und den Gegebenheiten der wirklichen Welt ein Stück suchender Unbestimmtheit zu belassen. Subjektivität wäre dann aber jedenfalls noch immer „als Formation zu begreifen, die sich innerhalb intersubjektiver Wahrnehmungsfelder konturiert, an deren Strukturen die Gegenstände mitbeteiligt sind" (ebd., 44). Auszuschließen wären lediglich einerseits ein Denken, das einseitig „die Sinnkonstitution in der kognitiven Bewältigung durch das wache Bewusstsein aufsucht", und andererseits jenes das einseitig „den Sinn in die Dinge selbst verlegt" (ebd., 45).

Warum ist diese Frage wichtig? Warum widme ich ihr hier so viel Raum? Handelt es sich dabei nicht bloß um einen ‚akademischen Streit' (wie dies oft abschätzig genannt wird), also um eine ‚innerwissenschaftliche' Auseinandersetzung ohne weitreichende Implikationen für das wirkliche Leben der Menschen? Genau das Gegenteil ist der Fall: Theoretiker wie Althusser, Butler oder Foucault betreiben keinen intellektuellen Zeitvertreib, sie *kritisieren die Gesellschaft* und sie versuchen die Mechanismen der Abhängigwerdung und Abhängigmachung noch in den subtilsten Formen wissenschaftlicher Gedankengänge und lebenspraktischer Verkehrsformen zu identifizieren. Dabei zeigen sie uns: Je mehr der von uns alltäglich praktizierten Wahrnehmungs-, Denk- und Lebensweisen wir als *naturgegebene Eigenheiten* unseres Ich betrachten, desto weniger können wir an diesem irgend etwas (selbst-) kritisch in Frage stellen. Was in unserem genetischen Programm fix verankert ist, lässt sich ja durch noch so angestrengte Bemühung nicht mehr verändern. Wenn wir also die universell gegebenen Voraussetzungen unseres Daseins von *jedem subjektivem Eigen-Sinn,* damit von *jeder Entscheidungsfreiheit und -verantwortung* frei denken, lässt sich kein Grund mehr vorstellen, eine konkrete gesellschaftliche Wirklichkeit zu kritisieren, ja nicht einmal mehr eine Instanz, die einen solchen Grund entwickeln könnte. Dann ist alles in und an der Welt streng naturgesetzlich bestimmt und es muss so bleiben, wie es ist, weil es *gar nicht anders sein kann.*

Umgekehrt hätten aber auch alle Ideen einer *völlig unlimitierten, willkürlichen, beliebigen Selbstgestaltungsmöglichkeit* fatale Folgen. Dies lässt sich an aktuellen Entwicklungen aufschlussreich studieren: In der neoliberalen Gesellschaft folgt die (propagierte) allgemeine Sichtweise auf Lernen und Erziehung dem Glaubensziel der Herbeiführung und Optimierung *ökonomisch verwertbarer Produktivität.* Alles was über diese rein instrumentelle Sicht auf das Lernen hinausgeht, etwa die

> „Frage nach den *Erfahrungen,* die der Lernende im Prozess des Lernens nicht nur über den Gegenstand, sondern auch über sich als Wissender macht, zu der entscheidend auch Grenzerfahrungen gehörten, wird zu Gunsten eines souveränen Subjekts ausgeblendet, das als sich selbst steuernder Lernautomat fungiert." (Breinbauer 2008, 56)

Die technokratische Bildungsreform impliziert also eine sehr radikale Vorstellung, man könnte auch sagen einen völlig überdehnten Mythos vom ‚autonomen Subjekt': Sie beruht auf der individualistischen Vorstellung eines einsam konkurrierenden Akteurs, der grundsätzlich für alles, was in, an und mit ihm geschieht, *alleine verantwortlich* ist und alle Ursachen, die dafür maßgeblich sind, *weitgehend kontrollieren und gestalten* kann. Wenn dies tatsächlich zuträfe, dann müsste die Welt so bleiben, wie sie ist, weil sie dann ohnehin schon *als bestmögliches Resultat unserer freien Selbstverwirklichung erschiene.*

Weder die Verteufelung noch die Anbetung des Subjekts sind der Auseinandersetzung um eine menschwürdige Gesellschaft also hilfreich und ich hoffe, in meinen Ausführungen zeigen zu können, dass man auch eine Vorstellung von Subjektivität entwickeln kann, die die subjektskeptischen Überlegungen aufnimmt und mit bedenkt, ohne das Subjekt dem Sand des Meeresufers zu überantworten. Ich möchte dazu ein allgemeineres Argument des Philosophen Lambert Wiesing ins Treffen führen, der am Beispiel der *Wahrnehmung* erläutert hat, wie der Problemzugang aussehen kann, der es ermöglicht, den Begriff des Subjekts heute sinnvoll zu verwenden.

Wissenschaftsgeschichtlich – so führt Wiesing aus – wurde die Wahrnehmung zunächst *von der wahrgenommenen Wirklichkeit her* abgeleitet. Daher musste man darauf bestehen, dass diese Wirklichkeit jenseits des Wahrnehmenden und jenseits der Wahrnehmung *unverrückbar diktiert*, worin die Wahrnehmung besteht. Das Subjekt existierte damit abgetrennt in einem anderen Universum und ließ sich nur wie ein passiver Spiegel beschreiben, der bestimmte Signale von seinem Gegenpol her empfängt. Dann wurde eine Kehrtwendung vollzogen, die im Versuch mündete, die Wahrnehmung *vom Wahrnehmenden her* völlig neu zu begründen. Damit landete man im Grunde bei der selben Trennung, nur eben ‚auf der anderen Seite‘: Jetzt war das Subjekt die allein bestimmende Instanz, die umgekehrt die Wirklichkeit *setzt, erfindet, konstruiert* oder wie auch immer *definiert* und diese damit zu einer bloßen Projektion oder Produktion *des Wahrnehmenden* macht.

Wiesing plädiert nun für eine dritte Möglichkeit: Den Primat *der Wahrnehmung selbst*. Diese Entscheidung bedeutet dann, gar nicht erst auf die Suche nach so etwas wie der primären Stellung *der Wirklichkeit* oder *des Subjekts* zu gehen, sondern das *Geschehen* aufzuspüren, aus dem heraus das Subjektive als dessen subjektiver Pol und das Objektive als sein objektiver Pol überhaupt erst zu existieren beginnt: „Nicht ich mache die Wahrnehmung, sondern die Wahrnehmung läßt mich so sein, wie ich bin." (Wiesing 2009, 118) Wo die frühere Bestimmung immer schon suggeriert, dass man ein feststehendes, exakt beschreibbares (subjektives oder objektives) Terrain abstecken müsse, trifft eine solche Sichtweise keine solchen Vorentscheidungen und ist daher offen für andere Lösungswege.

Klingt diese Formulierung nicht recht ähnlich wie das weiter oben von mir beanstandete Zitat Goffmans, es ginge nicht um die Menschen und ihre Situationen, sondern um die Situationen und ihre Menschen? Aus meiner Sicht hebt die Formulierung Wiesings wesentlich deutlicher hervor, dass der *Vollzug des Wahrnehmens*, in dem der Wahrnehmende *als Subjekt fungiert*, ihn als ein solches entfaltet und differenziert. Genau diese vielleicht minimal anmutende semantische Differenz hat aus meiner Sicht entscheidende Folgen für das Verständnis des handelnden und lernenden Menschen: Es ist sein Wahrnehmen, das ihn werden lässt, was er ist: kein passiv verfertigtes Produkt seiner situationalen Bedingungen, aber auch kein Magier, der die Wirklichkeit aus seinem Hut zaubert, wie es ihm gerade gefällt.

Es geht aus meiner Sicht also nicht um Fixierung und Isolierung, sondern um Relationierung und Kontextualisierung, nicht um ‚eigentliche‘ oder ‚primäre‘ kausale Instanzen, sondern um die vielfältigen wechselseitigen Zusammenhänge und Auswirkungen. Lave/Wenger haben die einer solchen Herangehensweise zugrunde liegende Arbeitshypothese so zusammengefasst: „This world is socially constituted; objective forms and systems of activity, on the one hand, and agents' subjective and intersubjective understandings of them, on the other, *mutually constitute both the world and its experienced forms.*" (Lave/Wenger 1991, 51; Hervorhebung B. H.)

Eine solche Sichtweise war vielen klassischen Subjekttheoretikern dem Grundsatz nach immer schon geläufig. Der Mensch war auch ihnen bereits als unfertig zur Welt kommendes Lebewesen erkennbar, das einer differenzierten nachgeburtlichen Entwicklung bedarf, um zu einem vollständigen Menschen zu werden. So hätte etwa kein klassischer Bildungsphilosoph je die Wichtigkeit der Erziehung so emphatisch unterstrichen, wäre er davon ausgegangen, dass die postnatale Entwicklung gemäß einer genetisch fixierten Gesetzmäßigkeit quasi automatisch zu einem autonomen Subjekt führt, dass also ein einzelnes menschliches Individuum *von sich aus* in der Lage sein könnte, sich nach seiner physischen Geburt als ein intaktes Ich zu konsolidieren.

Auch wenn sich heute feststellen lässt, dass manche der Annahmen über die mögliche Bandbreite individueller Subjektentwicklung zu eng konzipiert worden waren, so ist doch immerhin auch festzuhalten, dass es bereits ein waches Problembewusstsein gegeben hat. Johann Friedrich Herbart, einer jener klassischen Bildungstheoretiker, demonstriert ein solches etwa, wenn er feststellt:

> „Philosophische Systeme, worin entweder Fatalismus oder transzendentale Freiheit angenommen wird, schließen sich von selbst von der Pädagogik aus. Denn sie können den Begriff der Bildsamkeit, welcher ein Übergehen von der Unbestimmtheit zur Festigkeit anzeigt, nicht ohne Inkonsequenz in sich aufnehmen." (Herbart 1965b, 165)

Auch das Konzept der Interpellation begegnet uns in der ‚klassischen' Pädagogik bereits. Sie betrachtet eine solche *Anrufung als Subjekt* als *das Mittel*, aus einem generell vernunftfähigen einen faktisch vernunftmächtigen Menschen zu machen. Dietrich Benner fasst

> „den scheinbaren Widerspruch der pädagogischen Praxis, den Zu-Erziehenden zu etwas auffordern zu müssen, was er nicht kann, und als jemanden anerkennen zu sollen, der er gar nicht ist, als jene fundamentale Grundparadoxie pädagogischen Denkens und Handelns [zusammen], auf welcher die eigentliche Möglichkeit der pädagogischen Praxis beruht." (Benner 1996, 67)

Knappe zweihundert Jahre davor hatte schon Wilhelm von Humboldt „als einer der ersten um die unbestimmte Bildsamkeit des Menschen gewusst, Bildung weder als Herrschaft des Menschen über die Welt noch als Anpassung des Menschen an vorgegebene Weltinhalte konzipiert, sondern als Wechselwirkung von Mensch und Welt gedacht" (Benner 1995, 33). Ich habe dies weiter oben ja schon ausführlicher dargestellt (siehe 1.3) Aus pädagogischer Sicht ist damit eine relational gedachte Entwicklung des Subjekts schon seit jeher eine geläufige Denkfigur.

4.3 Emotionen und die menschliche Freiheit

Ich habe nun einen ersten Umriss der menschlichen Subjektivität gezeichnet, aber noch weitgehend ausgeklammert, worin der spezifische Antrieb besteht, der die menschlichen Akteure veranlasst zu tun, was sie tun, und was das Wirken dieses Antriebs für die Frage der Subjektivität bedeutet. Eher nebenbei habe ich allerdings schon festgestellt, dass der Mensch durch sein Handeln seine Bedürfnisse befriedige, und diese Idee möchte ich nun differenzierter entfalten. Ich werde dabei zu zeigen versuchen, dass ein plausibler Subjektbegriff nicht ohne angemessenes wissenschaftliches Konzept der menschlichen Bedürfnisse auskommt.

Unsere Bedürfnisse machen sich auf dem Wege unserer Emotionen und den in ihnen begründeten Motivationen geltend. Sie sind die subjektiven Ereignisse, die unsere aktive Zuwendung zur Welt auslösen. Bei ihrer wissenschaftlichen Rekonstruktion stellen sich wichtige und daher vielfach auch heftig diskutierte Fragen, wie etwa: Können so spontane und unberechenbare Ereignisse wie Emotionen für unser menschliches Handeln wirklich entscheidend maßgeblich sein? Nehmen wir uns nicht auf den Status von Tieren zurück, wenn wir unseren Stimmungen und Befindlichkeiten einen so hohen Stellenwert einräumen? Müssen wir nicht vielmehr eine grundlegende Unabhängigkeit unserer Lebensführung von den Emotionen annehmen, wenn wir als *rationale* Wesen gelten wollen? Ist unsere Vernunft nicht eine übergeordnete Kontrolle, die ein allzu dominierendes Wirken unserer Emotionen in Schach hält?

Jede Fähigkeit, die in der Evolution entsteht, dient dem Überleben der Art, die sie ausprägt, und dies muss auch für unsere Emotionen gelten. Auch sie tragen also offenbar dazu bei, unser Überleben zu sichern, und zwar tun sie dies, indem sie uns *subjektiv spürbar* machen, was diesem Überleben zu- oder abträglich ist, und uns damit zu einem entsprechenden spontanen Verhalten veranlassen. Man kann diese Behauptung noch zuspitzen: Wir würden *überhaupt nichts tun*, wenn wir keine Emotionen hätten, denn dann gäbe es nichts, was uns in Bewegung setzen würde. Unsere Emotionen sind quasi die Sprache unserer Notwendigkeiten, durch die sich diese im Hier und Jetzt einer Situation zu Wort melden und uns zu unseren Handlungen *auffordern*. Selbstverständlich beziehen wir in die Steuerung unseres Handelns auch ein, was wir über uns und unsere Handlungssituation *denken*. Doch setzen wir dadurch – wie ich gleich genauer zeigen werde – die Wirkung der Emotionen keineswegs außer Kraft.

Die Emotionen bilden keine isolierten Einzelvorkommnisse, sondern einen integralen Bestandteil unseres Zur-Welt-Seins, dessen Gegenstück die *Kognitionen* darstellen. Beide konkurrieren jedoch nicht gegeneinander, sondern bauen wechselseitig aufeinander auf: Ohne emotionale Betroffenheit gäbe es keine kognitiven Informationen, da wir ohne erstere keinen Antrieb hätten, letztere durch Wahrnehmungsaktivitäten aus der Welt zu gewinnen, und ohne kognitive Information gäbe es keine emotionale Betroffenheit, weil eine solche nur von wahrgenommenen Gegebenheiten ausgelöst werden kann. Emotionen und Kognitionen sind zwar in analytischer Abstraktion aus ihrem Gegebenheitszusammenhang herauslösbar, in der konkreten Wirklichkeit existieren sie aber nur als aufeinander verweisende Teile eines funktional zusammenwirkenden Ganzen (vgl. dazu auch Hackl 2009a).

Um zu zeigen, dass wir ohne Emotionen tatsächlich ohne jeden Antrieb wären, untersucht der französische Philosoph Maurice Merleau-Ponty „welchergestalt ein Gegenstand oder ein Wesen in der Begierde oder der Liebe für uns Existenz gewinnt, um von daher besser zu begreifen, wie überhaupt Gegenstände und Wesen zu existieren vermögen." (1966, 185) Er interpretiert dazu den aus der psychiatrischen Literatur bekannten ‚Fall Schneider'. Schneider ist eine Person, die trotz organischer Unversehrtheit und intakter physiologischer Funktionen *von sich aus* keine sexuellen Regungen produzieren kann:

> „Obszöne Bilder, Gespräche über sexuelle Dinge oder der Anblick eines Körpers erregen in ihm keinerlei Begierden. Er küßt fast gar nicht, ein Kuß bietet ihm keinerlei sexuellen Reiz. … In jedem Augenblick ist es, als wüßte er durchaus nicht, was er tun solle. Keinerlei aktive Bewegungen, außer wenige Augenblicke vor dem – sehr kurzen – Orgasmus." (Merleau-Ponty 1966, 186)

Die ausführliche Beobachtung Schneiders lässt ein inneres Defizit erkennen, das sich als Fehlen einer *affektiven Gerichtetheit* bemerkbar macht. Sein Fall illustriert, dass ohne das Wirken einer emotionalen Instanz kein *aktives In-Beziehung-Setzen* zur je gegebenen Situation zustande kommt. Merleau-Ponty folgert daraus, dass „die vitalen Wurzeln der Wahrnehmung, der Bewegung und der Vorstellung" in einem emotionalen Erleben liegen, welches „der Erfahrung je ihren Grad der Lebendigkeit und Fruchtbarkeit verleiht." (1966, 188f)

Überlegungen dieser Art könnten auf den ersten Blick den Eindruck erwecken, sie liefen auf ein hedonistisches Programm hinaus: Menschen handeln, weil sie Spaß haben wollen, und sie tun, was ihnen diesen Spaß einbringt. Doch dies wäre weit gefehlt. Schon die Alltagswahrnehmung erschließt uns ja viele Formen des Handelns, die einer solchen Definition ganz und gar nicht entsprächen: die Studierende, die wesentlich mehr Bücher liest, als zum Bestehen der Prüfungen notwendig wäre, der freiwillige Helfer, der sich nach der Überschwemmungskatastrophe unbezahlt an den Aufräumarbeiten beteiligt, der Fernsehzuseher, der bei einer Spendenaktion einen anonymen Geldbetrag einzahlt, die Mutter, die sich schützend vor ihr Kind wirft, um sein Leben zu retten, aber auch: Menschen, die begeistert in den Krieg ziehen, die sich mit ihren Flugzeugen auf feindliche Schiffe stürzen oder in die Luft sprengen, um andere mit in den Tod zu reißen. Sie alle wollen offenbar nicht in erster Linie Spaß haben. Wie also kann die Annahme, Menschen würden im Handeln ihre Bedürfnisse befriedigen, auch *ihr* Verhalten sinnvoll verständlich machen?

Klaus Holzkamp hat (unter ausführlicher Bezugnahme auf Merleau-Ponty, v.a. in 1973) die evolutionäre Vorgeschichte der menschlichen Psyche detailreich rekonstruiert und dabei gezeigt, wie mit der Herausbildung tierischer Lebensformen die *psychisch* regulierte Organismus-Umwelt-Beziehung entsteht. Den Emotionen kommt hier die Aufgabe zu, die Tiere auf lebenserhaltende Verhaltensweisen zu orientieren. Da sie ja nicht *denkend* erfassen können, was für sie (resp. für das Überleben ihrer Art) gut ist, werden sie durch ihre emotionalen Erlebnisse veranlasst, das objektiv Notwendige in ‚blinder‘ Weise dranghaft anzustreben.

Nun ist es zweifellos lebenssichernd, wenn Tiere einem solchen ‚subjektiven‘ Steuerungsmechanismus folgend von sich aus fressen, sich paaren und einen warmen Platz aufsuchen, um nicht zu erfrieren. Für das längerfristige Überleben oder das Überleben der Gesellungseinheit kann es jedoch auch notwendig sein, das *augenblickliche* und/oder das *eigene* Wohlergehen zurückzustellen. Ein klassisches Beispiel für ersteres wäre das Verhalten des Raubtieres, das schon zu jagen beginnt, *bevor* es Hunger verspürt, um die Chance zu erhöhen, dass es *dann* ausreichend mit Nahrung versorgt ist. Ein paradigmatisches Beispiel für letzteres wäre das Ausstoßen eines Warnrufes, das dem Rufer ein erhöhtes Risiko einträgt, *selbst* gefressen zu werden, aber zugleich die Überlebenschancen der Gesellungseinheit vergrößert.

Die Evolution hat dieses Problem sehr elegant gelöst: Die Tiere bilden zunehmend eine *doppelte emotionale Antriebsstruktur* aus: Diese sieht *einerseits* Emotionen vor, die auf die Befriedigung unmittelbar-konsumtiver ‚primärer‘ Bedarfszustände drängen (Nahrungsaufnahme, Temperaturregulation, sexuelle Aktivitäten etc.), und *andererseits* solche, die das Verhalten in mittelbar-vorsorgender Weise auf die perspektivische *Sicherstellung* der Befriedigungsmöglichkeiten der ‚primären‘ Bedarfszustände orientieren (neugieriges Erkunden der Umwelt, Lernen und Üben benötigter Verhaltenssequenzen, Jagen, Anlegen von Nahrungsvorräten, Bauen von Behausungen, soziales Kommunizieren und Interagieren, Aufziehen, Schützen und Pflegen von Jungtieren etc.).

Dabei ist von entscheidender Bedeutung, dass die konsumtiven Antriebe unter geeigneten Umständen auch *hinter* die vorsorgenden *zurücktreten* können. Ein evolutionär sehr differenziert entwickeltes Beispiel dafür ist das Jäger-Treiber-Verhalten bei vormenschlichen Primaten. Hier vollzieht der Treiber durch das Wegtreiben des Beutetiers eine Aktion, die für ihn individuell betrachtet eigentlich grober Unfug wäre, da er auf diesem Weg die Beute ja gerade nicht erlegen kann. Der Treiber stellt aber sein individuelles Motiv, das gejagte Beutetier *selbst* zu erwischen, zurück, weil er diese Option emotional geringer bewertet als das Motiv, durch sein Treiben zum *Jagen der Gesamtgruppe* beizutragen. Hier ist der einzelne Organismus also „nicht lediglich durch die Antizipation der primären Bedarfsbefriedigung, sondern bereits durch Antizipation des Erfolgs der eigenen Aktivität als Beitrag zum kollektiven Aktivitätserfolg, zur Aktivitätsausführung ‚motiviert‘" (Holzkamp 1985, 171). Unter *Antizipation* darf man sich an dieser Stelle natürlich kein reflektierendes Denken vorstellen, sondern lediglich ein erinnerungsbedingtes *Bevorzugungsverhalten*, vergleichbar der schon für Tiere typischen Tendenz, angenehmere Aktivitäten bevorzugt zu wiederholen.

Mit dem Beginn der evolutionären Menschwerdung beginnt die Vorsorge nun eine grundsätzlich neue Form anzunehmen: Die subhumanen Gattungen konsumieren nicht mehr einfach, was sie an *Natur* vorfinden, sondern wirken auf diese absichtsvoll verändernd ein und transformieren sie zu *Kultur,* sie beginnen mit der *Produktion* ihrer Lebensbedingungen (siehe 7.1). Die evolutionär sich weiterentwickelnde Emotionalität beginnt daher entsprechend, jene neuen Lebensaktivitäten sicherzustellen, die für die menschliche Lebensführung notwendig sind. Auf *Nachdenken* lässt sich die Aufnahme dieser Aktivitäten nicht zurückführen, denn darüber nachdenken, was er tun muss, um am Leben zu bleiben, kann erst der *fertige Mensch*, der zu Beginn der evolutionären Menschwerdung noch lange nicht existiert.

Das Überleben der subhumanen Hominiden beruht also mindestens *auch* auf ihren emotionalen Fähigkeiten. Diese nehmen jetzt sukzessive die Form einer *spezifisch menschlichen* Variante der ‚doppelten' Bedürfnisdisposition an. In ihr finden sich weiterhin jene unmittelbar-konsumtiven Antriebspotentiale, die sich in den Funktionskreisen der Lebenssicherung (Hunger, Durst, Temperaturregulation etc.) und Fortpflanzung (Paarung) herausgebildet haben. Sie sind auf den *Ausgleich von emotionalen Ungleichgewichten* gerichtet, die durch Veränderungen innerer oder äußerer Zustände hervorgerufen werden. Da sie das unmittelbare Überleben sichern, wurden sie in der Kritischen Psychologie, von der erstmalig ihre systematische Rekonstruktion durchgeführt wurde, als *sinnlich-vitale Bedürfnisse* bezeichnet.

Ihnen gegenüber stehen die weiterentwickelten mittelbar-vorsorgenden Emotionen. Sie mussten gegenüber ihren tierischen Vorläufern ergänzt werden durch subjektive Dispositionen zu jenen Prozessen, die bei den Tieren noch gar nicht angefallen waren, i. B. zu allen Aktivitäten, die für die aktive Beteiligung am *gesellschaftlichen* Lebensprozess benötigt werden. Dazu zählen alle Tätigkeiten, die eine „bewusste Erforschung und Analyse der Realität" und die „Meisterung von Problemen im Zusammenhang mit der Teilhabe an gesellschaftlicher Realitätskontrolle und Verbesserung der allgemeinen Lebensbedingungen" (Osterkamp 1982, 42) bewirken. Namentlich erstere sind naturgemäß für das menschliche Lernen von besonderer Bedeutung.

Genetisch verankerte Bedürfnisgrundlagen dieser Art sichern die unmittelbaren Lebensnotwendigkeiten des Menschen ab. Da dieser seine Lebensgrundlagen nicht mehr bloß *aufsucht* und *konsumiert*, sondern *produziert*, werden die Antriebspotentiale, die ihn dabei emotional unterstützen, hier als *produktive Bedürfnisse* bezeichnet. Sie umfassen charakteristische Formen von sozialen, kommunikativen, entwicklungsorientierten Anstrengungsbereitschaften und Befriedigungsmöglichkeiten. Ihre besondere Bedeutung besteht darin, dass durch sie die zur menschlichen Vorsorge notwendigen Tätigkeiten (etwa das Lernen) selbst als befriedigend erlebt werden können. Der Unterschied und das Zusammenwirken der beiden Bedürfnistypen lässt sich noch einmal von ihrer unterschiedlichen Verlaufsdynamik her beleuchten: Sinnlich-vitale Bedürfnisse treten *zyklisch* auf und werden durch Befriedigung wieder zum Abklingen gebracht, ihre Tendenz ist *homöostatisch*, also auf den Ausgleich von Spannungen orientiert. Sinnlich-vitale Befriedigungen laufen „in sich selbst zurück" und „wiederholen sich auf gleichem Niveau" (Holzkamp-Osterkamp 1982, 39). Hunger entsteht z.B. regelmäßig von selbst und immer wieder in gleicher Form. Wenn man dann ausreichend Nahrung zu sich genommen hat, hört er für einen bestimmten Zeitraum zu wirken auf. Produktive Bedürfnisse wirken demgegenüber tendenziell *kontinuierlich*. Die ihnen zugrunde liegenden Spannungszustände werden durch Befriedigung gerade *nicht* zum Abklingen gebracht. Ihre Ausrichtung ist *expansiv*: Wenn ich etwa ein spannendes Buch lese oder mich an sozialen Aktivitäten beteilige, so tritt dabei grundsätzlich kein Sättigungseffekt ein. Es ist sogar eher das Gegenteil der Fall: Mein Bedürfnis, spannende Bücher zu lesen oder mich gemeinschaftlich einzubringen, können sich immer intensiver ausprägen und ggf. sogar zu einem leitenden Lebensprogramm entfalten, das gerade einmal kurzfristig durch sich vordrängende sinnlich-vitale Bedürfnisse unterbrochen wird.

Die beiden Bedürfnistypen dürfen nun keinesfalls als *angeborene Bedürfnisse* missverstanden werden. Das wäre schon deswegen eine völlig absurde Annahme, weil in der Evolution ja nur solche Bedürfnisse entstehen können, deren *Objekte* während der ganzen Zeit der zu ihnen führenden Mutations-Selektions-Vorgänge schon vorhanden sind. Ein angeborenes Bedürfnis nach Mobiltelefonen würde etwa zwingend voraussetzen, dass solche Mobiltelefone die subhumanen Hominiden schon während des Tier-Mensch-Übergangsfeldes durchgehend begleitet haben. Was in der Evolution aber vor sich gehen konnte, war die Vermenschlichung der *doppelten Strukturlogik* des Bedürfnissystems und die Entwicklung seiner Eigenschaft, sich flexibel auf *jeweils ganz unterschiedliche* konkrete Objekte zu richten. Der russische Psychologe Alexej Leontjew hat dies so ausgedrückt: „Vor seiner ersten Befriedigung ‚kennt' das Bedürfnis seinen Gegenstand nicht, er muß erst noch entdeckt werden." (1987, 181)

Habe ich nun mit der Darstellung der menschlichen Bedürfnislogik die Motive des menschlichen Handelns schon hinreichend erklärt? Entscheidet sich der Mensch nicht auch *rational* aus *Gründen* und bedeutet dies nicht, von angenehmen oder unangenehmen Empfindungen unabhängig zu sein? – Keinesfalls können wir im Denken eine *Entkoppelung* von den Emotionen vollziehen, die wir im Hier und Jetzt einer Situation erfahren. Holzkamp kennzeichnet diese Auffassung dadurch in ihrer fundamentalen Bedeutung, dass er sie als das „einzige materiale Apriori der Individualwissenschaft" (Holzkamp 1985, 350) bezeichnet, demzufolge ich als Mensch mit einer Handlung „zwar im Widerspruch zu meinen objektiven Lebensinteressen" stehen kann, „nicht aber im Widerspruch zu meinen menschlichen Bedürfnissen und Lebensinteressen, wie ich sie als meine Situation erfahre" (ebd.).

So entscheiden wir uns etwa nicht für eine sinnvolle Handlungsweise, indem wir unterschiedliche Handlungsalternativen *erwägen* und dann jene wählen, von der wir annehmen, dass ihre Konsequenzen uns *später einmal* zufrieden stellen werden. Diese rationalistische Erklärung wird oft gegeben und sie erscheint auf den ersten Blick durchaus plausibel. Aber schon wenige empirische Beobachtungen zeigen, dass wir sie anzweifeln müssen: Wie oft wissen wir bereits, dass wir uns mit einer Handlungsweise schaden und hören dennoch nicht auf, sie weiter zu praktizieren.

Vor dem Hintergrund meiner bisherigen Argumentation lässt sich auch tatsächlich eine überzeugendere Antwort geben. Zunächst einmal muss aufrecht bleiben: Wir führen nicht die Handlungsweise aus, von deren Wirkungen wir lediglich in unserem *Denken* voraussehen können, dass wir sie *später einmal* als befriedigender erleben werden, sondern jene, auf die uns unsere *Emotionen,* unser *Erleben hier und jetzt* hinführen. Unser Entscheiden ist ja ein Handeln und dieses Handeln muss im Augenblick seines Stattfindens kontrolliert und gesteuert werden. Angesichts einer auf die Zukunft bezogenen Abwägung sind wir also darauf angewiesen, schon im *gegenwärtigen* Augenblick ausreichend intensiv eine Emotion zu spüren, die uns zu vorsorglichem Entscheiden veranlasst, denn nur dann wird ein solches von uns nicht nur erwogen werden, sondern auch *tatsächlich stattfinden*.

Der Hamster legt seinen Vorrat an Körnern einsichtslos und bloß durch seine Emotionen getrieben an. Was wir dem Hamster voraus haben, ist nicht mehr als die Fähigkeit, unsere eigentlich erst in der Zukunft liegenden Betroffenheiten absichtsvoll in das gegenwärtige Erleben hereinzuholen. Der Hamster sammelt seine Körner, ohne sich seinen möglichen Hunger im Winter vorstellen zu können. Er tut es, weil er aufgrund seiner emotionalen Antriebsstruktur gar keine andere Möglichkeit hat. Wir haben dagegen *vorstellbare Möglichkeiten*, aber auch über sie entscheiden wir geleitet durch unser *augenblickliches Erleben*. Das Planen, das Lernen, das Kommunizieren, das Organisieren, das Fokussieren auf bestimmte Aufgaben und Aufschieben ablenkender Bedürfnisse, letztlich die Gestaltung unseres ganzen privaten, beruflichen und gesellschaftlichen Lebens können wir nur deshalb in nachhaltiger Weise auf uns nehmen, weil sie im Kontext unserer *produktiven Bedürfnisse* selbst zu einer Quelle handlungsleitender Emotionen werden: Es *befriedigt uns in der Gegenwart*, dass wir diese vorsorgenden Aktivitäten durchführen.

An dieser Stelle ist es jedoch wichtig, auf eine grundsätzliche Alternative hinzuweisen: Wir können auch aus *inneren Zwängen* handeln. Selbstverständlich sind wir auch in diesem Falle durch unsere Emotionen gesteuert, allerdings in spezifisch fehlgeleiteter Weise, etwa indem durch irrationale Ängste alternative Möglichkeiten *grundsätzlich* als weniger befriedigende Varianten erlebt werden. Wer sich ununterbrochen die Hände waschen muss, auch wenn er selbst sie gar nicht als schmutzig ansehen kann, erleidet offensichtlich eine mentale Überflutung durch vereinseitigte Motive, die eine Abwägung in seinem eigenen Interesse verunmöglichen. Auch im Falle der weiter oben angesprochenen selbstzerstörerischen Kampfaktivitäten ist dies offensichtlich der Fall. Es müssen aber auch gar nicht derart exotische Phänomene sein: Der in unserer Gesellschaft weit verbreitete ‚Workaholic' oder der Mensch, der unter Esszwang leidet oder Angst davor hat, sich zu verlieben, sie alle haben damit zu kämpfen, dass ihre Fähigkeit, alternative Zustände und Handlungen zu vergegenwärtigen und dadurch ihre emotionale Bewertung zu ermöglichen, aufgrund besonderer biografischer Erlebnisse aus einem zuträglichen Gleichgewicht gekommen ist und zu selbstschädigenden Entscheidungen drängt. Ich habe anlässlich des Themas ‚Lernwiderstände' eine typische Konstellation dieser Art ja bereits ausführlich dargestellt (siehe 3.3).

Damit gelangen wir nun abermals zu einer höchst differenzierten Wahrnehmung der *Freiheit des Menschen*: Den Weg, den uns die Emotionen weisen, können wir einerseits nicht verlassen und dadurch ist unsere Freiheit in spezifischer Weise limitiert. Doch bedeutet dies andererseits eher eine konkrete Verwirklichungsbedingung denn eine materiale Grenze dieser Freiheit. Diese ist eben *genau so groß*, wie es uns gelingt, uns unterschiedliche Handlungsvarianten umfassend, plastisch und präzise *vorzustellen* und seine Effekte schon im Voraus *emotional zu erfahren*. Auf diese Weise können wir zwar nicht anders, als im Hier und Jetzt der Situation im Horizont der von uns aktuell gespürten Bedürfnisse zu werten und zu urteilen, treten aber dennoch durch unsere Fähigkeit der gedanklichen Vorstellung aus diesem Hier und Jetzt hinaus und verbinden unser Werten und Urteilen mit jedem erdenklichen Dort und Einst.

Wenn ich es also etwa vorziehe, die anstrengende und belastende Arbeit auf mich zu nehmen, dieses Buch zu schreiben, obwohl ich eigentlich gerne mehr Freizeit genießen würde, so wäre es unsinnig, dies durch die Denkfigur erklären zu wollen, ich würde dabei aus *rationaler* Erwägung meine *emotionalen* Regungen unterdrücken. Die erwarteten Folgen, die ich mit meiner Schreibarbeit verbinde, sind vielmehr, wenn ich sie mir vergegenwärtige, *hier und jetzt*, da ich vor dem Computer sitze und nachdenke und lese und schreibe, selbst eine Quelle von Emotionen, und zwar von solchen, die mein Freizeit-Bedürfnis überwiegen. Nun kann es sein, dass der Verzicht darauf, in den Garten zu gehen und dort die Blumen zu schneiden, mir eine leicht melancholisch gefärbte Stimmung einträgt und ich mir meine Ratio scherzhaft als eine Art Gegner dieses Bedürfnisses vorstelle. Dies ist jedoch im Ernst nur insoweit zutreffend, als meine Ratio das tut, was allein ihre Aufgabe ist: durch die Vergegenwärtigung der situationalen Gegebenheiten und ihrer Zusammenhänge dafür zu sorgen, dass es zu einer realistischen Entfaltung meiner vielfältigen und ganz unterschiedlichen Emotionen kommt. Keinesfalls kann es zu irgend einem

Zeitpunkt ihre Aufgabe sein, *gegen* eine von ihnen anzukämpfen. Rational bedeutet nicht das Gegenteil von emotional, sondern schließt es ein. Rationales Verhalten beruht auf einer intakten Interaktion zwischen kognitiver Orientierung und emotionaler Bewertung.

Ein traditionelles Kriterium für die Unterscheidung von Ursachen und Gründen ist die unterschiedliche Verknüpfung zwischen Aktivität und Folge: *Wenn Bedingung b gegeben ist, dann tritt Aktivität a ein,* lautet traditionellerweise die Formel für die *Ursache* und beschreibt damit eine ‚gesetzmäßig‘ eintretende Folge. *Aktivität a wird ausgeführt, um Effekt b zu bewirken,* lautet jene des *Grundes* und sie beschreibt eine ‚bewusst‘ herbeigeführte Folge. Keine der beiden Formeln lässt sich nun mit der voranstehenden Darstellung völlig in Einklang bringen. Eingedenk der ‚doppelten‘ Motivationslogik müssen vielmehr beide Prinzipien verknüpft werden: *Um Aktivität a zu prüfen, vergegenwärtigen wir uns den erwartbar bewirkten Effekt b* (‚bewusste‘ Entscheidung); *wenn* die Vergegenwärtigung dann zu einer (entsprechend positiv) *erlebten emotionalen Situation b führt, dann tritt Aktivität a ein* (‚gesetzmäßige‘ Folge).

Damit ist nicht bloß eine Trivialität in einer etwas komplizierteren Formulierung ausgedrückt, sondern eine plausible Alternative zur cartesianischen Idee des *unabhängigen* Subjekts auf den Punkt gebracht. Sie besteht in einer spezifischen Verschränkung von Festgelegtheit und Freiheit, in der Subjektivität sich in einem *interaktiven Prozess* zwischen unterschiedlichen natürlichen und kulturellen Voraussetzungen entfaltet, die ihn beeinflussen, aber dennoch nicht mechanisch festlegen. Auf diese Weise ist eine *fundmentale Abhängigkeit* des Subjekts identifiziert, die jedoch so geartet ist, dass sie *zugleich Freiheit ermöglicht.*

Das Verhältnis der emotionalen und kognitiven Grundlagen des menschlichen Verhaltens oder einfacher: von Bedürfnissen und Denkfähigkeit, das ich hier skizziert habe, verdankt ihre Grundidee der Analyse Holzkamps, wie ich sie bisher schon an mehreren Stellen referiert habe. Dessen ungeachtet bleibt er selbst in seinen Schlussfolgerungen weniger eindeutig. So befindet er etwa, es habe das „Umakzentuieren, Aufschieben, Vernachlässigen von Bedürfnissen … seine mehr oder weniger engen Grenzen" (1985, 244). Das Individuum müsse nämlich „nicht unmittelbar seine Bedürfnisse, so, wie sie hervortreten, durch individuelle Aktivitäten bzw. in kooperativen Aktivitätszusammenhängen befriedigen", es habe vielmehr

> „aufgrund der ihm gegebenen gesellschaftlichen Handlungsmöglichkeiten auch die Möglichkeit, seine jeweils gegebene Bedürftigkeit zunächst als solche, ohne Handlungsumsetzung durch Bedeutungsaktualisierung ‚zur Kenntnis zu nehmen‘, und aus dieser ‚gnostischen‘ Beziehung heraus sich zu seinen Bedürfnissen zu ‚verhalten‘, d.h. ihre Befriedigung gemäß den gesellschaftlichen Handlungsmöglichkeiten zu planen, umzustrukturieren, aufzuschieben, ja sogar seine aktuellen Bedürfnisse um allgemeiner, langfristiger Ziele willen ‚bewußt‘ zu vernachlässigen." (Holzkamp 1985, 244; Hervorhebung(en) des Originals entfernt)

Mit solchen Formulierungen scheint mir gerade wieder verunklärt, was auf Grundlage der von Holzkamp selbst entwickelten Annahmen wesentlich präziser explizierbar wäre. Die Entscheidung, eigene Bedürfnisse bloß ‚zur Kenntnis zu nehmen‘, anstatt ihnen zu folgen, müsste ja wiederum als ein Handeln rekonstruiert, also auf Motive zurückgeführt werden können. Wer das ‚materiale Apriori‘ als solches ernst nimmt, kann aber nicht annehmen, dass die Wirkung der Emotionen nun durch einen *von Emotionen freien* Willensakt wieder außer Kraft gesetzt werden kann. Durch einen solchen Kompromiss mit rationalistischen Auffassungen wäre m.E. genau jener Erklärungsgewinn wieder verspielt, der durch die aufwändige Kategorialanalyse der menschlichen Bedürfnisstruktur gewonnen wurde.

Natürlich kann man die Befriedigung von Bedürfnissen aussetzen, die Pointe der von Holzkamp entwickelten Sicht müsste hier aber darin bestehen, dass dies ausschließlich dadurch möglich wird, dass sie von *mit ihnen konkurrierenden Bedürfnissen* emotional in die Schranken gewiesen werden. Das Denken kann dazu lediglich die Voraussetzungen schaffen, es nicht schon selbst besorgen. *Subjektive Handlungsgründe* zu entwickeln, kann auf der Basis des ‚materialen Apriori‘ nur heißen: Die möglichen Handlungsalternativen und ihre erwartbaren Effekte zu vergegenwärtigen, ohne sich dabei von den sich einstellenden emotionalen Wertungen abzukoppeln.

Sind wir nun in der Lage, die eingangs angeführten Beispiele *altruistischen* Verhaltens sinnvoll zu erklären? Im Grunde liegen die Bestandteile der Erklärung jetzt bereit: Wer seine Anstrengung verausgabt oder gar seine Gesundheit oder sein Leben riskiert, um anderen zu helfen oder gesellschaftlich benötigte Leistungen zu erbringen, tut dies, weil seine denkende Vergegenwärtigung der gegebenen Handlungsalternativen *hier und jetzt* eine höhere emotionale Valenz für das altruistische Handeln ergibt. Anders ausgedrückt: Er zieht aktuelle Befriedigung aus dem Handeln im Interesse anderer. Dies ist auch beim emotional programmierten tierischen ‚Warnruf‘ nicht anders, doch schützt dieser die durch ihn gewarnte Gesellungseinheit lediglich *objektiv*, ohne dass der Rufer dies subjektiv erkennen könnte. Beim menschlichen Altruismus kann das Interesse des Anderen dagegen zum *ausdrücklich reflektierten* Gegenstand des subjektiven Bedürfnisses nach gemeinsamer Lebensbewältigung im interaktiven und gesellschaftlichen Raum werden. Die Bedürfnisse anderer lassen sich dann quasi *als eigene* erfahren. Aus der Möglichkeit dieser Disposition speisen sich alte Redewendungen, wie etwa: *Geben ist seliger denn nehmen* und unter dem Titel der *Liebe* erlangt sie in der menschlichen Kultur ihre tiefste Ausprägung.

Wie verträgt sich eine solche Orientierung mit der weiter oben als grundlegend angenommenen allgemeinen Funktion produktiver Bedürfnisse, *für sinnlich-vitale Befriedigungsmöglichkeiten vorzusorgen*? Produktive Bedürfnisse sind ja keine verselbständigten Selbstaufopferungsgelüste, sondern haben ihren evolutionären

Entstehungsgrund in ihrer zeitlich voraus-sorgenden Absicherungsfunktion. Diese ist nun tatsächlich auch hier gegeben: Altruistisches Handeln gründet stets in der Vorstellung einer dem Akteur und dem Adressaten *gemeinsamen* Betroffenheit von Problemen und der Perspektive, diese Probleme *gemeinsam besser lösen zu können*, als dies im Alleingang möglich wäre. Aus diesem Grund verspricht oder bietet dann ein Handlungsbeitrag zum Gemeinwohl zugleich eine Hebung der Lebensqualität *jedes einzelnen* der Vergemeinschafteten, die im Alleingang nicht erreichbar ist: Es *gewinnt* auch, wer *gibt,* denn er ist damit Teil eines wechselseitig ausgleichenden, unterstützenden und solidarischen Zusammenhangs, der nicht nur *individuell* auch ihm zugute kommt oder kommen könnte, sondern der etwas zustande bringen kann, was durch individuelle Anstrengung alleine gar nicht erst erreicht werden könnte. Die altruistische Handlung ist also quasi eine Vorleistung auf das Projekt einer *gemeinsamen Verbesserung höherer Qualität*, die auch dem Vorleister zugute kommt.

Eine Spende zu geben impliziert dann etwa, an einer Menschlichkeit zu partizipieren, in der die Anerkenntnis gegenseitiger Unterstützungsnotwendigkeit nicht nur auch zu einer Hilfeleistung für den Spender führen würde, wenn er es ebenso dringend nötig hätte. Sie würde vielmehr die Aussicht auf eine generell solidarische und daher angst- und sorgenfreie Lebensführung eröffnen. Liebe hat analog nicht einfach eine entsprechende Gegenliebe im Auge, sondern eröffnet einen Zustand, in der die freie Entwicklung und Bedürfniserfüllung der Beteiligten zu einer Quelle des Glücks des oder der jeweils anderen wird, die ohne den oder die jeweils anderen überhaupt nicht zu realisieren wäre. Damit ist die altruistische Leistung eben keine ‚Einzahlung‘, wie eine Versicherungsprämie, die man kalkulierend auf sich nimmt, um ggf. Anspruch auf den Ersatz anfallender Kosten zu haben, sondern eine eigenständige Befriedigungsquelle, deren emotionaler Bezugspunkt im Erleben einer überindividuellen Absicherung und Aufgehobenheit selbst liegt und nicht in der Kompensation einer erbrachten Leistung.

Darüber herrscht nicht in allen sozialwissenschaftlichen Konzepten völlige Einigkeit. Pierre Bourdieu, den ich hier unbedingt erwähnen möchte, weil ich von ihm ja im Zuge meiner Darstellung auch viele äußerst wertvolle Anregungen und Denkfiguren beziehe, gründet seine Vorstellung vom menschlichen Handeln auf ein eher undialektisch egozentrisches Bedürfniskonzept, das bei ihm terminologisch unter dem Begriff der ‚Interessen‘ abgehandelt wird. Als ‚eigenes Interesse‘ betrachtet Bourdieu, was den ganz persönlich-partikularen Bedürfnissen der Akteure entspricht. Nun trifft er im Zuge seiner umfangreichen empirischen Feldstudien auch auf Handlungsentwürfe, die sich an einem *allgemeinen Interesse* orientieren, so etwa in der Form eines gegen ökonomische Verwertung gerichteten Kunstideals (vgl. etwa 2014), eines an Gemeinwohlinteressen orientierten Verwaltungsideals (vgl. etwa 1998, 39f) oder eines auf spirituelle Motive konzentrierten religiösen Ideals (vgl. etwa 1998, 186ff).

In Ermangelung einer angemessenen Bestimmung der menschlichen Bedürfnisse versteht er das allgemeine Interesse nun jedoch bloß als *allgemeines Vorliegen* von *Einzelinteressen,* nicht aber als ein davon qualitativ unterscheidbares eigenständiges Interesse der Einzelnen *an Allgemeinorientierungen,* wie ich es soeben in seinen Grundzügen skizziert habe. Aus diesem Grunde verdächtigt Bourdieu alle sich gegen Egoismus, Verwertung und Verzweckung artikulierenden Ideen, dass sie in Wahrheit lediglich *verdeckte Utilitarismen* seien. Diese Sichtweise findet dann ihren theoretischen Ausdruck etwa darin, dass er im Grunde nur ein handlungsleitendes Motiv anerkennt: die Mehrung und Sicherung von – wie er es formuliert – ökonomischem, sozialem und kulturellem *Kapital* (vgl. etwa 2005). Dies verstellt ihm m.E. die Möglichkeit, die aufklärerischen Ressourcen der von ihm aufgefundenen Entwürfe (ganz besonders etwa auch der klassischen Bildungstheorie) aufzugreifen und für seine eigenen aufklärerischen Anliegen zu nützen (vgl. dazu ausführlicher Hackl 2017).

Das dargestellte Bedürfniskonzept tangiert auch die Idee der Möglichkeit *moralischen* Handelns. Ein solches besteht der hier entwickelten Sicht zufolge in keiner prohibitiven Selbstdisziplinierung, sondern darin, dass wir bloß keinem *beliebig-unmittelbaren* emotionalen Impuls folgen, sondern uns – wissend, dass dies unseren insgesamten Bedürfnissen besser entspricht – *zunächst* Umstände vergegenwärtigen, die den Aspekt der *gemeinsamen Betroffenheit* in den Vordergrund rücken und diese Vorstellung wieder im Hier und Jetzt *emotional bewerten.* Was sich dabei einstellt, kann vom einfachen spontanen Mitgefühl bis zum komplexen und rational durchgearbeiteten Konzept einer gemeinsam geteilten für alle Menschen gleichermaßen befriedigend gestalteten Welt reichen. Moral ist so die explizite Berücksichtigung der uns universell gegebenen gemeinsamen Bedürftigkeit als Mitglieder der Gattung, der Gesellschaft, einer Gruppierung oder einer Beziehung. Tatsächliches moralisches Handeln kann dann wieder von jenen produktiven Bedürfnissen reguliert werden, die unserem Handeln eine entsprechend *allgemeine* emotionale Orientierung verleihen.

5 Der Sinn des Leibes

Unser Körper bildet die erste Bedingung unseres Lernens. Er ist der Ort, an dem das, was wir tun und erfahren, eine materielle Spur hinterlässt, die wir zu einem späteren Zeitpunkt in Form einer Erinnerung wieder aktivieren können.

5.1 *Die Situiertheit unserer Lebensvollzüge im Körper* – Unser Körper bildet jene Gegebenheit, durch die unser gesamtes Sein und Tun materiell existiert. Als subjektiver Ausgangspunkt unserer Aktivitäten *in der Welt* und *auf sie zu* wird der Körper auch als *Leib* bezeichnet. Dies ermöglicht eine terminologische Unterscheidung, der zufolge wir als Menschen einen Körper *haben* (auf den wir wie auf ein Ding schauen und einwirken können) und unser Leib *sind* (durch den wir uns als lebendiges Selbst spüren). Die Kommunikation, die wir durch unseren körperlichen *Ausdruck* vollziehen, ereignet sich zu einem erheblichen Teil ohne unsere willentliche Kontrolle. Sie beruht auf jenen Vorgängen, die wir als unser subjektives Befinden spüren. Darüber hinaus produzieren wir auch körperliche *Zeichen*, die zusätzlich in den Ausdruck unseres Körpers einfließen.

5.2 *Das leibliche Moment des Lernens: Inkorporieren* – Jedes Lernen impliziert das *Behalten* der Praktiken unseres Handelns, die wir im probierenden Umgang mit der Welt entwickeln. Dabei erfahren wir unsere Aktivitäten und deren Effekte nicht als isolierte Ereignisse, sondern verflochten mit dem *Kontext*, auf den sie bezogen sind: Wir erleben sie eingebettet in ihre ‚äußeren' *situationalen Bedingungen* und in die ‚inneren' Zustände und Ereignisse unserer *subjektiven Befindlichkeit*, die sie begleiten. Diese Erfahrung hinterlässt in unserem Körper *Spuren*, die zu einem späteren Zeitpunkt wieder aktiviert und zum Wiedervergegenwärtigen der erfahrenen Handlungssituation und ihrer einzelnen Bestandteile führen können. Die Handlungsausführung hinterlässt umso ausgeprägtere Spuren, je häufiger die Erfahrungen sich strukturanalog wiederholen.

5.3 *Erinnern: Das Wiederaufsuchen des Kontexts* – Erinnern lässt sich durch keine Willensanstrengung herbeiführen, die sich auf ein *kontextloses Vergegenwärtigen* einer *isolierten Bedeutung* richtet. Es kann nur im Rahmen mentaler und/oder motorischer Aktivitäten vollzogen werden, die mit der gesuchten Bedeutung in einem lerngeschichtlichen Zusammenhang stehen. Dabei widerfährt uns das Erinnern wie von selbst. Es ereignet sich durch den wiederholenden Nachvollzug jener Spuren, die durch das lernende Probieren im Kontext seiner sozialen, instrumentellen und zeichenförmigen Umgebung inkorporiert wurden. Einem intentionalen Behalten stehen damit zwei miteinander verschränkte Strategien offen: die ‚innere'

Vertiefung und Vernetzung der körperlichen Spuren durch Wiederholung und Abwandlung im *Üben* und ihre ‚äußere' Verankerung in der *sozialen, instrumentellen und zeichenförmigen Umgebung.*

5.1 Die Situiertheit unserer Lebensvollzüge im Körper

Der Begriff der *Situiertheit* wird v.a. in der Phänomenologie und ihr verwandten Forschungsrichtungen verwendet, um die Beziehung unseres Handelns zu seinen Bedingungen zu bezeichnen. Diese bilden dann die *Situation,* in der jenes stattfindet. Was hier mit Situation gemeint ist, darf man sich dabei nicht nach dem Modell einer bloß umgebenden Kulisse vorstellen, unser konkretes tätiges Dasein ist in die jeweilige Situation vielmehr organisch eingelassen, mit ihr in vielfacher Weise vernetzt, verwickelt und verstrickt, von ihr abhängig und eingeschränkt, gleichzeitig aber durch sie auch erst überhaupt ermöglicht und mit Ressourcen versorgt. Der Begriff der Situiertheit drückt also präzise jene *interaktiven Zusammenhänge* und *wechselseitigen Abhängigkeiten* zwischen der jeweils subjektiven und objektiven Sphäre aus, wie ich sie schon mehrfach diskutiert habe: etwa als Einbettung des fokussierenden Denkens in die *körperlichen, sozialen, dinglichen* und *zeichenhaften Materialisierungen* zurückliegender motorischer und mentaler Erfahrungen, oder zuletzt als *responsive Beziehung* der Subjektivität der Akteure zur Objektivität der Welt, in der sie sich bewegen.

Wenn ich nun beginnend mit diesem Kapitel daran gehe, diese einzelnen Aspekte der Situiertheit des menschlichen Handelns und Lernens genauer auszuleuchten, so liegt es nahe, dabei mit dem Körper zu beginnen, denn von diesem lässt sich sagen, dass er uns von allen im Detail zu reflektierenden Aspekten ‚am nächsten steht': Wo, wann und wie wir uns auch immer befinden, wir sind uns und allen anderen zu allererst einmal als ein körperlich vorhandenes Wesen ‚aus Fleisch und Blut' gegeben, das Gewicht hat, Raum benötigt und gesehen, gehört, gerochen und getastet werden kann. Wir ermüden, wir werden hungrig, wir benötigen Luft und Bewegung, und unser Gehirn, von vielen Menschen als Inbegriff unseres Lebens und Erlebens sowie der strategischen Planung und Kontrolle unseres Handelns angesehen, ist nichts anderes als ein spezialisiertes körperliches Organ.

Einen illustrativen Hinweis auf die fundamentale Bedeutung des Körpers für unser Dasein geben schon die zahllosen metaphorischen Ausdrücke, die die unterschiedlichsten Erscheinungen unseres Lebens in körperlichen Bezugnahmen und Vorgängen ausdrücken: Das neue Hemd *sitzt* perfekt, die Kaffeemaschine *geht* wieder, die Tatsachen *sprechen* dagegen. Wir *stehen* auf unserem *Stand*punkt, *kleiden* unsere Anteilnahme in Worte, *tappen* völlig im Dunkeln, fühlen uns *bedrückt* oder *berührt,* haben eine Idee *geboren* und könnten die ganze Welt *umarmen.* Es kommt uns die *Galle* hoch, wir fassen etwas ins *Auge,* es geht uns nicht aus dem *Kopf,* liegt uns auf der *Zunge* oder bricht uns das *Herz,* wir werden jemandem *Beine* machen, betreiben *Haar*spalterei und fassen *Fuß* in unserem neuen Beruf etc. (vgl. dazu auch Lakoff/ Johnson 2011).

Es ist offensichtlich: Nichts geht ohne unseren Körper. Er ist grundlegend für unser Sein, für unseren praktischen Lebensvollzug, für unser Tun und Können, unser Wissen und Denken und damit natürlich: für unser Lernen: Wir machen Erfahrungen und diese verändern unseren Körper, prägen ihm Spuren ein; wir verkörpern sie und können sie in späterem Handeln wieder aktivieren. Der Körper lässt uns als materielle Wirklichkeit existieren, er ist der Ausgangspunkt unserer Bezugnahme auf die Welt und uns selbst, damit quasi der *Nullpunkt unserer subjektiven Orientierung.*

Dieser Nullpunkt ist zunächst einmal räumlich definiert: „Auf meinen Leib angewandt, bezeichnet das Wort ‚hier' nicht eine im Verhältnis zu anderen Positionen oder zu äußeren Koordinaten bestimmte Ortslage, sondern vielmehr die Festlegung der ersten Koordinaten überhaupt, die Verankerung des aktiven Leibes, die Situation des Körpers seinen Aufgaben gegenüber." (Merleau-Ponty 1966, 125f) Dieser Leib ist für uns der „absolute Ort", in dem Sinne, dass „er unabhängig von räumlicher Orientierung bestimmt oder identifizierbar ist." (Schmitz 2005a, 6)

Ich habe hier, bzw. es haben die von mir zitierten Autoren, zur Bezeichnung unseres materialen Gegebenseins nicht nur das Wort *Körper,* sondern auch das umgangssprachlich eher ungebräuchliche Wort *Leib* verwendet. Wir kennen es von älteren Redewendungen, denen zufolge es manchmal ‚um Leib und Leben' geht oder wir, wenn wir etwas mit Motivation und Engagement angehen, dies ‚mit Leib und Seele' tun. Der Ausdruck *Leib* wurde als philosophischer und sozialwissenschaftlicher Terminus vor allem durch die Phänomenologie propagiert. Er soll uns den Umstand vergegenwärtigen, dass wir nicht bloß eine *physiologische* Funktionseinheit darstellen, die etwa aus Muskeln, Knochen, Haut und anderem Lebendmaterial besteht und eine ganze Reihe physikalischer und chemischer Prozesse beherbergt, sondern *intentionale* im bereits unter verschiedenen Gesichtspunkten charakterisierten Sinne, also *fühlende, denkende, erlebende, handelnde,* kurz: *sinnorientierte* Lebewesen, deren Fühlen, Denken, Erleben und Handeln sich zwar am Ort dieser physiologischen Funktionseinheit ereignet, nicht aber auf diese reduziert werden kann.

Damit ist keine Aussage über eine spirituelle Dimension des Menschen – etwa eine unsterbliche Seele, die den Körper bewohnt – getroffen. Es soll vielmehr ausgedrückt sein, dass die *biologische* Dimension der Bestandsereignisse unseres Körpers mit der von ihr hervorgebrachten *subjektiven* Dimension, also den Gefühlen, Vorstellungen, Gedanken u.ä. nicht identisch ist. Diese folgt einer anderen Logik als jene und ihr Vorhandensein wird auf andere Weise festgestellt: Die biologischen Ereignisse sind physischer Natur und können in *beobachtender* Einstellung erfasst werden. Die subjektiven Erlebnisse sind dagegen von einem ‚Außenstandort' aus nicht einsehbar, sondern primär unserer *Selbsterfahrung* zugänglich. Wie ich später zeigen werde, können jedoch auch subjektive Erlebnisse einen Übertragungsweg von Person zu Person – man könnte nun also auch sagen: von Leib zu Leib – finden.

Der skizzierten Sprechweise zufolge ist unser *Körper* das, was wir von uns wahrnehmen können, wenn wir uns *von außen* betrachten. Ein solcher Zugang zu uns selbst oder zu einem Theoriegegenstand wird in den Kultur- und Sozialwissenschaften häufig der grammatischen Figur einer *dritten Person* zugeordnet. Diese terminologische Konvention kennzeichnet dann jene beobachtende Einstellung, die ein objektives Geschehen registriert. Im Gegensatz dazu können wir auch eine *verstehende* Einstellung einnehmen, die analog zu jener einem Standpunkt *erster Person* zugeschrieben wird und sich auf unsere subjektive Erfahrung bezieht. Die Unterscheidung beruht auf jenen sprachlichen Formen, die die Beziehung etwa zwischen einem *Sprecher* und dem *Referenzobjekt seines Sprechens* jeweils unterschiedlich zum Ausdruck bringen: In dritter Person beziehen wir uns auf einen Jemand, der wir nicht selbst sind, mit dem wir (gerade) nicht kommunizieren und dessen Verhalten uns lediglich als ‚objektives Faktum' zugänglich ist. Dagegen sprechen wir in *erster* Person von einem Jemand, der wir selbst sind oder in den wir uns mitfühlend oder vorstellend hineinversetzen und dessen Betroffensein wir uns in seiner ‚subjektiven Qualität' vergegenwärtigen. Es sind diese zwei logisch möglichen Zugänge, die – wie bereits dargestellt – René Descartes zu einem Konzept zweier substanzieller Universen ausgebaut hat und auch wenn *diese* Sichtweise heute als Ausgangspunkt unzulässiger Verabsolutierungen zumeist sehr kritisch kommentiert wird (wenngleich nicht immer; vgl. nur etwa Eccles 2000), so bleibt es doch das Verdienst Descartes', die kategoriale Unterschiedlichkeit der beiden Zugänge erkannt und ausgearbeitet zu haben.

Einen Standpunkt erster oder dritter Person kann man nicht nur im wissenschaftlichen, sondern auch im lebenspraktischen Kontext einnehmen: Wenn ich etwa finde, dass ich zu dick oder zu dünn, zu groß oder zu klein, zu glatzköpfig oder zu behaart bin, so hadere ich mit meinem *Körper*. Ich nehme mich dann in der Einstellung dritter Person als ‚*der da*' oder ‚*die da*' wahr, als ein physisches „Körperding" (Waldenfels 2000, 22) und messe meine Erscheinungsform an einem externen Maßstab (etwa für gebotene Fülle, Größe oder Behaartheit). Wenn ich mich dagegen wohlig strecke, schallend lache oder zornig, verliebt oder gelangweilt dreinschaue, so ist es mein *Leib*, dessen Befindlichkeit sich in diesen Zuständen und Bewegungen ausdrückt. Dieser Leib *bin* ich dann und im Spüren seiner Befindlichkeit nehme *ich mich als Ich selbst* wahr, ich *fühle* mich und nehme mir selbst gegenüber die Perspektive erster Person ein.

Eine grobe (und nicht in jedem Fall ausreichende; vgl. Schmitz 2005a, 5) Unterscheidung ermöglicht die Überlegung, dass alles an uns, das wir durch unsere *Sinne* wahrnehmen können, dem Körper zuzurechnen ist und alles an uns, das wir *unmittelbar* spüren, fühlen, empfinden, dem Leib. Diese Überlegung bezieht ihre

Plausibilität daher, dass unsere Sinne ja unsere Außenorientierung besorgen und – besonders die Distanzsinne – daher geeignet sind, Gegebenheiten als ‚Objekte‘ zu identifizieren, während wir durch unser unmittelbares Spüren der Tatsache und der Zustände unseres eigenen Seins gewahr oder, wie man auch sagen kann, ‚inne‘ werden. Ganz holzschnittartig lässt sich diese Sichtweise auch so formulieren: Wir *haben* einen Körper und *sind* unser Leib.

Im Sinne der Vermeidung dualistischer Isolierungen wird davon abweichend von einigen phänomenologischen Autoren die Kategorie des Leibes auch so angelegt, dass sie die Differenz zwischen den beiden Perspektiven eher übergreift, anstatt sie zu schärfen. So versuchen etwa Merleau-Ponty und (an ihn anknüpfend) Waldenfels mit dem Leib-Begriff das Subjektive und das Objektive in unserem Denken in gewisser Weise wieder zusammenzuführen. Dies bedeutet allerdings nicht, die grundsätzliche Differenz auszulöschen, sondern vielmehr die wechselseitige Bedingtheit des einen durch das jeweils andere hervorzuheben. Im Begriff des Leibes wird dann stärker die *Verflochtenheit* von Geist und Körper, Subjekt und Objekt, Selbst und Nicht-Selbst, hervorgehoben: Erst durch einen analytischen Denkakt lässt sich der Leib in die zwei Teile ‚erkennendes Ich als Subjekt‘ und ‚erkannter Körper als Objekt‘ aufspalten, der Leib ist de facto aber immer beides zugleich: Wenn ich mich etwa selbst berühre, bin ich Berührender und Berührter, also weder *nur* Subjekt noch *nur* Objekt.

Auf den ersten Blick erscheint der Körper geradezu als Musterbeispiel einer natürlichen Gegebenheit: unveränderlich biologisch gegeben, gegenüber verändernden Einflussversuchen resistent. So gesehen läge es nahe, im Körper so etwas wie bloße *Natur*, also gleichsam die ‚hardware‘ unseres Seins zu lokalisieren und ihn in dieser Hinsicht in einen grundsätzlichen Gegensatz zur ‚software‘ der *Kultur* zu stellen, wie er sie in seinen weniger beständigen Gefühlen, Gedanken und Handlungen beherbergt, doch wäre diese Folgerung, wie ich zeigen werde, vorschnell: Unser Körper ist durch und durch mit Kultur aufgeladen. Dies ist nach meiner bisherigen Darstellung zumindest schon insoweit klar, als ich ja von ‚Spuren‘, ‚Eindrücken‘ und ‚Materialisierungen‘ gesprochen habe, die durch unser Denken und Handeln im Körper hinterlassen werden. Die wiederkehrenden Vorgänge und Zustände unseres Lebens schlagen sich dabei in der gesamten, auch der äußerlich sichtbaren Gestalt unseres Körpers nieder.

Alles was an unserem Körper tatsächlich *unveränderlich* ist, kann *nicht* durch kulturellen Einfluss differenziert oder gar hervorgerufen worden sein. So lässt sich etwa eine körperliche Grundstruktur bestimmen, die von ihren basalen Funktionen her durch kulturelle Einflüsse nicht grundlegend verändert werden kann und die etwa ein Verdauungssystem, ein Regulationssystem für den Flüssigkeits- und Temperaturhaushalt, ein sexuelles System der Fortpflanzung und eine Regeneration der Körperfunktionen durch Ruhigstellung vorsieht, um nur einmal auf ein paar sehr offensichtliche Beispiele hinzuweisen. Dass wir also manchmal hungrig und durstig sind, bei Kälte frieren und bei Hitze schwitzen, sexuelle Bedürfnisse haben und, wenn das erst einmal alles geregelt ist, auch noch ab und zu müde werden und schlafen wollen, kann kein kulturelles Umfeld dieser Welt außer Kraft setzen.

Davon ausnehmen müssten wir lediglich solche Veränderungen, von denen wir annehmen können, dass sie *zunächst* durch *kulturelle Einwirkungen* verursacht wurden und *dann* über einen historisch sehr langen Zeitraum ihrerseits zu *evolutionären Veränderungen* des Körpers geführt haben. So hat etwa der österreichische Sexualforscher Ernest Borneman behauptet, Ergebnisse der Vor- und Frühgeschichtsforschung würden den Schluss erlauben, dass die Unterschiede des *geschlechtsspezifischen Körperbaus* von Männern und Frauen durch die Existenz patriarchaler Gesellschaftsordnungen seit dem Neolithikum größer geworden sind, als sie es ursprünglich waren (Borneman 1979, 523). Eine solche Wirkung wäre schon deswegen durchaus denkbar, da ja – wie gezeigt (siehe 4.3) – in der langen Evolutionsphase des Tier-Mensch-Übergangsfeldes generell *kulturelle Leistungen* der jeweiligen subhumanen Spezies zu *evolutionären Vorteilen* werden und damit in die genetischen Grundlagen, in die Natur des Menschen eingehen.

Eindeutig ist jedenfalls, dass *die Art und Weise, wie* wir unsere körperlichen Grundfunktionen ausüben, kulturell stark beeinflusst wird. Sie sind nämlich in hohem Maße flexibel, eignen sich also gut für entsprechende Variationen. Zwar realisieren sich basale Gefühlszustände wie etwa Glück, Lust, Müdigkeit, Angst, Wut oder Schmerz in körperlichen Vorgängen (Hormonausschüttungen, Muskelkontraktionen etc.), die in *jedem* menschlichen Wesen aufgrund der ihnen zugrunde liegenden physiologischen Vorgänge strukturanalog ablaufen und daher auch einen strukturanalogen Körperausdruck hervorrufen. Dessen ungeachtet werden aber in *jeder* Kultur Regeln etabliert, die das spontane Erleben dieser körperlichen Vorgänge in bestimmte Bahnen lenken. Daher wird sich der letztendliche Ausdruck von Glück, Lust, Müdigkeit etc. kulturspezifisch unterscheiden, wenngleich nur graduell und in jenem Rahmen, der durch die grundsätzliche Unaufhebbarkeit ihrer physiologischen Struktur und Funktionalität gesteckt ist. So ließe sich keinesfalls der Ausdruck der Freude in einen des Schmerzes oder jener der Verliebtheit in einen des Hasses umdeuten. Die Grundmuster solcher Regungen können damit als universell angesehen werden, als kulturabhängig alle graduellen Modifikationen und alle Rahmungen und Zuschreibungen, durch die sie begründet werden.

Beispielsweise habe ich erwähnt, *dass* wir bei Kälte frieren. Bei *welcher* Kälte wir allerdings zu frieren beginnen, ist durchaus von unserem kulturell vermittelten Zugang bestimmt. So haben etwa außereuropäische Kulturen Techniken der „Leibbemeisterung" – wie Hermann Schmitz es nennt, (vgl. 2005a, 178ff) – entwickelt, die es möglich machen, außerordentlich tiefe Temperaturen unbeschadet zu überstehen. Tibetische Yogis beherrschen die Fähigkeit, durch ein komplexes System von Autosuggestion einen inneren Temperaturausgleich zu produzieren, der es ihnen erlaubt, bei Temperaturen unter null Grad stundenlang unbekleidet bewegungslos im Freien zu sitzen, ohne Anzeichen von Frieren oder gar Erfrierungen zu zeigen. In wissenschaftlich kontrollierten Experimenten zeigten sie die Fähigkeit „to increase the temperature of their fingers and toes by as much as 8.3° C." (Benson et al. 1982, 295). Dessen ungeachtet empfindet natürlich auch jeder Yogi zunächst Kälte als Kälte und Hitze als Hitze und er friert nicht etwa umgekehrt bei Hitze oder schwitzt bei Kälte. Aber er kann sich zu den empirischen Erscheinungsformen dieser Grundfunktion in gestaltender Weise verhalten und sie damit graduell verändern. Die Temperatur-Regulations-Bedürftigkeit teilt er mit allen Menschen, sie ist strukturell bei jedem Menschen in der biologischen Ausstattung verankert, doch in ihren quantitativen Parametern ist sie modifizierbar.

Unser Körper ist also Natur, aber nicht mehr *nur* Natur. Unsere Kultur ist dabei nicht das *ganz Andere* der Natur, sondern in gewisser Weise ihre spezialisierteste Hervorbringung. In Form der Kultur ist aus ihr eine *neue Qualität* des Lebensprozesses hervorgegangen, die von neuen Gesetzen bestimmt wird und neuen Logiken folgt, und dennoch hat sie nicht zu wirken aufgehört und überlagert und durchzieht die kulturelle Sphäre mit naturgesetzlichen Wirkungen. Schon die *Fähigkeit* für kulturelles Lernen kann selbst notwendigerweise nur als biologisch determinierte Eigenschaft begründet sein. Unser Dasein ist daher durchgängig von einem komplexen Zusammenwirken von Natur und Kultur, von Kausalität und Sinn, von Faktizität und Reflexivität geprägt.

Die hier aufgeworfene Frage des Verhältnisses von Natur und Kultur ist allerdings sorgfältig zu unterscheiden von der Frage, inwieweit wir unseren Körper *intentional* kontrollieren und steuern können. Intentional darf keinesfalls gleichgesetzt werden mit *kulturell*: Wenn wir in einer bestimmten gesellschaftlichen Kultur aufwachsen und von dieser durch inzidentelles Lernen einen bestimmten Habitus beziehen, so statten wir unseren Körper zweifellos mit *kulturell* definierten Eigenschaften aus, wenngleich wir diese Selbstveränderung ebenso zweifellos nicht *intentional* betreiben, uns ihrer vielleicht überhaupt nicht bewusst sind.

Subjektiv kann der Leib „als das bestimmt werden, was jemand in der Gegend seines Körpers unmittelbar von sich spürt." (Schmitz 2005b, 8) Dieses Spüren bewirkt, dass wir wahrnehmen, dass es uns gibt, es macht sozusagen *uns für uns existent*. Was lässt sich an einer solchen unmittelbaren Selbstwahrnehmung verallgemeinern? Hermann Schmitz hat eine differenzierte Systematik entwickelt, die er als „Kategorien der Leiblichkeit" bezeichnet (vgl. 2005b, 20, ferner 2005a, 73ff). Seiner Darstellung zufolge ist jedes leibliche Befinden charakterisiert durch ein spezifisches Verhältnis von *Engung* und *Weitung*: „Die konkreten leiblichen Regungen sind Weisen des Zusammenspiels von Enge und Weite des Leibes." (2005a, 74). Dieses Zusammenspiel kann unterschiedliche Formen annehmen: Die beiden Tendenzen können gegenläufig aufeinander einwirken und dadurch einander wechselseitig hervortreiben, wodurch die Engung zur *Spannung*, die Weitung zur *Schwellung* wird. Eine solche Spannung kennzeichnet etwa Angst oder Schmerz, Schwellung dagegen Triumph oder Wollust. Ereignen sich die gegenläufigen Wirkungen *simultan*, so entsteht *Intensität* des Spürens, ereignen sie sich *abwechselnd*, entsteht *Rhythmus*. Durchbricht eine der beiden Strebungen die Gegenwirkung der anderen, so kommt es zur *privativen* Form der Engung oder Weitung, wie etwa im Schreck (Engung) oder in der Meditation (Weitung).

Eine spezielle Form der Beziehung von Engung und Weitung ist die *Richtung*. Sie ist charakterisiert durch „das unumkehrbare Gefälle, eingespannt zu sein zwischen die Enge des Leibes, aus der sie hervorgeht, und die Weite, in die sie verläuft." (Schmitz 2005b, 32) Zwei paradigmatische Beispiele dafür wären etwa das Blicken oder das Ausatmen. Zuletzt bestimmt Schmitz noch eine weitere Eigenheit des leiblichen Spürens: es bewege sich zwischen den Polen „einer scharfen, spitzen, Punkte und Umrisse setzenden Tendenz", die er als *epikritisch* bezeichnet, „und einer stumpfen, diffusen, strahlenden, die die Umrisse verschwinden lässt", welcher er die Bezeichnung *protopathisch* gibt (2005b, 34).

Ganz andere Ergebnisse als beim leiblichen Spüren stellen sich beim Versuch ein, durch Anwendung unserer Sinne unseren *Körper* wahrzunehmen: Diesen erfahren wir nämlich – weil ‚beobachtend' – nur in jenen spezifischen Ansichten, Verkürzungen und Sichtverstellungen, die sich aus der Anlage unserer Sinnesorgane ergeben. Es ist uns beispielsweise nicht möglich, unseren eigenen Rücken oder unser Gesicht zu sehen, unseren Rumpf niemals anders als von schräg oben und gleichsam ‚auf den Kopf gestellt'. In der Phänomenologie hat sich der Begriff des *Körperschemas* etabliert, um diese sinnliche Wahrnehmung unseres materialen Gegebenseins zu bezeichnen. Das Körperschema lässt sich beschreiben als das Bewusstsein „von der morphologischen Struktur des eigenen Körpers, seiner Teile und seiner Haltung, seiner Bewegungen und seiner Grenzen". (Joas 1996, 257) Die körperliche Selbstbetrachtung ist jedoch nicht nur *optisch* eingeschränkt: Wir können auch unsere Stimme aufgrund der körpereigenen Schallübertragung nie so hören, wie es die anderen tun, an unserem Körpergeruch ist der Anteil, der konstant bleibt, von uns am wenigsten wahrnehmbar, da wir ihm gegenüber ‚abgestumpft' sind, wogegen andere ihn mit großer Wahrscheinlichkeit als den für uns typischen Geruch erkennen (zumindest solange wir ihn nicht mit künstlichen Duftstoffen überdecken) etc.

Nun können wir unsere natürlicherweise eingeschränkte Selbstbetrachtung zwar erweitern, indem wir uns etwa im Spiegel oder auf einem Foto betrachten, doch verbleiben wir dabei unaufhebbar im objektiv beobachtenden Modus, denn was wir da erkennen, ist nicht unser leibliches Ich: Im Spiegel begegnet uns ein Jemand, dessen Bewegungen *sichtbar* an einem anderen Ort stattfinden als die *spürbar* sie auslösenden Muskelkontraktionen. Auch können wir nicht vor dem Spiegel unseren Gefühlen freien Lauf lassen und diese dann *gleichzeitig* kontrolliert beobachten. Die Gefühle würden sofort verfliegen und die Beobachtung hätte ihren Gegenstand in dem Moment verloren, in dem sie einsetzt. Auf dem Foto schließlich sehen wir überhaupt nur mehr *jemanden,* und dass es sich dabei um uns selbst handelt, können wir nur *wissen,* nicht *fühlen.*

Aber nicht nur der Selbst-Wahrnehmung, auch der Selbst-Kontrolle ist unser Körper nicht unumschränkt zugänglich. Wie schon erwähnt kritisiert Hans Joas drei ‚stillschweigende Annahmen' der teleologischen Handlungstheorien: jene des *zielgerichteten Charakters des Handelns,* jene der *Körperkontrolle der Akteure* und jene von *deren autonomer Individualität.* Auf die Infragestellung des zielgerichteten Charakters des Handelns komme ich später zurück (siehe 7.1), ebenso auf jene der autonomen Individualität (siehe 6.1). Hier interessiert mich zunächst der zweite Kritikpunkt. Er besteht darin, dass Joas die Annahme bezweifelt, „Handelnde seien zur Kontrolle ihres Körpers fähig." (1996, 245) Sie habe – so Joas – wohl damit zu tun, dass der Körper als Bestimmungsmoment des menschlichen Handelns zumeist ignoriert werde. Dies beschränke die Reichweite der Theorien in mehrfacher Weise: Indem der Körper so als unbegrenzt verfügbarer Apparat aufgefasst würde, „sei's als technisches Instrument im instrumentalen Handeln, sei's als beherrschbarer Körper im Rahmen normativ orientierten Handelns, sei's auch als bloßes Medium der Ausdrucksintentionen, ohne Widerständigkeit und eigenes Gewicht, beim kommunikativen Handeln" (1996, 246), sei ein *instrumentalistisches* Verhältnis zum Körper grundgelegt, das in besonderen Situationen zwar empirisch auftreten *könne,* das aber nicht über das gesamte Verhalten und noch weniger über alle Individuen, Zeiten und Kulturen hinweg verallgemeinert werden dürfe.

Anhand der Phänomene des Einschlafens und des Lachens und Weinens zeigt Joas, wie brüchig wir unseren Körper beherrschen: Unsere Absicht, einzuschlafen, können wir nicht durch direktes intentionales Handeln umsetzen. Wollten wir es versuchen, würde uns die angestrengte Aufmerksamkeit, die wir darauf richten, gerade eher wach halten. Wir können das Einschlafen lediglich in „passiver Intentionalität" (1996, 247) verwirklichen, also nichts tun, als günstige Umstände zu schaffen und uns dem Schlaf in entspannter Bereitschaft hinzugeben. Merleau-Ponty hat diese Logik des Einschlafens beinahe poetisch ausgedeutet: Ich

> „strecke mich in meinem Bette aus, auf der linken Seite, die Knie leicht angezogen, ich schließe die Augen, ich atme langsamer, ich löse mich von jederlei Vorhaben. Doch hier hat das Vermögen meines Willens oder meines Bewußtseins seine Grenze. Wie in den dionysischen Mysterien die Gläubigen den Gott anriefen, indem sie Szenen seines Lebens mimisch darstellten, so beschwöre ich die Heimsuchung durch den Schlaf herauf, indem ich Atmung und Haltung eines Schläfers nachahme. Der Gott ist da, wenn die Gläubigen sich von der Rolle, die sie spielen nicht mehr unterscheiden, wenn ihr Leib und ihr Bewußtsein ihm nicht mehr ihre undurchdringliche Besonderheit entgegensetzen, vielmehr gänzlich mit dem Mythos verschmolzen sind. So gibt es einen bestimmten Augenblick, in dem der Schlaf ‚kommt': er überlagert sich jener Nachahmung seiner, die ich ihm darbot, es gelingt mir zu werden, was ich zu sein fingierte." (Merleau-Ponty 1966, 196)

Ähnliches lässt sich – wie bereits genauer ausgeführt – von der Kreation des *Neuen* im Denken sagen: Wir können auch nicht auf Befehl unseres Willens hin eine Erfindung oder Entdeckung machen (siehe 3.2). Es ließe sich aber auch schon die bloße *Notwendigkeit des Übens* als Beispiel für die weitgehende Unverfügbarkeit unseres Körpers ins Treffen führen: Wäre unser Geist fähig, unseren Körper präzise zu dirigieren, so müsste eine genaue und genau erfasste *Erklärung* des Jonglierens, Klavierspielens oder Autofahrens bereits genügen, um uns in die Lage zu versetzen, es auszuführen. Wir müssten dann lediglich *tun*, was wir schon *wissen*.

Hat dann eine ausreichende Übung die Voraussetzungen herbeigeführt, eine angestrebte Aktivität kompetent durchzuführen, so hat auch deren Hervorbringung wieder gewisse Ähnlichkeiten mit dem Einschlafen: Solange wir uns darauf konzentrieren, dass wir jetzt gleich ein Jonglieren, Klavierspielen oder Autofahren kontrollieren und fehlerfrei steuern sollen, erzeugen wir eher Lampenfieber als das ‚Anspringen‘ unserer Fähigkeiten. Gelingt es uns jedoch, eine entspannte Position einzunehmen, unsere Aufmerksamkeit ganz ‚bei der Sache‘ zu halten und – wie Merleau-Ponty es so trefflich formuliert – mimisch darstellen, quasi *nachahmen,* oder besser noch: *vorahmen, wer wir sein wollen,* dann kann es uns gelingen, diese Wirklichkeit wie in einem magischen Akt heraufzubeschwören. Sobald wir dann mit unserem Bild verschmelzen, stellt sich unser Können wie von selbst ein und wir verfügen gleichsam mühelos über unsere Fähigkeiten. Dies können wir dann bis zu jenem Erlebnis des *Flow* weitertreiben, in dem wir wie in einem Rausch- oder Trancezustand in unserer Aktivität aufgehen (vgl. Csikszentmihalyi 2010).

Unser Körper führt kein isoliertes Eigenleben, sondern unterhält umfassende Kontakte mit seiner Umgebung: Andere Menschen spüren (indem sie ihn durch ihre körperlichen Sinne wahrnehmen), was wir gerade fühlen, wie wir bestimmte verbale Aussagen meinen, was wir durch eine bestimmte Handlung erreichen möchten und was wir dabei von ihnen erwarten. Umgekehrt folgen wir ihren körperlichen Impulsen (erschrecken z.B. über ihren Gesichtsausdruck oder greifen nach einem uns gerichteten Buch) oder wir weisen sie zurück, indem wir eine an uns gestellte Erwartung nicht erfüllen und kommentieren dies vielleicht mit einem verärgerten Blick oder einer unfreundlichen Geste. Wir verstehen, was andere Menschen durch ihren Körper erkennen lassen und drücken selbst unsere Befindlichkeiten, Absichten und Haltungen über unseren Körper aus. Unser Körper repräsentiert also *Bedeutungen,* durch deren Einsatz wir uns mit anderen über unsere Anliegen verständigen und den Verlauf unserer gemeinsamen Aktivitäten steuern.

Das körperliche Bedeuten, alltagssprachlich häufig etwas verkürzend als *Körpersprache* bezeichnet, folgt aber nur sehr eingeschränkt den allfälligen Bedeutungs-*absichten* der menschlichen Akteure, denn es unterliegt in besonderem Maße der bereits dargestellten allgemeineren tendenziellen *Unverfügbarkeit* des Körpers. Der körperliche Ausdruck realisiert sich über Gestaltbildungsprozesse, die mit einer

Sprache im herkömmlichen Sinn wenig gemeinsam haben. Er beruht nämlich nur zu einem kleinen Teil auf der Bildung von *Zeichen* (wie ich sie weiter unten noch genauer diskutieren werde; siehe 8.1), zu einem größeren dagegen einfach auf dem faktischen *Zustand*, in dem ich mich gerade befinde: Wenn ich etwa Zorn empfinde, verwirklicht sich dieser in somatischen Ereignissen, wie etwa der Ausschüttung von Hormonen, der Anspannung bestimmter Muskelpartien, der Veränderung der Stimme etc. Diese Ereignisse sind es, die ich als Zorn spüre. Wenn ich zornig *bin*, *hat* mein Körper durch die objektiven Vorgänge, in denen mein Zorn besteht, jene Gestalt angenommen, die von einem Gegenüber als mein Zorn wahrnehmbar ist. Mein subjektives Befinden und meine äußerlich wahrnehmbare Erscheinung sind eins.

Die Ausdrucksgestalt, die mir mein Befinden verleiht, entsteht also nicht, wie die eines Zeichens, dadurch, dass eine Form regelgeleitet mit einem Bedeutungsgehalt verknüpft wird – wie etwa in der Sprache das *Wort Zorn* mit dem *Phänomen Zorn*. Sie ist vielmehr von den körperlichen Ereignissen, die mein Befinden konstituieren, unmittelbar abhängig. Dies macht es unmöglich, etwa im Zustand heftigen Schmerzes verliebt dreinzuschauen oder hasserfüllt, wenn man gerade von überquellendem Glück beseelt ist. „Auch der Zorn über das Unrecht macht die Stimme heiser", beobachtete Bertolt Brecht (1967, 725) und erfasste damit ein typisches Beispiel für das unmittelbare Zustandekommen einer leibhaftigen Ausdrucksgestalt (für weitere Beispiele vgl. Molcho 1997).

Besteht nun überhaupt keine Möglichkeit, den körperlichen Ausdruck intentional zu modellieren, also eine Befindlichkeit anders erscheinen zu lassen, als sie gerade besteht? Diese Frage lässt sich beantworten, indem man die Aufgabe klärt, die eine solche Modellierung erfüllen müsste: Die angestrebte Ausdrucksgestalt müsste zunächst aus dem Vokabular des unmittelbaren Ausdrucks jener somatischen Ereignisse kombiniert werden, deren Vorhandensein ja vorgetäuscht werden soll. Diese müssten also sehr präzise beobachtet, in ihrer Wirkung verallgemeinert, auf das eigene Verhalten umgelegt und in ihrer faktischen körperlichen Realisierung erprobt, kontrolliert, modifiziert und geübt werden, um die Modellierung erfolgreich zu machen. Dies ist jedoch nur sehr schwer möglich. Die spontanen Gestaltbildungsvorgänge des Körpers überfordern schon aufgrund ihrer enormen Komplexität den Versuch einer präzisen intentionalen Nachahmung (vgl. Ekman 2004, 60f).

Dies bedeutet nicht, dass wir es nicht versuchen können und auch immer wieder versuchen. Doch bleibt ein *absichtlich* hervorgerufener körperlicher Ausdruck in seiner Differenziertheit hinter der *spontanen* Ausdrucksgestalt zumeist weit zurück. Wir können dies etwa am Vergleich zwischen der noch weitgehend unkontrollierten körperlichen Ausdrucksaktivität ganz kleiner Kinder und der kontrollierten erwachsener Menschen beobachten. Erstere zeigen kaum Anstalten, ihre Gefühlsregungen zu verbergen, im Gegenteil: sie lachen und weinen, ganz wie ihnen gerade zumute ist, und man kann die Betroffenheit, die sich in ihren Zuständen ausdrückt, deutlich spüren. Erwachsene hingegen sehen sich oft veranlasst, ihre aktuelle emotionale Befindlichkeit zu verbergen, und wenn sie dann versuchen, ein fröhliches Gesicht ‚aufzusetzen' wenn sie traurig sind, oder ein freundliches wenn sie sich ärgern, so gerät der Versuch zur Maske und man sieht es ihm an: Die künstliche Fröhlichkeit oder Freundlichkeit wirkt unauthentisch, in ihr kommt nicht ein spontanes Gefühl zum Ausdruck, sondern eine Mischung aus den spontan sich einstellenden und blockierten (‚ehrlichen') Gefühlsregungen und den signalhaften Figuren, die die intendierte (‚gespielte') Inszenierung realisieren sollen.

Eine gezielte Beeinflussung des Ausdrucks geht also immer mit seiner spezifischen Lähmung und Formalisierung einher und es ist gerade die Kunst des Schauspiels, die bei genauer Betrachtung diese Auffassung bestätigt: Das Können eines Schauspielers besteht nämlich nicht darin, eine bestimmte mimische, gestische, stimmliche etc. Ausdrucksgestalt am eigenen Körper intentional kontrolliert zu steuern, sondern darin, die Erinnerung an ein jeweils entsprechendes tatsächliches Befinden zu aktualisieren und zu stimulieren. Ein Schauspieler ‚begibt sich' sozusagen in eine bestimmte Empfindung, in eine bestimmte Betroffenheit, in eine bestimmte Gefühlslage, er lässt sie ganz ähnlich wie das Einschlafen oder Flow-Erleben ‚kommen' und verwandelt sich im Spiel ‚mit Leib und Seele' in die dargestellte Person: „Der Leib glaubt, was er spielt: er weint, wenn er Traurigkeit mimt." (Bourdieu 1999, 135) Erst dieses *selbst Durchleben* gewährleistet die entsprechenden Modulationen der körperlichen Erscheinung in authentischer Weise.

Die tendenzielle Unbeherrschbarkeit des körperlichen Ausdrucks lässt sich noch durch folgende Beobachtung veranschaulichen: Sprachliche Zeichen müssen einer idealtypischen Norm folgen und mit einem wenig komplexen Formbestand auskommen. Auf diese Weise können sie leicht allgemein verwendet werden, repräsentieren aber nur relativ abstrakte Verallgemeinerungen. Das Wort ‚Zorn' ist sehr schlicht in der Gestalt, allgemein verständlich und drückt das *ganz allgemeine Prinzip* des Zorngefühls aus. Über den konkreten Zorn in einer bestimmten Situation gibt es dagegen keine Auskunft. Eben diese Tendenz befällt nun auch den Körperausdruck, sobald wir ihn *absichtlich herbeiführen* wollen. Er verflacht zu mehr oder weniger nachvollziehbaren *Signalen* für die imitierte Befindlichkeit, er wird zum (extra produzierten) *Zeichen*. Die bewerkstelligte Gestalt lässt dann nicht jemanden erkennen, der Zorn empfindet, sondern jemanden, der versucht, so auszusehen, als würde er Zorn empfinden. Eine solche mangelnde Authentizität attestieren wir dann auch einem *schlechten* Schauspieler oder dem auf Kundenfang trainierten Verkäufer, dessen grimassiertes Lächeln uns keine Freundlichkeit vermittelt, sondern lediglich die Absicht, uns zu einem für den Verkäufer günstigen Kaufakt zu verleiten.

Dessen ungeachtet sind wir in der kommunikativen Alltagswirklichkeit so gut wie niemals frei von solchen Inszenierungen, sondern immer mit einer Kombination aus spontaner und inszenierter Erscheinung konfrontiert. Der österreichisch-amerikanische Kommunikationswissenschaftler Paul Watzlawick hat mit einem theoretischen Axiom Berühmtheit erlangt, welches lautet: Man kann *nicht nicht* kommunizieren (vgl. etwa Watzlawick et al. 1996, 53). In ganz derselben Weise ließe sich auch sagen: Wir können *nicht nicht* wissen, dass unser Körper von anderen Menschen wahrgenommen wird. Daher gibt es kaum Situationen, in denen wir den Umstand unserer möglichen oder tatsächlichen Fremdwahrnehmung nicht berücksichtigen, indem wir versuchen, auf unsere Erscheinung in der einen oder anderen Weise modifizierend Einfluss zu nehmen. Der amerikanische Soziologe Irving Goffman hat dies in der Formulierung zusammengefasst: „I assume that when an individual appears before others he will have many motives for trying to control the impression they receive of the situation" (Goffman 1959, 15) und zum Ausgangspunkt einer ganzen Theorie des performativen Handelns gemacht.

5.2 Das leibliche Moment des Lernens: Inkorporieren

Es ist nun der Körper bzw. je nach eingenommenem Blickwinkel der Leib, der auch die Grundlage allen Lernens bildet. Etwas zu lernen bedeutet, es in einer speziellen Weise *durch* und *in* den Leib aufzunehmen und in ihm zu behalten. Wie können wir uns vorstellen, worin dieses Etwas besteht, auf welche Weise wir es wohin verfrachten und in welcher Form wir es dort fixieren? Wenn ich im folgenden versuche, diese Frage zu beantworten, so porträtiere ich damit noch keineswegs das menschliche Lernen insgesamt, sondern lediglich den ersten seiner Funktionsaspekte (siehe Abb. 1): das *Probieren* bzw. das durch dieses Probieren bewirkte *Inkorporieren* der sich einstellenden Erfahrungen. Ich habe weiter oben Wissen und Können bereits als ein spezifisches *Tun* dargestellt und darauf aufbauend festgehalten: Wir lernen, indem wir etwas wiederholt ausführen und dieses Wiederholen eine dauerhafte körperliche Veränderung in uns hinterlässt (siehe 1.1). Das Probieren bildet also den *Basisvorgang* jedes Lernens und besteht in einem Such-, Durchführungs- und Gewöhnungsvorgang, den ich nun detaillierter nachzeichnen werde.

Wenn wir handeln, dann bedeutet dies, dass wir *physische Bewegungen* und/oder *mentale Vorgänge* vollziehen. Unser Handeln wird also zur materiellen Wirklichkeit, indem wir spezielle Teile unseres Körpers aktivieren. Die Ereignisse des Handelns durchfließen den Körper jedoch nicht nur, um ihn anschließend in den Zustand *vor* der Aktivität zurückkehren zu lassen, sondern *verändern* ihn auch: Finden ähnliche Aktivitäten häufig statt, hinterlassen sie ‚Spuren‘, sie ‚schreiben sich in den Körper ein‘. Wir ‚materialisieren‘ dadurch unseren Weltkontakt, geben ihm eine überdauernde Gestalt, wir ‚speichern‘ ihn, setzen seinem flüchtigen Sich-Ereignen gewissermaßen ein beständiges Denkmal.

Offensichtliche Beispiele für solche körperlichen Spuren wären etwa die Ausbildung der Muskeln durch körperliche Anstrengung, die Entwicklung der Fingerfertigkeit durch häufiges Klavierspielen, das biografische Eintiefen unserer Zorn- oder

Lachfalten, aber auch pathologische Veränderungen, wie der oft mit kontinuierlichem Sitzen einhergehende Bandscheibenvorfall.

Eine besondere Funktion dieser Spuren besteht in der Aufbewahrung der Strukturmuster von Bewegungen und psychischen Vorgängen. Indem wir unseren Bedürfnissen und Absichten folgend unser Handeln entweder beiläufig erfahrungsoffen oder gezielt probierend variieren, kommt es dazu, dass manche Eindrücke sich häufig in annähernd gleicher Weise einstellen, andere sich von Mal zu Mal stärker abwandeln und wieder andere nur selten oder einmalig auftreten. Aus diesem Grund werden die Spuren um so ausgeprägter, die hinterlassenen Eindrücke umso tiefer sein, je häufiger sie sich gleichförmig wiederholen. Wie der Fußweg in der Wiese nicht durch chaotisches Herumlaufen entsteht, sondern durch das wiederkehrende Benützen der immer gleichbleibenden Durchquerung, ‚materialisieren' sich die von uns *nachhaltig wiederholten* Ausformungen unseres Weltkontakts und in dieser Materialisierung ist dann seine *allgemeine Struktur* gespeichert: „Das Behalten (μνήμη [mneme; B. H.]) ist also die erste Leistung der Induktion" (Buck 1989, 44).

Dieses Behalten lässt eine *Erfahrung* entstehen, in welcher unterschiedliche Eindrücke aufeinander bezogen sind: Der immer wieder probierte, vollzogene, dabei abgewandelte und ausdifferenzierte praktische Umgang mit der uns umgebenden sozialen und dinglichen Welt speichert in uns Verallgemeinerungen der durchgeführten und erprobten Handlungsvollzüge als ‚innere Materialisierungen', als Einschreibungen in die Gestalt und die Prozesse unseres Körpers. Sie bilden die Grundlage für jenes *Können,* das der Ausführung des (weiteren) Handelns und daher auch Denkens zugrunde liegt.

Die solcherart verallgemeinerten Strukturmuster liegen lediglich in sprachlich *ungefasster* Weise vor: Die Spuren, die das Wiederholen von Handlungsweisen in unserem Körper hinterlassen hat, ermöglichen uns, sie wieder und wieder zu aktivieren, doch sie sind nicht mehr als ein gespeicherter Eindruck, der in die Wiese eingetretene Weg, den wir wieder begehen können, quasi ein biologisch materialisiertes ‚Echo' vollzogener Aktivität. Dieses impliziert für sich genommen noch keinerlei gedankliche Abstraktion, keine begriffliche Erfassung, kein analytisches Verstehen. Die durch wiederholtes Probieren inkorporierten Praktiken repräsentieren ein indirektes, praktisches Wissen, ein *Können,* das sie *implizit* enthalten: Die Erfahrung „weiß nur das Daß, nicht aber das Warum." (Buck 1989, 45) Wir haben „Kenntnis" von ihm, indem diese in der Erfahrung „unausdrücklich schon darin steckt." (Buck 1989, 37)

Dessen ungeachtet umfasst eine Erfahrung wesentlich mehr als eine bloße Anhäufung *einzelner* Eindrücke. Ihr Resultat besteht vielmehr in einer komplexen Bedeutungsarchitektur, deren Details in vielfacher Weise miteinander verknüpft und vernetzt sind. Sie bezieht diese Eigenheit schon aus der Wahrnehmung, die dem *Er=fahren* vorausgesetzt ist. Der französische Phänomenologe Maurice Merleau-

Ponty hat deren Gesetzmäßigkeiten präzise rekonstruiert und dabei das Phänomen der *selektiven Zuwendung* zu ausgewählten Bedeutungszusammenhängen, also jenen Vorgang, durch den sie *thematisch* werden, so beschrieben: Wenn ich einen Gegenstand fixiere, so ruhe mein Blick auf ihm, doch:

> „das Forschen des Blicks, der eben alle Gegenstände überflog, setzt sich nun mehr innerhalb des einen Gegenstandes fort; in ein und derselben Bewegung erschließt sich der Gegenstand und verschließt sich seine Umgebung. Beide Vorgänge koinzidieren nicht zufällig: nicht ist es meine kontingente Körperorganisation, etwa die Struktur meiner Netzhaut, der zufolge ich die Umgebung nurmehr verschwommen sehen kann, will ich den Gegenstand klar sehen. Selbst wenn ich nichts wüßte von Zäpfchen und Stäbchen, begriffe ich es als notwendig, die Umgebung außeracht zu lassen, um den Gegenstand besser zu sehen, an Untergrund zu verlieren, was ich gewinnen will an Gestalt." (Merleau-Ponty 1966, 91)

‚Außeracht lassen' heißt dabei keineswegs ‚völlig zum Verschwinden bringen', die Umgebung bleibt ja ‚verschwommen' präsent, sodass „das Hintergrundbewusstsein nicht als abgeschwächte Form von Bewusstsein aufgefasst werden kann" (Neuweg 1999, 155). Die Figur bedarf ihres Grundes, um Gestalt zu gewinnen, das Hintergründige ist mit dem Vordergründigen nicht nur zugleich gegenwärtig, es ‚ruft' es auch ‚hervor'. Merleau-Ponty erläutert, wie die einzelnen Bestandteile unserer Wahrnehmung einander wechselseitig in ihrer Bedeutung bestimmen und anreichern. Er beschreibt dabei äußerst prägnant das Zusammenwirken unserer *fokalen Wahrnehmung*, die sich aufgrund unserer intentionalen Zuwendung zur Welt einstellt, und jenes *peripheren Gewahrseins*, das diese Zuwendung subsidiär einbettet und mit Wissen um ihren Kontext anreichert: Wenn ich

> „im Sehen meinen Blick auf eine Einzelheit der Umgebung richte, so belebt und entfaltet sich dieses Detail, und die anderen Dinge rücken an den Rand oder verwischen sich völlig, doch bleiben sie beständig mit da. Mit ihnen aber verfüge ich wiederum auch über ihre Horizonte, die ihrerseits als am Rande sichtbar den gegenwärtig fixierten Gegenstand implizieren. Der Horizont also ist es, der im Forschen des Blickes die Identität des Gegenstandes gewährleistet … So ist jedes Ding der Spiegel aller anderen." (Merleau-Ponty 1966, 92)

Diese Beobachtung legt eine wesentliche Eigenheit unserer Wahrnehmung frei und erlaubt eine wichtige Präzisierung dessen, was wir als Erfahrung bezeichnen: Wir erfassen nie *einen* isolierten Gegenstand, *ein* Detail aus einer Situation, *einen* Aspekt eines Zusammenhanges *alleine*, sondern immer ein Gesamtbild, eine Gesamtsituation, einen Gesamtzusammenhang. Auch ein besonders beachtetes Detail bleibt immer eingebettet in die gesamte Konstellation der Gegebenheiten.

Eine besondere Rolle spielt dabei der Umstand, dass dieser Gesamtzusammenhang eine *räumliche* und eine *zeitliche* Dimension aufweist. Dies lässt sich etwa am Beispiel eines Musikstücks veranschaulichen: Wenn wir es hören, nehmen wir zu jedem einzelnen Zeit*punkt* bestimmte Ton- und Klang*bilder* wahr, die sich über die Zeit*spanne* hinweg zur *Melodie* zusammenfügen. Eine solche musikalische Gestalt können wir nur hören, wenn wir die jeweils gleichzeitigen akustischen Ereignisse in ihrem Zusammenklang (,räumliche' Dimension) zunächst einmal mindestens so lange behalten, dass sie auf die Ereignisse davor und danach beziehbar werden (,zeitliche' Dimension). Andernfalls würden wir keine Musik hören, sondern immer nur einzelne in *einem* Augenblick zusammenklingende Tonkonstellationen. Dieses Prinzip liegt nun jeder Erfahrung zugrunde: sie besteht aus den ,Zusammenklängen' der einzelnen Augenblicke und aus der ,Klangfolge', die aus deren Aneinanderreihung entsteht.

Erst im fokussierend-fixierenden *Denken*, das auf unsere Wahrnehmungen aufbaut, können wir aus dem Ganzen unserer Erfahrung Einzelheiten herauslösen und erst dieses Denken führt abstrahierend zu Konstrukten, die uns den täuschenden Eindruck vermitteln können, einzelne Gegenstände würden in unserer Wahrnehmung und Erinnerung *isoliert* existieren. Doch auch während eines solchen Denkens reißen die komplexen Bezüge der wahrgenommenen Details aufeinander nicht ab: Zwar beziehen wir uns dabei *fokal* auf bestimmte Bedeutungszusammenhänge und isolieren sie damit in einem gewissen Ausmaß, doch ermöglicht uns erst ihr weiterhin ,gehaltener' Gesamtzusammenhang – also die *Eingebettetheit* der fokal ausgegliederten *in* die peripheren Bedeutungen – die sozialen und kulturellen Bestimmungsmomente der wahrgenommenen/gedachten Gegebenheiten in angemessener Weise zu berücksichtigen.

Der in Ungarn geborene Chemiker und Philosoph Michael Polanyi sieht in allem Wahrnehmen, Denken und Handeln eine gemeinsame strukturelle Eigenheit: das Zusammenwirken eines „distalen" und eines „proximalen Terms" (1985, 19). Was er den *distalen Term (,d')* nennt, umfasst dabei jene Bedeutungseinheit, die wir im Vollzug des Wahrnehmens, Denkens oder Handelns *intentional engagiert* beachten: einen Gegenstand, eine Melodie, eine Formel, ein intendiertes Ergebnis, ein abzuwendendes Widerfahrnis o.Ä. Auf den distalen Term fokussieren wir unsere Aufmerksamkeit, unser Denken, unseren Versuch einer Einflussnahme. In diesem Sinne spricht Polanyi auch von *fokalen* Bedeutungen, Ereignissen etc. bzw. von ihrer *fokalen* Bewusstheit. Dagegen besteht der *proximale Term (,p')* in jenen Bedeutungen, die im Vollzug des Wahrnehmens oder Handelns unthematisch bleiben: die einzelnen Worte, die wir ,abtasten', wenn wir den (fokalen) Text lesen, die einzelnen Bewegungsimpulse, die wir realisieren, wenn wir (fokal) die Eingangstüre aufsperren. Sie konstituieren ein *unausdrückliches* Hilfsbewusstsein, das die Realisierung des distalen Terms ermöglicht, sie treten aber nicht selbst in den Vordergrund. Polanyi bezeichnet den proximalen Term auch als *schweigendes Wissen* und charakterisiert es als *subsidiär bewusst* – nicht dem Bewusstsein vollständig entschwunden.

Der distale Term bildet das *Angestrebte*, das *Gewusste*, die *Gestalt*, die sich aus den proximalen Elementen zusammensetzt. So lesen wir etwa den Text durch die einzelnen Worte, wir hören die Musik durch die einzelnen Töne. Der Handwerker richtet seine Aufmerksamkeit nicht auf den Hammer, den er in der Hand hält, sondern auf den Nagel, den er einschlagen möchte. Er nimmt den Nagel also in gewisser Weise *durch den Hammer hindurch* wahr. Der Hammer wird gleichsam zu einem Teil seines Körpers, zu einem Teil seiner selbst, der Aufprall des Hammers auf den Nagel eine direkt erlebte sinnliche Information über Position, Bewegung und Beschaffenheit des Nagels. Der Handwerker spürt den (fokussierten) Nagel, obwohl er faktisch doch nur den (subsidiär wahrgenommenen) Hammer berührt.

Dabei schließen die beiden Formen der Terme einander wechselseitig aus: „If a pianist shifts his attention from the piece he is playing to the observation of what he is doing with his fingers while playing it, he gets confused and may have to stop" (Polanyi 1962, 56). Bestände des proximalen Terms können nicht fokussiert werden, denn in dem Moment, in dem dies geschieht, *hören sie auf*, Bestände des proximalen Terms zu sein. Zwar können wir unsere Aufmerksamkeit vom Klavier*stück* abziehen und dem Klavier*spielen* zuwenden, damit aber wird nun *dieses* fokal bewusst. Der proximale Term ist hier also jener Bestand an Praktiken (der Wahrnehmung, der Bewegung, des Denkens etc.), den wir im Klavierspielen, weil gerade in Anwendung befindlich, nicht beachten, nicht prüfen, nicht in Frage stellen oder korrigieren können. Auf den hintergründigen Teil unseres Wahrnehmens, Denkens und Handelns müssen wir uns, wie Polanyi sagt, verlassen, da es sonst zur Desorganisation des Handlungsverlaufes kommt.

Wir beachten die proximalen Terme wie einen Finger, der unseren Blick auf etwas lenkt, oder wie eine Brille, die ihn durchlässt und zugleich bündelt oder färbt, indem wir von ihnen, mit ihnen oder durch sie hindurch *die distalen Terme* wahrnehmen. Die proximalen Elemente wirken dabei als Instrumente oder Werkzeuge des auf die distalen Elemente als Objekte gerichteten Vollzugs. (vgl. etwa 1962, 55) Polanyi bezeichnet dies verschiedentlich auch als *von-zu-Struktur* (vgl. Neuweg 1999, 174) oder als *vektorielle Ausrichtung* (ebd., 154) des Bewusstseins.

Eine besondere Rolle können hier die als Artefakte materialisierten Wissensbestände einnehmen, indem wir sie in eben diesem Hintergrund unserer thematischen Sinnzusammenhänge mitführen. Wir können unser peripheres Gewahrsein mit Wissen gleichsam aufladen. Die ‚aktivierten' Artefakte wirken dabei wie ganze ‚Pakete' von Wissen, das sie stellvertretend in unterschiedlich tiefgründiger Weise repräsentieren. Ich kann die Logik dieses hintergründigen Mitführens von Wissen durch einen vielsagenden Selbstversuch illustrieren: Wenn ich beim Lesen eines Buches alle gelesenen Zeilen mit einem Papier abdecke, sodass immer nur die fortführenden Textteile sichtbar sind, fällt es mir ungleich schwerer, den Inhalt des Gelesenen in seinem inneren Zusammenhang zu erfassen und zu behalten, als wenn der bereits gelesene Text noch sichtbar bleibt. Die gelesenen Passagen, die sich oberhalb des Feldes meiner konzentrierten Zuwendung zu den Schriftzeichen befinden und die ich keineswegs so genau wahrnehme, dass ich irgendein Wort als solches identifizieren kann, halten mir dennoch ihren Inhalt gegenwärtig, solange sie meine Wahrnehmung noch randständig mit Resten schemenhafter Umrisse versorgen.

In diesem Beispiel sind es also materiale Artefakte, deren optische Wahrnehmung mich in peripherer Weise mit einem Wissen versorgen, das sich *außerhalb* meiner *fokalen Zuwendung* und dennoch *innerhalb* meines *Denkhorizonts* befindet. Es könnten aber auch bloß vorgestellte Artefakte diese Funktion übernehmen: Ich sehe sie, ohne auf sie zu schauen, ich lese sie, ohne ihren Inhalt ausdrücklich zu erfassen. Sie begleiten und rahmen das Feld meiner augenblicklichen Zuwendung, obwohl ich ihnen abgewandt bin. Ich scheine sie nicht wirklich zu beachten und doch lassen sie mich ihr Verschwinden überdeutlich spüren, sobald ich sie aus meinem Blickfeld entferne. Ihre Wahrnehmungsqualität lässt sich mit der weiter oben angeführten Schmitzschen Leiblichkeitskategorie des *Protopathischen* (,stumpf, diffus, strahlend ...') beschreiben (siehe 5.1), die sich von jener des *Epikritischen* (,scharf, spitz, punktuell ...') grundsätzlich unterscheidet. Diese entsprächen der Wahrnehmungsqualität der von mir jeweils *fokussierten* Bedeutungszusammenhänge.

Die Gegenstände eines solchen impliziten, subsidiären, peripheren Wissens reichen von basalen Sinneseindrücken, Handlungsweisen und Artefakten bis hin zu kompletten wissenschaftlichen Theorien, Kunstwerken und moralischen und spirituellen Lehren (vgl. Polanyi 1962, 192). Es gibt keine Kulturleistung, keine geistige Errungenschaft, die nicht subsidiäre Form annehmen könnte. Verdichtet und verpackt in entsprechende Artefakte werden sie so als Komponenten der *Hintergrundgewissheit* unserer fokussierenden Zuwendung zu einem uns beschäftigenden Thema wirksam und dadurch zu einem Moment der *Situierung* unseres Handelns und Lernens.

Ich habe nun in meiner bisherigen Darstellung ein Thema erst eher beiläufig erwähnt, das ich, wie angekündigt, ob seiner Wichtigkeit jetzt noch einmal ausdrücklich hervorheben will: In die in das erfahrungsoffene leibliche Ausführen einer Handlung eingelassene Wahrnehmung fließt ganz besonders auch ein, ob und in welcher Weise der Verlauf und das Ergebnis des Handelns den *Bedürfnissen* entspricht, die seinen Anlass bilden. Günther Buck hebt unter Berufung auf Hegel hervor, dass das elementare Ereignis der Erfahrung ein *Selbst-dabei-Sein* des Subjekts impliziere. Dieses lässt sich ansprechen als ein „ursprüngliches Inter=esse [wörtlich: Dazwischen=Sein; B. H.] der Subjektivität, auf Grund dessen überhaupt erst etwas ‚gegeben‘ ist." (Buck 1989, 14) Dieses Dabei= oder Dazwischen=Sein impliziert nicht nur die *leibliche Präsenz* dessen, der die Erfahrung macht, sondern damit zugleich sein *Betroffensein* von ihr: „Erfahrung ist die anfängliche und für alle weitere (begriffliche) Vermittlung grundlegende Vermitteltheit der Dinge und meiner selbst, in der mich die Dinge überhaupt erst etwas angehen" (ebd.).

Weiter oben habe ich zwischen *sinnlich-vitalen* und *produktiven* Bedürfnissen unterschieden (siehe 4.3) und das Lernen v.a. durch letztere motiviert dargestellt. Wenn ich nun (wie auch in den folgenden Kapiteln 6 bis 8) die Frage aufwerfe, wie sich die Bedürfnislage beim Lernen allgemein darstellen lässt, so geht es mir darum, in Entsprechung zu diesen früheren Ausführungen über die funktionale Beziehung von Emotion und Kognition, hier auch die emotionale Seite der von mir gekennzeichneten Funktionsaspekte des Handelns und des Lernens ausdrücklich in Erinnerung zu rufen. Ich folge dabei der Überlegung, dass, wenn sich im Handeln und Lernen diese Funktionsaspekte identifizieren lassen, ihnen auch entsprechende typische *emotionale* Dispositionen zuordnen lassen müssen.

Wie kann man sich so etwas wie eine verallgemeinerbare emotionale Dimension des erfahrungsoffenen Handelns bzw. des intentionalen Probierens vorstellen? Sie müsste die Funktion erfüllen, dass wir etwa das Sich-Öffnen gegenüber Wahrnehmungen, das Sich-Beschäftigen mit Neuem und Ungewissem, das Entdecken von Unbekanntem, das Einlassen auf Erfahrungen u.ä. spontan *als solche selbst* befriedigend erleben können. Sie müsste also sicherstellen, dass ein solches Probieren bereits vollzogen wird, bevor es durch die *Erfahrung seiner Effekte* als zweckdienlich eingesehen werden kann.

In der Tat gibt es im *Erkundungsbedürfnis* einen elementaren Antrieb, der eine solche Disposition hervorruft. Das Vollziehen von Ausführungshandlungen ist keineswegs einfach als probates *Mittel* zu lebenspraktisch sich ergebenden *Zwecken* zu verstehen. Es umfasst auch in einem *spielerischen* Sinne um ‚ihrer selbst‘ oder um der ‚Neugier‘ willen ausgeführte Aktionen. Der österreichische Zoologe und Verhaltensforscher Konrad Lorenz weist schon bei verschiedenen Tierarten, i.B. bei höheren Primaten darauf hin, dass bei ihnen „im Neugierverhalten eine besondere, autonome Motivation am Werke ist" (1978, 258). Sie drängt den Tieren *spielerische* und *explorative* Verhaltensweisen auf, die von *unmittelbaren* Lebenserhaltungskontexten abgekoppelt sind. Die Erkundung eines Terrains, die Übung von Flucht- oder Kampfbewegungen o.ä. haben vielmehr einen *mittelbaren* biologischen Sinn, der in der *lernenden Vorbereitung* auf mögliche Anwendungssituationen liegt (vgl. etwa 1978, 257ff). Selbstverständlich wirkt diese Neugier bei Tieren ohne jedes Bewusstsein davon, dass das durch sie motivierte Erkundungsverhalten für ihr Überleben sinnvoll ist. Da kein Grund zur Annahme besteht, dass diese evolutionäre Errungenschaft mit der Entstehung des Menschen plötzlich rückstandsfrei wieder verschwindet, können wir davon ausgehen, dass zumindest Residuen eines solchen emotionalen ‚Antriebs‘ zu erkundendem, spielerischem, nicht direkt zweckorientiertem *Handeln* bzw. eines erkundenden, spielerischen *Moments* des *Handelns generell* auch beim Menschen eine gewisse Rolle spielen.

Nun ist Konrad Lorenz u.a. bekannt dafür, dass er zu relativ umstandslosen Übertragungen tierischer Vorläuferstrukturen auf menschliches Verhalten neigt und dies mag auch seiner zweifelhaften politischen Biografie entsprechend Vorschub geleistet haben. Man muss dieser Neigung jedoch nicht folgen (und noch viel weniger seinen weltanschaulichen Orientierungen), um dennoch plausibel zu finden, dass dem Menschen von Geburt an eine emotionale Disposition zu eigen ist, die ihn schon *vor aller Reflexion auf Zwecke und Effekte* zu variierendem, probierendem, erkundendem Handeln motiviert. Für diese Annahme spricht u.a. schon der einfache Umstand, dass es kaum eine alternative Erklärung dafür gäbe, warum menschliche Neugeborene, die von den nützlichen Auswirkungen des Lernens noch keine Ahnung haben können, sich dennoch kontinuierlich und mit größter Ausdauer ihrer Umwelt probierend, erkundend, lernend zuwenden.

Wie schon bei der genaueren Untersuchung der Bedürfnisse angemerkt (siehe 4.3), kann es sich dabei aus den ebenfalls dort erörterten Gründen selbstverständlich nur um eine rahmenhafte Grundlage handeln, die dann im Sinne des angeführten Leontjewschen Diktums ihre jeweils unterschiedlichen Inhalte erst ‚entdecken‘ muss. Zudem darf menschliches Erkundungsbedürfnis keinesfalls mit tierischer Neugierde gleichgesetzt werden, von der wir nicht mehr annehmen dürfen, als dass sie in jenes als entwicklungsgeschichtlicher Baustein eingegangen ist.

Zu einer differenzierteren Rekonstruktion möglicher Teilfunktionen der emotionalen Anregung von erfahrungsoffenem Handeln bzw. Probieren (wie etwa ‚Neugierverhalten‘, ‚Spielbedürfnis‘, ‚Funktionslust‘ etc.) und ihres jeweiligen Zusammenwirkens im Kontext eines umfassender zu denkenden menschlichen Lernbedürfnisses fühle ich mich als Nicht-Psychologe und Nicht-Ethologe weder berufen noch in der Lage. Mir geht es an dieser Stelle lediglich darum, einer intellektualistischen Vorstellung des Lernens vorzubeugen, die mit der Möglichkeit eines Lernens *ohne emotionalen Anlass* rechnet.

Durch die komplexe raum-zeitliche, in mannigfache Vorder- und Hintergründe gegliederte und durch emotionale Ereignisse strukturierte Wahrnehmung geht in unsere Erfahrung also in großer Differenziertheit ein, unter welchen Bedingungen das Handeln vor sich geht und in welcher Weise es verläuft, wie sich also der handelnde Welt- oder Selbstkontakt entwickelt und welches Befinden sich auf diesem Wege einstellt, wie sich das Handeln also subjektiv auf uns auswirkt: was wir gerade sehen, hören, riechen, tasten, unsere Temperaturempfindung, unser Körpergefühl, unsere Stimmung etc. und ganz besonders, ob der Verlauf des Handelns unseren Bedürfnissen und Absichten entspricht, die es veranlassen. Dabei darf nicht vergessen werden: Dies alles geschieht auf dem Niveau bloßer Erfahrung *ohne* dass all diese Bedeutungszusammenhänge in Form sprachlicher Rekonstruktionen verfügbar wären. Erfahrung konstituiert zunächst lediglich ein *Können*, also die Möglichkeit, die sprachlos vorliegenden inneren Materialisierungen wieder sprachlos, also *praktisch*, zu aktivieren.

Gerade die *zeitliche* Dimension der Wahrnehmung macht deutlich, wie anschaulich der Begriff der Erfahrung den Vorgang des probierenden Inkorporierens portraitiert: Im Verlauf eines *Er=Fahrens* verändern wir unsere Position und gewinnen dadurch vielfältige Eindrücke. Auch der aktiv-engagierte Charakter dieses Vorgangs ist mit dem Begriff des Erfahrens plastisch charakterisiert: Erfahrung bedeutet „ein *Sich-bewegen* und ein *Sich-erinnern* an spezifische Ereignisse und Erlebnisse, aber auch ein *Inkaufnehmen* von Mühen und Strapazen." (Mitgutsch 2008, 265).

Es mag in diesem Zusammenhang interessant sein, dass das Wort *lernen* schon etymologisch mit dem Wort Erfahrung verwandt ist: Es leitet sich vom gotischen Wort *lais* ab und dieses bedeutet ursprünglich *erwandert* oder *erfahren haben* (vgl. Buck 1989, 16). *Erfahren* ließe sich also auch mit *Kennenlernen durch Herumkommen* übersetzen, es markiert eine Bewegung, die nicht weltblind auf ein möglichst schnell zu erreichendes Ziel fixiert ist, sondern eine durch die man sich auf die Welt einlässt, in sie einmischt und sie dadurch *von verschiedenen Seiten* wahrnehmen und erleben kann. Wenn wir uns bewegen, so registrieren wir damit eine *Reihenfolge* wahrgenommener Eindrücke, quasi einen ‚Film‘ aus Bildern, eine Bewegungsgestalt, die aus Abfolgen von Gegebenheiten und ihren Veränderungen sowie den mit ihnen verbundenen emotionalen Ereignissen konfiguriert ist.

Wenn wir etwa einen Nagel einschlagen, so verändert sich, was wir sehen (z.B. die Bewegung des Hammers, die immer wieder veränderte Stellung des Nagels), was wir hören (z.B. ein veränderter Klang des Aufschlags, wenn der Nagel sich verbiegt) oder wie sich die Ausführung unserer Bewegung und der Aufschlag auf den Nagel körperlich anfühlen. Zudem erleben wir auch die Entwicklung jener Emotionen, die uns Auskunft geben über das Verhältnis der in Durchführung befindlichen Handlung zu den Absichten, die wir mit ihr verfolgen: Wir erleben etwa die Anstrengung unserer Konzentration, aufsteigenden Ärger, wenn sich der Nagel verbiegt, Triumph, wenn er endlich eingeschlagen ist o.Ä. Es lässt sich vorstellen, dass wir es selbst bei einem so einfachen Vorgang wie dem Einschlagen eines Nagels mit reichhaltigen und differenzierten Eindrücken zu tun haben.

Mit einer geistigen Handlung verhält es sich in dieser Hinsicht nicht anders: Wenn wir die Addition 136 plus 17, wie man sagt, ‚im Kopf‘ ausführen, so wird uns dies in einem einzigen Rechenschritt vielleicht zu risikoreich vorkommen und uns damit unangenehme Gefühle eintragen. Dann können wir zunächst 136 plus 10 rechnen, denn das ist relativ anschaulich vorstellbar, und dann noch 7 dazu zu geben. Wenn uns dabei die Zehnerüberschreitung noch immer zu viel Respekt einflößt, können wir zu ihrer Absicherung auch zunächst einmal nur 4 dazu addieren und dann noch einmal 3 und dann hätten wir wiederum 153. Wenn wir uns andere Rechenstrategien angeeignet haben, werden wir aber vielleicht auch 20 addieren und davon, was wiederum gut fassbar ist, 3 abziehen etc. Die Aufgabe kann uns an die Grenze unserer rechnerischen Fähigkeiten führen und damit ängstigen oder anspornen oder uns sehr leicht fallen und uns damit in Sicherheit wiegen oder langweilen. Wie immer wir es anlegen, wir rufen eine Reihe von konsekutiven Erlebnissen hervor, die uns sowohl kognitiv als auch emotional herausfordern. Wie beim Nageleinschlagen entsteht also nicht bloß eine isolierte Durchführung des Rechenvorgangs, sondern eine Abfolge von äußerst komplexen Gesamteindrücken, die zur kompletten Erfahrung unserer mathematischen Bemühung verschmelzen.

Zunächst scheinen Rechnen und Nageleinschlagen zwei recht unterschiedliche Tätigkeiten zu sein: Beim Rechnen *besteht* die Handlung ja bereits in der Erzeugung jener Vorstellungen und zeichenhaften Repräsentanzen, wie sie das Nageleinschlagen lediglich *begleiten* (etwa das Bild des sauber eingeschlagenen Nagels, sprachliche Kommentare etc.). Gleichzeitig lässt sich aber auch eine wichtige Gemeinsamkeit erkennen: Weil Rechnen wie Nageleinschlagen (auch) einen *körperlichen* Vorgang darstellt (der auf einem spezifischen Können beruht), *erleben* wir bei beiden, wie sich das Aufbauen der Vorstellungsbilder, das Erinnern zurückliegender Handlungserfahrungen, das Abschätzen der Erfolgsaussichten, das Genießen einer ‚eleganten‘ Handhabung der Artefakte, die Freude am zufriedenstellenden Ergebnis, die elementare Befriedigung des ‚Kapiert-Habens‘ etc. *anfühlt*.

Die angeführten Beispiele machen auch noch einmal unmissverständlich klar, dass es sich beim lernenden Inkorporieren um kein passives Geformtwerden durch Außeneinflüsse handelt, sondern um das Resultat einer *Interaktion* zwischen handelndem Individuum und der Spuren hinterlassenden Welt. Selbst wenn wir nur still sitzen und ein Ereignis beobachten oder den dabei anfallenden Geräuschen zuhören, so tun wir dabei etwas Aktives: Wir wenden dem Beobachtungsfeld unsere Aufmerksamkeit zu, konzentrieren uns auf bestimmte Aspekte des Ereignisses, gliedern unsere Eindrücke in Vorder- und Hintergrund, verbinden sie gedanklich (hauptsächlich im subsidiären Modus) mit bereits vorhandenem Wissen etc. Was sich der Körper dann auf diese Weise einverleibt (und uns bei oberflächlicher Betrachtung als introjiziertes *Material*, als assimilierte *Substanz* o.ä. erscheinen mag), besteht in bleibenden Veränderungen, die der Handelnde durch das Herbeiführen der Erfahrungen *sich selbst zugefügt hat*. Die Erfahrung ist ein überdauernder Niederschlag, eine biologische Einschreibung, eine Fleisch gewordene Hinterlassenschaft *unseres Handelns* und *Erlebens* im Umgang mit uns und der Welt.

Wo aber steckt das Einverleibte, Verkörperte nun? Haben wir es im *Kopf* (was etwa der Ausdruck ‚Kopfrechnen‘ nahelegt), haben wir es im *Gehirn* (wie uns die Neurobiologie versichert), haben wir es im *kleinen Finger*, wie die beliebte Redewendung behauptet? – Wo das Erfahrungswissen in einem *physikalischen* oder *biologischen* Sinne steckt, kann ich nicht beantworten, es ist für meine Darstellung aber auch nicht relevant, denn wie Merleau-Ponty vermerkt, „davon weiß ich, wenn ich mich nur selbst befrage, gar nichts.“ (1966, 91) Ich spüre ja nicht, *wo* ich denke, sondern nur *was*. Ich hatte beispielsweise noch nie das subjektive Gefühl, im Kopf zu denken, oder im Bauch, wo es auch manche zu lokalisieren pflegen, und könnte mir jemand nachweisen, dass ich eigentlich mit meiner linken Ferse denke, so müsste sich das weder auf mein Denken und Lernen, noch auf meine lerntheoretischen Überzeugungen in irgend einer Weise auswirken.

Denkt man aber phänomenologisch, so kann man zur Auffassung gelangen, dass sich eine Erfahrung im *Gespür* niederschlägt oder auch, dass wir für ihren Gegenstand ein *Gespür* entwickeln. Von dieser Aussage ist nicht nur das motorische, sondern auch das mentale Können betroffen. Betrachten wir noch einmal das Beispiel der Addition 136 plus 17: Unter dem Gesichtspunkt der *Handlungserfahrung* geht es ja hier nicht um die begriffliche Herauspräparierung des mathematischen Gehalts der Addition, sondern um ihre *praktische Ausführung*, um das Erleben ihres *Vollzuges*, und dieses führt zu einem praktischen Beherrschen seiner Bestandteile und Abfolgen. Durch wiederholte Erfahrung entwickeln wir also für das Rechnen von Additionen in gleicher Weise ein Gespür wie für das Einschlagen von Nägeln.

Wo aber befindet sich dieses Gespür? Jedenfalls nicht im Kopf alleine. *Ich denke* heißt vielmehr: Mein Denken vollzieht sich *in meinem Leib als ganzem* (siehe 2.3). Wer dies bloß als nette romantische Redensart empfindet, dem empfehle ich, Auguste Rodins Skulptur des ‚Denkers‘ (vgl. Abb. 3) sorgfältig zu betrachten und sich dann die Frage zu stellen: Wie hätte uns Rodin das Denken so überzeugend durch die *Darstellung eines ganzen menschlichen Körpers* vor Augen stellen können, wenn es alleine in den Gehirnwindungen vor sich ginge? Ich kann mir für die Behauptung, dass es der *ganze Mensch* ist, der denkt und nicht bloß ein paar seiner grauen Zellen, keinen schlagenderen Beweis vorstellen als dieses einprägsame Kunstwerk.

Abb. 3: Auguste Rodin: Der Denker. Quelle: https://commons.wikimedia.org/wiki/File:Paris_2010_-_Le_Penseur.jpg (Zugriff am 27.10.2015)

5.3 Erinnern: Das Wiederaufsuchen des Kontexts

Wenn wir etwas behalten haben, dann können wir es erinnern. Wie lässt sich ein solches späteres Verfügenkönnen über die körperlichen Materialisierungen früheren Tuns genauer vorstellen? Wie schon angeführt, besteht unser Erinnern ja darin, dass wir die inkorporierte Spur *wieder* aktivieren, die im Verlauf des probierenden Vollzuges der von uns gesuchten Handlungsverläufe entstanden ist. Wir bewegen uns dazu einfach durch die aus dem lernenden Wiederholen und Variieren ausgeformte Erfahrungsarchitektur oder, um ein anderes bereits verwendetes Bild zu gebrauchen: Wir beschreiten wieder die Wege, die sich in der Wiese durch häufiges Begehen bereits eingeprägt haben.

Dabei lassen wir uns von den jeweils miteinander verbundenen Verweisungen leiten oder orientieren uns aktiv und zielgerichtet an ihnen: Jede erinnerte Bewegung, Vorstellung oder Idee lässt uns weitere Bewegungen, Vorstellungen und Ideen erinnern und dies führt uns zum abermaligen Innewerden der gesuchten Bewegungs- oder Denkaktivität. Nachdem es sich bei den inkorporierten Erinnerungsspuren nicht um isolierte Detailinformationen handelt, sondern um räumlich und zeitlich ausgeformte ganzheitliche Eindrucksgebilde, genügt das Wahrnehmen oder Vergegenwärtigen *einiger ihrer Teile*, um dadurch einer gesamten ‚Assoziationskette‘ gewahr zu werden, die sich wie von selbst einstellt oder in ‚passiver Intentionalität‘ (siehe 5.1) aufgesucht und verfolgt werden kann.

Eine besondere Bedeutung haben dabei die *wirklichen Interaktionen und Artefakte*, die in der uns *beim Erinnern umgebenden Situation* verfügbar sind. Wie ich ausführlich gezeigt habe, fungieren sie ja als Reservoire jenes Wissens, das unsere Handlungsvollzüge unauffällig leitet und ausdrücklich mit jederzeit abrufbarem Reflexionspotential ausstattet. Wir erinnern uns etwa an eine Melodie, wenn *andere sie singen*, wir sie hörend wiedererkennen bzw. darauf aufbauend vorauserinnernd in sie einstimmen können. Vielleicht haben wir aber auch *Liedtext* oder *Notenblatt* vor uns, die uns bestimmte signifikante Eigenheiten des Musikstückes gegenwärtig machen. Damit einher geht die Erinnerung an ein Konzert, an einen bestimmten Ort, an eine bestimmte Jahreszeit, an das Beisein dieser oder jener Begleitung, an diese oder jene Stimmung, in der wir das Musikstück einmal gehört haben.

Klaus Holzkamp hat die Möglichkeit systematisiert, unser Behalten und Erinnern durch entsprechende situationale Vorkehrungen auch schon intentional zu sichern. Er unterscheidet dazu drei Strategien, die er als *„mentale, kommunikative* und *objektivierende* Modalitäten" (1995, 300) bezeichnet. Die durch sie genützten Möglichkeiten der – wie ich sagen würde – *Situierung* der späteren Erinnerung liegen aber nicht nur absichtlich vorgenommenen *Behaltens-Strategien* zugrunde, sondern *jeder* Art des Wieder-Erinnerns an gemachte Erfahrungen, also des Wiederaufrufens lernend verkörperter Praktiken. Die genannte Gliederung korrespondiert in etwa mit der von mir durchgehend praktizierten Unterscheidung unterschiedlicher

Funktionsaspekte des Handelns und Lernens und ich kann mich daher in diesem Abschnitt im Grunde darauf beschränken, meine bisherige Darstellung des Lernens nun unter dem Gesichtspunkt des *Gelernt-Habens* noch einmal zu rekapitulieren. Die Gliederung lässt wieder erkennen, dass man intentionales Behalten nicht als eine *solipsistisch-monologische Aktivität* des individuellen ,Geistes' betrachten darf, die sich auf eine *punktförmig isolierte Materie* richtet.

Einige der von Holzkamp gewählten Begriffe halte ich jedoch für missverständlich und ziehe daher eine leicht veränderte Begrifflichkeit vor (vgl. Tab. 3, in der ich zur Bezugnahme auf die bisher angestellten Überlegungen die erste Spalte aus Tab. 1 übernommen habe).

Tab. 3: Modalitäten des Behaltens und Erinnerns

Funktionsaspekte des Handelns	Modalitäten des Behaltens	Strategie des Behaltens	Strategie des Erinnerns
Körperliche Ausführung	Inkorporierende Modalitäten	Einüben der Praktiken	Routinegestützt denken/bewegen
Soziale Integration	Interaktive Modalitäten	Einüben der Interaktionen	Gemeinsam denken/bewegen
Vergegenständlichter Weltbezug	Objektivierende Modalitäten	Einüben der Verwendung instrumenteller, ikonischer und symbolischer Artefakte	Artefaktgestützt denken/bewegen

Eine *erste* Möglichkeit der Situierung des späteren Wiedererinnerns bildet demnach das *Inkorporieren* von Handlungsstrukturen. Was bei Holzkamp etwas reduktionistisch (weil offensichtlich auf ,geistiges' Erinnern beschränkt) als *mentale Modalitäten* bezeichnet wird, möchte ich daher lieber als *inkorporierende Modalitäten* ansprechen, darin zusammengefasst *motorische* und *mentale* Formen. Diese Inkorporierung entspricht am ehesten dem traditionellen Verständnis von *sich etwas merken*: Wir behalten es – wie gezeigt – als körperliche Spur, die uns ermöglicht, die zu erinnernden Praktiken zu wiederholen. Wenn wir also etwas behalten *wollen*, so können wir – die spätere Erinnernsanforderung vorwegnehmend – seinen Vollzug nachhaltig, etwa durch häufige Wiederholung, in unseren Körper ,einschreiben' oder wie man auch sagen kann: *üben*. Damit speichern wir die Fähigkeit, den Vollzug später zu wiederholen, *in uns selbst.*

Wenn ich hier vom Körper spreche, so ist immer mitzudenken, dass wir unser Gehirn selbstverständlich als einen Teil dieses Körpers betrachten müssen. Allerdings ist das (motorische und mentale) Können – wie eben erst am Beispiel des Rodinschen ,Denkers' veranschaulicht – nicht allein in diesem hochspezialisierten Organ aufbewahrt. So sind etwa auch unser Bewegungsapparat, unsere Gelenke, Muskeln, Sinneszellen, Nervenverbindungen, hormonellen Reaktionen etc. an ihm beteiligt. Das Beispiel eines geübten Pianisten zeigt, welche Bedeutung die Speicherung eines motorischen Könnens in den Fingern (ihrer Bewegungsfähigkeit, ihrem Sich-Anfühlen etc.) haben kann. Und selbst die Aufbewahrung von sprachlich repräsentiertem Wissen findet seinen Niederschlag in körperlichen Zuständen und Bewegungsabläufen, etwa durch die körperlichen Haltungen, die wir beim Nachdenken, Lesen oder Diskutieren einnehmen. Diesen Zusammenhang macht sich etwa zunutze, wer absichtlich die Einprägung von Wissen mit äußeren Bewegungen verbindet (wer etwa beim Auswendig-Lernen im Kreis herumgeht, um ein solches Behalten wenigstens mit einem kleinen Rest an ‚Kontext‘ zu versehen). Dadurch kann das spätere erneute Durchführen der Bewegung die Wiederholung des Gelernten entsprechend unterstützen. Allerdings bleibt diese Strategie von der Ausbildung eines passenden Lernhabitus abhängig und ist daher nicht für jeden Lernenden gleichermaßen effektiv einsetzbar.

Die *zweite* Möglichkeit einer Situierung späterer Erinnerung besteht in einer *sozialen* Verankerung des Wissens, ihre Grundlagen werde ich in Kap. 6 ausführlicher diskutieren. Was Holzkamp hier als *kommunikative Modalitäten* bezeichnet, möchte ich im Sinne meiner bisherigen Darstellung lieber als *interaktive Modalitäten* verstehen, da dies weniger leicht zu dem Missverständnis führt, es handle sich hier nur um einen Austausch *ausdrücklicher* oder gar *sprachlicher* Informationen. Diese zweite Form besteht darin, dass wir die Aktivität des Erinnerns *gemeinsam mit anderen* ausführen und auch hier gibt es wieder die Möglichkeit, dies *zeichenhaft* oder *praktisch* zu vollziehen.

Nehmen wir als Beispiel für letzteres das gemeinsame Vollführen eines Gesellschaftstanzes. Der hochkomplexe Bewegungsablauf wird in diesem Fall nicht einfach durch eine bloß additive Verzahnung zweier solipsistischer Erinnerungen gesteuert, sondern durch die *wechselseitige ‚Inspiration‘ der Erinnerung* durch das sich miteinander-in-Bewegung-Befinden. Wenn man daher mit einem schlechten Partner zusammen kommt und von diesem keine geeigneten Impulse empfängt, verschlechtert sich auch die eigene Tanzfähigkeit, denn die Erinnerung an die angemessene eigene Bewegung ist dann in der korrespondierenden Bewegung des Tanzpartners *unzureichend* (mit) verankert.

Wir praktizieren aber auch gemeinsames *Wissen und Denken,* etwa durch Fragen und Antworten, durch abwechselndes Erzählen, durch argumentatives Widersprechen und Bestätigen etc. Dies wäre dann eine Form des gemeinsamen *ausdrücklichen* Vergegenwärtigens. Ein schönes Beispiel aus meiner eigenen Arbeit sind für mich immer wieder Forschungssitzungen, in denen ich gemeinsam mit Studierenden oder anderen Forschenden Unterrichtsprotokolle interpretiere. Dabei ist immer wieder bemerkenswert, um wie viel reichhaltiger sich gestaltet, was *mehrere Personen gemeinsam* an hintergründigen Bedeutungsstrukturen entdecken können, als eine einzelne, im Interpretieren noch so geübte Person. Es lässt sich hier unmittelbar erfahren, wie jeder einzelne Beitrag in das Weiterdenken aller anderen Beteiligten einfließt und sich dadurch das geteilte Wissen intensiviert und verdichtet.

Als ich meinen ersten öffentlichen Vortrag halten sollte, überkam mich in den letzten Minuten davor die Überzeugung, dass ich auch nicht einen einzigen vernünftigen Satz herausbringen würde, und ich spekulierte schon mit der Möglichkeit, eine Herzattacke vorzutäuschen. Ich konnte es kaum fassen, was dann geschah, als ich zu sprechen begann: Vom ersten Augenblick an hatte ich nicht das geringste Problem, vorzutragen, was ich vorbereitet hatte. Sofort als ich unter den anwesenden Menschen ‚angekommen' war, ergab sich der Verlauf meines Vortragens als Kooperation mit den zusammengekommenen Personen und als Koordination mit meinem sorgfältig ausgearbeiteten Manuskript praktisch wie von selbst: Ich spürte die freundlichen Menschen, die erwartungsvoll und meiner Fähigkeit vertrauend auf mich blickten, ich orientierte mich an meinen Unterlagen, sprach, hörte meine Stimme, die die mir geläufigen und übersichtlich vor Augen liegenden Überlegungen zum besten gab, konnte auf fragende Blicke hin ein Argument ein zweites Mal in modifizierter Weise aufgreifen, zog meine Schlussfolgerungen und so fort.

Auch in diesem Zusammenhang können wir wiederum absichtliche Vorsorge betreiben, indem wir gemeinsam mit anderen soziale Konstellationen einrichten, die als Speicher für jene könnens- und wissenshältigen Auslöser fungieren, die uns ein späteres Erinnern ermöglichen werden. Ein illustratives Beispiel dazu wäre etwa ein stabiles Arbeitsteam, in dem spezialisierte Kompetenzen arbeitsteilig aufbewahrt werden und in entsprechenden kooperativen Situationen durch Rückfragen, Vorschläge, eingespielte Bewegungsroutinen etc. zu einer gemeinsamen motorischen und mentalen Handlungskompetenz zusammengefügt werden können. Auch wer seinen Tango-Kurs nicht alleine besucht, hat aus den erläuterten Gründen in einer regelmäßigen Tanzpartnerin schon einmal eine mögliche personale Hilfe für späteres Erinnern an die richtigen Bewegungsabläufe zur Verfügung.

Wie prägend sich die Einbettung unseres Lernens in Interaktionen auswirkt, als deren Beitrag es stattfindet, mag noch folgendes Beispiel demonstrieren: Freunde von mir erziehen ihr Kind zweisprachig. Auf meine interessierte Frage, ob das Kind die beiden Sprachen nicht permanent durcheinander bringen und eine Mischsprache ausbilden würde, erhielt ich die Erklärung, dies könne vermieden werden, wenn die Mutter *immer* in der einen und der Vater *immer* in der anderen Sprache mit dem Kind spreche. Der Grund dafür besteht darin: Das Kind nimmt nicht lediglich zwei *Sprachen* wahr, sondern zwei unterschiedliche *Sprachverwendungskontexte*. Jeder von beiden beinhaltet sowohl das entsprechende Vokabular, die entsprechende Grammatik etc. der jeweils einen Sprache *als auch die Person* der Mutter (oder des Vaters) als dieser Sprache jeweils zugeordnetes kommunikatives Gegenüber. Die inkorporierten Spuren jeder Sprache sind also zugleich die Spuren bestimmter typischer Situationen, wie sie vor allem durch die Verknüpfung mit den jeweils zugeordneten Gesprächspartnern und deren Eigenheiten, bevorzugten Themen, emotionalen Stimmungen, Artikulationsdetails etc, geprägt ist.

Die *dritte* Unterstützungsmöglichkeit unseres Erinnerns ist gemäß meiner Darstellung die Situierung unserer Handlungsabläufe *in Artefakten,* deren Grundlagen ich in Kap. 7 und 8 systematisch erläutern werde. Sie entspräche dem, was Holzkamp als *objektivierende Modalitäten* bezeichnet: das Aufbewahren von Wissen in Gegenständen. Dabei geht es zunächst einmal um Gegenstände, die unsere Erinnerung lediglich durch ihre *Gebrauchseigenschaften* anleiten. Eine Säge etwa birgt eine Menge Wissen, doch ist ihr dieses nicht ausdrücklich abzulesen. Es bringt sich nur dadurch zur Geltung, dass die Gestalt der Säge auf einen bestimmten Verwendungszweck hin optimiert ist und sie *erinnert* durch diese Gestalt an entsprechende Praktiken ihres Gebrauchs. Sie tut dies besonders nachdrücklich dadurch, dass sie im Falle einer unkorrekten Bedienung das Erreichen dieses Zweckes verweigert, etwa klemmt oder bricht.

Das eigene Herstellen *dinglich-instrumenteller* Erinnerungshilfen ist in unserer Kultur der industriellen Produktion allerdings von eher untergeordneter Bedeutung. Es sind eben zumeist vorfabrizierte Sägen, Bohrmaschinen, Sportgeräte, Möbelstücke oder Laptops, die unsere entsprechenden Erinnerungen leiten. Doch müssen die Gegenstände, in die hinein wir die Möglichkeit der Wiederaktivierung unserer Erfahrungen verankern, keineswegs Werkzeuge oder technische Geräte in einem engeren Sinne sein.

Wir alle haben es schon erlebt: Man sucht einen Raum auf und weiß plötzlich nicht mehr, was man dort eigentlich wollte. Die beste Weise, die Erinnerung wieder zu beleben, besteht darin, wieder dort hin zurückzukehren, von wo man gekommen ist und dort die Tätigkeit wieder aufzunehmen, die man davor abgebrochen hat. So vorzugehen, entspricht einfach dem Versuch, ausreichend viele Elemente der verlorengegangenen und vollzugsnotwendigen Situierung des Denkens wieder herzustellen und meistens passiert es dann, das einem die ursprüngliche Absicht auch zwanglos wieder einfällt.

Wie erinnern wir uns an die Stelle, an der wir auf dem Weg zur Arbeit links abbiegen müssen? Messen wir jeden Tag die Meter, die wir zurücklegen müssen, zählen wir die Häuser, gehen wir nach einem Stadtplan vor, indem wir die Vogelperspektive gedanklich ‚umrechnen' auf unsere dazu um neunzig Grad aufgerichtete Wahrnehmung beim Gehen? Nichts von alledem ist notwendig (wenngleich auch nicht auszuschließen). Es sind die Häuser und Straßenbiegungen selbst, die uns wissen lassen, wie wir vorankommen: Ihr erlebter Eindruck gibt uns an der richtigen Stelle das Gefühl, genau jetzt abbiegen zu müssen. Um zu erinnern, wo wir links abbiegen müssen, setzen wir also einerseits unsere *mentale Erinnerung* ein, wie andererseits auch die wirklichen *Häuser und Strassen,* denen sie entspricht.

Als ich noch ein begeistert schifahrender Jugendlicher war, versuchte ich oft, mir in der Sommerzeit vorzustellen, wie ich einen Hang hinunterfahre. Dabei bekam ich regelmäßig die Panik, dass ich das Schifahren bereits vollständig verlernt hätte. Meine Erinnerung an die konkrete Durchführung all dessen, was man auf einem Schihang zu tun hat, war so blass geworden, dass ich den Eindruck hatte, keinesfalls auch nur ein paar Meter einfachster Piste bewältigen zu können. Wie sollte es auch anders sein: Durch ein *symbolisches* Gebilde konnte ich meine Körperbewegungen nicht vergegenwärtigen (es handelte sich ja um ein *motorisches* Können) und die Möglichkeit, sie durch *Interaktion* mit passenden operativen Bedingungen zu aktualisieren, war nicht gegeben. Das wenige, woran ich mich erinnern konnte, hing damit quasi ‚in der Luft'. Dann aber, wenn ich mein Tun wieder angemessen situieren konnte, beherrschte ich zu meinem Erstaunen die Technik wieder genau so, wie am Ende der davorliegenden Saison.

Wir begeben uns nach vielen Monaten also auf einen schneebedeckten Berg und tun einfach, was zu tun ist. Wie wir dabei genau vorgehen müssen, sagt uns dabei kein in unserem Denken angelegtes ‚Verzeichnis' der benötigten Praktiken, es ergibt sich vielmehr aus der Interaktion zwischen bestimmten selbstinstruktiven Gedanken, vorstellbaren Bildern, spürbaren motorischen Gewohnheiten und den einzelnen wieder begegnenden außerkörperlichen Bedingungen: aus Gelände, Schnee, Hindernissen, Schiern, Stöcken und aus den Bewegungen und Interaktionen der anderen Schifahrer. Das Zusammenwirken all dieser Ereignisse leitet unsere Erinnerung an die erlernten körperlichen Bewegungen an und ermöglicht, sie auszuführen.

Selbst bei einer Tätigkeit, die zur Gänze ohne hergestellte Gegenstände auskommt, verhält es sich nicht anders: Wenn wir schwimmen wollen, benötigen wir das Wasser nicht nur, weil es dem Schwimmen physikalisch vorausgesetzt und definitorisch implizit ist. Wir benötigen es vor allem auch, weil wir es körperlich spüren müssen, um uns daran zu erinnern, was genau wir beim Schwimmen zu tun haben: Erst seine faktischen Eigenschaften und unsere erinnerte Erfahrung *zusammen* führen uns zur angemessen ausgerichteten Bewegung der Arme und Beine, zur richtig dosierten Kraftanstrengung, zum optimalen Wechselspiel von Untertauchen und Atemholen. Das widerständige Ausweichen des Wassers und unsere Erinnerung an die Muskelkontraktionen, durch die wir es dazu einsetzen können, uns in eine bestimmte Richtung zu bewegen, bilden *gemeinsam* die Grundlage des Wiederinnewerdens unseres Schwimmenkönnens.

Es geht hier aber auch um die Situierung unseres Behaltens und Erinnerns in *ikonischen* und *symbolischen* Artefakten: Wir lesen (in sprachlichen Zeichen abgefasste) Bücher etwa nicht nur deswegen, um etwas Neues zu erfahren, sondern auch, um uns an das zu erinnern, was wir schon einmal gelesen, im Detail aber wieder vergessen haben. Wir nehmen aber auch zum wiederholten Mal den (in bildlichen Zeichen ausgefertigten) Stadtplan zur Hand, um uns noch einmal einer bereits bekannten komplizierten Anfahrt zu einem gewählten Ziel zu vergewissern. Ungleich häufiger als instrumentelle Artefakte stellen wir solche zeichenhaften Artefakte in alltäglichen Lebenszusammenhängen selbst her: Einkaufszettel, Kalendereinträge, Tagebücher, Mitschriften, Tabellen, Präsentationsfolien, unterstrichene Stellen in Büchern, elektronische Erinnerungshilfen u.Ä.

Besonders effektiv lässt sich unsere Erinnerungsfähigkeit durch die Kombination *mehrerer* Strategien stützen. Denken wir etwa an einen Flugzeugpiloten, der alle Körperbewegungen sowie mentalen Abläufe durch oftmalige Übung intensiv und eingebunden in ihren Anwendungskontext *inkorporiert* hat, darunter besonders auch jene Abläufe, mit denen er auf seine *instrumentellen* (z.B: Steuereinrichtungen), *ikonischen* (z.B: Signallampen), *symbolischen* (z.B: Anzeigen) und *interaktiven* Vergegenwärtigungshilfen (z.B.: Kommunikation mit Kontrollturm und Kopilot) zurückgreifen kann. Durch eine solche *komplex vernetzte* Einbettung lässt sich jene Ressource absichtsvoll nützen und gezielt intensivieren, die in unauffälliger Form ohnehin jedem menschlichen Handeln zugrundeliegt: die Situiertheit unseres mentalen und motorischen Könnens in den Interaktionen und Objekten, im Zusammenwirken zwischen dem innerhalb und dem außerhalb unseres Körpers gespeicherten Wissen.

Es bildet nun *eine* Funktion der Interaktionen und Artefakte, unser Denken (und anderes Handeln) einfach dadurch anzuleiten, dass sie bestimmte Vollzüge ermöglichen und andere verunmöglichen. Auf diese Weise veranlassen sie uns vielfach, ihnen *blind* – also ohne Verständnis ihres Sinnes – zu folgen. Wenn etwa ein kleines Kind durch eine Schutzvorrichtung daran gehindert wird, in die Steckdose zu greifen, so muss es nicht verstehen, dass es dadurch von einer Gefahr ferngehalten wird. In diesem Falle realisiert das Kind aber das Artefakt ‚Schutzvorrichtung‘ gar nicht *als solches*, sondern erfährt es lediglich *als faktisch angetroffenes Hindernis*. Es handelt also nicht *im Wissen um* die Sinnhaftigkeit der Vorrichtung, es stellt keinen Bezug zu dem in ihr vergegenständlichten Wissen her.

Entfaltetes menschliches Denken ‚hält‘ dagegen den Kontakt mit den Sinnzusammenhängen, die in den Materialisierungen vorliegen, auf denen es beruht. Diese *zwingen* unser Verhalten nicht bloß in faktische Möglichkeitskorridore, sondern bleiben uns als *Mittel* unserer Aktivität bewusst. Um dies zu gewährleisten, müssen wir uns die Fähigkeit aneignen, im Handeln einen sinnhaften Kontakt mit den in den Interaktionen und Artefakten repräsentierten Einsichten aufrecht zu erhalten, mit ihm sozusagen auf ‚Tuchfühlung‘ zu bleiben. Wie können wir uns die Realisierung einer solchen ‚Tuchfühlung‘ im Denk- und Handlungsverlauf vorstellen?

Die Herstellung dieser Verbindung unseres Denkens mit den außermentalen Wissensmaterialisierungen wäre nicht möglich ohne die Fähigkeit unseres Denkens, mentale Repräsentationen der außermentalen Gegenstände und Ereignisse zu bilden (etwa: gedachte Worte, die für gelesene oder gehörte Worte stehen, vorgestellte

Bilder, die gesehenen Bildern oder Sachverhalten entsprechen). Sie bilden gleichsam eine Art Brücke zwischen der virtuellen Welt unseres Denkens und der realen, in der wir uns wirklich-körperlich bewegen.

Ich habe nun weiter oben darauf hingewiesen, dass wir zu einem Zeitpunkt nur einen beschränkten Sinnzusammenhang klar und aufmerksam erfassen können. Diese fokussierte Wahrnehmung oder Vergegenwärtigung wird jedoch gleichsam umgeben von einem Feld einer weniger deutlich konturierten, weniger klaren, weniger plastischen, an den Rändern des Denkens sich verlierende Präsenz von Eindrücken, Wissensbestandteilen, Assoziationsverbindungen etc. Dieser ,Hintergrund', diese ,Umgebung' unserer konzentrierten intentionalen Zuwendung zur Welt ist jedoch keineswegs bloß negativ zu bestimmen, etwa als Schwächerwerden unserer Aufmerksamkeit nach außen hin, als zentrifugales Abflachen unserer Konzentrationsfähigkeit, als ,Ausfransen' unseres Wahrnehmungsfeldes. Es handelt sich dabei vielmehr um einen eigenständigen Vergegenwärtigungsmodus, der in Kombination mit dem Fokussieren gerade auch als Medium des Erinnerns eine wichtige ,subsidiäre' Funktion erfüllt (siehe 5.2).

Ich illustriere diese Funktion an einem Beispiel: Wenn ich nach einer mehrtägigen Pause die Arbeit an diesem Buch wieder aufnehme, so verfüge ich zunächst über eine ärgerlich magere Erinnerung an mein eigenes Darstellungsanliegen, an meine bisher schon verschriftlichen Gedankengänge und an die unterschiedlichen noch aufzunehmenden und zu berücksichtigenden Wissensbestände. Der Horizont meines Denkens ist gegenüber meiner letzten Arbeitsphase stark verengt und die Quellen, die ich in mein Weiterarbeiten einspeisen kann, sprudeln spärlich. Es fühlt sich an, als umgäbe mich ein zähes undurchdringliches Medium, das mich von den Ressourcen meines Denkens abschirmt und mich auf der Stelle treten lässt. Was kann ich in dieser Situation unternehmen?

Ich reproduziere mein einmal bereits erreichte Wissensniveau und Problembewusstsein Schritt für Schritt durch wiederholtes Lesen und Durchdenken der angefertigten Textbausteine, Notizen, Literaturhinweise etc. Nach einigen Stunden (ich schaffe es tatsächlich nicht schneller) kann ich fortsetzen, wo ich zuletzt geendet habe. Es ist, als hätte ich mein Fassungsvermögen wieder ausgedehnt, als hätte ich meinen geistigen Aktivitäten mit weiterführenden Potentialen gleichsam aufgeladen. Wenn ich dann den Faden eines konkreten Gedankens wieder aufnehme und weiterspinne, so weiß ich bescheid um seine vielfältigen Verbindungslinien zu anderen Gedanken, Einsichten und Erkenntnissen, ohne dass mir diese jedoch vollständig, scharf und klar präsent wären. In dem Augenblick, in dem ich meinen Hauptgedanken gleichsam scharf stelle, weicht das nunmehr wieder aktivierte Wissen (mehr oder weniger weit) in seinen Hintergrund zurück. Dennoch ist es nicht im Vergessen verschwunden, sondern begleitet mich in einem Halbdunkel, das jeden meiner konzentriert verfolgten Gedanken umgibt und aus dem ich Einzelheiten grundsätzlich auch wieder herausholen und scharf stellen kann.

Es ist also ganz offensichtlich: Die Einbettung meiner *intentionalen Zuwendung* zu bestimmten Bedeutungszusammenhängen in ein *peripheres Gewahrsein* einer wesentlich größeren Menge von Wissen hat die Funktion, ihre Verknüpfung mit meinem insgesamten Wissen herzustellen, wie es mir vor allem in Form der mental repräsentierten Artefakte zur Verfügung steht. Stünde mir diese Leistung nicht zur Verfügung, müssten meine konzentrierten Gedanken notwendigerweise äußerst banal geraten. Sie wären ja auf das kleine Feld beschränkt, das ich ‚auf einmal' konzentriert erfassen kann und blieben daher vom gesamten Rest meines sonstigen Wissens abgeschnitten.

Bei dem zuletzt skizzierten in *Interaktionen* und *Artefakten* situierten Erinnern werden ‚äußere' Vorkehrungen zwar zu Hilfe genommen, sie können jedoch nichts anderes leisten, als eine Aktivierung unserer *körperlich gespeicherten Praktiken* auszulösen und anzuleiten oder *durch den Einsatz dieser Praktiken* in Dienst genommen zu werden. Was wir daher – wie die Beispiele auch veranschaulichen – auf alle Fälle *inkorporiert* haben müssen, um uns mithilfe sozialer oder vergegenständlichter Instanzen an etwas erinnern zu können, ist die Fähigkeit, an diese Instanzen *anzudocken* und uns das in ihnen steckende Wissen *verfügbar zu machen,* sie also *zu handhaben.* Dabei können sie durchaus hohe Ansprüche an uns stellen: Wir müssen vielleicht aufwändige soziale Kontakte gestalten, besondere räumliche Orte finden und aufsuchen, komplizierte Sprachen und andere Zeichensysteme einsetzen, Pläne und Grafiken lesen oder technische Apparate bedienen, und all dies muss durch die von uns inkorporierten, also sprachlos gespeicherten Praktiken gewährleistet werden können.

Das Er=innern selbst ist also ein Vorgang, der sich im Medium unserer leiblichen Selbstgegebenheit vollzieht, es ereignet sich im Wiedervergegenwärtigen der in uns aufbewahrten Handlungserfahrungen. Dieser Prozess stützt sich nun keineswegs *ausschließlich* auf die *wirklichen* außermentalen Gegebenheiten, die ihn situational begleiten, sondern bedient sich auch ihrer *innermentalen Repräsentationen.* Die Erfahrungen, die wir in uns aufbewahren, beinhalten unsere früheren Körper- und Gedankenbewegungen nämlich von vornherein in einem organischen Zusammenhang mit den sie orientierenden Interaktionen und Artefakten. Indem wir *deren* mentale Repräsentationen *mitbehalten* und in unserem Denken immer mindestens in subsidiärer Weise *mitführen,* halten wir gleichsam ‚Andockstellen' für eine erneute reale Begegnung mit ihnen bereit. Damit können dann die von uns *inkorporierend* gespeicherten Bedeutungszusammenhänge direkt an die *interaktiv* und *objektivierend* verfügbar gehaltenen anschließen. Etwas gelernt zu haben, bedeutet dann, dass in unserem Körper eine bloß *selektive, rahmenhafte* Erinnerung verankert ist. Sie beinhaltet nicht notgedrungen alle Details des zu erinnernden Bedeutungszusammenhangs, dafür aber die Fähigkeit, diesen im Umgang mit den außerkörperlichen Gegebenheiten entsprechend zu vervollständigen.

Betrachten wir dazu wieder ein Beispiel: Wenn wir versuchen, eine mathematische Aufgabe zu lösen, also unser *mathematisches Wissen* wieder zu aktivieren, so entwickeln wir unsere Vorgangsweise im Rahmen jenes Kontexts, in dem wir sie erlernt haben. Wir übersetzen also die Aufgabe zunächst in das uns bekannte mathematische Zeichensystem, dessen Bestandteile wir aus unserer (lediglich eigenkörperlichen) Erinnerung reproduzieren können. Dann haben wir die Aufgabe in verobjektivierter ‚äußerer‘ Form aufgeschrieben vor uns. Dies erlaubt uns einen gewissen ‚Überblick‘, der uns die Orientierung im weiteren – das mathematische Wissen erinnernden – Vorgehen erleichtert. Die folgenden Schritte ergeben sich dann aus der Interaktion zwischen unserer inkorporierten Erinnerung (etwa an die jeweilige Bedeutung der Zeichen) und den außerkörperlichen Gegebenheiten (etwa den Zahlen- und Buchstabenreihen unserer ‚Rechnung‘, den jeweils bereits erreichten, etwa schriftlich oder grafisch fixierten Zwischenergebnissen, den Schreibgeräten und Sitzgelegenheiten, aber auch den Kommunikationen mit Menschen etc.)

Nun kann man sich an bestimmte Strategien des Lösens einer mathematischen Problemstellung auch in der Weise erinnern, dass man sie lediglich als *bildliche Vorstellung* und *verbale Aussage* denkt oder erklärt, *ohne* sie aus der Kontaktnahme mit wirklichen materiellen Artefakten zu entwickeln. Die erinnerungsleitende Situierung der Rechenmethode in den mathematischen Zeichen würde dann also alleine in *mentaler* Erinnerung vollzogen werden. Dazu müssten wir die Artefakte zur Gänze aus der äußeren Umgebung herauslösen und in Gestalt ihrer Repräsentationen *als virtuelle* in den inneren Kontext unseres Denkens verlagert haben. Dies würde an unsere geistige Kapazität zweifellos höhere Anforderungen stellen und die Gültigkeit der Lösungen einem höheren Risiko aussetzen. Je mehr wir an unserer Erinnerung gänzlich dem mentalen Modus überantworten, uns also von der wirklichen Welt abkoppeln, desto eher laufen wir Gefahr, ‚verselbständigte‘ Denkfiguren zu produzieren, die sich nicht mehr in tatsächlich erfolgreiches (hier etwa: mathematisches) Handeln umsetzen ließen.

In einem solchen Erinnern können wir unsere Erinnernsabsichten, unsere spontan sich einstellenden Erinnerungen, die innere Haltung, die wir dazu einzunehmen gelernt haben, unsere Interaktionen, die uns verfügbaren Artefakte etc. durch *inneres Sprechen* ordnen und durchstreifen und damit den zu erinnernden Inhalt gleichsam *einzukreisen* versuchen. Durch eine solche Vorgangsweise ‚grasen‘ wir unsere Erinnerung ab nach Beständen der Materialisierungen, die das lernende Probieren *in uns* hinterlassen hat. Wir versuchen dabei einerseits, uns dem gewünschten Inhalt im fokalen Modus anzunähern, andererseits aktivieren wir so die mannigfachen peripheren Bedeutungszusammenhänge *um* unsere intentionale Zuwendung *herum*. Indem wir damit den Horizont unseres subsidiär wirksamen Hintergrundwissens erweitern, bereiten wir den Boden dafür, dass uns das gesuchte Wissen schließlich wie von selbst *einfällt*.

Diese sprachliche Wendung trifft das Wesentliche des Erinnerns sehr präzise: Nicht ich *erzeuge* in einem Akt konzentrierter Selbstdisziplinierung einen Gedanken wieder, sondern er fällt mir aus den eigenkörperlichen, sozialen, dinglichen, symbolischen Gegebenheiten der Situation zu. Im Zuge des Erinnerns entfalten sich dessen konstitutive Vorgänge großteils von selbst, so dass uns das entsprechende Ausführen des erinnernden Tuns wie selbstverständlich ‚von der Hand geht'. Man muss es sozusagen einfach *kommen lassen*: Wenn man dagegen angespannt versucht, das Eintreten einer Erinnerung zu erzwingen, blockiert das gerade jene intuitiven Ressourcen, die das Erinnern herbeiführen können.

Klaus Holzkamp unterscheidet in diesem Zusammenhang zwei Aspekte des zu erinnernden Wissens und bezeichnet sie als *Ziel- und Quellenwissen* (vgl. 1995, 303). Das *Zielwissen* ist dabei der eigentlich zu erinnernde Inhalt, das *Quellenwissen* der Kontext, in dem wir es uns angeeignet haben. Das Quellenwissen verweist also auf das Zielwissen, wobei die selben Inhalte einmal Ziel und einmal Quelle sein können, je nachdem, worin mein aktueller Erinnernsversuch gerade besteht. Dabei zeigt sich eine „eigentümliche Kulissenhaftigkeit" der „Wahrnehmungspräsenz", indem hinter „der Wahrnehmungsevidenz einer bestimmten Quelle, wie einer Auskunft oder eines Textes, … immer noch eine weitere Wahrnehmungsevidenz der nächsten Quelle [steht], auf die sich die erste Stelle stützt." (Holzkamp 1995, 307)

Es lässt sich auch vorstellen, dass wir eine angestrebte Erinnerung von gänzlich *unterschiedlichen* Punkten unseres Denkens aus anpeilen können, sofern wir *alternative Reihen* von Gedanken und Vorstellungsbildern zu ihr hin verfügbar haben. Eine besonders gute Orientierung in der städtischen Topografie haben etwa die Taxifahrer, denn sie haben jede denkbare Suchadresse schon von so vielen unterschiedlichen Seiten aus angesteuert, dass die Möglichkeit ihres (Wieder-)Auffindens durch die unterschiedlichsten ‚Anfahrten' vielfach abgesichert ist. Wie bei einem solchen Zurechtfinden in den Strassen können wir auch in unserer mentalen Topografie *mehrere* raum-zeitlich bedeutsame Reihen von Gedanken und Wahrnehmungsbildern (also quasi wieder erinnerbare Wegstrecken) anlegen und so eine angestrebte Erinnerung entlang unterschiedlicher mentaler Spuren ermöglichen. Eine solche Anordnung von Spuren folgt dann insgesamt weniger der Logik eines Fadens, als der eines Netzes und es ist unmittelbar einleuchtend, dass ein solches Netz von unterschiedlichen Verknüpfungen innerhalb unseres Denkens die Erinnerungsfähigkeit um so effektiver unterstützt, je dichter es gewoben ist: Wir haben dann um so vielfältiger verbundene Wegstrecken, ein um so umfangreicheres Spurengeflecht, das zu dem gesuchten Inhalt hinführt.

Wir treffen jedoch auch immer wieder auf nachhaltigere Erinnerungs*hemmungen*, die auf eine Überforderung unseres Fassungsvermögens, auf inhaltliche Ablenkungen im Suchprozess, auf Störungen der notwendigen Zurückgenommenheit und Entspanntheit oder auf den Wegfall von Verweisungswegen durch biografische Um-Situierungen zurückgehen können. Sie können aber auch in emotionalen Uneindeutigkeiten begründet sein, etwa, wenn mir etwas „peinlich ist, ich die daraus erwachsenden Konsequenzen scheue o.ä." (Holzkamp 1995, 307) Weithin verbreitet ist die Erkenntnis der Tiefenpsychologie, dass besonders traumatisch erlebte Ereignisse ‚verdrängt' werden können, der erinnernde Zugang zu ihnen also (ohne therapeutische Intervention) unüberbrückbar blockiert ist (vgl. etwa Freud 1999b).

Eine skurrile aber vielsagende Variante des ‚Merkens' bilden die sogenannten *Mnemo-Techniken*, die gerne in Bühnenshows oder Fernsehsendungen eingesetzt werden. Entgegen dem oft verblüffenden Anschein beruhen sie nämlich gerade *nicht* darauf, Inhalte isoliert, also kontextlos zu behalten. Sie werden vielmehr ‚gemerkt' im Sinne von ‚markiert': Um zum Erstaunen des Publikums größere Mengen von allerlei zusammenhanglosem Unsinn reproduzieren zu können, müssen durch intensives und systematisches Training zunächst ‚Erinnerungsräume' aufgebaut werden, die sich (im wörtlichen Sinne) aus allerlei ‚Merkwürdigkeiten' zusammen setzen. Dabei wird jener Effekt genützt, der dem alten Witz von ‚Denken sie nicht an einen rosa Elefanten' zugrunde liegt. Alle zu erinnernden Daten werden nämlich mit Kuriositäten der Art eines rosa Elefanten in einer wiederum kuriosen Weise verbunden, etwa indem man eine zu behaltende Zahl dem rosa Elefanten ins Ohr steckt usw. Auf diese Weise wird ein aufgrund seiner Absonderlichkeit ‚starke Spuren' hinterlassender Kontext eingerichtet, der das Wiederholen der angezielten Wissenspraktiken ermöglicht.

Ein Beispiel für eine weniger absonderliche mnemotechnische Konstruktion habe ich auf Wikipedia gefunden. Ich zitiere daraus vollständig und hebe lediglich einige Buchstaben und Passagen kursiv hervor:

> „*M* ein *V* ater *E* rklärt *M* ir *J* eden *S* onntag *U* nseren *N* achthimmel.' Bei diesem *Merksatz* steht jeder der Anfangsbuchstaben für einen Planeten mit dem entsprechenden Anfangsbuchstaben. Das M in Mein für Merkur (sonnennächster Planet), das V in Vater für Venus (zweitnächster Planet von der Sonne aus), und so weiter für Erde, Mars, Jupiter, Saturn, Uranus und Neptun."

Der Eintrag fährt fort:

> „Erleichtert wird das Lernen, genau wie bei den komplexen Systemen, wenn man sich *den Inhalt der fiktiven Szene, die der Satz beschreibt, möglichst anschaulich, lebendig und farbig vorstellt*. Es wäre von Vorteil, wenn man sich *den Vater vorstellt, wie er die Planeten mittels einer Zeichnung in einem großen Buch oder einer Wandtafel erklärt*. Natürlich mit *dem eigenen Vater, in der Atmosphäre und der Umgebung, die in der eigenen Erinnerung sonntags für die eigene Familie typisch ist oder war*." (Wikipedia 2014a; Hervorhebung B. H.)

Man sieht hier, dass die Merkstrategie im Aufbau eines möglichst reichhaltigen Kontexts (‚Quellenwissen') besteht, der den zu erinnernden Sachverhalt wieder einfallen lässt. Auch dieses Beispiel veranschaulicht damit noch einmal, welche weitreichenden Folgen der Umstand mit sich bringt, dass wir nicht isolierte Details, sondern *gesamtheitliche Eindrucksgebilde* inkorporieren.

6 Der Sinn der Anderen

Unsere Mitmenschen sind eine zentrale Quelle unseres Lernens. Von ihnen beziehen wir Muster des Handelns, indem wir diese imitieren, an unsere Notwendigkeiten adaptieren und damit eine sozial interaktionsfähige Identität entwickeln.

6.1 *Die Situiertheit unserer Lebensvollzüge in den Interaktionen* – Unser Dasein beruht auf der Koordination mit anderen Menschen. Wir beginnen unseren Lebensweg in Symbiose mit unserer Mutter und müssen nach der Geburt erst *lernen*, uns als getrenntes Einzelwesen zu verstehen. Dies geschieht durch unsere Einbeziehung in die Strukturen der uns umgebenden *Lebenspraxen* und die damit verbundene Anforderung, durch unsere Handlungsbeiträge aktiv an sie *anzuschließen* und an ihnen *mitzuwirken*. Die akustische Kommunikation, in deren Rahmen wir eigene Lautäußerungen so wahrnehmen wie jene *der Anderen*, lässt uns diese als *solche wie wir selbst* bzw. uns als *jemanden wie sie* erkennen. Unser ursprüngliches *Ich* adoptiert ein gesellschaftlich vermitteltes *Mich*, als welches wir jene Eigenschaften ausprägen, die unsere Identität, unser Selbst konstituieren.

6.2 *Das soziale Moment des Lernens: Mimesis* – Menschliches Lernen impliziert das *Imitieren* eines im sozialen Kontext angetroffenen Handelns, das die Variationsbreite des Probierens auf eine bereits bewährte Ausrichtung einschränkt. Die Verläufe des fremden Tuns werden vor dem Hintergrund der eigenen Bedürfnisse probierend an die eigene Situation adaptiert. Die Nachahmung führt daher zu keinen identischen, sondern lediglich zu *strukturanalogen* Kopien ihrer Vorbilder. Die Nachahmung wird nicht als kontrollierter Abgleich von Fremd- und Selbstbeobachtungen vollzogen, sondern als spontanes ‚Fremdspüren‘ der Strukturen beobachteter Praktiken. Imitation wie Adaption können *als solche angestrebt*, aber auch als *Nebenwirkung einer bloßen Handlungsabsicht* vollzogen werden. In beiden Fällen hinterlassen die *erfolgreicheren* Varianten aufgrund ihrer häufigeren Wiederholung intensivere Erinnerungsspuren.

6.3 *Partizipation: Lernen in sozialer Gemeinschaft* – Menschliches Lernen bedarf der Einbettung in einen sozialen Kontext, der seine *sachlichen* und *motivationalen* *Voraussetzungen* sicherstellt. Unter idealtypischen Bedingungen treten Lernende in eine Gruppe ein, die sich um ein *gemeinsam verfolgtes Anliegen* herum gebildet hat. Sie übernehmen zunächst weniger anspruchsvolle, jedoch faktisch benötigte Beiträge zur Gruppenaktivität. Dies ermöglicht soziale Anerkennung, die Ausbildung von Motivation und vor allem Zugang zu den Ressourcen des in der Gruppe verwalteten Wissens und Könnens. Die Lernenden orientieren sich am *Vorbild* des seine Könnerschaft praktizierenden *Meisters*, beziehen *Instruktionen* von bereits fortgeschritteneren *Lernenden* und bilden in der aktiven Tätigkeit ein *eigenständiges Wissen und Können* aus.

6.1 Die Situiertheit unserer Lebensvollzüge in den Interaktionen

Ich habe weiter oben bereits die Kritik Hans Joas' an den Unterstellungen der teleologischen Handlungstheorien aufgegriffen und möchte jetzt deren dritten Teil – die Kritik am Postulat der ursprünglichen Autonomie des handelnden Individuums – in den Vordergrund rücken. So selbstverständlich es uns als Nachkommen der europäischen Aufklärung erscheint, dass wir *eigenständige Individuen* sind, so wenig sind wir als solche bereits auf die Welt gekommen. Das in unserer Kultur gepflegte Ideal des alleine für sich selbst verantwortlichen Menschen, das heute mehr und mehr zum Ideal des isoliert um seine Existenz ringenden Einzelkämpfers radikalisiert wird, repräsentiert keineswegs so etwas wie einen *natürlichen* Zustand.

Vergegenwärtigen wir uns: Die ersten Monate unseres Lebens haben wir im Leib unserer Mutter verbracht. Dabei verleitet die sprachliche Form dieser Ortsbestimmung schon ein wenig zu einer individualistisch gefärbten Vorstellung, denn wir haben uns dabei nicht einfach *im* Körper eines anderen Menschen befunden wie die Butter im Kühlschrank. Das ungeborene Kind bildet vielmehr *einen gemeinsamen Organismus* mit der Mutter, der erst in Ansätzen so etwas wie ,Parallelstrukturen' ausbildet. Was man sich als psychische Ereignisse eines solchen Lebewesens vorstellen kann, sind Erregungs- und Entspannungszustände, die es in keiner Weise einem individuellen Selbst zuordnen kann: „Der Säugling, den wir uns als menschliche Einheit vorzustellen pflegen, die sicher im Mutterleib geborgen ist, kann, unter dem Aspekt der emotionalen Entwicklung betrachtet, noch nicht als Einheit verstanden werden." (Winnicot 1998, 170)

Dies gilt zunächst auch noch für den nachgeburtlichen Zustand. Als neugeborene Menschen sind wir so wenig eigenständig überlebensfähig, dass – bis auf die Trennung der beiden physiologischen Reproduktionskreisläufe – die symbiotische Einheit mit der Mutter zunächst in gewisser Weise weiter besteht. Nimmt man dazu, dass ein Säugling noch über keinerlei Reflexionsfähigkeit verfügt, so gibt es keinen Grund anzunehmen, dass er sich in irgendeiner Weise als ,alleinstehend', ,individuell' oder ,ichbewusst' betrachtet:

> „Das Kind lebt in einer Welt, die es in eins allen es Umgebenden zugänglich glaubt, es hat weder von sich noch von den Anderen ein Bewußtsein als privaten Subjektivitäten, es ahnt nichts davon, daß es selbst und wir alle begrenzt sind auf einen gewissen Gesichtspunkt der Welt gegenüber." (Merleau-Ponty 1966, 406)

Dies bedeutet auch, dass das Neugeborene zunächst noch keine Vorstellung davon entwickeln kann, dass es eine Welt *außerhalb* des Ortes gibt, der seinem unmittel-

baren Erleben zugänglich ist, „es gibt keinen Platz für eine NICHT-ICH-Realität."
(Winnicot, 1998, 188) Umgekehrt ist dieser Daseins-Ort des Neugeborenen für
dieses auch gar nicht klar festgelegt, vielmehr verlagert sich „der Schwerpunkt
des Selbst mit jedem neuen Impuls oder jeder neuen Empfindung" (Winnicot
1998, 171) und es „zerfällt das Selbst des Säuglings in Einzelteile, wenn es nicht
zusammengehalten wird" (Winnicot 1998, 171). Um dies zu verhindern, spielt die
Interaktion mit der Mutter die entscheidende Rolle: Erst in dem Maße, in dem
sich diese dem Neugeborenen fürsorglich zuwendet, kann das Neugeborene dieses
Fürsorge-Prinzip gleichsam in sich aufnehmen und dadurch eine erste Kontur eines
Ich aufbauen: Der Umstand, dass „das Individuum die Fähigkeit erworben hat, die
Umwelt-Fürsorge zu inkorporieren und Erinnerungen an sie festzuhalten", bewirkt
„daß es auch eine gewisse Selbst-Fürsorge übernehmen kann" (ebd.).
Wir haben hier ein idealtypisches Beispiel für die von mir weiter oben bereits dargestellte Qualität der menschlichen Subjektivität als *responsives Potential* vor uns
(siehe 4.2): Unser (späteres) Selbstbild als Individuum ist das Produkt eines Lernprozesses, der auch entfallen oder gänzlich anders aussehen könnte, und es ist primär eine *soziale Interaktion*, die dafür maßgeblich ist, dass wir überhaupt als ein
Ich, ein Selbst, ein Individuum zu existieren beginnen. Dabei ist es allerdings keine
bloße *Aktivität der Umwelt*, die dieses Ich *verfertigt*, sondern ein Vorgang, der von
den Aktivitäten *beider Seiten* abhängig ist. Denn auch wenn der Säugling noch
keine Idee von einer Ich-Welt-Relation hat, so lässt sich doch feststellen, dass er
„durch seine innere Lebendigkeit und den Aufbau einer Triebspannung veranlaßt
wird, irgendetwas zu erwarten, etwas zu suchen." (Winnicot 1998, 152) Ohne diese subjektiv orientierte Zuwendung zu den Bedingungen könnte keine ‚Antwort'
auf sie zustande kommen. Winnicot pointiert dieses Drängen beinahe literarisch,
wenn er etwa mit Bezug auf das erste Suchen nach der Mutterbrust formuliert, „daß
der Säugling in diesem Moment bereit ist, etwas zu erschaffen. Er würde ein Objekt
halluzinieren, wenn ihm entsprechende Erinnerungen für diesen kreativen Vorgang
zur Verfügung stünden … In dieser Situation ist das Neugeborene der Schöpfer der
Welt." (Winnicot 1998, 153)

Der amerikanische Philosoph, Soziologe und Psychologe George Herbert Mead
versucht zu klären, was es mit dem *menschlichen Geist* auf sich hat. Er lokalisiert
dessen biografischen Ursprung zunächst einmal in den *Reproduktionsnotwendigkei-
ten und Lebensbedingungen* der Menschen: Das gesamte Dasein der Menschen ist
nicht denkbar, ohne dass sie kooperieren. Um dies sicherzustellen, bedarf es der
Abstimmung ihrer Praktiken, und diese wiederum setzt bestimmte geistige Fähigkeiten und Leistungen voraus. Auf diese Weise kann nicht einfach der individuelle
Geist festlegen, was zu tun und zu denken ist, sondern es sind *die Notwendigkeiten
der zwischenmenschlichen Koordination*, die bestimmen, was im Geist sich ausbilden
muss, damit sie funktionieren kann.

Da die Koordination der menschlichen Praktiken immer schon besteht – sonst wäre die laufende Reproduktion des menschlichen Daseins ja abgerissen – könnte man daher auch sagen: Es wohnt ihr so etwas wie ein ‚objektiver‘ oder ‚kollektiver‘ Geist inne und auch dieser existiert bereits wieder, *bevor* er sich im einzelnen Denken einnistet. Bei diesem Geist handelt es sich natürlich nicht um eine Art Gespensterwesen, das auch bestünde, wenn die einzelnen Individuen an seiner Bestandssicherung *nicht* beteiligt wären, denn er ist ja nichts anderes, als die Summe der andauernden Koordinationsleistungen aller Mitglieder der menschlichen Gattung (von unseren historischen Vorläufern bis zu unseren aktuellen Zeitgenossen). Doch ungeachtet dieser Abhängigkeit des ‚objektiven‘ Geistes von seinen menschlichen Trägern findet jedes in die Welt hineingeborene Individuum ihn als einen vorläufig *fertigen* vor, den es sich, um mit den anderen Individuen gemeinsam handlungsfähig zu werden, zunächst einmal nur *aneignen* kann.

Denken besteht daher ontogenetisch *zunächst* einmal *nicht* im Kreieren eigenständiger geistiger Schöpfungen, es beruht vielmehr auf dem Verinnerlichen von Bedeutungen, die es in der Welt bereits gibt. ‚Übertragen‘ werden die geistigen Strukturen und Inhalte dabei in der Verständigung, die im Zuge der Koordination vollzogen wird. Was wir denken können, sind damit *bereits vorgedachte Gedanken* anderer Menschen. Dies negiert die schöpferische Dimension des Aneignungsprozesses keineswegs: Die Ideen der Anderen werden ja zu unseren eigenen, indem wir sie gemäß unseren Bedürfnissen auf unsere Lebenssituation anwenden. Sie befinden sich also von allem Anfang an in Bewegung, Infragestellung und Veränderung.

Wie kann man sich nun eine solche Übertragung vorstellen, die im Zuge des gemeinsamen Handelns und der dabei anfallenden Verständigung vor sich gehen soll? Und wie bildet sich durch sie ein zurechnungsfähiges Subjekt aus, dem wir die bereits ausführlich beschriebenen Eigenheiten eines menschlichen Akteurs zusprechen können? Mead lokalisiert die menschliche Spezifik des Verhaltens im Denken und erklärt dessen Zustandekommen als Eingewöhnung in die Ausführung einer spezifischen Art von Praktiken, die er als *Gesten* bezeichnet: Das „Hereinnehmen-in-unsere-Erfahrung dieser äußerlichen Übermittlung von Gesten, die wir mit anderen in den gesellschaftlichen Prozeß eingeschalteten Menschen ausführen, macht das Wesen des Denkens aus." (Mead 1968, 86) Hier also wieder die schon bekannte Umkehrung: „Geist entsteht aus der Kommunikation durch Übermittlung von Gesten innerhalb eines gesellschaftlichen Prozesses oder Erfahrungszusammenhanges – nicht die Kommunikation durch den Geist." (Mead 1968, 89).

Was versteht Mead unter einer Geste? Der individuelle menschliche Geist beruht, wie gezeigt, nicht auf einzelner freier Schöpfung oder Willensentscheidung, sondern auf der historisch und individualgeschichtlich fortlaufenden Interaktion der Individuen. Sobald die im Zuge dieser Interaktion sedimentierten Praktiken den Interaktionspartnern bekannt sind, verweist ihre jeweilige *Anfangssequenz* schon wie ein Signal auf ihren *weiteren Verlauf*. Damit erhält die Anfangssequenz eine

zweite – nämlich kommunikative – Funktion, sie wird zur *Ankündigung* der kompletten Praktik. Diese Ankündigung ist es, was Mead eine Geste nennt.
Mead wechselt in seiner Darstellung immer wieder zwischen dem menschlichen und tierischen Lebensprozess hin und her, um den Unterschied zwischen beiden zu verdeutlichen. Die rein funktionale – man könnte auch sagen ‚geistlose‘ – Geste erläutert Mead am Beispiel zweier kampfbereiter Hunde:

> „Die Handlung jedes der beiden Hunde wird zum Reiz, der die Reaktion des anderen beeinflußt. … Eben die Tatsache, daß der Hund zum Angriff auf einen anderen bereit ist, wird zu einem Reiz für diesen anderen, seine eigene Position oder seine eigene Haltung zu ändern. … Hier werden Gesten ausgetauscht. Es handelt sich jedoch nicht um Gesten in dem Sinne, daß sie etwas besagen." (Mead 1968, 82)

Der Hund *denkt nicht*, dass die Geste des anderen Hundes etwas bestimmtes bedeutet, sein Organismus *reagiert* lediglich so, dass es dem ‚objektiven‘ Sinn der Interaktion entspricht.
Genau das ist es nun, was die menschliche Sprache von der tierischen Gestenkommunikation unterscheidet: Sie besteht, wie Mead sich ausdrückt, aus *symbolischen Gesten* oder auch *signifikanten Symbolen,* das heißt aus Äußerungen, die für jeden, der sie produziert oder registriert, *gleiche Bedeutung* hat. Ich werde die Logik der Bedeutungsverallgemeinerung im Gebrauch von instrumentellen (siehe 7.1), symbolischen (siehe 8.1) und ikonischen (siehe 8.3) Artefakten später noch genauer darstellen.
Charakteristisch für die tierische Kommunikation ist also, dass die Geste beim jeweils anderen Tier lediglich eine ihr entsprechende *Reaktion* auslöst. Die menschliche Kommunikation beruht dagegen auf *Lautgesten*, die nicht nur beim Gegenüber eine Bedeutung auslösen, sondern *auch bei dem, der sie produziert.* Vokale Gesten sind nämlich die einzigen, die wir in ihrem Bedeutungsgehalt auch selbst so erfahren, wie unsere Umgebung:

> „Das macht die vokale Geste so besonders wichtig: sie ist einer jener gesellschaftlichen Reize, der das sie gebrauchende Wesen auf die gleiche Weise beeinflußt, wie er es beeinflussen würde, wenn er von einem anderen Wesen käme. Das heißt, daß wir uns selbst sprechen hören können, wobei die Bedeutung des Gesagten für uns die gleiche ist wie für andere." (Mead 1968, 101f)

An dieser Stelle mag sich die Frage aufdrängen, ob ein solches Sich-selbst-so-hören-wie-die-Anderen nicht auch höheren Tieren – etwa den uns nahe verwandten Primaten – in ähnlicher Weise zuzusprechen wäre. Rein *akustisch* wird dies wohl auch der Fall sein, da sich im Verhalten höherer Tiere aber die bereits erwähnten *reflexiven* Funktionsaspekte des *zweckmäßigen Mitteleinsatzes,* der *bildlichen Vorstellung* und des *sprachlichen Denkens* (siehe Tab. 2) nicht ausgebildet haben, kann dieses Hören der eigenen und fremden Lautäußerungen höchstens zu einer gesteigerten Selbst-Stimulierung führen, nicht aber zu einer *denkenden* Ordnung der Geräusche.

Meine Darstellung mag auf den ersten Blick auch noch in anderer Weise fraglich erscheinen: Wenn ich spreche, weiß ich dann nicht immer schon, was ich gleich sagen werde? Wie kann ich durch mein Mich-selbst-Hören irgend etwas Neues erfahren? Doch: Wissen wir es wirklich immer so genau? Oder erscheint es uns erst im Rückblick so, als hätten wir schon vorher alles gewusst? Natürlich besteht die Möglichkeit, dass wir uns vor dem Sprechen sehr genau überlegen, was wir sagen wollen. Aber selbst in diesem speziellen Fall kann es passieren, dass wir dann doch etwas ganz anderes sagen. Im allgemeinen haben wir aber lediglich eine ungefähre Idee, worüber wir sprechen und wohin wir dieses Sprechen steuern wollen, die genaue Fassung des gesprochenen Texts entsteht erst, während wir sie produzieren. Diesen Umstand hat etwa schon Heinrich von Kleist erkannt, 1805 in einem berühmt gewordenen Essay ausgearbeitet und die Pointe seiner Überlegungen in einem kurzen Satz resümiert: „[L'] idee vient en parlant." (2013, 319)

Vom englischen Erzähler Edward Morgan Forster ist der Ausspruch überliefert: *Wie kann ich wissen, was ich denke, bevor ich höre, was ich sage?* Ich rufe: Vorsicht! Die anderen reagieren und ich, der ich meine Lautäußerung selbst hören kann, reagiere genau so wie sie, erschrecke vielleicht auch über den ängstlichen Klang meiner Stimme. Damit ist nicht gemeint, dass ich nun durch meinen Ausruf – so wie die anderen – von der Gefahr *erst erfahren würde*. Das wäre Unsinn, denn ich, der ich die anderen warne, weiß natürlich bereits, dass sie besteht, aber mein Ausruf macht sie in neuer Weise konkret: Was mich zuerst vielleicht nur als diffuse Vorahnung oder unklarer Eindruck bewegt hat, ist nun ein der allgemeinen Beachtung präsentiertes, hervorgehobenes, durch die Wortwahl und den Klang meiner Stimme kontextualisiertes Vorkommnis. Meine intensivierte Anspannung, erhöhte Pulsfrequenz oder gesträubten Nackenhaare – als körperliche Reaktion auf diese neue Gegebenheitsweise – verdeutlicht dann u.U. auch mir selbst wiederum erst die ganz besondere Bedeutung der Gefahr. Zudem könnte mein eigenes Sprechen auch ganz ungeplante Wendungen nehmen: „Man beginnt eine Unfreundlichkeit zu sagen, aber gleich zu Beginn merkt man, daß es grausam ist. Die Wirkung des Gesagten auf den Sprecher selbst hält diesen zurück; …" (Mead 1968, 183)

Wir treffen hier auf ein Phänomen, auf das ich in Kap. 8 noch ausführlicher eingehen werde, das sich aber aus meiner bisherigen Argumentation schon plausibel begründen lässt: Wir setzen im Sprechen ein selbst nichtsprachliches Können ein, und indem wir dies tun, *erzeugen wir erst* jene sprachlichen Bedeutungen, die wir (auch selbst) als solche dann subjektiv erfahren können. Natürlich fließt diese Erfahrung zumeist verzögerungslos wieder in die weitere Ausrichtung unseres Sprechens ein und so mag uns der tatsächliche Zusammenhang unbemerkt bleiben. Genau genommen entsteht der Sinn unserer Rede so aber, indem wir sukzessive auf das jeweil von uns bereits Gesprochene *reagieren*. Daran ändert sich grundsätzlich auch nichts, wenn wir uns *davor* genau überlegen, was wir sagen *wollen*, denn dann gilt für dieses stille ,innere Sprechen' das selbe wie für das ,laute', in dem lediglich *Erinnerungen an jenes* mit verarbeitet werden.

Meads Konzept mündet nun in eine Vorstellung, „wie man sich selbst gegenüber ein anderer sein kann" (Mead 1968, 193), wie also das *mich-so-Hören-wie-die-Anderen* mir die Möglichkeit gibt, mich als *so-jemand-wie-die-Anderen* zu erfahren. Ich erlebe meinen eigenen Warnruf in der selben Weise, als hätte ihn ein anderer ausgestoßen. Mich selber sprechen hörend erfahre ich also mich als *einen wie die anderen*. Dabei verstehe ich den Sinn meiner und fremder Äußerungen, ich beurteile die Ansprüche, die mit ihnen erhoben werden und reagiere (mindestens ,innerlich') auf sie, gleichgültig, woher sie stammen – von anderen oder von mir. Es gibt also in Bezug auf die *Bedeutung* meiner Äußerung zwischen *meiner* Wahrnehmung und der *der anderen* keinen prinzipiellen Unterschied. Der Einzelne erfährt sich so „aus der besonderen Sicht anderer Mitglieder der gleichen gesellschaftlichen Gruppe oder aus der verallgemeinerten Sicht der gesellschaftlichen Gruppe als Ganzer, zu der er gehört." (ebd., 180) Wir geraten in eine Position, die Mead in einer berühmt gewordenen Formulierung als jene des *verallgemeinerten Anderen* bezeichnet hat (vgl. etwa ebd., 130).

Indem wir auf diese Weise die Situationen unseres Lebens durchlaufen, inkorporieren wir eine wiederkehrende Erfahrung, die wir dann als unsere überdauernde Identität erleben. Sie ergibt sich als Produkt der Interaktion zwischen unserer *biologischen* Ausstattung und unserer *sozialen* und *gesellschaftlichen* Umwelt:

> „Identität ist vom eigentlichen physiologischen Organismus verschieden, Identität entwickelt sich; sie ist bei der Geburt anfänglich nicht vorhanden, entsteht aber innerhalb des gesellschaftlichen Erfahrungs- und Tätigkeitsprozesses, das heißt im jeweiligen Individuum als Ergebnis seiner Beziehungen zu diesem Prozeß als Ganzem und zu anderen Individuen innerhalb dieses Prozesses." (Mead 1968, 177)

Hier wie bei allen weiteren Zitaten von Mead kann man das Wort *Identität* auch durch das Wort *Selbst* ersetzen, welches, wie Mead-Experten heute der Ansicht sind (vgl. etwa Joas 1987, 17), eine sinnvollere Übersetzung des englischen *self* darstellt. Das individuelle Subjekt bildet sich jedoch nicht aus, um seinen sozialen Ursprung anschließend zu verlassen und in eine isolierte ,Eigenständigkeit' überzugehen, es verbleibt vielmehr im Kontext des sozialen Geschehens, das es hervorgebracht hat und nun kontinuierlich weiter hervorbringt. Dies lässt sich etwa an der kommunikativen Hervorbringung von Sinn veranschaulichen. Mead legt besonderes Augenmerk darauf, dass wir einander in der Kommunikation nicht bloß *passiv betrachten*, sondern *aktiv miteinander kooperieren*. Weil dazu das ,Zusammenpassen' und ,Ineinandergreifen' unserer Praktiken unabdingbar ist, lokalisiert er die Bedeutung einer Äußerung darin, was *auf sie* als Anschlusshandlung *folgen kann*, sei es eine physische Handlung, sei es eine kommunikative Antwort, sei es ein bloßer Gedanke, der erst später wieder zu einem Handlungsereignis führen wird. Eine Äußerung ist in dieser Sichtweise nur ein Glied einer interaktiven Koordinationskette, die natürlich sofort wieder ein nächstes Glied dieser Kette hervorrufen soll. Der Sinn jedes einzelnen Beitrages kann nicht in sich selbst bestehen, sondern nur in seiner Bedeutung für den gesamten ‚verzahnten' Koordinationsverlauf.

Als zentrale Implikation der Meadschen Aneignungstheorie ergibt sich daraus, dass wir uns an *Erwartungen* orientieren: Wenn sowohl Sprecher wie Hörer die gleiche Bedeutung verstehen und deren Sinn in den durch sie möglich gemachten Anschlussäußerungen besteht, so heißt das, dass dieser Sinn den Erwartungen gleichkommt, die die Interaktionsbeteiligten (als kompetente Sprecher) bezüglich des Interaktionsfortganges hegen. Ich sage ‚Geh mir aus dem Weg', weil ich möchte, dass *jemand anderer etwas Bestimmtes tut.* Der Sinn meiner Äußerung besteht also in der Erwartung, *dass* er das tut, und der Andere hat den Sinn meiner Äußerung verstanden, wenn er verstanden hat, dass ich diese Erwartung habe. Dies wäre der gewissermaßen selbstverständliche Fall einer von vornherein *normativen* Äußerung. Aber auch wenn ich *feststellend* behaupte, dass der Park weitläufig angelegt wurde oder *frage,* ob der Anzug teuer ist, erwarte ich eine bestimmte Anschlusshandlung, etwa, dass ich Zustimmung oder Widerspruch ernte, oder eine Auskunft, die mir klären hilft, ob ich den Park besichtigen oder mir den Anzug leisten will. Diese Grundstruktur schließt ein, dass wir erwarten, dass *auch von uns* etwas erwartet wird, dass wir (zumindest in ausreichendem Maße) verstehen, worum es sich bei diesem Etwas handelt, und dass wir uns in unserem Tun an ihm orientieren.

Wenn eine Äußerung abgegeben wurde, ist also der Rahmen für bestimmte naheliegende Anschlussäußerungen oder -handlungen abgesteckt: Diese werden *im Sinne einer etablierten Handlungsroutine* erwartet. Das heißt, dass wir im Normalfall der Koordination dieser Erwartung mehr oder weniger entsprechen werden, denn nur diese Entsprechung sichert ihren reibungslosen Verlauf im Kontext der beständig vor sich gehenden Interaktionen. Keineswegs jedoch ist es so, dass wir wie durch einen magischen Bann dazu verurteilt wären, eine Erwartung einfach zu erfüllen. Die Routine der Interaktionen kann ja auch unterbrochen werden. Sich an etwas orientieren kann auch bedeuten: es abändern, es erweitern, es zurückweisen. Dies bewirkt dann eine besondere Aufmerksamkeit auf die gegebenen Umstände und den Versuch, eine neue Lösung herbeizuführen. Es ist die Zweideutigkeit des Wortes ‚erwarten', die hier manchmal Missverständnisse nahelegt. ‚Annehmen, dass etwas eintreten wird', heißt nicht dasselbe wie ‚als obligatorisch betrachten, dass es eintreten muss'. Dass also das Verhalten der Menschen – wie Mead behauptet – von wechselseitigen Erwartungen *gesteuert* wird, sagt noch nichts darüber aus, wie häufig diese Erwartungen enttäuscht werden.

Dessen ungeachtet darf man die Mächtigkeit interaktiver Zumutungen aber auch nicht unterschätzen. Sie ist vor allem deswegen groß, weil unser Denken die den Zumutungen impliziten Unterstellungen zumeist gar nicht als solche durchschauen kann. Max Frisch hat diesem Phänomen ein berührendes literarisches Denkmal gesetzt. Er lässt die Figur des Juden *Andri* in seinem Stück *Andorra* sagen:

„Seit ich höre, hat man mir gesagt, ich sei anders, und ich habe geachtet drauf, ob es so ist, wie sie sagen. Und es ist so, Hochwürden: Ich bin anders. Man hat mir gesagt, wie meinesgleichen sich bewege, nämlich so und so, und ich bin vor den Spiegel getreten fast jeden Abend. Sie haben recht: Ich bewege mich so und so. Ich kann nicht anders. Und ich habe geachtet auch darauf, ob's wahr ist, daß ich alleweil denke ans Geld, wenn die Andorraner mich beobachten und denken, jetzt denke ich ans Geld, und sie haben abermals recht: Ich denke alleweil ans Geld. Es ist so. Und ich habe kein Gemüt, ich hab's versucht, aber vergeblich: Ich habe kein Gemüt, sondern Angst. Und man hat mir gesagt, meinesgleichen ist feig. Auch darauf habe ich geachtet. Viele sind feig, aber ich weiß es, wenn ich feig bin. Ich wollte es nicht wahrhaben, was sie mir sagten, aber es ist so. Sie haben mich mit Stiefeln getreten, und es ist, wie sie sagen: Ich fühle nicht wie sie. Und ich habe keine Heimat. Hochwürden haben gesagt, man muß das annehmen, und ich hab's angenommen." (Frisch 1973, 251f)

Eine besondere Mächtigkeit gewinnen solche Zuschreibungen, wenn sie in ausdrücklich *zustimmender* (also quasi ‚positiver‘) Form kommuniziert werden, und in der Form des *Lobs* werden sie zu einer schwer durchschaubaren Strategie: Der Lobende versetzt sich indirekt „in die Position des Verteilers. Wem das Lob gebührt oder vorenthalten wird – darüber entscheidet einzig und allein er. … Der Lobende vergibt Ränge und setzt sich dabei zugleich als rangverleihende Autorität." (Paris 2002, 12) Er praktiziert dabei ein Werte- oder Normensystem, das er damit indirekt bekräftigt, und er etabliert ‚stille‘ Zwänge, das durch sein Lob ausgezeichnete Verhalten auch weiterhin und verstärkt zu zeigen: Der Gelobte soll und wird mit einer gewissen Wahrscheinlichkeit „fortan alles tun, um die ihm zugeschriebenen Eigenschaften durch Werke und Handlungen zu beglaubigen und sich auf diese Weise des Lobs würdig zu erweisen" (ebd., 13).

Kehren wir wieder zurück zu Mead: Seine Auffassung der interaktiven Subjektkonstitution impliziert also, dass wir uns die Welt nicht geistig aneignen, indem wir die einzelnen Bestandselemente der menschlichen Kultur innerpsychisch durch kleine *Abbildungen* punktuell verdoppeln, sondern indem wir uns *handelnd* am Prozess dieser Kultur beteiligen, dabei die Haltungen und Perspektiven einnehmen, die uns diese Beteiligung ermöglichen und uns in beständiger Orientierung an den Erwartungen der Anderen mögliche Praktiken prozesshaft und ganzheitlich zu eigen machen. Diese Vorstellung korrespondiert mit meiner Darstellung des Inkorporierens von Erfahrung im vorigen Kapitel: Es sind keine kleinen ‚Detail- und Momentaufnahmen‘, sondern *holistische* Eindrücke unserer *Interaktion mit der Welt über den Zeitverlauf*, die unser Handeln in uns hinterlässt und so das Behalten und Erinnern der dabei erfahrenen Muster ermöglicht.

Das Konzept Meads fügt sich auch plausibel ein in die Überlegung, dass unser *in Bewegung befindliches* Wahrnehmen, Denken und Handeln in *überdauernde* Materialisierungen verallgemeinerten Wissens eingebettet ist. Zwar mag es weniger unmittelbar naheliegen, auch *Interaktionen* als *materielle Speicher von Wissen* aufzufassen, als dies bei körperlichen Einschreibungen oder instrumentellen, ikonischen und symbolischen Artefakten der Fall ist, doch eignet auch den sozialen Handlungsmustern, in die wir uns einbeziehen und einbeziehen lassen, ein spezifisches Format von Erfahrungen, Einsichten und Erkenntnissen, ebenso wie eine gewisse Beharrlichkeit, mit der sie diese an uns herandrängen und dies hat nicht zuletzt damit zu tun, dass es sich auch bei ihnen um materielle Gegebenheiten handelt.

Meads relativ umstandslose Umlegung der *persönlichen Interaktion* auf die *gesellschaftliche Koordination* unseres Handelns belässt eine Reihe theoretischer Ungeklärtheiten, die durch ein Konzept der gesellschaftlichen – und nicht bloß ‚sozialen‘ – Vermitteltheit des menschlichen Handelns ausgeräumt werden müssen. Sein Kern besteht darin, die Gesellschaft als ein von den Individuen *als einzelnen* unabhängiges Erhaltungssystem und deren Beziehung zu ihm als medial vermittelt zu rekonstruieren. Die entscheidende Voraussetzung dafür bilden Herstellung und Gebrauch der instrumentellen, ikonischen und symbolischen Artefakte. Diesen Gedanken werde ich in Kap. 7 und 8 detaillierter entwickeln.

Was uns Mead jedenfalls überzeugend vor Augen führt, ist der Umstand, dass das Subjekt weder einfach als *immer schon vorhanden* noch ebenso einfach als *durch äußere Einwirkungen verfertigt* angesehen werden kann. Es ist vielmehr eine *Inter-Aktion*, aus der heraus unser Selbst entspringt, und dieses *Zwischen* (den Polen von ‚Objekt‘ und ‚Subjekt‘, von ‚Anrufung‘ und ‚Antwort‘) bildet nicht nur die Geburtsstätte unseres Selbst, sondern seinen lebenslangen Aufenthaltsort. In Meads Vokabular ausgedrückt entfaltet sich unser gesamtes Dasein als spannungsvolle Einheit eines *Ich*, das in unseren augenblicklichen, spontanen, willkürlichen, unbestimmten Impulsen zum Ausdruck kommt, und eines aus der beschriebenen Interaktion hervorgegangenen *Mich*, welches unsere überdauernden, konventionellen, verallgemeinerten, gesellschaftlich normierten Haltungen repräsentiert. Meads ungewöhnliche Formulierung *Mich* geht auf die grammatische Form des *Me* im Englischen zurück, derzufolge jemand etwa sagen kann: *It's me*, um auszudrücken: *Es handelt sich um mich*. Diese Übersetzung habe ich hier gewählt, um die sonst gebräuchliche zu vermeiden: *Ich bin es*. Diese nämlich macht aus der Identifizierung meiner Person eine Art *aktiver Handlung*, die *ich selbst* durchführe. Wenn ich dagegen sage ‚Es handelt sich um mich‘ fungiere ich hier eher als Angesprochener, bin ich nicht von vornherein der Urheber des Ereignisses, sondern eher sein Objekt, und genau diese Bedeutung ist es, die Mead anzielt.

Mead will nämlich sagen: Das *Mich* ist jener Aspekt meines Selbst, der sich durch die Verinnerlichung äußerer, ‚verallgemeinerter‘ Ansprüche in mir ausgebildet hat, es ist das Resultat eines *Angesprochenseins durch Andere*, ein Niederschlag der gesellschaftlich-sozialen Aktivitätskoordination, die habitualisierte Struktur der *von mir erwarteten* und *wiederholt geleisteten* Handlungsbeiträge, oder ganz kurz und pointiert: *die Gesellschaft in mir*. Wer ich als Mensch bin, erfahre ich in der Kommunikation mit den Anderen durch deren verallgemeinerte Reaktionen und

Reaktionserwartungen. Dies schließt nicht aus, dass ein unmittelbar erlebendes *Ich* sich stets gewiss ist, es selbst und nicht ein Anderer zu sein. Dieses *Ich* markiert den Umstand, das alles, was es tut oder lässt, vor der Instanz seiner Bedürfnisse sich irgendwie ausweisen muss. Das Ich ist das Rohe, Naturwüchsige, Spontane, auch das kreativ sich über das Genormte und Geregelte hinweg sich Durchsetzende. Es fühlt und spürt und entscheidet letztlich darüber, ob es den Erwartungen Gefolgschaft leistet oder verweigert.

Das theoretische Gebäude Meads ist differenziert und weitläufig. Gegen einige seiner Annahmen sind auch ernsthafte Vorbehalte angemeldet worden. So weist etwa Bernhard Waldenfels darauf hin, dass der Versuch Meads, das *Unpersönliche, Soziale, Regelhafte* des Denkens und der Selbstkonstitution herauszuarbeiten, zu dem Eindruck führe, dass „soziale Interaktionen nichts weiter als Regelanwendungen" seien (Waldenfels 1980, 231) und führt dagegen den Unterschied „zwischen geschicktem, einfallsreichem und regelrechtem Spiel oder zwischen phantasievoller, gewandter und korrekter Rede" (ebd.) ins Treffen. Der Einwand drängt sich bei der Lektüre Meads tatsächlich auf. Bloß einer Regel zu folgen, ist eben nur die schlichteste Form, etwas zu tun, und sicher keine, die typisch ist für das gesamte menschliche Handeln und die kreativen Potentiale, die ihm innewohnen (siehe 3.2).

Entscheidender erscheint mir der weitere Einwand Waldenfels', dass die Konstitution des Selbst bei Mead in Ermangelung einer vorprädikativ sinnstiftenden *Leiblichkeit* eine rationalistische Schlagseite erhält: Das Subjekt Meads entsteht ja erst und ausschließlich dadurch, dass das Individuum die Haltung des verallgemeinerten Anderen übernimmt und *aus dieser* Perspektive sich selbst entwirft, als wäre es sich selbst davor unbekannt gewesen: „Der Ursprung des Selbst liegt [bei Mead; B. H.] nicht in einer affektiven Erfahrung des *Selbstgefühls*, sondern in kognitiven Akten der Reflexion, die das Selbst in einem *Selbstbewußtsein* verankern" (Waldenfels 1980, 240f). Dagegen führt Waldenfels ins Treffen, dass es schon *vor* jeder Reflexion bereits ein Selbstverhältnis gibt, das sich darauf begründet, dass wir uns in jeder Lebenssituation notwendig leiblich gegeben sind: „Wären wir nicht auf irgend eine Weise schon vorweg mit uns vertraut, so könnten wir uns nicht hinterdrein in einem Objekt wiederfinden." (Waldenfels 1980, 242)

Vorweg meint hier keinesfalls nur in einem biografisch frühen Stadium, sondern vorweg präsent *in jedem Handeln*, dessen Angelpunkt unser Selbstempfinden sein muss: Es ginge uns sonst „schlimmer noch als den Schildbürgern, die nicht mehr wissen, welche Beine jedem einzelnen gehören" (ebd.). Dieses Problem wurde bei den Schildbürgern bekanntlich auf höchst leibliche Weise gelöst: Den „närrisch sich selbst Entfremdeten wird ihre körperliche Identität mit Stockhieben eingebläut, der Schmerz belehrt sie darüber, wer sie sind." (Waldenfels 1980, 243)

Mit *Objekt* ist in dem Zitat wiederum – Waldenfels übernimmt hier wörtlich die wiederholte Formulierung Meads – das *Individuum* gemeint, das sich selbst in der Wahrnehmung aus der Sicht des verallgemeinerten Anderen zu einem Objekt (nämlich des Denkens) mache. So wird der Einzelne für Mead nur insoweit zum Subjekt, „als er zuerst zu einem Objekt für sich selbst wird, genauso wie andere Individuen für ihn oder in seiner Erfahrung Objekte sind" (Mead 1968, 180). Dabei ist die „Identität, die für sich selbst Objekt werden kann, … im Grunde eine gesellschaftliche Struktur und erwächst aus der gesellschaftlichen Erfahrung." (Mead 1968, 182) Darin liege – so Waldenfels – aber nun eine problematische Annahme. Natürlich lässt sich sagen, dass ich etwas, das ich bedenke – auch wenn ich selbst dieses Etwas bin – *damit* zu einem *Objekt* mache. Doch verführt diese Redeweise dazu, dieses Etwas dann tatsächlich als eine Art *Ding* zu betrachten. Sind wir oder andere für uns aber wirklich ein Ding, über das wir dann *reflexive* Aussagen treffen? Oder sind nicht gerade unsere sozialen Gegenüber eher Mit-*Subjekte* als soziale *Fakten*, sollten wir uns mit ihnen nicht eher *abstimmen*, als sie bloß zu *berücksichtigen*? Und begegnen wir nicht auch *uns selbst* besser als einem *Jemand* denn als einem *Etwas*?

Den Einwänden Waldenfels' könnte Mead allerdings mit einem Hinweis auf das *Ich* entgegnen, dem er ja die regelüberschreitende, kreative Komponente des Handelns zuordnet, doch müsste er auch einräumen, dass dieses Ich in seinen Ausführungen keinen besonderen Stellenwert einnimmt. Die Einwände bedeuten allerdings auch gar keine generelle Zurückweisung des Meadschen Konzepts. Waldenfels plädiert lediglich für ein aufgewertetes und stärker leiblich akzentuiertes *Ich*: Es sind uns *wir selbst* und *die Anderen* immer schon in leiblicher Erfahrung gegeben. Am Beginn des sozialen Prozesses steht nicht bloß ein biologischer Organismus, sondern, wie Waldenfels sich ausdrückt, „eine *Indifferenz* zwischen Eigenem und Fremdem, Subjektivem und Objektivem", die Herausbildung des Selbst sei dann „ein fortlaufender, aber nie abschließbarer Prozeß der *Differenzierung*". An Stelle von rein kognitiver Selbst-Bestimmung vollzögen sich *Zuwendung* und *Rückwendung* (Waldenfels 1980, 247): „Das Selbst in seinen verschiedenen Formen erscheint hier somit als Gestalt, die sich mehr oder weniger deutlich von einem gemeinsamen Hintergrund abhebt, nicht aber als ‚Objekt', das aus identifizierenden Reflexionsakten entsteht" (ebd.).

6.2 Das soziale Moment des Lernens: Mimesis

Die erste Dimension des Lernens, das *Probieren*, stammt aus grauer evolutionärer Vorzeit, es ist sozusagen das archaischeste Element des Lernens. Würden wir *nur* probieren, so müssten wir damit ungerichtet beginnen und es würde unverhältnismäßig lange dauern, bis wir auf der Grundlage wiederkehrender Zufälle zu einer erfolgversprechenden Entwicklung fänden. Dies ist wohl auch der Grund, warum die Evolution zu einer entsprechenden Ergänzungsstrategie gekommen ist: Höher entwickelte Tiere *imitieren* bereits ihre Artgenossen.

Auch die Fähigkeit, sich einem Aspekt der Umgebung anzugleichen, ist also bereits eine Errungenschaft der *vormenschlichen* Evolution: Sie reicht von der bloßen Übernahme einer Umgebungsfarbe (bekanntes Beispiel: das Chamäleon) über das einfache Nachahmen von Lautfolgen (bekanntes Beispiel: der Papagei) bis hin zum Kopieren komplexer Organismus-Umwelt-Interaktionen. So sind etwa Makaken beobachtet worden, die Süßkartoffeln durch Abspülen in Meerwasser zu reinigen und zu würzen pflegten. Dabei wurde über eine gewisse soziale Verbreitung und Zeitspanne hinweg eine regelrechte Tradition des Kartoffelspülens eröffnet, die natürlich ganz ohne jede entfaltete sprachliche Reflexion auskommen musste (vgl. Wickler 1967). Die Funktionsweise des spezifisch menschlichen Imitierens wird – wie ich sogleich zeigen werde – mit solchen Kopiervorgängen jedoch noch nicht erreicht.

Ich habe das *Imitieren* bereits zu Beginn als einen Funktionsaspekt des Lernens herausgestellt und ihm die Aufgabe zugeschrieben, die im *Probieren* zu evaluierenden Möglichkeiten auf bereits bewährte Praktiken einzuschränken. Im Probieren kann der Handelnde deren Struktur dann gleichsam ‚wiederfinden‘, indem er die Effekte ihrer Anwendung in erfahrungsoffenem Ausführen am eigenen Leib verspürt und sie prägen sich ein, indem sie kontinuierlich wiederholt und durch die jeweils eintretenden Erfolgserlebnisse bestätigt werden.

Imitieren bedeutet demgemäß nicht etwas *anderes als* oder etwas *zusätzliches zum* Probieren, sondern: *auf eine spezifische Weise Probieren*. Meine bisherigen Überlegungen zur Unterscheidung von inzidentellem und intentionalem Lernen gelten daher auch auf das Imitieren: Reproduzieren wir die Praktiken eines sozialen Vorbilds lediglich in Verfolgung eines *Handlungsziels*, führt dies zu einem *inzidentellen* Lernen. Dort hingegen, wo wir vorbildhafte Handlungsweisen daraufhin untersuchen, auf welchen Prämissen sie beruhen, welche Implikationen sie mit sich führen und welche Auswirkungen sie zeitigen, können wir uns zu einem *intentionalen* Lernen entschließen.

Was lässt sich von den dargestellten Ansätzen für die bisher entwickelte Sicht auf das Lernen beziehen? Das Anliegen Meads ist es, herauszuarbeiten, wie Denken und Selbst aus den Notwendigkeiten des gemeinsamen funktionsteiligen Handelns entspringen. Dabei geht es zunächst darum, in welcher Weise die einzelnen Handlungsbeiträge *ineinander greifen* und sich *wechselseitig ergänzen*. Unter diesem Gesichtspunkt hat Mead für bloßes Nachahmen wenig theoretischen Bedarf. Ausführungshandlungen, die einander funktional entsprechen, sind ja zunächst einmal keine Kopien: Wenn die eine gibt, muss der andere nehmen, wenn der eine auf etwas zeigt, muss der andere hinschauen etc.

Es ist daher wenig überraschend, dass Mead gegen das Nachahmen als Konstitutionsprinzip der Interaktion Stellung bezieht: „Wir behaupten, daß es keine Anzeichen dafür gibt, daß bei Lebewesen eine allgemeine Tendenz zur gegenseitigen Nachahmung besteht" (Mead 1968, 97). Eine solche Annahme sei unsinnig, da die Menschen ja *komplementär* handeln müssten, nicht identisch: „Der Schrei eines Kindes löst bei der Mutter die Reaktion der Sorge aus" (ebd., 93), eine geballte Faust löst „bei einem anderen Wesen eine andere Handlung aus: die latente Drohung führt zur Flucht" (ebd.). Daher scheint das Urteil Meads auf den ersten Blick durchaus nachvollziehbar: „Nachahmung als allgemeiner Instinkt wird in der menschlichen Psychologie nicht mehr ernst genommen." (Mead ebd., 91)

Mead versucht, aus den Strukturen der sozialen Interaktion die Entstehung der Sprache und die Herausbildung sprachbasierter Identitäten herzuleiten. Dabei kritisiert er zurecht ältere theoretische Auffassungen, die die Konstitution von Sprache und Selbst direkt aus einfacher Nachahmung herzuleiten versuchen. Doch lässt sich an seinen Beispielen erkennen, dass er weniger die *lernende Aneignung* von Handlungsstrukturen im Auge hat, als vielmehr die *finalen Praktiken*. Mead verfolgt die Frage, welche handlungslogischen Anforderungen sich an das Verhalten ergeben. Er konzentriert sich auf die wechselseitige Einflussnahme der Handelnden im Handeln und zweifellos zwingen die Koordinationsnotwendigkeiten den Handlungsbeiträgen eine *komplementäre* Form auf.

Mead untersucht also, wie ein Appell oder eine Drohung ein bestimmtes Antwortverhalten *handlungslogisch implizieren*, nicht aber, *wie jemand dazu kommt*, dieses Antwortverhalten auch tatsächlich zu produzieren. Meads Argumentation ignoriert, dass auch interaktiv eingebettete – also bezogen auf die anderen Handelnden komplementäre – Praktiken nachgemacht werden können und diese geringschätzige Haltung gegenüber der Nachahmung lässt nun eine Leerstelle in Meads Konzeption entstehen: Wie verhält sich die Mutter, wenn das Kind schreit? Natürlich hätte es wenig Sinn, wenn die Mutter nun ihrerseits zu schreien begänne. Sie sollte vielmehr *antworthaft* handeln, aber das auch *wirklich* zu tun, lernt sie nicht aus dem Schreien des Kindes. Soll sie panisch reagieren oder das Schreien ignorieren oder etwas tun, um das Kind zu beruhigen, und wenn letzteres: worin könnte dies bestehen? Was soll der durch die geballte Faust bedrohte Mensch tun? Flüchten? Um Hilfe rufen? Abwiegeln? Seinerseits durch Drohgebärden eskalieren?

Christoph Wulf nimmt analoge Fragen zum Ausgangspunkt seiner Konzeption performativen Handelns: „Woher wissen Menschen in unserer Gesellschaft, wie sie z.B. Geschenke aussuchen, übergeben, annehmen und erwidern?" (Wulf 2001, 253) Die ‚richtigen', also erwartungsverträglichen Reaktionen lernen wir nicht einfach aus der uns zuwachsenden Stellung in der Handlungssituation. In diese müssen sie zwar schlussendlich eingepasst sein (was wir durch das *Probieren* verwirklichen), ihre *Grundmuster* können wir jedoch nur aus dem Verhalten anderer Menschen beziehen. Sie werden „weitgehend über mimetische Prozesse erworben" (ebd.), dabei orientieren wir uns „an Modellen, Vorbildern, Vorstellungen", die uns nahe legen, „was in einer konkreten Situation angemessen ist" (ebd., 254).

Meads Ablehnung des Nachahmens ist jedoch nicht an allen Stellen gleich apodiktisch: „Unter den Menschen jedoch scheint eine Tendenz zur Nachahmung zu bestehen, insbesondere zur Reproduktion vokaler Gesten." (Mead 1968, 98) Und er hat dazu auch gleich überzeugende Beispiele parat: „Wenn man an einem bestimmten Ort, wo ein bestimmter Dialekt gesprochen wird, lange genug wohnt, wird man den gleichen Dialekt sprechen, auch wenn man ihn gar nicht sprechen wollte" (ebd.). Es ist offensichtlich, dass man ähnliche Beobachtungen nicht nur an den Sprechgewohnheiten machen kann, sondern an allen Bereichen körperlicher und geistiger Gewohnheiten. Mead nimmt davon am Rande Kenntnis: „Jede Eigenheit, die ein Individuum hat, wird gerne nachgeahmt, wenn man an dieses Individuum denkt." (Mead 1968, 99)

Wie können wir uns ein solches Lernen durch Nachahmen vorstellen? Wie schaffen wir es, etwas selbst so zu tun, wie wir es an Anderen sehen können? Wenig überzeugend wäre die Annahme, dass wir sie *beobachten* und dann versuchen, selbst *das Beobachtete zu reproduzieren*. Was wir an Anderen (oder Andere an uns) wahrnehmen, unterscheidet sich ja immer grundsätzlich von dem, was wir am eigenen Leib erfahren können. Ich habe das weiter oben am Begriff des *Körperschemas* erläutert (siehe 5.1): Wir nehmen uns in ganz anderer Ansicht wahr als die Anderen und können vieles an uns (etwa unsere eigene Mimik) überhaupt nicht sehen. Damit ist aber verunmöglicht, dass wir, was wir an Anderen sehen, zielgerichtet kopieren. Zudem geht es beim Imitieren ja nicht alleine um die *physisch* korrekte Wiederholung einer bestimmten Körperbewegung, sondern um ein Bewegungs*handeln*, also um einen sinnhaften Vollzug der Bewegungen (siehe 4.1). Ein solcher Sinnbezug lässt sich nun durch bloße Fremdbeobachtung noch viel weniger ins eigene Handeln importieren.

Tatsächlich entspringt unser Imitieren auch weniger der systematischen Auswertung von Beobachtungen und einer die beiden Wahrnehmungsperspektiven vertauschenden Schlussfolgerung, als einem verzögerungslosen *Überspringen* körperlicher Zustände, einer ganz plötzlich und unvermittelt sich einstellenden körperlichen Erfahrung. Schallendes Gelächter oder entspanntes Gähnen ‚stecken uns an‘, ein angstgeweiteter Blick oder der Ausdruck fremder Verzweiflung ‚erfassen uns‘. Die mitreißende Bewegung eines Tanzes affiziert unsere eigenen Bewegungen und unser Mit-Gefühl ‚überwältigt uns‘ ganz ohne systematische Analyse, wie es denn dem anderen jetzt gerade gehen würde. Merleau-Ponty beschreibt ein weiteres prägnantes Beispiel:

> „Nehme ich im Spiel die Finger eines fünfzehnmonatigen Kindes zwischen die Zähne und beiße ein wenig, so öffnet es den Mund. Und doch hat es schwerlich je sein Gesicht im Spiegel gesehen und ähneln seine Zähne nicht den meinen. Aber sein eigener Mund und seine Zähne sind für das Kind, so wie es sie von innen fühlt, unmittelbar Beißwerkzeuge, und mein Kiefer, so wie es ihn von außen sieht, unmittelbar mit der gleichen Intention begabt. ‚Beißen‘ hat für das Kind unmittelbar eine intersubjektive Bedeutung. Es nimmt in seinem Körper seine Intentionen wahr, meinen Leib mit dem seinen, und so meine Intention in seinem Körper …." (Merleau-Ponty 1966, 403)

Phänomene wie dieses wurden in den Humanwissenschaften unter verschiedenen Gesichtspunkten erörtert und erhielten dabei Bezeichnungen wie etwa ‚Zwischenleiblichkeit' (vgl. Waldenfels 2000, 286ff) oder ‚Übertragung' (vgl. Freud 1999a). Neurophysiologisch werden sie durch die Existenz von sog. ‚Spiegelneuronen' erklärt (vgl. Iacoboni 2011). Es wird beispielsweise angenommen, „daß die bloße Beobachtung einer von anderen ausgeführten Handlung im Gehirn des Beobachters einen potentiellen motorischen Akt auslöst, der dem entspricht, der bei der Organisation und der tatsächlichen Ausführung dieser Handlung spontan aktiviert wird." (Rizzolatti/Sinigaglia 2012, 105) Der Beobachter einer Handlung vollführt sie unwillkürlich *latent* mit. Das heißt: Er muss sie zwar nicht oder nicht vollständig physisch ausführen, doch reproduziert er sie mindestens *virtuell*.

Meine Formulierungen, dass etwas ‚überspringen' oder sich ‚übertragen' würde, sollen den passiven Charakter der Übernahme hervorheben. Zwar werden die erfahrenen Inhalte beinahe verzögerungslos in eigene Aktivität umgesetzt: Das ansteckende Lachen macht uns mit-lachen, die Tanzbewegung regt unseren eigenen Leib an, ihr zu folgen etc. Doch reduziert sich unser *willentlicher* Part in Bezug auf die Anähnlichung im direkten Kontakt mit anderen darauf, ihr gegenüber *offen zu sein* (oder uns *gegen sie abzuschotten*, wenn wir sie verhindern wollen). Wir ‚holen uns' die Eindrücke der fremden Bewegungen und Gefühle nicht, sondern werden von ihnen ergriffen.

Um ein solches ‚Überspringen' verständlich zu machen, müssen wir uns noch einmal vergegenwärtigen, dass die hier in Rede stehenden Bedeutungen nicht – wie etwa in der sprachlichen Kommunikation – als eigenständige Zeichen-Artefakte kursieren, sondern in den körperlichen Zuständen selbst ‚stecken', verteilt, diffus, indirekt. *An uns selbst* erleben wir solche Zustände als das Gefühl, das wir in unserem Körper spüren, wenn wir uns in ihnen befinden (siehe 5.1). Wir können sie jedoch auch *außerhalb* unseres Körpers gänzlich unvermittelt wahrnehmen, direkt und verzögerungslos fühlen: Wir empfinden den fremden Zustand, als entstammten die Informationen über ihn unserem eigenen Körper (ohne dabei zu verkennen, dass er sich *nicht* am Ort unseres eigenen Körpers ereignet). Eine solche Übertragung geschieht, indem wir an den fremden körperlichen Ereignissen strukturelle Muster wahrnehmen, die auf einer vergleichsweise überschaubaren und in unserer Erfahrung (möglicherweise auch in bestimmten genetischen Konstellationen) verallgemeinerten Informationsbasis beruhen.

Eine hervorragende Veranschaulichung für deren Funktionsweise bietet eine interaktive Animation, die man im Internet aufsuchen kann und die den Namen *BML-Walker* trägt (vgl. BioMotionLab; weiters Troje 2002). Der Walker besteht aus nichts anderem als fünfzehn in regelmäßiger Schwing-Bewegung befindlichen Leuchtpunkten. Dies ist zumindest eine korrekte *objektivistische* Beschreibung. Dessen ungeachtet *sieht* man aber unmittelbar und zwingend etwas ganz anderes, nämlich einen gehenden Menschen. Die Animation bietet nun die Möglichkeit, die Bewegungsstruktur der Leuchtpunkte über Schieberegler gezielt zu verändern und dies führt zu unmittelbar und ganz eindeutig erkennbaren Veränderungen im *subjektiven Befinden* dieses gehenden Menschen. Der Walker stellt so schlagend unter Beweis, wie gering die Informationsmenge ist (hier: fünfzehn Punktbewegungen), mit der ein gelingendes spontanes ‚Fremdspüren‘ sein Auslangen finden kann.

Das interaktive Manipulieren des Walker erweist noch etwas anderes: Das reflexionsferne ‚Überspringen‘ von Bedeutungen betrifft auch *kulturspezifisch kodierte Inhalte*. Solche können wir durch ‚Fremdspüren‘ allerdings nur dann unmittelbar verstehen, wenn wir die Kultur, der auch die beobachtete Gestalt entstammt, ausreichend gut aus eigener Erfahrung kennen. Dann und nur dann nämlich können wir intuitiv an den konventionellen Bedeutungsfestlegungen teilhaben. Dass wir am Walker angesichts bestimmter Einstellungen Anspannung oder Traurigkeit empfinden, geht dann auf die Wahrnehmung *universeller* somatischer Konstellationen zurück, wenn wir dagegen in manchen der möglichen Einstellungen vermeinen, die erotische Botschaft eines Model-Auftritts oder die aggressive eines Boxchampions zu verspüren, verdankt sich dies der Erinnerung an unsere Erfahrung massenmedial vermittelter *kultureller* Bilder.

Das Erfassen der Bedeutung eines erlebten Fremdverhaltens geschieht als direktes *Teilhaben an einer leiblich präsenten Struktur*: Dieses Teilhaben erzeugt in uns nicht die *selbe* Befindlichkeit, wie im fremden Organismus, sondern lediglich eine strukturelle Entsprechung. Wir geraten also nicht in Gefahr, fremde und eigene Regungen zu verwechseln, dennoch unterscheiden sie sich nicht in der Gestalt, sondern nur der Zugehörigkeit, dem lokalisierten Ort nach, vergleichbar dem Echo eines Lautes, den man selbst ausgestoßen hat und doch aus anderer Richtung kommen hört. Auf diese Weise übertragen sich auf uns Stimmungen, Zustände, Befindlichkeiten, Bewegungsmuster, Denkfiguren ohne dass wir dies beabsichtigen würden. Was in anderen vorgeht, geht plötzlich – wenn auch wie durch eine Milchglasscheibe gefiltert – in uns vor, wir teilen fremde Gefühle und setzen sie selbst als leibliche Phänomene um: in unserem Gesichtsausdruck, in unserer Körperspannung, in unseren Bewegungen, in unseren Vorstellungen.

Richard Wagner hat dieses Phänomen in seiner Oper *Tristan und Isolde* künstlerisch beeindruckend umgesetzt. Es findet sich hier in einer berühmten Liebesszene ein Duett, in dessen Verlauf Tristan Isolde offenbart: „Tristan du, ich Isolde, nicht mehr Tristan!“ Und Isolde antwortet darauf: „Du Isolde, Tristan ich, nicht mehr Isolde!“ Wenn wir nicht annehmen wollen, dass es sich um einen psychotischen Schub der beiden Liebenden handelt, den Wagner hier in Szene setzt, dann ist sie wohl so zu verstehen, dass Tristan und Isolde sich von der leiblichen Befindlichkeit des jeweils anderen so intensiv affiziert fühlen, dass sie sich selbst als vollkommen eins mit dem jeweils anderen empfinden. Eine solche mimetische Ergriffenheit setzt selbstverständlich die Beteiligung entsprechend intensiver Gefühle voraus, die Wagner in der die Szene organisierenden musikalischen Ausdrucksgestalt auch unvergleichlich zur Wirkung bringt.

Bei dem bisher unter der Bezeichnung ‚Überspringen' untersuchten Übertragungsgeschehen handelt es sich noch um kein *intentionales*, nicht einmal notwendigerweise um ein überhaupt als solches *bemerktes* Imitieren. Der Philosoph Helmuth Plessner weist etwa darauf hin, dass es sich bei einer bloßen „Erwiderung von Bewegungen, die vitalen Ursprungs sind und der affektiven Miterregung zugerechnet werden dürfen", um etwas ganz anderes handle als bei einer „echten Nachahmung", wie sie nur dem Menschen möglich ist (Plessner 2003, 396): „Das Tier läßt sich, wie u.U. auch der Mensch von einem Bewegungsablauf, der sein Ziel erreicht, mitführen und verfällt damit dem Schein der Imitation, während in Wahrheit nur Mitvollzug im Spiel ist." (ebd., 397) Plessner behält den Begriff der Imitation hier dem intentionalen Nachmachen vor, verwendet den Begriff der Imitation also enger, als ich das bisher getan habe.

Das bloße Erleiden einer ‚affektiven Miterregung' kann also unbemerkt bleiben, es kann daher auch wie selbstverständlich in das Erreichen eines Handlungsresultats Eingang finden. Dennoch gilt auch in diesem Fall, was ich schon im Kontext des Probierens hervorgehoben habe: Es ist ab dem Erreichen der Fähigkeit der Artefaktverwendung in der einen oder anderen Weise auch von *reflexiven* Prozessen mitbestimmt, da wir als Menschen nicht unter Ausklammerung unserer Orientierung durch instrumentelle, ikonische oder symbolische Gegenstände handeln können.

Betrachten wir dazu drei Beispiele: Das Kleinkind, das seine Erstsprache erwirbt, imitiert zunächst lediglich, ohne seine Lernproblematik als solche reflexiv zu erfassen. Es kann dies ja noch gar nicht, denn es würde dazu die Sprache bereits benötigen, deren Aneignung es gerade erst beginnt. Damit ist zugleich evident, dass es sich dabei um ein inzidentelles Lernen handeln muss. Das Nachmachen gestaltet sich hier zu allererst als bloßer Vollzug von *Miterregungen*, die zur Bildung sprachähnlicher Laute führen, dann zu einer bloßen *Koppelung* der Laute mit Bedeutungen. Über weitere Schritte einer sukzessiven Aneignung der Fähigkeit der Handhabung dinglicher, bildlicher und sprachlicher Artefakte schreitet das Kind schließlich zu einer Bedeutungs*verallgemeinerung* und einem *regelgerechten* Sprechen voran (dazu ausführlicher: 8.2). Für *dieses* Lernen können wir keine sprachliche Reflexion als durchgehende Unterstützung veranschlagen, da die Sprache ja eben erst erlernt werden muss, allfällige sprachliche Hinweise also notwendig unverstanden bleiben müssten.

Betrachten wir als zweites Beispiel ein größeres Kind, das ‚Polizist' spielt. Es tut dabei, was es tut, nicht traumwandlerisch, sondern – mindestens in einem erheblichen Ausmaß – in *bewusster* Wahrnehmung bestimmter Regelkriterien, die sein Verhalten als das eines Polizisten ausweisen und nicht etwa als dasjenige eines Kochs oder

Verkäufers. Diese Regeln sind nun bereits – wenn vielleicht auch nicht besonders elaboriert – sprachlich fassbar, denn andernfalls wäre es nicht denkbar, ‚Polizist' zu spielen, also eine Rolle, die durch einen sprachlich formatierten Begriff charakterisiert wird. Hier induzieren also nicht einfach bestimmte vorbildhafte Praktiken auf der einen Seite ihre analogen Abkömmlinge auf der anderen ‚miterregten' Seite, sondern das Kind *weiß, dass und warum* diese Abläufe etwas mit einem Polizisten zu tun haben. Die von einem Vorbild ‚überspringenden' Handlungsmuster sind damit jetzt Bestandteile *reflexiv eingeholter* Praktiken, die jene rahmen, ordnen und mit einem spezifischem Sinn versehen. Dies erweist etwa sofort der Vergleich mit einem Zirkusschimpansen, dem man das Gehabe eines Polizisten andressiert hat, der sich selbst aber in keiner analogen Weise als Polizist verstehen kann. Trotz dieser reflexiven Einordnung des Miterregtseins muss das den Spielverlauf begleitende *Lernen* jedoch noch keineswegs als solches erfasst sein, solange die Aufmerksamkeit und Absicht des Kindes darauf gerichtet bleiben, im Sinne des entsprechenden Regelwerks angemessen als Polizist *zu handeln*, nicht – seinen Zugang zur Rolle problematisierend – *zu lernen*, wie man als Polizist *zu handeln hat*.

Noch einmal anders einzuordnen wäre der Versuch des selben Kindes, Schwimmen zu lernen. Nachdem das Schwimmen für die meisten Menschen unserer Kultur keine selbstverständlich sich ergebende Art der Bewegung darstellt, ist anzunehmen, dass der Umstand, dass es erst *zu erlernen* ist, mit großer Wahrscheinlichkeit schon durch das soziale Umfeld thematisiert wird. Damit ergäbe sich hier der Fall, dass das Kind *lernen möchte*, also *weiß*, dass es in diesem Lernen seine eigenen Fähigkeiten grundlegend verändern und erweitern muss. Das Kind wird dann also *gezielt und absichtlich* versuchen, hilfreiche sprachliche Hinweise auf änderungsbedürftige Bewegungsversuche zu befolgen sowie Bewegungsvorbilder *als solche* nachzuahmen und seinem bisher etablierten Bewegungsrepertoire als neue Bewegungsstrategien einzuverleiben, kurz: es wird in *intentionaler* Weise lernen.

Ungeachtet des reflexiven Niveaus der in den drei Beispielen skizzierten Lernvorgänge ist ihnen gemeinsam, dass sie keinesfalls *ohne* jene unmittelbar sich einstellende ‚Miterregung' oder ‚Übertragung' auskommen. Stünde ihnen dieser grundlegende Mechanismus nicht zur Verfügung, bliebe jede Imitation ein unbeholfenes ‚Tun als ob', das an der Differenz zwischen körperlicher Selbst- und Fremdwahrnehmung systematisch scheitern müsste.

Aus den bisherigen Überlegungen lässt sich schließen, dass das Nachahmen im Sinne Plessners, also das Imitieren jenseits bloßer Miterregungsphänomene, keine identische Kopie des Nachgeahmten erzeugt. Anders als bei den skizzierten Mechanismen der *Übertragung* leiblicher Handlungs- oder Befindlichkeitsstrukturen werden diese in der *Nachahmung* an den Kontext der *eigenen Situation* und der auf diese Bezug nehmenden *eigenen Handlungen* angepasst, wie sie mit jenen der imitierten Person nicht unbedingt identisch sein müssen. Es geht hier darum, sie

Art und Weise der imitierten Person durchzuführen. Wie weit das Imitieren immer auch ein Abwandeln bedeutet, wird in der Literatur unterschiedlich diskutiert. Manchmal wird unter dem Begriff der *Mimesis* das kreativ abwandelnde Imitieren einfach definitorisch von bloßer *Nachahmung* als unbemerkt vollzogener identischer Reproduktion unterschieden, manchmal *Nachahmung* von bloßer *Miterregung* (s.o.), manchmal werden beide Vorgänge in unterschiedlich kreative Varianten unterteilt.

Gebauer/Wulf versuchen, das Problem durch die Unterscheidung von (kreativer) *Mimesis* und (mechanischer) *Mimikry* zu lösen (1992, 389ff). Erstere sei „lebendige Erfahrung", letztere dagegen Angleichung „ans Erstarrte und Tote" (etwa 291, 429; ähnlich Wulf 2001, 257ff). Ob ein Imitieren Mimesis oder Mimikry darstellt, bemisst sich hier nicht so sehr am formalen Kriterium einer *mehr oder weniger* vollständigen Angleichung, als am *Erstarren des subjektiven Pols* im imitatorischen Akt. Es ist hier also nicht das Ausmaß der individuellen Abweichung, das für Mimesis entscheidend ist, sondern der Vorgang ihrer interaktiven Hervorbringung. Mimesis bedeutet Aneignung, Sich-zu-eigen-machen. Das bloß passive Erleiden von Angleichung wäre dann nur mehr Prägung, Naturgesetz, vergleichbar dem, was „auch von Tieren und Pflanzen bekannt ist, mit der sich diese derart der Umwelt angleichen, daß die Differenz zu ihr wegzufallen scheint" (Gebauer/Wulf 1992, 389).

Auch bei der solcherart bestimmten Mimesis gibt es ein Vorbild, an dem sich das Nachahmen orientiert, aber da es ein Vorbild für eigenes Handeln ist, bemisst sich das Nachmachen an den subjektiven Notwendigkeiten dieses eigenen Handelns. Wenn wir noch einmal das letzte Beispiel aufgreifen: Das Kind ahmt den Polizisten in der konkreten Situation nach, in der es *sich selbst* befindet und muss dabei vielerlei berücksichtigen: die Räumlichkeiten und Utensilien, die es zur Verfügung hat, die sozialen Umstände, in die das Spiel eingebettet ist, seine persönlichen Erfahrungen, die es mit Polizisten gemacht hat, seine Bedürfnisse, andere Kinder in dieses Spiel mit einzubeziehen oder die Eltern mit ihm zu beeindrucken etc. Wen immer es dabei als vorbildlichen Polizisten ‚im Auge hat' – den eigenen Onkel, der tatsächlich Polizist ist, oder den Kommissar aus der Fernsehserie – dieser Vorbild-Polizist gestaltet seine Praxis sicherlich nach gänzlich anderen Notwendigkeiten. Er hat etwa gar keine Mutter, der er mit seinem Verhalten imponieren möchte, er muss reale Gefahren auf sich nehmen, die das Kind in jedem Falle scheuen würde, und anderes mehr.

Weil dies so ist, entsteht im Nachahmen also kein ‚Abzugbild', keine ‚Stanze' der imitierten Praktiken. Indem wir im Nachahmen ein System vorgefundener Strukturen entlang unserer eigenen Bedürfnisse umsetzen, entsteht eine mehr oder minder kreative Variation des Nachgeahmten. Das *Ausmaß* der Angleichung ist dann bloß eine Frage der Intentionen des sich angleichenden Subjekts. Mimikry wäre dagegen auf das *bloße* ‚Fremdfühlen' und ‚Überspringen' beschränkt.

Betrachten wir nun rückblickend noch einmal Meads Kritik am Nachahmen, so lässt sich vorstellen, dass sie sich eher gegen die (ja auch tatsächlich unhaltbare) Idee einer bloß durch ‚Miterregung' verursachten *erlittenen* Anähnlichung im Kontext des insgesamt reflexiven weil sprachvermittelten menschlichen Handelns richtet, als gegen Mimesis im zuletzt skizzierten Verständnis von Gebauer/Wulf. Darauf könnten etwa Formulierungen wie diese hinweisen: „Es gibt von uns als unintelligent angesehene Personen, die Worte nachsprechen, ohne über ihre Bedeutung etwas zu wissen; sie wiederholen einfach die von ihnen gehörten Laute." (Mead 1968, 91) Auch der Umstand, dass Mead von ‚Nachahmung als Instinkt' spricht (s.o.), weist in diese Richtung und ganz in diesem Sinne notiert auch Benjamin Jörissen: Meads „Zurückweisung des Mimesisgedankens … ist dem auf bloße Nachahmung reduzierten Mimesisbegriff seiner Zeit (vgl. dagegen Gebauer/Wulf 1992) zuzuschreiben, der mit seiner emphatischen Betonung der Kreativität des Individuums … nicht zu vereinbaren war" (Jörissen 2001, 186, Fn. 2).

Ich habe im Rahmen meiner Darstellung des *Probierens* (siehe 5.2) auf die emotionalen Implikationen dieses Funktionsaspekts hingewiesen und sie als *Erkundungsbedürfnis* zusammengefasst. Wenn es nun die im Lernen unabdingbare Funktion des *Imitierens* ist, Strukturmuster für ineinander greifende und einander ergänzende Praktiken zu reproduzieren, so muss es auch für dieses Nachmachen einen subjektiven Befriedigungseffekt geben, der mit der Realisierung einer solchen Reproduktion einher geht. Als ihr archaischer Kern kann wohl das einfache (biologisch fixierte) reflexartige ‚Überspringen' von Aktivitätsstrukturen angesehen werden, das jedoch – wie gezeigt – im Rahmen des *menschlichen* Imitierens nur eine Partialfunktion erfüllt. Betrachtet man nun dieses menschliche Imitieren in seinen unterschiedlichen Facetten, so lässt sich seine allgemeine Funktion m.E. am besten als das *Hervorbringen von Partizipation* verstehen: Das soziale Umfeld stellt ein ‚Vorbild' zur Verfügung, welches das imitierende Sich-Einfinden in einer kooperativen Interaktions-Position ermöglicht.

Schon in der Antike wurde die Beobachtung festgehalten, dass es eine menschliche Neigung zur Anähnlichung gebe, etwa ein Bedürfnis „des Jüngeren, so wie der Ältere zu werden." (Wulf 2001, 258) Ein solches Bedürfnis gewinnt seinen Sinn erst durch die Überlegung, was an einem *Sein wie der Ältere* das Erstrebenswerte darstellen kann: Sicher nicht der Alterungsprozess als solcher, sondern wohl eher der Zugewinn an Fähigkeiten und die daraus resultierende wichtigere Rolle, die der Ältere im gemeinschaftlichen Zusammenhang spielen kann, die soziale Anerkennung, die ihm aus der gesteigerten Effektivität seines Handelns erwächst, kurz: das bereits bekannte Motiv des „becoming a respected, practicing participant" (Lave 1997, 129).

Ich möchte daher die emotionalen Regungen, die zu einem Imitieren auf menschlichem Niveau motivieren, als *Bedürfnis nach Anerkennung* zusammenfassen. Eine anerkannte Stellung eingeräumt zu bekommen, bildet eine notwendige Voraussetzung sozialer Teilhabe und damit einer bedürfnisgerechten Lebensführung. Als Interaktionspartner akzeptiert zu sein, ermöglicht die Ausbildung von Kooperationsfähigkeit und ebnet so den Zugang zu den sozial-interaktiven und gesellschaftlich-kulturellen Orientierungspotentialen. Ein *einsamer* Akteur wäre dagegen nicht in der Lage, sich in ausreichendem Maße jene Ressourcen zu sichern, die er zu seiner Daseinsgestaltung benötigt.

Anerkennung bedeutet in diesem Sinne, dass ein menschliches Wesen grundsätzlich von vornherein als anerkennenswert adressiert wird und damit (gemäß der Analyse von Winnicot; s.o.) ein initiales Vorbild für seine Selbstanerkennung erhält. Dadurch erhält es dann jene Position zuerkannt, in der es (gemäß der Analyse von Mead; s.o.) seine Identität entfalten und durch seine Orientierung an den sozialen Erwartungen die ihm entgegen gebrachte Anerkennung immer weiter vertiefen und so seine kooperative Integration in den gemeinschaftlichen Lebensprozess ausgestalten kann. Als vielsagend betrachte ich in diesem Zusammenhang auch die wörtliche Bedeutung des Wortes *Inter-Esse*: Hier wird das *Dabei-Sein* (und damit die ihm vorausgesetzte Anerkennung) ausdrücklich als bedürfnisrelevant angesprochen.

Auch an dieser Stelle geht es mir wieder *nicht* um eine detaillierte Rekonstruktion von betroffenen psychischen Teilfunktionen und ihrer mannigfachen Zusammenhänge im Rahmen der menschlichen Bedürfnisnatur und -kultur, sondern lediglich um die nachdrückliche Vergegenwärtigung des Umstands, dass mit der Bereitschaft zum Ausführen von Aktivitäten (und damit auch aller ihrer Funktionsaspekte) immer auch emotionale Ereignisse mitgedacht werden müssen, die dieses Ausführen subjektiv *um seiner selbst* und *nicht um eines instrumentellen Zwecks willen* auslösen. Denn: Erst *nachdem* die Aktivitäten ausgeführt wurden, können Erfahrung und reflektierende Einsicht die dadurch ausgelösten Effekte in zweckrationaler Weise in Rechnung stellen.

Ungeachtet präzisierender Analysen zu seiner Detailstruktur ist jedenfalls hervorzuheben, dass das hier skizzierte Anerkennungsbedürfnis (als emotionale Grundlage des Imitierens) keine isolierte Einflussgröße bilden kann, sondern in vielfacher Weise mit dem Erkundungsbedürfnis (als emotionaler Grundlage des Probierens; siehe 5.2) verflochten und verschränkt gedacht werden muss. Von jemandem in einem sozialen Kontext zu lernen, ist ja nicht anders denkbar, denn als Imitieren und Probieren *in einem Vollzug*, womit also die Motivation zu diesem Lernen sowohl von der emotionalen Qualität eines neugierigen Erkundens als *zugleich* auch von jener eines anerkannten suchenden Mitmachens geprägt sein muss.

Wie komplex man sich ein *menschliches Anerkennungsbedürfnis* im Gegensatz zum biologisch verankerten Auslösemechanismus eines schlichten *Mimikry-Reflexes* vorstellen muss, erweist ein kurzer Blick in die mögliche theoretische Modellierung der Anerkennungsproblematik: Der deutsche Soziologe und Sozialphilosoph Axel

Honneth beschreibt etwa drei genetische Stufen der Anerkennung der Person als Voraussetzung der *Ausbildung eines individuellen Subjekts*. Demzufolge würden die Individuen „als Personen allein dadurch konstituiert, daß sie sich aus der Perspektive zustimmender oder ermutigender Anderer auf sich selbst als Wesen zu beziehen lernen, denen bestimmte Eigenschaften und Fähigkeiten positiv zukommen." (Honneth 1994, 277f) Diese Vorstellung haben wir ja, wie erwähnt, schon bei Winnicot angetroffen.

Als erste Stufe betrachtet Honneth die Anerkennungsform der *Liebe*, wie sie sich ursprünglich innerhalb und aus der frühkindlichen Mutter-Kind-Beziehung heraus entwickelt, als zweite Stufe die Anerkennungsform des *Rechts*, die sich auf der Grundlage des in der Moderne entwickelten universalistischen Gerechtigkeitsverständnisses – der Auffassung, das Rechtssystem habe den allgemeinen Interessen aller Menschen gleichermaßen zu dienen – herausgebildet hat, sowie eine dritte, die er unter Begriffen wie *soziale Wertschätzung*, *Ehre*, *Würde*, *Ansehen*, *Prestige* oder *Solidarität* verhandelt. Diese Begriffe stecken die Breite des dritten Konzepts ab, das darauf hinausläuft, dass „als seine Voraussetzung die Existenz eines intersubjektiv geteilten Werthorizontes hinzugedacht wird" (ebd., 196) und damit die „Subjekte gemäß dem gesellschaftlich definierten Wert ihrer konkreten Eigenschaften Anerkennung finden" (ebd., 197). Als illustrativ erweist sich auch die Darstellung der Umkehrung der drei Typen von Anerkennung als *Vergewaltigung*, *Entrechtung* und *Entwürdigung* und ihrer Auswirkungen: Sie bewirken Schaden, „durch den Personen in einem positiven Verständnis ihrer selbst verletzt werden, welches sie auf intersubjektiven Wegen erworben haben" (ebd., 212). Mit der Verweigerung von Anerkennung geht „die Gefahr einer Verletzung einher, die die Identität der ganzen Person zum Einsturz bringen kann" (ebd.).

Die hier im Telegrammstil referierte Darstellung Honneths konzentriert sich allerdings auf die *faktische Notwendigkeit* von Anerkennung für ein intaktes Selbstverhältnis der Subjekte und auf die Problematik, die sich aus ihrem Ausbleiben oder ihrer Verkehrung ins Gegenteil ergeben. Das subjektive Bedürfnis nach Anerkennung als *emotionale Grundlage des Erlernens* von anerkennungswürdigen Handlungsweisen bleibt dabei weitgehend unbeachtet. An Emotionen werden in Honneths Ausführungen primär jene ‚negativen' thematisiert, die sich erst im Nachgang einstellen, wenn Anerkennung ausgeblieben ist. So stellt er zwar fest, dass der Akteur „um zu einer geglückten Selbstbeziehung zu gelangen, … auf die intersubjektive Anerkennung seiner Fähigkeiten und Leistungen angewiesen" (ebd., 220) ist, erläutert jedoch nicht, welche manifesten emotionalen Ereignisse den Handelnden immer schon dazu anleiten, auf diese Anerkennung hinzuarbeiten.

Dennoch machen die Ausführungen Honneths zumindest indirekt deutlich, dass eine spontane ‚Ansteuerung' der Anerkennung unabdingbar notwendig ist. Zwar ließe sich auch der abstrakt-rationalistische Gedanke verfolgen, dass ein Akteur ja aus *‚negativen' Erfahrungen des Ausbleibens* von Anerkennung schlussfolgern könnte, sie aktiv anstreben zu sollen. Der Weg aus einer solchen Negativerfahrung wäre jedoch viel zu riskant, denn, „bleibt eine solche Form der sozialen Zustimmung auf irgend einer Stufe seiner Entwicklung aus, so reißt das in seiner Persönlichkeit gleichsam eine psychische Lücke auf, in die negative Gefühlsreaktionen wie die Scham oder die Wut treten" (ebd.). Damit wäre dann die Grundlage eines *kompensatorischen* Handelns durch die Negativerfahrung in den meisten Fällen wohl schon erheblich beschädigt. So ist es etwa so gut wie unvorstellbar, dass ein *Ausbleiben des Geliebtwerdens* zu einem *gelernten Liebesbedürfnis* oder gar zu *Einsichten* führt, die dem nicht geliebten Kind einen Weg zum Lieben und Geliebtwerden ebnen würden.

6.3 Partizipation: Lernen in sozialer Gemeinschaft

Jean Lave und Etienne Wenger vertreten eine Lerntheorie, die von Grund auf aus dem Gedanken der Interaktivität entwickelt ist. In ihr wird Lernen in einem umfassenden Sinne als grundlegende Ressource menschlicher Lebensgestaltung und Sinnstiftung erkannt und anerkannt: Es sei überhaupt nur zu verstehen „as a matter of substantial, identity-changing transformational projects that can only take place in changing, partial participation in ongoing social practice." (Lave 1997, 121) Das Lernen der Menschen wird hier nicht als okkasioneller oder arbiträrer Vorgang verstanden, sondern als „part of subjects' *moving*, changing participation across the multiple contexts of their daily lives" (Lave 1997, 123), es ist gleichbedeutend mit der Aneignung einer gemeinschaftlichen Handlungsfähigkeit, die es gleichermaßen reguliert, wie sie selbst durch es hergestellt wird, indem „the mastery of knowledge and skill requires newcomers to move toward full participation in the sociocultural practices of a community." (Lave/Wenger 1991, 29)

Der Ausgangspunkt des Konzepts ist die Kritik aller Vorstellungen, in denen das menschliche Wissen als Masse, Stoff oder Substanz verdinglicht wird. Ein solches Verständnis werde durch den substantivischen Gebrauch der Begriffe begünstigt: „'Knowledge' consists of coherent islands whose boundaries and internal structure exist, putatively, independently of individuals. So conceived culture is uniform with respect to individuals, except that they may have more or less of it." (Lave 1988, 43). Eine solche Sichtweise führe dann geradewegs zum „pipeline model" des Lernens (Lave, 1997, 121): Aneignung als Materialtransport.

Lave/Wenger stellen dem die Vorstellung eines *situierten Lernens* gegenüber. Unter diesem Titel beschreiben sie nicht eine spezielle Art des Lernens unter anderen, ihr Anspruch geht vielmehr dahin, dass im Grunde *jedes* erfolgreich vor sich gehende Lernen aus der Handlungspraxis einer sozialen Gemeinschaft erwächst, durch sie entscheidend geprägt wird, in sie wiederum eingeht und sie dadurch verändert. Es ist also das primäre Anliegen der Autoren, „to draw attention to the point that learners inevitably participate in communities of practitioners and that the mastery of knowledge and skill requires newcomers to move toward full participation in the sociocultural practices of a community." (1991, 29)

Der Kern dieser Überlegung findet sich schon in einem alten afrikanischen Sprichwort wieder: *Um ein Kind zu erziehen, bedarf es eines ganzen Dorfes.* Dass ich hier eine solche auf alte vorwissenschaftliche Lebenserfahrung zurückgehende Sicht anführe, ist vermutlich ganz im Sinne von Lave und Wenger, denn ihr Konzept basiert nicht zuletzt auf umfangreichen anthropologischen Feldstudien über Lernverhältnisse ganz unterschiedlicher Kulturen, so etwa afrikanischer Straßennäher, mexikanischer Hebammen, indianischer Magier, anonymer Alkoholiker, nordamerikanischer Fleischerlehrlinge und Navigatoren der U.S. Flotte. In ihren Untersuchungen fördern sie wiederkehrende Hinweise sowohl auf Strukturen eines ertragreichen, nachhaltigen Lernens, als auch Syndrome lernenden Misserfolgs zutage. Um erstere zu charakterisieren, führen Lave/Wenger das Konzept der *legitimate peripheral participation* ein. Sie skizziert telegrammartig die Stellung des Lernenden in produktiven Lernverhältnissen als *newcomer* oder *apprentice.*

Der Angelpunkt der Begriffstriade liegt in der *Partizipation*: Ohne aktive Teilhabe an einer Gemeinschaft kann Lernen nicht stattfinden. Dabei meint Partizipation entschieden mehr als bloße ‚Anwesendheit': Es geht darum, dass wir als Lernende praktisch handelnd in jene Aktivitäten einbezogen sein müssen, die den eigentlichen Zweck der Vergemeinschaftung darstellen. Daher wird die Gemeinschaft von Lave/Wenger auch als *community of practice* bezeichnet. Sie etabliert sich um ein gemeinsames Anliegen, das nur oder am besten *in ihr* verfolgt werden kann und ihre Praktiken werden von den Notwendigkeiten dieses Anliegens strukturiert. So sind etwa die afrikanischen Schneidernovizen von allem Anfang an direkt in das Produktionsgeschehen vor Ort integriert und erleben und gestalten in ihrer Ausbildungskarriere alle realen Bedingungen, Probleme und Erfolgsstrategien des wirklichen Näherdaseins aktiv und hautnah mit.

Diese Einbeziehung ist für den Lernenden wesentlich, denn nur in dem Maße, in dem er in die gemeinsame Praxis faktisch integriert wird, erhält er ausreichenden *Zugang zu den Ressourcen* der Aneignung jenes Wissens und Könnens, das in dieser Gemeinschaft verwaltet und reproduziert wird. Eine bloße Beobachtung der eingesetzten Praktiken in rezeptiver Haltung wäre dagegen keine sinnvolle Lernvoraussetzung. Sie würde bestenfalls zur Produktion unrealistischer Vorstellungen über die zu bewältigenden Probleme führen. Es ist die Einbindung in das ‚wirkliche Leben' der Gemeinschaft, die das Lernen strukturiert, Zugänge eröffnet, ermöglicht, das Wichtige vom Unwichtigen zu unterscheiden und Fehler umgehend als solche zu erkennen. Die reale Beteiligung „requires access to a wide range of ongoing activity, old-timers, and other members of the community; and to information, resources, and opportunities for participation." (Lave/Wenger 1991, 101).

Die Partizipation ist weiters als *peripher* charakterisiert: Der Neueintretende, der an der Praxis der Gemeinschaft beteiligt sein soll, verfügt noch nicht über das Wissen und Können, das in der Aktivität der Gruppe zur Anwendung kommt. Zu einem sinnvollen Lernen kann es daher nur kommen, wenn auf den unterstützungsbedürftigen und minder leistungsfähigen Status der Lernenden Rücksicht genommen wird. Um dem *newcomer* eine reale Teilhabe am Gruppenprozess zu ermöglichen, werden also die Ansprüche reduziert, die an ihn gestellt werden, er beginnt zunächst mit den einfachsten Aufgaben und arbeitet sich von diesen aus voran: „A newcomer's tasks are short and simple, the costs of errors are small, the apprentice has little responsibility for the activity as a whole" (Lave/Wenger 1991, 110) und: „less intense, less complex, less vital tasks are learned before more central aspects of practice" (ebd., 96).

Gleichsam von ihrem Rand her kann sich der Lernende damit in Richtung auf die vollständige Praxisfähigkeit entwickeln: „A newcomer's tasks tend to be positioned at the end of branches of work processes, rather than in the middle of linked work segments" (ebd., 110). Im Beispiel der afrikanischen Straßennäher bedeutet dies etwa: „Tailor's apprentices do maintenance on the sewing machine before the master begins to work, and finishing details when the master has completed a pair of trousers" (ebd.). Von hier aus können sie ohne Überforderung die nächsten Annäherungsschritte an ihre volle Schneiderkompetenz anpeilen, indem sie anspruchsvollere Tätigkeiten beobachten und durch Fragen und Erörterung so lange abklären, bis sie sich zutrauen, sie selbst praktisch zu erproben.

Die Partizipation ist programmgemäß zuletzt noch eine *legitime*: Der Lernende beteiligt sich nicht bloß um seines Lernerfolges willen, sondern seine Beiträge tragen zur Zielerreichung der kollektiven Praxis effektiv bei: „An apprentice's contributions to ongoing activity gain value in practice – a value which increases as the apprentice becomes more adept" (ebd., 111). Damit liegt die Einbeziehung des Lerners in beiderseitigem Interesse, wohingegen eine Beschränkung auf ‚bloßes Lernen' ein quasi parasitäres Verhältnis und für den Neuling eine prekäre Situation begründen würde: Er wäre eigentlich überflüssig, stünde mehr im Weg als zur Verfügung und könnte daher mit keiner sozialen Anerkennung rechnen. Die afrikanischen Schneidernovizen tragen dagegen selbst schon durch ihre bescheidensten Leistungen zum Gesamtprodukt der Schneidergruppe bei: Jemand muss ja die Stoffballen herbeischaffen, die Werkzeuge reinigen etc. und so sind die anderen Beteiligten froh, dass jemand diese Aufgaben übernimmt und können die Neulinge als vollwertig Mitleistende anerkennen und schätzen.

Die Integration in die Gruppe betrifft also ganz wesentlich auch die emotionale Dimension des Lernens: Zur Motivation durch das Erleben eines immer erfolgreicheren Umgangs mit den *sachlichen* Gegebenheiten gesellt sich die Befriedigung, innerhalb der Gruppe *sozial* reüssieren zu können. Die gelungene Bewältigung der Anforderungen und die Anerkennung der Gemeinschaft werden so zu einander wechselseitig stimulierenden Effekten. Die innerkommunitäre Karriere trägt zu steigendem Selbstbewußtsein bei und führt zur Ausbildung einer kompetenzgegründeten Identität. Das lernende Vorankommen „involves not just a greater commitment of time, intensified effort, more and broader responsibilities within the community, and more difficult and risky tasks, but, more significantly, an increasing sense of identity as a master practitioner" (ebd., 111). Die Motivation ist hier also auch stark von jenen emotionalen Phänomenen bestimmt, die ich weiter oben als ‚Bedürfnis nach Anerkennung‘ 6.2; als Moment der allgemeineren ‚produktiven Bedürfnisse‘; siehe 4.3) umrissen habe.

Vor dem Hintergrund der drei Bestimmungen partizipativ, peripher und legitim wäre etwa eine Gruppe von Fahrgästen in einer Straßenbahn ganz sicher keine *community of practice*, da sie sich in keinerlei gemeinsames Ziel engagiert und keine zweckdienlichen Praktiken ausbildet, sondern sich einfach nur passiv und koordinationslos befördern lässt. Um zu einer community im hier gemeinten Sinne zu werden, müsste sich eine solche Gruppe bestimmte Ziele setzen, eine Tradition spezifischer Handlungsstrategien entwickeln und immer wieder neu dazu stoßende Mitglieder einschulen.

Die partizipative Gestaltung der Praxisgemeinschaft darf auch nicht so verstanden werden, als orientiere sie lediglich darauf, sich innerhalb des beschränkten Terrains zu entfalten, welches durch das Agieren der *Gruppe* abgesteckt ist. Für das Leben in der menschlichen *Gesellschaft* ist die Kooperation im unmittelbaren Kontakt mit Gemeinschaften zwar eine notwendige, aber noch keine hinreichende Bedingung. Erst wenn in solchen communities auch das Kooperieren im Kontext gesellschaftlicher Prozesse (also über den unmittelbaren Handlungsraum der community hinaus) angeeignet wird, ist eine spezifisch menschliche Lebenspraxis gewährleistet. In den meisten der von Lave/Wenger referierten Fallstudien ist dies schon dadurch gegeben, dass sie sich durchwegs auf berufsvorbereitende (also ausdrücklich in den gesellschaftlichen Raum hinausweisende) Lerngeschichten beziehen. Damit eine Lernbiografie die von Lave angeführte ‚Gesamtheit der Lebensführung in ihrem sozialen Zusammenhang‘ jedoch *ganz generell* bewerkstelligen kann, wird sie daher eine Partizipation in *unterschiedlichen* communities umfassen und in diesem Rahmen auf die eine oder andere Weise (etwa durch die Beteiligung an politischen, journalistischen, zivilgesellschaftlichen o.ä. Gruppierungen) das Niveau *gesellschaftlichen Handelns* realisieren müssen.

Die legitime periphere Partizipation ermöglicht nun dem Lernenden einen vorläufigen und immer weiter zu entwickelnden Zugang zu den mannigfachen Konstituenten der angestrebten Praxis: Der durch die Partizipation zugängliche

> „uneven sketch of the enterprise (available if there is legitimate access) might include who is involved; what they do; what everyday life is like; how masters talk, walk, work, and generally conduct their lives; how people who are not part of the community of practice

interact with it; what other learners are doing; and what learners need to learn to become full practitioners. It includes an increasing understanding of how, when, and about what old-timers collaborate, collude, and collide, and what they enjoy, dislike, respect, and admire. In particular, it offers exemplars (which are grounds and motivation for learning activity), including masters, finished products, and more advanced apprentices in the process of becoming full practitioners." (Lave/Wenger 1991, 95)

Die Praxis der Gruppe versieht den Lernenden also mit modellhaften Ideen und Praktiken, an denen er sein eigenes Tun orientieren kann. Eine wichtige Funktion kommt dabei jenem Mitglied der Gemeinschaft zu, das die in der Gruppe anfallenden Praktiken am besten beherrscht. Lave/Wenger bezeichnen die Rolle dieser Person als *master*. Die Aufgabe des Meisters (es können natürlich auch mehrere sein) besteht nun keineswegs darin, die Novizen zu ‚belehren‘ oder ihren Lernerfolg durch Formen didaktischer oder animatorischer Zuwendung sicherzustellen. Der Meister ist dazu da, seine Meisterschaft zu praktizieren. Diese wird nicht didaktisierend als *reines Vorzeigen* aus den Handlungsnotwendigkeiten herausgelöst, sondern so ausgeführt, wie es die wirklich anfallenden sachlichen Notwendigkeiten erfordern, zugleich aber auch so *transparent*, dass die involvierten Lernenden sie ausreichend gut mit vollziehen können. Darüber hinaus gibt es keinerlei Beeinflussungsversuche, das Gewinnen entsprechender Zugänge zum Wissen, das Einholen von Informationen etc. sind hier primär eine *Holschuld des Lernenden*. Diese Anordnung gewährt in Verbindung mit der legitimierten Partizipation ausreichend Spielraum für entspanntes und interessegeleitetes Beobachten, Experimentieren, Nachfragen, Fehler machen und ‚Hineinschnuppern‘ in unterschiedliche Bereiche der vor sich gehenden Praxis, sodass günstige Voraussetzungen für die Transformation von Handlungs- in Lernproblematiken gegeben sind.

Eine weitere wichtige Funktion haben die anderen Lernenden. Bei den *Peers* handelt es sich optimalerweise um eine heterogene Gruppe unterschiedlich weit fortgeschrittener Novizen. Damit nämlich können die jeweils ‚älteren‘ den jeweils ‚jüngeren‘ Gruppenmitgliedern bzw. Neuankömmlingen Hinweise, Erklärungen und praktische Hilfestellungen geben. Sie interpretieren die Praxis des Meisters, zeigen, worauf es bei ihrer Aneignung ankommt und halten so vom Meister alle Beschäftigungen ab, die ihn in der Ausübung seiner Meisterschaft stören oder behindern könnten. Das Autoritätsgefälle unter den Peers ist gering und erlaubt eine informelle, unkomplizierte, von Ansprüchen entlastete Kommunikation. Dies erweist sich ebenfalls als hilfreich, denn „an apprentice's own master is too distant, an object of too much respect, to engage with in awkward attempts at a new activity." (Lave/Wenger 1991, 92) Die Peers agieren dagegen als Tutoren ‚auf gleicher Augenhöhe‘, ihre wechselseitige Assistenz erlaubt eine undramatische Korrektur von Fehlern.

Das skizzierte Lernverhältnis lässt sich so idealtypisch als ein Dreieck aus Novize, Meister und anderen Lernenden beschreiben: Der Novize beobachtet den *Meister* als *Vorbild* und erhält auf dessen Agieren bezogene *Instruktion* von den *Peers*. Deren Aufgabe, anderen zu erklären, was diese noch nicht ausreichend verstanden haben, ist wiederum eine der wirkungsvollsten Methoden, ihr eigenes mentales und motorisches Können zu prüfen und zu vervollständigen. Wenn wir vermeinen, etwas verstanden zu haben und jemandem zu erklären versuchen, werden uns Fehlbestände kenntlich: Der Sachverhalt will nicht plausibel werden, unser Gegenüber versteht uns nicht und stellt Rückfragen, die wir nicht beantworten können. So erfahren wir, was wir selbst nicht ausreichend verstanden haben und präziser klären müssen. Wenn es uns schließlich gelingt, die Sache stimmig darzustellen, dann hat die komplettierte Vergegenwärtigung zur Sicherung und Schärfung unseres eigenen Verstehens entsprechend beigetragen.

In dieser sozialen Konstellation lässt sich nun vollziehen, was den eigentlichen Kern des Lerngeschehens ausmacht: *Der Novize ahmt den Meister nach.* Dieses Nachahmen reduziert sich dabei keineswegs auf bloße „observation and imitation" (Lave/Wenger 1991, 95), denn die Lernenden beteiligen sich ja aktiv an der Praxis der Gruppe. Auf diese Weise lässt sich an den ‚realen' Effekten des probierenden Handelns erspüren, worin die wichtigen, unverzichtbaren Teile des imitierten Handelns bestehen und von denen unterscheiden, die etwa nur – für eine kompetente Handlungsausführung gar nicht benötigte – Angewohnheiten des Meisters bilden. Auch könne man so unmittelbar erkennen, ob man in der Beobachtung die Ausführung richtig erfasst hat und wie sie sich in ihrer Effektivität optimieren lässt. Die Bewegung des Lernenden verläuft dabei suchend, tentativ, improvisierend und in gewisser Weise autodidaktisch.

Das Nachmachen ist jedoch nur eine Durchgangsaktivität. Die eigenständige Justierung des Nachgemachten im sozialen Feld führt sofort zur Etablierung einer *eigenständigen Position* gegenüber dem Lerninhalt:

> „Yet even when submissive imitation is the result, learning is never simply a matter of the ‚transmission' of knowledge or the ‚acquisition' of skill; identity in relation with practice, and hence knowledge and skill and their significance to the subject and the community, are never unproblematic. This helps to account for the common observation that knowers come in a range of types, from clones to heretics." (Lave/Wenger 1991, 116)

Der insgesamte Lernprozess ist also nichts weniger als ein bloßes Kopieren des bestehenden Wissens und Könnens: Auf der Basis eigener Erfahrung mit dem Angeeigneten entwickeln die Lernenden ihre eigene Version des Umgangs mit sich und der Welt (siehe 6.2). Dies führt dazu, dass Lernprozesse immer das Potential von Konflikten in sich bergen:

> „Shared participation is the stage on which the old and the new, the known and the unknown, the established and the hopeful, act out their differences and discover their commonalities, manifest their fear of one another, and come to terms with their needs for one another." (Lave/Wenger 1991, 116)

Sprachliche Vermittlungsakte („Reflektieren") haben im Lernprozess eine wichtige Funktion, sie bilden jedoch nicht den Ausgangspunkt des Lernens, sondern nur seine Unterstützung. Wie Lave/Wenger schreiben, „there is a difference between talking about a practice from outside and talking within it" (1991, 107f), es ist die Erschließung *wirklicher Praxis*, nicht die Repräsentanz einer bloß *vorgestellten*, für die der sprachliche Kommentar zuständig ist: „For newcomers then the purpose is not to learn from talk as a substitute for legitimate peripheral participation; it is to learn to talk as a key to legitimate peripheral participation." (1991, 109)

Wie lässt sich nun der eingangs zitierte Anspruch rechtfertigen, das ‚situierte Lernen' sensu Lave/Wenger stelle eine Rekonstruktion zentraler Prinzipien *jeden* funktionierenden Lernens dar, oder wie Lave/Wenger es formulieren, „an analytical viewpoint on learning, a way of understanding learning." (Lave/Wenger 1991, 40) Lassen sich damit tatsächlich auch das einsame Beobachten, Experimentieren oder Lesen eines Buches oder gar das Lernen in der Institution Schule sinnvoll interpretieren?

Der Eindruck einsamen Lernens – so würden die beiden Autoren wohl antworten – verdanke sich meistens einer willkürlichen Ausschnittvergrößerung: Wenn ich zuhause sitze und *ein Buch lese*, habe ich die Anregung dazu ja vielleicht doch aus einem sozialen Kontext mitgenommen und bringe das Gelesene dann dort auch wieder ein. Gleichzeitig verwirkliche ich beim Lesen eine vielfältige Interaktion mit dem Autor des Buches und diese wird wieder einige der gerade ausgesetzten sozialen Kontakte kompensieren. Noch viel mehr träfe diese Überlegung für das ‚einsame' *Surfen im Netz* zu: Hier kann ich erst recht wieder mannigfache Verbindungen herstellen, in Chats und Foren einsteigen etc., die mir bestimmte Aspekte der von Lave/Wenger beschriebenen interaktiven Möglichkeiten eröffnen. Dagegen wird jede *wirklich* einsame Lernpraxis, die auf die Ressourcen des sozial situierten Lernens verzichtet, jedenfalls hinter der möglichen Reichweite des menschlichen Lernens zurückbleiben.

Entscheidend lässt sich das Verständnis des situierten Lernens noch einmal schärfen, wenn wir es auf die Realität institutionell organisierter Belehrung – etwa in der Schule – anwenden. Legitime periphere Partizipation ereigne sich ja, wie die Autoren behaupten, „no matter which educational form provides a context for learning, or whether there is any intentional educational form at all" (ebd.). Hier zeigt sich noch einmal präzise, warum es sich dabei um ein *allgemeingültiges Konzept* des Lernens handelt und nicht bloß um eine *spezielle Form* desselben.

Versuchen wir also, die wesentlichen Elemente des Konzepts in der Schule aufleben zu lassen: Die Praxis einer Schulklasse könnte interpretiert werden als Aneignung allen Wissens und Könnens, das Heranwachsende benötigen, um in autonomer Weise am gesellschaftlichen Leben teilnehmen zu können, kurz als *Erkundung der Welt.* Könnte eine solche Widmung unter geeigneten Bedingungen zu einer ‚peripheren legitimen Partizipation' führen?

Schon die übliche Zusammensetzung der Gruppe sperrt sich dagegen: Die community of practice lebt von der tutoriellen Lehr-Lern-Aktivität der *unterschiedlich weit* fortgeschrittenen Lernenden untereinander. Nun versucht aber die herrschende Auffassung von Schulunterricht, möglichst *homogen* konfigurierte Schulklassen zu verwirklichen, indem sie möglichst gleichaltrige, gleich interessierte und gleich leistungsfähige Heranwachsende in einer Klasse unterbringt. Die Möglichkeiten, dass hier einer vom anderen lernt, dass eine die andere unterrichtet, sind also denkbar gering. Das Fehlen des sukzessiven Wissenstransfers *innerhalb der Lernenden* muss dann notwendig dazu führen, dass ihr Lernen in einem wesentlich höheren Ausmaß von der Belehrung durch den Lehrer abhängig bleibt. Setzen wir diesen nun gedankenexperimentell in der Rolle des Meisters ein, so müsste er sich ja, wie gezeigt, primär dem Vorexerzieren seiner Meisterschaft widmen. Dabei wird er nun aber schon dadurch *behindert*, dass er gezwungen ist, die einzelnen Lernenden mit unterstützenden Informationen, sachlichen Hilfestellungen, Zusatzerläuterungen, Wiederholungen, Fragebeantwortungen, sozialen Organisationsleistungen etc. zu versorgen, sie zu ‚motivieren' etc.

Fantasieren wir weiter und nehmen wir an, dieses Problem sei ausgeräumt, da wir eine intelligent reformierte Schule vor uns haben, die *heterogen* zusammengesetzte Klassen vorsieht. Im denkbar besten Fall könnte man sich dann vorstellen, dass der Lehrer in meisterlicher Weise im Unterricht praktiziert, wie man die Eigenheiten dieser Welt erkunden und begreifen, was man dazu an sachlichen und methodischen Ressourcen mobilisieren, wie man dabei gegenüber den Mitakteuren förderliche Haltungen einnehmen und mit ihnen partizipativ kooperieren kann. Dabei würde er vorzeigen, wie man mit der Welt forschend, prüfend, erkenntnissuchend umgeht. Er denkt etwa laut und lässt dabei erkennen, dass ein solches Denken immer suchend, hypothetisch, selbstkritisch angelegt werden muss, dass jede Annahme nur auf Widerruf als gültig betrachtet werden darf, dass jede Frage erlaubt ist und dass jede aktive Beteiligung anderer Menschen willkommen geheißen wird, weil es die Sicherheit und Reichweite des gemeinsamen Denkens erhöht.

Er proklamiert dies nicht bloß rhetorisch und weist nicht die anderen an, es zu tun, sondern *tut es selbst*, indem er jeden Einwand, jede Frage, jede Idee ernsthaft aufnimmt und in sein lautes Denken und transparentes Handeln integriert. Das kann natürlich zu dem Ergebnis führen, dass er geäußerte Vorstellungen zurückweisen muss, doch geschieht dies in keiner ‚vorauswissenden' Attitüde, sondern im Kontext eines prinzipiell lösungsoffenen, dialogischen, argumentativen Verfahrens, an dem alle Anwesenden in prinzipiell gleicher Weise beteiligt sind und nur in dem Maße Recht behalten, in dem es ihnen gelingt, die anderen von der Plausibilität ihrer Vorbringungen zu überzeugen. Auch zeigt der Lehrer, dass es ihm *nicht* peinlich ist, etwas nicht zu wissen oder einen Fehler begangen zu haben, er demonstriert statt dessen, wie man mit solchen Anlässen sachgerecht, lösungsorientiert und produktiv, also *lernend* umgeht. Die auf eine solche Weise praktisch in Szene gesetzten (‚vorgezeigten‘) Kompetenzen des Lehrers könnten die Heranwachsenden dann so beeindrucken, dass sie über sie *auch selbst* verfügen und sich daher am kollektiven Aneignungsgeschehen beteiligen wollen. In diesem Falle käme der Unterricht nahe an die Logik einer funktionierenden community of practice heran.

Meine kurze Skizze lässt sofort erkennen, dass sie nicht das durchschnittliche Geschehen an den gegenwärtigen Schulen unserer Gesellschaft wiedergibt. Das traditionelle Unterrichtsbild läuft vielmehr darauf hinaus, dass die Lernenden *als Einzelne* zuhören, Fragen stellen und gefragt werden und zwar in der Form, dass die daraus sich ergebenden Einzelkonsultationen klassenöffentlich stattfinden und dies dann ein jeweiliges entsprechendes *Lernen der still Zuhörenden* zur Folge haben soll. Dabei soll der Lehrer die ganze Klasse ‚im Griff‘ haben, sie also einerseits motivieren und andererseits disziplinieren. Zusätzlich verbreitet sich in modernen didaktischen Konzepten die Tendenz, den Lehrer als einen geschickt manipulierenden Unterhalter zu verstehen, der für permanente Spannung und Abwechslung zu sorgen hat. Durch all diese Aufgaben ist er aber durchgängig beschäftigt mit Tätigkeiten, die ihn von dem abhalten, wovon man am meisten lernen könnte: vom kompetenten Betreiben von Mathematik, Sozialkunde oder Musik.

Im daher empirisch häufigeren Fall hält der Lehrer also *nicht* seine Meisterschaft im Betreiben von Mathematik, Sozialkunde, Musik oder auch einfach im Einnehmen einer förderlichen Haltung gegenüber anderen Menschen im Vordergrund, sondern teilt den Lernenden als fraglos gegeben mit, wie die Welt aussieht, was in ihr der Fall und wahr ist und was daher als Lernprogramm abgearbeitet werden muss. Sein Vortrag ist dabei monologisch, repetitiv und dogmatisch, er kennt keine kritischen Einwände und inszeniert Erkenntnis als ein geradliniges geschlossenes Vorrücken des Denkens, bis an dessen ernstzunehmende wissenschaftliche Front man in der Schule ohnehin nicht gelangen kann. Damit zeigt er gleichzeitig vor, wie man mit möglichst geringem nervlichem und sachlichem Aufwand Unterrichtsstunden *abwickelt*, wie man eigene Wissens- und Vorbereitungslücken *kaschiert*, wie man andere Menschen durch Einsatz von Unterhaltungstricks und Zwangsmitteln *diszipliniert* und *gängelt* u.Ä. Ein solcher Unterricht ist dann vor allem eines: langweilig, denn es fehlen ihm alle Attribute, die von Lave/Wenger als konstitutiv für das Entstehen von Motivationen und das Gelingen substanzieller Lernbewegungen herausgearbeitet wurden.

Doch auch in diesem Falle stellt sich die logische Struktur des situierten Lernens wieder ein, wenngleich nun in pervertierter Form: Was können die Novizen vom *praktischen Vorbild eines solchen Meisters* lernen? Worin können sie unterstützt durch die tutoriellen Hilfestellungen ihrer Peers selbst in steigendem Ausmaß Meisterschaft erlangen? – Beispielsweise darin, wie man unangenehme Aufgaben ‚pro forma' erledigt, wie man eigene Fehlhaltungen und -handlungen geschickt überspielt, wie man mit Kooperationspartnern direktiv, defensiv und instrumentalisierend umgeht, welche Techniken des Tarnens und Täuschens es gibt, wie man sich am besten prahlerisch präsentieren und opportunistisch anbiedern kann und ähnliches mehr.

7 Der Sinn der Dinge

Die menschliche Lebenswelt ist bestückt mit Gegenständen, in denen das Weltwissen der Menschheit aufbewahrt ist. Im Lernen erwerben wir die Fähigkeit, dieses Wissen zu aktivieren, anzuwenden und weiter zu entwickeln.

7.1 *Die Situiertheit unserer Lebensvollzüge in den Artefakten* – In der Evolution entsteht die Fähigkeit der Hominiden, Erfahrungen im Umgang mit der Welt zu *vergegenständlichen* und damit eine über die einzelne Lebensspanne hinausreichende Aufbewahrung und Verdichtung von Weltwissen zu betreiben. Damit beginnt die Geschichte einer materiell vererbbaren Kultur der *Artefakte,* die unsere gesamten Lebensbedingungen hermetisch durchzieht. Ihre Bestandteile repräsentieren nicht nur jene *Erkenntnisse,* die im Zuge ihrer Produktion gewonnen wurden, sondern zugleich die *Verwendungszwecke,* denen sie dienen sollen. Unsere Daseinsbewältigung entfaltet sich im Horizont der in den Artefakten bereits vorgedachten, vorfabrizierten und damit vorbestimmten Möglichkeiten, die wir durch unsere auf sie aufbauende Erkenntnistätigkeit vertiefen und erweitern können.

7.2 *Das instrumentelle Moment des Lernens: Mittelaneignung* – Auch die lernende Aneignung von zweckhaften Gegenständen nimmt seinen Ausgang bei *Eigenerfahrung* und *Vorbild*: Indem der beobachtete Umgang anderer mit den Artefakten im eigenen Probieren mit den Gegenständen imitiert wird, formt der Lernende einen ‚Abguss‘ ihrer strukturellen Merkmale. Die *Bedürfnisse des Lernenden* bilden sowohl eine Voraussetzung für seine Lernbereitschaft, als auch seinen Schlüssel zur Einsicht in die *reflexive* Funktion der Dinge als materialisierte *praktische Begriffe*. Die Inkorporierung der Dinge wird vom Lernenden als *Erweiterung der eigenleiblichen Organe* und *Integration der Artefakte in die eigene personale Identität* erfahren.

7.3 *Umgebung: Lernen in gestalteten Räumen* – Als Artefakte lassen sich auch die *räumlichen Umgebungen des Lernens* verstehen. Die architektonische Gestaltung von Schulgebäuden und Klassenzimmern trägt zur Organisation der in ihnen stattfindenden Vorgänge bei, indem sie bestimmtes *Verhalten ermöglicht* oder *nahelegt* und *anderes erschwert* oder *verhindert*. Die Ausstattung der Räumlichkeiten mit *lernanregenden Gegenständen* legt fest, in welchem Ausmaß sich die Lernenden mit welchen Themenstellungen *selbsttätig* beschäftigen können. Die Gestalt der Räume weist drei Dimensionen auf: eine *instrumentelle* (die Vorgänge, die sie funktional ermöglicht), eine *ästhetische* (die Anmutungen, die sie sinnlich-unmittelbar hervorruft) und eine *symbolische* (die Bedeutungsverweise, die sie auf Grundlage kultureller Übereinkunft repräsentiert).

7.1 Die Situiertheit unserer Lebensvollzüge in den Artefakten

Wenn wir handeln, dann benötigen wir dabei nicht nur unseren *Körper* und unsere *Mitmenschen*, sondern auch die von Menschen hergestellten *Gegenstände*, die unsere Welt in unabsehbarer Zahl durchsetzen und sie zu jener künstlichen Installation machen, die wir in unserem Leben bewohnen: Wir leben in Häusern, schlafen in Betten, bewegen uns auf Straßen und Schienen, wir essen von Tellern Speisen, die in Küchen zubereitet und mit allerhand Esswerkzeug serviert werden. Wir betrachten Bilder, lesen Bücher und bedienen Computer. Wir arbeiten mit und in Maschinen, bedienen Werkzeuge und bearbeiten Dinge, die ihrerseits bereits von anderen hergestellt wurden, um sie wieder an andere weiterzugeben, die mit ihnen die nächsten Arbeitsschritte vollziehen werden.

Im beginnenden 21. Jahrhundert zeichnet sich schließlich eine „Konvergenz ... zu einem hochgradig integrierten System" (Castells 2004, 77) ab. Der technisch mögliche Zusammenschluss aller elektronisch betriebenen Geräte (vom Mobiltelefon, Küchenherd und Navigationssystem bis zum Atomkraftwerk und der militärischen Abschussanlage) durch Anbindung an das globale elektronische Netz ist dabei, die Form eines weithin unkontrollierbaren Supergegenstands anzunehmen, der sich über den gesamten Planeten ausdehnen und von jedem ihrer Punkte aus durch informationelle Eingaben beeinflussen lassen wird (vgl. auch Castells 2004, 375ff). Der österreichische Philosoph und Technikskeptiker Günther Anders hat diese Entwicklung als immanente Logik der technischen Entwicklung bereits 1960 vorausgesehen: „Damit ist aber, wie phantastisch diese Folgerung auch klingen mag, gesagt, daß die Apparate grundsätzlich auf einen ‚*Idealzustand*' lossteuern, auf einen Zustand, in dem nur noch ein einziger und lückenloser, also *der* Apparat existiert." (Anders 1995, 110)

Die Welt, in die wir hineingeboren werden, ist also nicht einfach rohe Natur, sondern *vorgedachte, vorgestaltete menschliche Kultur.* In ihren Dingen steckt jenes *Wissen*, das die uns vorangegangene Menschheit ihrem Dasein abgerungen und in ihnen aufbewahrt hat und auf das wir nun in unserem Umgang mit der Welt treffen. Der Philosoph und Phänomenologe Martin Heidegger nennt „das im Besorgen begegnende Seiende das *Zeug*" (Heidegger 2001, 68), seine „Seinsart ... die *Zuhandenheit*" (ebd., 69). Diese Bezeichnungen mögen ungewöhnlich klingen, doch sind uns allen geläufig das Fahr*zeug*, das Schreib*zeug* oder das Werk*zeug*, das wir im besten Falle *zur Hand* haben. Auch das alte in vielen Städten noch als Museum besichtigbare *Zeug*haus oder die Er*zeug*ung von Gegenständen weisen diesen Bedeutungskern auf.

Solches Zeug repräsentiert nicht nur bestimmte Handhabungsnotwendigkeiten, sondern auch jene *Zwecke*, die seine Schöpfer in seiner Gewinnung verfolgt haben: Der Stuhl, auf dem wir sitzen, und das Buch, das wir dabei lesen, enthalten auch das *subjektive Bedürfnis*, bequem zu sitzen und sich klug zu informieren.

Natürlich können wir auch den Stuhl als Schreibpult und das Buch zum Darauf-Sitzen verwenden, doch sind sie dazu eben weniger gut geeignet, als zu dem Verwendungszweck, der ihre Gestalt bestimmt.

Einen bemerkenswerten Akzent setzt in diesem Zusammenhang der bereits zitierte Mark Galliker, indem er den Begriff des Artefakts von vornherein „auf alles, was von Menschen hervorgebracht wird" bezieht (1997, 20), also sowohl auf *überdauernde* Objekte, wie auch auf *flüchtige* Hervorbringungen (wie etwa gesprochene Worte). Er unterscheidet die überdauernden dann als *materielle* von den flüchtigen als *ideellen Artefakten.* Bei diesen handelt es sich um die *sinnhaften Gehalte,* die jenen zugrundeliegen (vgl. ebd., 18). Dieser terminologische Vorschlag rückt eine wichtige Gemeinsamkeit der überdauernden und der flüchtigen, also der material ausgeformten und der bloß mental oder lautsprachlich vollzogenen Produkte menschlichen Handelns ins Bewusstsein: Sie geben unseren Erfahrungen eine (wenn auch vielleicht nur eine kurze Zeitspanne) überdauernde Gestalt, die es ermöglicht, dass wir (oder andere) sie (wieder) aufgreifen können:

> „Tradierte Dinge gelangen in den raum-zeitlichen Kontext anderer Menschen und spielen in diesem Kontext für eben diese Menschen eine Rolle. Die externen Produktionen und Spuren verkörpern frühere Erfahrungen. Sie können als eine Art kollektiver Speicher aufgefaßt werden. Soweit signifikant für eine Person, bilden sie auch die Basis für deren individuelles Gedächtnis .... Oft handelt es sich allerdings nur um sehr flüchtige Spuren (z.B. die Schallwellen mündlicher Sprache)." (Galliker 1997, 21)

Bevor wir mit den Dingen etwas tun können, sind sie also immer schon da und nicht nur wir tun etwas mit ihnen, sondern sie tun auch etwas mit uns: Sie sprechen uns an, ziehen unsere Aufmerksamkeit auf sich, laden uns ein, fordern uns auf. Sie versprechen uns Erfolge, erlegen unserem Handeln Zwänge auf, bilden einen „stete[n] Horizont, um sich einem auftretenden Bedürfnis anzubieten oder aufzudrängen" (Stieve 2008, 173), kurz: Sie schieben sich in unsere Wahrnehmung, in unser Denken, in unser Tun. Das heißt natürlich nicht, dass die Dinge irgendwelche gespensterhaften Lebewesen wären, sondern lediglich, dass sie auf uns *so wirken, als* würden sie uns ansprechen, einladen oder auffordern.

Die Ansprache, die wir dabei verspüren, ist jedoch keineswegs bloß fantasiert: In gewisser Weise stecken in den Dingen ja auch die Menschen, von denen sie erzeugt wurden, und wenn man es pointiert formulieren möchte, kann man auch sagen, dass wir mit ihnen auf diese Weise tatsächlich in Kontakt treten. Wir begegnen dabei „Hunderten, sogar Tausenden von abwesenden Schöpfern, die in Zeit und Raum entfernt sind und dennoch gleichzeitig aktiv und präsent." (Latour 2006, 497) Unsere Interaktion mit den Artefakten ist also indirekt wieder eine Interaktion mit anderen Menschen: Es sind ihre Lebensnotwendigkeiten, ihre Lösungsstrategien, ihre Vermächtnisse, die aus jenen sprechen. Zu wissen, *daß* und *wie* man auf dem Stuhl sitzen und auf ihm das Buch lesen kann, macht es möglich, an ihren Erfindergeist, wie er in Stuhl und Buch verewigt ist, anzuknüpfen und durch unseren eigenen fortzusetzen.

In den Science and Technology Studies werden die Prozesse unseres Wissens daher als ‚verortet‘ und ‚verteilt‘ betrachtet, *verortet* nicht „in einem im individuellen Körper und Gehirn eingefassten Geist, sondern in einem Geist, der um Aspekte der Umwelt erweitert ist“ (Sørensen 2015, 212) und *verteilt* „über Raum und Zeit sowie zwischen Menschen und Materialien“ (ebd., 208). Unser individueller Handlungs-, Vorstellungs- und Denkprozess wird so als mit den von uns hervorgebrachten Prozessen und Artefakten direkt verknüpft gedacht.

Die Welt der Artefakte bildet also eine weitere Instanz, die unserem Ich, unserem Sein, unserem Handeln vorausgeht, die unsere Praktiken fundamental (mit-)bestimmt, eine weitere lebensweltliche Gegebenheit, in der unser Tun und Lernen situiert ist. Und auch hier sind wieder *beide Teile* notwendig, um den Gesamtprozess fortzuführen: ein Reservoir an hergestellten *Objekten*, die solches Wissen zur Verfügung halten und vielleicht sogar auf sich aufmerksam machen, und ein *Subjekt*, das sich von ihnen ansprechen lässt, das sie aufsucht, ihre Signale entsprechend versteht und sich ihrer bedient.

Dabei ist hier besonders augenfällig, was Giddens an Strukturen ganz allgemein hervorgehoben hat: Sie sind immer zugleich Ressourcen und Limitationen (vgl. 1995, Kap. 4). Ein Artefakt ermöglicht ein *bestimmtes* Handeln, aber *eben nur dieses*, es eröffnet Möglichkeiten, wie es andere damit gleichzeitig auch verschließt. Dies mag auf den ersten Blick banal erscheinen, es ist aber äußerst folgenreich: Haben wir z.B. unsere Welt erst einmal zugepflastert mit einem hermetisch dichten Straßennetz aus Asphalt und Beton und dafür gesorgt, dass vom amerikanischen Konzernchef bis zum chinesischen Reisbauern jeder mindestens ein Auto besitzt, gibt es zu dieser Art von individuellem Verkehr kaum noch eine realisierbare Alternative. Die vom Automobilismus ausgelöste Artefakte-Flut hat diesem eine Monopolstellung eingetragen, in der er übermächtig und unabweisbar auf seine eigene Reproduktion pochen kann.

Welch fundamentale Rolle die Artefakte in unserem Dasein als Menschen spielen, erhellt zunächst aus der Funktion, die ihnen bei der evolutionären Menschwerdung zukommt. Stanley Kubrick hat in den Eröffnungsszenen seines Filmes *2001 – Odyssee im Weltraum* den entwicklungsgeschichtlichen Augenblick, an dem die evolutionäre Menschwerdung ihren Anfang nimmt, in eindrucksvolle Bilder umgesetzt: Ein früher Hominide entnimmt einem herumliegenden Skelett einen großen Knochen und beginnt, damit mehr zufällig als gezielt, vielleicht aber bereits aus früherer Erfahrung dumpf ahnend, was er damit bewirken kann, auf die anderen Knochen einzuschlagen. Er betrachtet den Effekt seines Tuns immer enthusiastischer, prügelt auf den am Boden liegenden Schädel ein, zertrümmert ihn und wirft den Knochen schließlich grölend in einer euphorischen Geste hoch über sich in die Luft. Er hat die Erfahrung gemacht: Dieser Knochen gewährt ihm eine Mächtigkeit, die er mit bloßen Händen niemals erlangen könnte.

Es handelt sich um den Zeugungsakt der menschlichen Kultur: Sobald der Hominide den Knochen nicht mehr achtlos beiseite wirft, sondern aufbewahrt, um ihn weiter verwenden zu können, läutet er die Stunde des Menschen ein. Er kann dem Knochen nun auf der Grundlage dessen, was er vor seinen eigenen Augen mit ihm anstellen kann, eine veränderte Form geben, ihn vielleicht zuspitzen, kürzen, bemalen, mit anderen Gegenständen verbinden etc., und diese Errungenschaft seines Verhaltens ist von revolutionärer Bedeutung: Erstmals in der Geschichte des Lebens befindet sich nun *Wissen* auch *außerhalb der Lebewesen* und wird dadurch gleichsam verewigt, von ihnen unabhängig. Der Hominide hat begonnen, seine Erfahrungen im Umgang mit der Welt in eben dieser selbst aufzubewahren, er hat sie außerhalb seiner selbst materialisiert.

Der zugerichtete Knochen wird so zu einem außerkörperlichen Speicher seiner Erfahrung. Wenn der Hominide stirbt, stirbt die dort aufbewahrte Erkenntnis nicht mit ihm. Seine Nachkommen können sie wieder aktivieren und sie können an ihrer Entwicklung dort weiterarbeiten, wo ihr Vorgänger sein Werk beendet hat. Damit beginnt ein Prozess der sukzessiven Erweiterung und Verdichtung von Wissen, der vom Knochen des Hominiden bis zum modernen Supercomputer führt.

Auf der Grundlage meines Vorschlages, Wissen (auch) als Verb zu denken, kann man diese evolutionäre Innovation noch ein wenig genauer auseinanderlegen: Das Wissen eines vormenschlichen Primaten verläuft als unmittelbares Wahrnehmen der sinnlich erfahrbaren Umgebung, i. B. als Sehen der Dinge, die ‚vor Augen‘ liegen, und darunter wieder ganz besonders das Sehen jener Ereignisse, die sich unter der Mitwirkung der eigenen Hände abspielen. Das reicht tatsächlich für eine sehr schlichte Erfassung von Zusammenhängen. So sind Schimpansen etwa fähig, vorgefundene Kisten aufeinander zu stapeln, um an eine erhöht angebrachte Banane zu gelangen. Doch kommt es dabei typischerweise vor, dass etwa eine Schimpansin

> „auf einer Kiste steht, die an den Enden von zwei anderen wie von zwei Pfeilern getragen wird und ihr nun eine der unteren Kisten als Bauelement gut scheint; dann zerrt sie diese, wenn es geht, ruhig an der Seite heraus und erschrickt sehr, wenn sie nun (sachlich notwendigerweise) mit der Kiste, auf der sie steht, zu Boden stürzt." (Köhler 1963, 109f)

Schimpansen können also bereits erfassen, wie ihr eigenes Tun in die Welt eingreift, nicht aber welche Kausalbeziehungen *zwischen den Dingen* sie durch ihr Tun in Bewegung setzen. Sie erkennen, dass sie noch eine Kiste brauchen, um an die Banane zu kommen, nicht aber, dass diese Kiste bereits die anderen Kisten stützt und ihr Herausziehen diese zum Absturz bringen wird.

Warum ist unser *Hominide* da auf einem besseren Weg? Sein Denken besteht nicht mehr bloß darin, die vor Augen liegenden Zusammenhänge zwischen dem eigenen *Tun* speziell der Hände und den natürlichen *Gegenständen* in der Welt zu erfassen, sondern richtet sich schon auf die Zusammenhänge zwischen eigenem *Tun mit*

Gegenständen und den daraus *resultierenden Folgewirkungen*. Als Vergegenständlichung dieser neuen Denkstrategie betritt dann das Zeug i. B. in der Gestalt des *Werkzeugs* die historische Bühne und übernimmt nicht nur die Funktion eines Helfers in der Handlungsausführung, sondern auch eines Helfers im *Denken über* diese Handlungsausführung.

Um die Bedeutung der Errungenschaft hervorzuheben, die durch die Erfindung des Werkzeugs zuwege gebracht wird, präzisiere ich noch einmal, welche Funktion es im Handeln übernimmt und in welcher Weise es den *reflexiven* Weltzugang des Menschen einleitet: Wenn ein Akteur handelt, so scheint er dabei zunächst lediglich die Fähigkeit der *individuellen Perzeption und Antizipation* von *Aktivitäts-Wirkungs-Relationen* zu benötigen. Die Wurzeln dieser Fähigkeit liegen weit zurück in der tierischen Vorgeschichte, sie beruht auf der unmittelbaren Beobachtung der Wirkungen des eigenen Verhaltens auf die Welt. Schon Tiere setzen ja mannigfache Aktivitäten in ihre Umgebung und beobachten, was dabei passiert. Dies reicht vom Anstoßen mit der Nase über das Berühren, Stoßen, Ziehen etc. mit verschiedenen Gliedmaßen bis hin zu den unterschiedlichsten Interventionen im sozialen Kontext, wie etwa Laute produzieren, gemeinsame Bewegungsrituale, Kampfaktivitäten oder soziale Komforthandlungen ausführen etc. Die Formulierung *Aktivitäts-Wirkungs-Relationen* signalisiert, dass hier eine *Aktivität* und ihre unmittelbare *Wirkung* erfasst wird.

Nun sind aber schon die Beziehungen zwischen den subhumanen Hominiden (als den entwicklungsgeschichtlichen Vorläufern der Menschen) und ihrer Umwelt immer weniger als einfache Aktivitäts-Wirkungs-Relationen zu charakterisieren. Sie verwandeln sich vielmehr in die für das menschliche Dasein typischen

> „Aktivitäts-Ursache-Wirkungs-Relationen [indem] durch die eingreifend-operativen Aktivitäten hier die Realität als ‚äußere Natur' in der Schaffung von Mitteln/Lebensbedingungen so verändert wird, daß damit zuallererst die Ursachen geschaffen werden, als deren Wirkung dann die vorsorgend-verallgemeinerte Lebenssicherung der Gesellungseinheit resultiert." (Holzkamp 1985, 287)

Die subhumanen Individuen, die bisher nur zwei Arten von Wirkungen kannten: die mächtigen *schicksalhaften* der Natur, denen sie immer unterworfen waren und die bescheidenen *willkürlichen*, die sie selbst in die Welt zu setzen in der Lage waren, sie beginnen auf diese Weise mit einer Art Umverteilung, sie entringen – die von ihnen induzierten Effekte studierend – der Natur deren Gesetze und schaffen Wirkungsquellen, die, einmal angestoßen, ihre Mächtigkeit quasi ‚von sich aus' entfalten.

Der Mensch setzt nicht mehr *unmittelbare* Wirkungen in die Welt, sondern er *erzeugt Mittel,* die zwischen seinem Handeln und dessen Endeffekten wirksam werden. Er handelt dann, indem er seine Aktivität in ein verfügbares Mittel setzt und damit einen *intermittierenden Vorgang* hervorruft, der dann erst die Ursache für die Wirkung bildet. Solche Mittel können etwa Werkzeuge, Waffen, Gerätschaften oder Maschinen sein. Der menschliche Jäger springt das Reh nicht an und tötet es mit den Zähnen, er nimmt einen Pfeil, spannt ihn auf den Bogen, lässt den Pfeil los und wartet auf das Eintreten von dessen tödlicher Wirkung.

Die Effekte, die unter Zuhilfenahme eines solchen Artefakts hervorgerufen und zugleich erfahren werden können, sind also nicht mehr bloß eine Interaktion zwischen dem eigenen Körper und einem Gegenstand, sondern eine vom Körper hervorgerufene *Interaktion zwischen Gegenständen*. Damit wird hier noch einmal deutlich, wodurch sich das Erproben eines *zweckmäßigen Mitteleinsatzes* vom einfachen *individuellen Probieren* unterscheidet: Im einfachen Probieren wird der Handlungsverlauf nur mit Blick auf seine *unmittelbaren* Wirkungen variiert, im probierenden Nachvollziehen der *vorgesehenen* Handhabung eines Artefakts wird der Handlungsverlauf mit Blick auf die durch ihn induzierten Wirkungen *des Artefakts auf die Welt* erprobt.

Das geistige Erfassen der Zusammenhänge entspringt dann der Beobachtung des *eigenen Tuns mit Gegenständen* und den *Wirkungen dieser Gegenstände auf andere Gegenstände* und aus dieser Beobachtung kann sich sukzessive die absichtliche wiederholte Verwendung, Aufbewahrung und Zurichtung solcher Gegenstände entwickeln, die sich zum Hervorrufen bestimmter Wirkungen eignen. Die ersten Werkzeuge sind also nicht bloß *faktisch* zu einer bestimmten Verwendung geeignet, sie *zeigen* diese Verwendungsmöglichkeit auch *sinnlich-unmittelbar an*. Indem man jene sieht, wird diese gegenwärtig und einsichtig. Das Bewirkende tritt so gewissermaßen aus dem Körper heraus, gerät uns ‚vor Augen‘ und kann dadurch dann im Probieren als ein Äußeres, Gegenständliches, als objektiver Zusammenhang beobachtet werden. Heidegger weist schon darauf hin, dass Zeug generell nie als einzelnes Ding oder als bloße Anhäufung von Dingen gegeben ist: „Zum Sein von Zeug gehört je immer ein Zeugganzes, darin es dieses Zeug sein kann, das es ist." (2001, 68) Das Artefakt ist dabei von einer *Um-Zu-Logik* geprägt, die in seiner praktischen Handhabung erschlossen wird: Im „gebrauchenden Umgang unterstellt sich das Besorgen dem für das jeweilige Zeug konstitutiven Um-Zu; je weniger das Hammerding nur begafft wird, je zugreifender es gebraucht wird … um so unverhüllter begegnet es als das, was es ist, als Zeug." (ebd., 69)

Das Verwendungsding wird zur *Keimform eines Begriffs*, oder wie Holzkamp sich ausdrückt, zu einem *praktischen Begriff*, es repräsentiert stabile *allgemeine Spezifika*, die es in wechselnden *besonderen Situationen* einsetzbar macht. In ihm werden „quasi ‚realabstraktiv‘ *wesentlichere* von *unwesentlicheren*, d.h. auch, *notwendige* von *zufälligen* Merkmalen praktisch unterschieden" (Holzkamp 1985, 226). Das Artefakt erweist sich so als Ausdruck einer ersten Emanzipation von der *Unmittelbarkeit* der Wahrnehmung: „In der Struktur ‚Um-Zu‘ liegt eine *Verweisung* von etwas auf etwas" (Heidegger 2001, 68).

Das aus einem solchen aktiven Hervorrufen und Beobachten resultierende *praktische Begreifen* ist daher etwas anderes als das unmittelbare *probierende Erfahren*, wie es dem einfachen Inkorporieren zugrunde liegt (das es gleichwohl als Moment enthält). Es ist *Nachvollzug* des in der Gestalt des Gegenstands zutage liegenden *praktischen Begriffs* (s.o.), damit sinnlich-vorsprachliche Einsicht in verallgemeinerte Strukturen möglicher Wirkungsveranlassung. Es handelt sich um die Keimgestalt einer Erkenntnis über herstellbare Kausalbeziehungen zwischen objektiven Gegebenheiten, daher eine erste Form *reflexiver Weltaneignung*. Die wörtliche Bedeutung von *reflexiv* als *zurückbeugend, sich rückbeziehend* verweist darauf, dass wir eine Erkenntnis aufnehmen, die wir (oder andere) schon erfahren haben, auf die wir uns also *zurück* beziehen können. Dazu verhelfen uns die (hier zunächst: instrumentellen) Artefakte: Sie verleihen einer Erfahrung eine überdauernde Gestalt und diese ermöglicht, dass wir sie *wieder* aufgreifen.

Mit der Zeit wird diese neue Art der Weltbegegnung immer gehaltvoller, weil sich die Menge und Komplexität jener Erfahrungen beständig vergrößert, mit denen die bearbeiteten Dinge gleichsam ‚aufgeladen‘ sind. Die immer dichter mit Einsicht befrachteten praktischen Begriffe werden durch die physische Gegenwart der sie bergenden Artefakte (also der Werkzeuge und der mit ihnen hergestellten Gebrauchsgegenstände) der Wahrnehmung beständig präsent gehalten und ermöglichen so eine immer effektivere Orientierung der Lebensführung.

Wir verfügen nun über diese Orientierung, ohne sie ausdrücklich thematisieren zu müssen. Im Handeln müssen wir an sie lediglich ‚andocken‘ bzw. ihre Repräsentationen in *subsidiärer* Weise ‚mitführen‘. Auf diese Weise handeln wir dann *im Wissen um* die in ihnen aufbewahrten Erkenntnisse. Diese sprachliche Wendung drückt sehr präzise aus, auf welche Weise uns dies gelingt: Die gewonnenen Einsichten befinden sich zwar im Augenblick außerhalb des Bereichs unseres ausdrücklichen Vergegenwärtigens, doch sie bleiben – auch subjektiv – in Wirkung, indem sie diese gleichsam ‚umgeben‘ oder ‚einbetten‘.

Unser handelnder Umgang mit Artefakten beschränkt sich nicht bloß auf ihren *konsumtiven* Einsatz. Wir verharren gegenüber den Eigenschaften der Dinge unserer Welt ja nicht in passiver Betrachtung und folgsamer Entsprechung, sondern können auch selbst an ihrer Veränderung, Erfindung und Erzeugung mitwirken. Wenn wir beispielsweise im Wald versuchen, aus herumliegenden Ästen das Gerüst für ein Zelt zu bauen, wenn wir im Garten ein Gemüsebeet anlegen oder in einem beruflichen Kontext Kleidungsstücke anfertigen, so verwenden wir Dinge in der Weise, dass wir sie u.a. auch in eine neue Form, Anordnung und Verbindung bringen. Dadurch entstehen sofort oder in weiterer Folge *neue Artefakte* und diese *produktive* Verwendung der Dinge ist ja auch die herausragende instrumentelle Ressource des menschlichen Handelns.

Dessen ungeachtet wird Kubricks Hominide in seiner ganz persönlichen Lerngeschichte nicht sehr weit kommen, denn sein *biologisch* angelegtes Denkvermögen erlaubt noch keine Verarbeitung von so komplexen Artefakt-Zusammenhängen, wie dies unser menschliches Denkvermögen zustande bringt. Mit einem modernen

Laptop könnte er ziemlich wenig anfangen. Es bedarf erst noch einer lange dauernden Evolutionsgeschichte, in der die Gehirne der Hominiden sich an die durch die bereits beginnende Werkzeugherstellung beständig erweiterten Möglichkeiten ebenso beständig wieder anpassen. Das Tier-Mensch-Übergangsfeld, das mit der Werkzeugherstellung beginnt und mit dem Entstehen der gesellschaftlichen Lebensweise endet, bildet also eine entwicklungsgeschichtliche Etappe, in der *natürliche* mit *kulturellen* Entwicklungsprozesse interagieren: Die biologische Entwicklung des Körpers (bes. des Gehirns) und die kulturelle Entwicklung der Tätigkeiten (bes. der Werkzeugherstellung) treiben einander wechselseitig voran, Gehirne und Werkzeuge durchlaufen eine Ko-Evolution.

Doch auch wenn der Hominide noch keinen Menschen im engeren Sinne darstellt, so reicht sein kulturelles Erbe bis in unsere heutige menschliche Kultur herein. Die Erfahrung die er in den Gegenständen seiner Umwelt zu fixieren beginnt, ist bis heute nicht mehr verlorengegangen: Das einmal errungene Wissen, die einmal erkämpfte Erkenntnis, sie überleben in den materialen Ausstattungsdetails der zweckdienlich gestalteten Lebensumwelt. Durch ihre Verwendung können die Nachkommen dieses Wissen wieder aufrufen, sich vergegenwärtigen und für ihre Lebensbewältigungsbedürfnisse einsetzen. Sie können an ihm weiter arbeiten, können es vertiefen, verbinden und verdichten. In jedem Exemplar eines Gebrauchsgegenstandes oder Werkzeugs stecken so alle seine Vorläufer als kleine Beiträge zu seinem aktuellen Zustand: „Die meisten dieser Entitäten verharren jetzt schweigend, als ob sie nicht existierten, unsichtbar, transparent, stumm und bringen in die gegenwärtige Szenerie ihre Kraft und ihr Handeln aus wer weiß wie vielen Millionen Jahren Vergangenheit mit." (Latour 2006, 492)

Bereits durch die vergegenständlichende Tätigkeit der subhumanen Hominiden wird die natürliche Welt, die die vorangehenden Lebewesen noch bewohnten, sukzessive in eine ‚hergestellte' Welt transformiert. Es beginnt die Geschichte der menschlichen Kultur, welche durch eine nicht mehr abreißende Entwicklung immer neuer und effizienterer Naturbearbeitungsverfahren, Denkweisen und sozialer Organisationsformen gebildet wird. Bis in unsere Gegenwart herein wird unser Lebensraum zu einem einzigen riesigen extrakorporalen Wissensspeicher ausgebaut.

Homo sapiens, der ‚endgültige' Mensch, taucht erst später auf der Bühne der Evolutionsgeschichte auf, dann nämlich, wenn die bio-kulturelle Koevolution die Lebenserhaltungsfähigkeiten der Individuen so weit vorangetrieben hat, dass sich diese in immer größeren Agglomerationen zu organisieren beginnen können. Dies geht damit einher, dass sie durch ihr sukzessive erweitertes Wissen – welches, wie gezeigt, v.a. auf der Interaktion des Denkens mit den immer weiter entwickelten Werkzeugen beruht – fähig werden, *mehr* herzustellen, als sie insgesamt zum bloßen Überleben verbrauchen. Ab diesem Zeitpunkt bleibt ihnen gleichsam etwas übrig, das sie zu anderen Zwecken als dem bloßen Lebenserhalt verwenden können. Es entsteht ein *Mehrprodukt* und dieses bildet die Grundlage einer ganz neuen Errungenschaft: der *Gesellschaft*. Mit ihr, die bereits auf Sprache und Schrift beruht, werde ich mich dann im nächsten Kapitel beschäftigen (siehe 8.1).

Mit der vorsorglichen Herstellung von Zweckgegenständen (also Gebrauchsdingen und Werkzeugen) bereits *vor* dem Eintreten eines aktuellen Verwendungsbedarfs etabliert sich die zuvor bereits angesprochene entwicklungsgeschichtliche *Zweck-Mittel-Umkehrung*: Wenn der Schimpanse einen Gegenstand verwenden möchte, so bedeutet dies noch, dass *zuerst* der Verwendungszweck feststeht, etwa das Ernten einer Baumfrucht und sich der Schimpanse *dann* ein für diesen Zweck geeignetes Mittel sucht, etwa einen Stock, mit dem er an die Frucht herankommt. Dies ergibt sich schon logisch daraus, dass er den Stock anschließend wieder wegwirft, beim nächsten Mal also wieder von vorne beginnen muss. Sobald der Mensch seine kulturelle Objektlandschaft installiert hat, dreht sich dieses Verhältnis um: Jetzt liegen die *Mittel* nicht bloß als sachliche Verwendungsmöglichkeiten für den aktuellen Bedarfsfall bereit, sondern in ihnen auch bereits die *Zwecke*, die der Anlass ihrer Herstellung waren.

Ich erinnere nun an den ersten der drei Einwände von Hans Joas gegen die teleologischen Handlungstheorien. Dieser wird vor dem Hintergrund unseres Ausflugs in die Evolutionsgeschichte unmittelbar plausibel: Joas wendet sich gegen die geläufige Selbstverständlichkeit, Handeln als *Mittel* zu einem Zweck zu betrachten: Wir wollen etwas erreichen und um dieses Ziel zu erreichen, tun wir etwas auf eine bestimmte Weise. Dagegen hält Joas in Anknüpfung an John Dewey das Bild einer ‚Reziprozität von Zielen und Mitteln‘: Schon bevor wir ein Ziel erreichen wollen, haben wir die Mittel zur Verfügung, die auf die denkbaren Ziele verweisen. Das Mittel bringt uns sozusagen erst auf die Idee, das Ziel überhaupt anzustreben.

Wir treffen hier wieder auf das Phänomen der responsiven Natur der menschlichen Subjektivität: Wir werden in eine Welt unzähliger bereits bestehender Mittel hineingeboren und können uns zunächst gar nicht so einfach Ziele vorstellen, die in den uns umgebenden Mitteln *nicht schon vorgesehen sind*. Als Kind hatte ich etwa keinerlei Bedürfnis nach einem Computer, denn es gab so etwas einfach nicht und wir haben heute nicht die geringste Vorstellung davon, wonach unsere Enkelkinder sich einst sehnen werden, wenn sie einmal erwachsen sind. Ich hatte auch keinerlei Bedürfnis nach Büchern, Gartenwerkzeugen oder indischen Gewürzen, bevor ich mit ihnen konfrontiert wurde. „Indem wir erkennen, daß uns bestimmte Mittel zur Verfügung stehen, stoßen wir erst auf Ziele, die uns vorher gar nicht zu Bewußtsein kamen. Mittel spezifizieren also nicht nur Ziele, sie erweitern auch den Spielraum möglicher Zielsetzung." (Joas 1996, 227)

Dagegen müsste ein Mittel, das seinem Ziel in strikt instrumenteller Weise *nachgeordnet* wäre, als Indikator eines dem Handelnden von außen *auferlegten Zwanges* angesehen werden. Hier wäre dieser ‚Spielraum möglicher Zielsetzung‘ nämlich blockiert: Nur in einem Zwangsverhältnis ist vorstellbar, dass man unter keinen Umständen aufgrund eines neu entdeckten Mittels ein neues Ziel anpeilen darf. Damit sei – so Joas – die klassische Ziel-Mittel-Anordnung des teleologischen Handlungsmodells selbst Ausdruck von Fremdbestimmtheit, die Theorie also in gewisser Weise die wissenschaftliche Verschleierung eines Herrschaftsverhältnisses.

Es kann aber auch ein ganz anderer problematischer Fall eintreten: Mittel, zumal komplexe, können eine unkontrollierbare Eigendynamik entwickeln. Computer werden von Viren befallen, die Stromversorgung bricht zusammen, Brücken stürzen ein. Die Betreiber der Atomkraftwerke in Tschernobyl und Fukushima haben Prozesse in Bewegung gesetzt, die ganze Regionen dieses Planeten in ein ökologisches Desaster katapultiert haben. Und so beginnen die immer wirkmächtiger werdenden Instrumente des Menschen ihn allenthalben auch nervös zu machen. Ganze Literaturgattungen beschäftigen sich mit der Frage, ob wir die Kontrolle über unsere Gerätschaften nicht verlieren könnten oder bereits längst verloren haben. Der Mensch hat die düstere Ahnung, dass er nicht mehr Herr im eigenen Hause ist, weil er diesem Haus zu viele Kompetenzen übertragen hat. Und er merkt es beispielsweise daran, dass die Dinge sich widerspenstig gebärden, ein Eigenleben entwickeln, das ihnen zwar von Menschen gegeben wurde, das sich nun aber gegen deren Willen bemerkbar macht. Sie werden für uns immer undurchsichtiger und überfordern unser Verständnis ihrer Mechanismen.

Diese Gefahr erreicht historisch zunächst mit jenen Funktionsanordnungen, die man als *Maschinen* bezeichnet, eine neue Qualität. Ihnen ist nicht mehr nur der physische Wirk-Kontakt mit der Welt eingebaut, wie im einfachen Werkzeug, sondern auch schon die Steuerung der Bewegungen, die zuvor noch beim menschlichen Körper geblieben war. Dadurch steigt die Eigenmächtigkeit, mit der unsere Produktions-, Transport- und Energiemaschinen ihre Verrichtungen erledigen. Haug u.a. zeichnen diese historische Entwicklung am Beispiel der Spinnmaschinen nach (vgl. 1978, 138ff). Heute werden auch viele der bei der Bearbeitung von Material anfallenden *kognitiven Operationen* bereits von Maschinen erledigt. Damit erreicht die Selbständigkeit der Maschinerie ein nie geahntes Ausmaß.

Günther Anders hat das Verhältnis des Menschen zu seinen Maschinen durch ein *prometheisches Gefälle* charakterisiert, das der Mensch nicht bewältigen könne: Die technischen Schöpfungen, die er hervorbringt, sind besser und mächtiger als er selbst, sie lassen sich von ihm nicht mehr beherrschen. Der Mensch baut aktive Kapazitäten in sie hinein und dann werden sie tatsächlich aktiv und richten diese Aktivität gegen ihn. Prometheus ist ja eine ziemlich schillernde Gestalt aus der antiken griechischen Mythologie. Zuerst formt er die Menschen aus Ton, gibt ihnen Eigenschaften, bringt ihnen das Feuer und verbündet sich immer wieder mit ihnen gegen Zeus, bis er zuletzt von diesem schauerlich bestraft wird. Sein Name bedeutet ins Deutsche übersetzt so viel wie *der Vorausdenkende.*

Man könnte ihn an dieser Stelle auch den *Lernenden* nennen und er kann sowohl als kreativer humanistischer Geist, wie auch als eine Art *maniac* des Fortschritts aufgefasst werden. Diese Doppeldeutigkeit macht darauf aufmerksam, dass das Entwickeln immer potenterer Mittel kein geradliniger Verbesserungsprozess ist, sondern auch Risiken birgt. Dies mag der Grund dafür sein, dass sich in sehr vielen Kulturen das Weisheitsideal der *Entsagung* gegenüber den Dingen entwickelt hat.

Käte Meyer-Drawe hat (2007) viele Facetten der historischen Diskussion um die Bedrohlichkeit der Maschinen rekonstruiert. Dabei zeigt sie das Schwanken des Menschen zwischen der fantasierten Gottebenbildlichkeit des Herstellers und Schöpfers und der Angst, von den eigenen Hervorbringungen verschlungen zu werden. Bemerkenswert ist dabei jedenfalls, dass an den Maschinen *einerseits* ein physisch als bedrohlich erlebtes Eigenleben diagnostiziert wird, dass sie aber *andererseits* zugleich bereitwillig als Modell für das *eigene Dasein*, etwa für das Verhalten von Mensch und Gesellschaft herangezogen werden. Dies geschieht nicht nur in populären Redewendungen, sondern auch in der Philosophie. So beschrieb etwa Descartes den menschlichen Körper „als Maschine mit Hilfe zeitgenössischer Techniken wie Mühlen- Automaten- und Springbrunnenmechanik" (zit. nach Meyer Drawe 2007, 100), Hobbes konzipierte seinen Staat nach dem Modell eines Uhrwerk-Automaten (vgl. ebd., 98) und auch Leibniz verstand den Menschen als „eine Art göttlicher Maschine oder so etwas wie ein natürlicher Automat" (zit. nach ebd., 104).

Die vielleicht perfideste Bedrohung durch die Dinge besteht darin, dass sie zuletzt auch unser *Denken* zu durchsetzen beginnen, und dies wieder ganz ohne dass es uns besonders auffiele. Wir lernen sukzessive, *uns selbst* als so etwas wie die von uns erzeugten Gegenstände wahrzunehmen, und können dann ‚entdecken‘, dass wir ihnen tatsächlich ähnlich sind. Und so begreifen wir unser eigenes Denken als die Aktivität von Programmen, Verschaltungen und Speichern, als wären wir kleine Computer. Heinz von Foerster hat die menschliche Selbstbetrachtung in technischen Kategorien auf eine ebenso prägnante wie perverse Formel gebracht: *Der Mensch ist eine nicht-triviale Maschine* (vgl. 1985, 12).

Das Denken schon der kleinen Kinder wird heute tagtäglich auf eine digitale Logik konditioniert. Die Welt ist dann die Summe jener Ereignisse, die man durch Mausklick oder Fingertip ansteuern kann. Es beginnt bei den Videospielen für die Allerkleinsten, geht über das smarte Mobiltelefon, den facebook-account und mündet alsbald in die standardisierten Leistungs-, Prüf- und Testprogramme der normierten schulischen Curricula. E-Card, Uni-Anmeldung, iPod, die Fernbedienung des Fernsehers, der Fotoapparat, eine endlose Liste an Gerätschaften, deren konzeptionsgerechte Bedienung eine ganz bestimmte Denklogik voraussetzt. Für die Zehnjährigen bildet diese bereits die alternativlose Grundstruktur der Welt. Der Mensch wird so von der Krone der Schöpfung zum Rohstoff seiner eigenen technischen Ein- und Abrichtung degradiert. Günther Anders hat dafür einen äußerst plastischen Begriff geprägt: *postzivilisatorischer Kannibalismus*.

7.2 Das instrumentelle Moment des Lernens: Dinganeignung

Artefakte sind all jene Gegebenheiten, die der Mensch in seinem Lebensprozess herstellt, um sie zu einem Zweck verwenden zu können. Es kann sich dabei um so unterschiedliche Dinge wie Schriftzeichen, Bücher, Gemälde, Konzerte, Gebrauchsgegenstände, Werkzeuge, aber auch um soziale Errungenschaften wie etwa den Staffellauf, die Psychotherapie oder die staatliche Verwaltung handeln. Auch schon ein schlichter Einkaufszettel, eine Kinderzeichnung oder selbst ein bloß gesprochenes Wort stellen solche Artefakte dar. Sie haben die Funktion, Ergebnisse unseres Denkens *über dieses hinaus* aufzubewahren, um es einer weiteren Verwendung (wenn auch im Falle des gesprochenen Wortes nur äußert kurz) bereit zu halten.

Wenn wir etwas können oder wissen, dann partizipieren wir also an der menschlichen Kultur, indem wir von ihr gewonnene und als Artefakte aufbewahrte Erkenntnisse praktisch oder zeichenförmig handhaben. Wir speisen damit unserem Denken (oder anderem Handeln) jene Bedeutungsbezüge und Wirkmächtigkeiten ein, wie sie in den Artefakten materialisiert sind. Sie dann gemäß unseren jeweiligen Bedürfnissen einzusetzen kann darauf hinauslaufen, sie aufzugreifen wie sie sind oder verändernd auf sie einzuwirken, sie lediglich in kontemplativer Haltung wahrzunehmen oder ggf. auch, sie zu ignorieren oder zurückzuweisen.

Die Welt, die wir erzeugt haben, steht uns so zur Verfügung und wir können uns ihrer bedienen. Doch können wir das wirklich so einfach? Ist die menschliche Kultur ein Spielautomat, dessen Fernbedienung für jede Absicht den richtigen Knopf bereit hält? Keineswegs. Wir müssen erst *lernen*, mit den Gegenständen dieser Welt angemessen zu verfahren. Um den Dingen das in ihnen steckende Wissen wieder abzugewinnen, müssen wir ein spezifisches *Können* ausbilden und erst wenn wir über dieses verfügen, offenbaren sie uns jene Zusammenhänge, die wir dann *subjektiv als Wissen erfahren*.

In diesem Abschnitt beschäftige ich mich nun zunächst mit dem Erlernen der Handhabung von *Dingen im engeren Sinne* (also noch nicht von Zeichendingen, wie sie mich erst im nächsten Kapitel beschäftigen werden). Wie also können wir lernen, mit solchen Gegenständen angemessen umzugehen? Für das Lernen von *Menschen* habe ich den Modus des Imitierens angegeben. Lässt sich diese Verfahrenslogik auch auf die Dinge umlegen, wenn wir über sie ja mit ihren *Schöpfern* in Kontakt treten, um Wissen von ihnen zu beziehen? Welchen Sinn könnte es haben, Gegenstände zu imitieren?

Wir haben aus der Auseinandersetzung mit Mead schon die Einsicht bezogen, dass wir im Nachahmen eine exemplarische Ausprägung jener Praktiken reproduzieren, die in die Notwendigkeiten unseres *eigenen* Handelns erst *eingepasst* werden müssen. Diesen Gedanken können wir nun wieder aufnehmen, allerdings geht es hier nicht bloß darum, Praktiken an *soziale* Handlungsnotwendigkeiten anzupassen, sondern an *sachliche.* Die geläufige Redewendung, man müsse Werkzeuge oder Maschinen *bedienen,* weist schon darauf hin, dass auch diese über eine spezifische Eigenlogik verfügen und wir auf ihre Ansprüche entsprechende Rücksichten nehmen müssen. Wir *imitieren* also Praktiken, in die die Dinge einbezogen sind, und *probieren* so, wie das imitierte Handeln den Eigenheiten der Dinge angemessen werden kann. Die entsprechend kalibrierten Praktiken müssen wir dann wiederholt durchführen, um sie in der bereits ausführlich dargestellten Weise (siehe 5.2) durch Gewöhnung, also durch Inkorporierung zu behalten.

Wenn wir nun die Praktiken, in die die Dinge einbezogen sind, imitieren und inkorporieren, passen wir unser Handeln nicht nur den Praktiken der imitierten Menschen an, sondern auch der Gestalt der Dinge, allerdings wieder als eine Art komplementäres *Gegenstück:* „Mit Hilfe ihrer Bewegungen nehmen Handelnde gleichsam Abdrücke von der Welt, die sie dadurch formen und zugleich zu einem Teil ihrer selbst machen." (Wulf 2001, 266) Wenn ich ein Stück Holz zersäge, gebe ich nicht nur dem Holz sondern auch mir selbst eine spezifische Form: Durch die wiederholte Bewegung der Säge inkorporiere ich den Verlauf des Weges, den sie beschreiben muss. Ich gebe meinem Körper eine dem Sägen angemessene Bewegungsgestalt.

Allerdings können wir es mit Imitieren und Probieren nicht bewenden lassen: Würden wir das Handhaben der Dinge *nur* imitieren und probieren, den *Sinn* des Imitierten/Probierten aber *nicht verstehen*, kämen wir nicht über die Fähigkeit hinaus, die auch ein intelligenter Schimpanse entwickelt, dem man das Radfahren oder Jonglieren beibringt. Wie schon bei der sozialen Interaktion müssen wir also auch bei der Handhabung der Dinge deren *reflexives* Moment berücksichtigen, das in der Wahrnehmung der ihnen innewohnenden praktischen Begriffe besteht.

Bei der lernenden Aneignung der Gegenstände muss zunächst einmal verstanden werden, *dass* der menschlichen Lebensumwelt die Zwecke unseres Handelns bereits eingeschrieben sind. Dieser Zusammenhang ist für kleine Kinder keine Selbstverständlichkeit und dies merkt man daran, dass sie alle Dinge ihrer Umwelt zunächst willkürlich handhaben. Irgendwann aber tritt das Kind ein in die entwicklungsgeschichtlich erste Form der spezifisch menschlichen *Vernunftbeziehung* zur Welt, jene der *zweckmäßigen Mittelverwendung* nämlich, und dann muss es die ihr zugrunde liegende Zweck-Mittel-Umkehrung individuell nachvollziehen.

Um dies zu bewerkstelligen, bedarf es einiger nicht trivialer Voraussetzungen und Schritte, die sich am weiter oben bereits angeführten ‚Löffel-Beispiel' illustrieren lassen (siehe 1.2): Natürlich kann das Kind zunächst einmal *sehen*, wie die Erwachsenen den Löffel handhaben, wenn sie ihre Suppe zu sich nehmen, doch bedeutet diese Beobachtung noch keineswegs, die Bedeutung des Gegenstandes ‚Löffel' bereits erschlossen zu haben. Das Kind kann sie nämlich erst verstehen, wenn es an dem *Zweck*, der in dem Ding vergegenständlicht ist, auch *im Sinne seiner eigenen Bedürfnisse partizipiert*. Dies bedeutet aber: Der eigene Wunsch, die Suppe ohne Substanzverlust in den Mund zu bekommen, bildet eine unabdingbare Voraussetzung für die Klärung der Frage, was ein Löffel ist.

Sich einen Gegenstand als zweckmäßig anzueignen, kann nur heißen, den Nutzen, der aus seiner Gestalt gezogen werden kann, *selbst praktisch zu erfahren*. Dies setzt voraus, das Bedürfnis selbst zu erleben, dem der Nutzen entspricht. Erst wenn das Kind im Nachvollzug der sachgerechten Bedienung des Löffels selbst spüren kann, dass man durch sie einen angestrebten Effekt besser erzielen kann als durch andere Praktiken, kann es zu verstehen beginnen, was es heißt, mit einem Löffel zu essen, kann es sich also auf den praktischen Begriff der *verallgemeinerten Verwendbarkeit* des Löffels zu dem in seiner Gestalt beschlossenen Zweck zubewegen.

Ein zentraler Schritt des Aneignungsprozesses, der zur Erfassung der in den Artefakten vorliegenden praktischen Begriffe führt, besteht in der faktischen Beteiligung an ihrer *Herstellung*. Natürlich werden nur wenige Kinder in die Lage kommen, selbst Löffel zu produzieren. Es genügt hier aber die exemplarische Erfahrung des Prinzips, dass *etwas zweckmäßig hergestellt werden kann und dann zur Verfügung steht*, sei es das aus Stühlen und Decken gebaute ‚Haus‘, der zum Aufhängen der Zeichnung selbst eingeschlagene Nagel oder der im Winter gemeinsam vom Schnee freigeschaufelte Weg. Es kann nämlich keinem Gegenstand eine zweckdienliche Gestalt gegeben werden, wenn der Zusammenhang zwischen ihr und den Verwendungsansprüchen, die sie erfüllen soll, nicht ausreichend erfasst wurde. Erst wenn das Kind aus unserem Löffelbeispiel also selbst Prozesse der Erzeugung von Dingen zu Zwecken aktiv ausgeführt hat, ist es in der Lage, den Löffel so wie andere Dinge nicht nur als *besonders gut verwendbar*, sondern auch als *zu einem verallgemeinerten Zweck hergestellt* zu begreifen (vgl. Holzkamp 1985, 291ff).

Meine Darstellung soll keineswegs eine dogmatische Verpflichtung auf den gemäß unserer Kultur *richtigen* Gebrauchszweck nahe legen. Eine Weinflasche ist *als solche* etwa einer bestimmten Verwendung gewidmet, doch

> „kann auch anderes passieren: Es fehlt eine Teigrolle, und es bietet sich die Flasche an; man benötigt etwas, in das man eine Kerze stecken kann und greift auf die Flasche zurück; einem Kind rollt die Flasche entgegen und es stößt sie an, oder schubst sie mit Bruder oder Schwester hin und her." (Stieve 2008, 158)

Wenn der Umgang mit dem Löffel also zwischenzeitig in eine kreative Verwendung mündet, weil für das Kind im Moment die damit ermöglichten Effekte befriedigender sind als die zivilisierte Nahrungsaufnahme, dann widerspricht diese Erfahrung keineswegs dem Vollzug der Zweck-Mittel-Umkehrung. Diese enthält ja auch das Moment des *Aufsuchens* eines für einen bestimmten Zweck geeigneten Mittels, von dem erwartet wird, dass es bereits irgendwo bereit liegt, und gerade der frei vollzogene Vergleich zwischen der Begrenztheit einer *willkürlichen* und der Effizienz einer *sachgerechten* Verwendung trägt wesentlich zur Einsicht in das Phänomen der Zweckmäßigkeit der Artefakte bei.

Auch im Kontext der Aneignung von Artefakten lässt sich damit wieder eine allgemeinere emotionale Grundlage identifizieren. Sie kann als Bedürfnis beschrieben werden, *die Wirkmächtigkeit des Handelns zu entfalten*. Als theoretischen Ansatz, der ein solches ‚Wirksamkeitsbedürfnis' umfassender plausibilisieren könnte, möchte ich Anthony Giddens' Konzept der Macht ins Treffen führen. Giddens schlägt vor, *Macht* als implikativen Aspekt jedes Handelns zu verstehen: „Handeln hängt von der Fähigkeit des Individuums ab, ‚einen Unterschied herzustellen' zu einem vorher existierenden Zustand oder Ereignisablauf, d.h. irgendeine Form von Macht auszuüben." (Giddens 1995, 66) Dies würde in der Lesart Giddens' dann bedeuten, dass „Handeln Macht im Sinne eines umgestaltenden Vermögens logisch einschließt" (ebd.) und ließe sich zu der Folgerung erweitern, dass Handlungsbedürfnisse ein Bedürfnis nach Wirkmächtigkeit implizieren. Ich ziehe den Begriff der Wirkmächtigkeit jenem der Macht vor, um nicht dessen politischen und moralischen Konnotationen ausgesetzt zu sein, die zumeist mit ihm einher gehen.

Der Analyse Giddens' zufolge geht eine solche Mächtigkeit nun auf „allokative und autoritative" (Giddens 1995, 315) Ressourcen zurück: Die *allokativen* Ressourcen bestünden in den natürlich vorfindlichen Materialien und den aus ihnen durch Arbeit hergestellten materiellen Mitteln und Erzeugnissen, entspräche also geradewegs den von mir hier beschriebenen Gegenständen. Die *autoritativen* Ressourcen wären dagegen die in einem weiten Sinne politischen Einrichtungen, von der Organisation von Zeit und Raum über die Produktion und Reproduktion der Körper bis zur Organisation der Lebenschancen. Dabei stehen also eher ‚soziale Dinge' im Vordergrund (wie etwa Institutionen oder Organisationen), die auf spezifischen auf Dauer gestellten Normierungen beruhen und im Sinne meiner Darstellung als *zu Artefakten geronnene Interaktionen* anzusehen wären.

Auch an dieser Stelle ist wieder daran zu erinnern, dass ungeachtet allfälliger Detailanalysen jedenfalls davon auszugehen ist, dass es sich bei einem Wirkmächtigkeitsbedürfnis nur *um ein Teilmoment* der emotionalen Lernregulation im Rahmen der *produktiven Bedürfnisse* handeln kann, das gemeinsam mit dem Bedürfnis nach probierender *Erkundung* (siehe 5.2), sozialer *Anerkennung* (siehe 6.2) und (dem noch zu diskutierenden) nach diskursiver und ästhetischer *Erkenntnis* (siehe 8.2, 8.3) *eine* emotionale Gesamtbefindlichkeit hervorruft. Ferner muss auch für diesen ersten reflexiven Aspekt des Lernens gelten, dass eine entsprechende biologische Ausstattung dafür zu sorgen hat, dass die Individuen ihn auch tatsächlich vollziehen *können* und zu einer Lernanstrengung emotional *veranlasst werden*, aus deren Ergebnis sie erst *ex post* ableiten können, dass sie zweckmäßig war.

Wie kann man sich nun die Vollzugslogik des *instrumentellen* Funktionsaspekts des Lernens vorstellen? Zur Charakterisierung des Lernens als Aneignung von Artefakten leistet wiederum der Begriff der *Mimesis* gute Dienste. Ich habe eingangs schon darauf hingewiesen, dass das *Imitieren* auch für das Handhaben der Dinge von grundlegender Bedeutung ist. Unter seiner Zuhilfenahme formt der Mensch nun seine eigene Gestalt nach Maßgabe der von ihm selbst erzeugten Gegenstände. Damit „setzt sich die Welt in seinem Körper fest", sie wird „Bestandteil seiner inneren Welt und seines Körpers" (Wulf 2001, 265) In seltenen Fällen sieht man uns die Gegenstände dann sogar an, wie dem Pantomimen den (gar nicht vorhandenen) Apfel, in den er gerade beißt. Die vielleicht skurrilste Demonstration dieses Effekts verdanken wir Charlie Chaplin und seinem Film *Moderne Zeiten,* in dem er in einer berühmten Szene nach Verlassen der Fabrik nicht aufhören kann, die immer gleichen Bewegungen zu vollführen, die ihn den ganzen Tag lang am Fließband gefangen genommen haben und die die nun eigentlich gar nicht mehr gegenwärtige Maschinerie immer noch eindrücklich sichtbar machen.

In den meisten Fällen wird der Effekt jedoch nicht so deutlich von außen erkennbar sein. Es geht aber auch gar nicht so sehr um das körperliche Aussehen oder ein stereotypes Zwangsverhalten, als um die Einprägung einer jederzeit abrufbaren Fähigkeit, bestimmte Praktiken durchzuführen, etwa das Schreiben auf einer Schreibmaschine: „Man weiß, wo sich die Buchstaben auf der Klaviatur finden, wie wir wissen, wo sich ein jedes unserer Glieder befindet, im Wissen einer Vertrautheit, die uns nicht eine Stelle im objektiven Raum gibt." (Merleau-Ponty 1966, 174) Wer das Schreibmaschine-Schreiben beherrscht, muss keineswegs *sagen* können, wie viele Tasten die Tastatur hat, noch durch welche von ihnen sich welche Zeichen hervorrufen lassen, so wie wir nicht wissen müssen, wie viele Zentimeter unsere Hand gerade von unserem Mund entfernt ist, um ohne Schwierigkeiten unser Gähnen mit ihr zu verdecken. Es genügt, wenn die Hände wissen, wohin sie gleiten müssen, um einen gewünschten Satz in die Maschine zu tippen oder eine bestimmte Stelle am Körper zu erreichen: „Der Maschinschreiberin ist die Bewegung ihrer Finger nicht als eine objektiv beschreibbare Ortsbewegung gegeben, sondern allein in Gestalt einer bestimmten Modulation der Motorik, die sich physiognomisch von jeder anderen unterscheidet." (ebd.) Unsere Bewegungen im Raum orientieren sich an den Lage- und Distanzbeziehungen, ohne dass wir uns diese in objektiven Zeichenrelationen vergegenwärtigen könnten:

> „Habe ich die Gewohnheit, einen Wagen zu führen, so sehe ich, in einen Durchgang einfahrend, daß ‚ich vorbei kann', ohne erst die Breite des Weges mit dem Abstand meiner Kotflügel vergleichen zu müssen, so wie ich eine Tür durchschreite, ohne deren Breite mit der meines Körpers zu vergleichen." (Merleau-Ponty 1966, 172f)

Wir entwickeln also lernend ein *Gefühl für die Dinge,* das es uns erlaubt, selbst komplizierte Maschinen wie selbstverständlich zu steuern: Ich habe einst mit großer Bewunderung die Fährenschiffer des Bosporus beobachtet, die mit einem für mich immer wieder erschreckenden Tempo auf die Anlegestelle zusteuern, um wenige Augenblicke bevor man vermeint, die unvermeidliche Kollision schon vorwegnehmen zu können, sich zu drehen, in präzise angelegtem Winkel seitlich auf den Kai zuzutreiben und dort sanft aufzutreffen. Die Fährenschiffer haben den gesamten komplexen Zusammenhang zwischen Schiffsmasse, Strömungswiderstand, Steuerungsverhalten, Geschwindigkeit und Entfernung im Gefühl verankert, als ginge es um den Griff nach ihrer Brieftasche im Sakko.

Eine solche Virtuosität impliziert einen bemerkenswerten Vorgang: Es „ähnelt sich der Körper des Handelnden der Welt an und macht sie zu einem Teil seines Körpers. Dabei kommt es zu einer ‚Erweiterung‘ seines Körpers durch die Einverleibung von Welt." (Wulf 2001, 265) Wir gewöhnen uns daran, die Gegenstände so zu handhaben, als wären sie ein natürlicher Teil unseres Körpers: „Sich an einen Hut, an ein Automobil oder an einen Stock gewöhnen heißt, sich in ihnen einzurichten, oder umgekehrt, sie an der Voluminosität des eigenen Leibes teilhaben zu lassen." (Merleau-Ponty 1966, 173)

Dies charakterisiert auch die Weise, in der wir etwas durch die Dinge hindurch wahrnehmen (siehe 2.1): Wenn wir etwa mit einem Kochlöffel den Teig umrühren, so nehmen wir dessen Festigkeit wahr und nicht den Löffel, den alleine wir aber eigentlich in der Hand halten. Wenn wir mit einem Auto über eine Schwelle fahren, so spüren wir diese Schwelle, ihre Härte, ihre Höhe, ihre plastische Beschaffenheit, obwohl wir den Schlag doch eigentlich vom Autositz erhalten. Der Steuermann der Fähre spürt den Landungssteg und nicht die Fähre, auf der er sich befindet, wenn diese sanft an jenen anschlägt. Das ganze Schiff ist für ihn *subjektiv* ein erweitertes Organ seiner Wahrnehmung und seines Handelns. Es ist, als wären die Dinge unsere eigenen Körperteile: „Der Stock des Blinden ist für ihn kein Gegenstand mehr, er ist für sich selbst nicht mehr wahrgenommen, sein Ende ist zu einer Sinneszone geworden." (Merleau-Ponty 1966, 173)

Die angeführten Beispiele lassen anschaulich erkennbar werden, dass es sich bei der Fähigkeit des *Handhabens* der Artefakte um ein *Können* handelt, das selbst *ohne jede sprachliche Formatierung* seiner Gehalte auskommt. Die lernende Verwirklichung der leiblichen Integration der Dinge folgt daher wieder dem schon beschriebenen Prinzip: Aus den unterschiedlichen imitierten und probierten Variationen der Aktivitäts-Ursache-Wirkungs-Beziehungen – also dem Probieren mit Dingen *als* Ursache-Wirkungs-Faktoren – werden jene am häufigsten wiederholt, die emotional bewertet die positivsten Effekte auslösen, sich also subjektiv als *zweckdienlich* erweisen. Weil sie am häufigsten wiederholt werden, hinterlassen sie die ausgeprägtesten Erinnerungsspuren, ohne dass dieser Vorgang zum Bewusstsein eines Lernens führen müsste.

Dieses Können ist aber nun von den Möglichkeiten des *zweckmäßigen Umgangs* mit den Dingen geprägt: Der hergestellte Gegenstand, sobald er im dargestellten Sinne als solcher begriffen wurde, ermöglicht nicht nur eine Modellierung der Praktiken im Horizont eines *individuellen* Probierens, sondern im probierenden Ausloten der vergegenständlichten *Aktivitäts-Ursache-Wirkungs-Beziehungen*. Die im lernenden Probieren sich einstellende Erfahrung ist eine Erfahrung der erweiterten Handlungsmöglichkeiten, die im angemessenen Verwenden der Dinge offenbar werden. Es kommt daher im Körper zur Ausbildung von Praktiken, die bereits auf die erweiterten Möglichkeiten ,eingestellt' oder ,ausgerichtet' sind, die im Ding materialisiert vorliegen.

Meine Darstellung soll – woran ich hier noch einmal erinnern möchte – nicht darauf hinauslaufen, dass wir zur Aneignung von Artefakten und der in ihnen verankerten Aktivitäts-Ursache-Wirkungs-Zusammenhänge *im Normalfall keine* bildlichen oder sprachlichen Strategien heranziehen würden. Selbstverständlich können, je nach ausgebildeter Fähigkeit und situationaler Anforderung, in das Lernen eines *bereits denkmündigen* Menschen immer *alle* ihm bereits verfügbaren Formen des Reflektierens einfließen. Bildliche und sprachliche Hinweise können die *spezifischen Praktiken der Aneignung instrumenteller Artefakte* aber nicht ersetzen, sondern lediglich unterstützend vorbereiten und begleiten.

Indem wir Artefakte in der beschriebenen Weise durch Lernen in unser erlebtes Ich integrieren, dehnen wir dieses gleichsam aus: Der Stock reicht weiter als die bloße Hand und das von uns erlebte *Jenseits* unseres Ichs beginnt durch ihn in größerer Entfernung. Diese Erfahrung macht eine metaphorische Redeweise wie jene vom „expansiven Lernen" (etwa i.S.v. Holzkamp 1995, 190ff) auch in einem sehr wörtlichen Sinne nachvollziehbar: Indem wir uns immer mehr Artefakte zu eigen machen, verschieben wir die Grenze dessen, was wir als unser Selbst empfinden können, immer weiter in die Welt hinaus.

Vor diesem Hintergrund ist es nicht verwunderlich, dass viele Dinge einen so hohen persönlichen Stellenwert für uns gewinnen: Sie werden zu einem Teil unserer Identität. Warum wollen wir elegante Kleidungsstücke, ein gestyltes Mobiltelefon, eine gut sortierte Büchersammlung, ein schnittiges Auto, ein großes Haus? Eine schlichte Antwort wäre: weil es angenehm ist, schöne Dinge ansehen und zweckmäßige benützen zu können, doch diese Antwort verschleiert mehr, als sie erklärt. Wir können die meisten Dinge ja auch betrachten und viele sogar benützen, wenn sie uns nicht selbst gehören, das müsste uns dann also genügen. Doch das Betrachten und Mitbenützen ersetzt uns nicht den Erwerb solcher Dinge in unser Eigentum. Es scheint uns also doch um etwas anderes zu gehen: Die erstandenen Dinge werden ein regelrechter *Bestandteil* von uns und erhöhen so unsere ganz persönlichen sozialen und instrumentellen Wirkpotentiale (s.o.). Wenn wir unsere Kleidung im Spiegel, unser Mobiltelefon in der Hand oder unser Auto vor dem Haus betrachten, sehen wir dann keine Zier- oder Funktionsgegenstände, sondern Bausteine *unseres eigenen Selbst und seiner Mächtigkeit.*

Man könnte sich nun allerdings auch vorstellen, dass wir uns die Dinge unserer Welt in einer *kollektiv geteilten* Weise einverleiben. Der öffentliche Platz, die Bank in der Parkanlage, der Aussichtsturm, die Bibliothek, der Straßenbahnzug etc. könnten durchaus eine vergleichbar leiblich erlebbare Erweiterung unseres Ichs darstellen, *soferne* wir diese öffentlichen Güter mit ausreichender Selbstverständlichkeit und Sicherheit auch tatsächlich zur Verfügung behalten könnten. Für die meisten Naturvölker war es gar nicht anders denkbar, als dass ihr Eins-Sein mit ihrem Lebensraum sich nur im Rahmen einer gemeinschaftlichen Verfügung über die Welt vollziehen konnte. Privateigentum war für sie daher so gut wie unbekannt und noch bis in die Gegenwart herein haben sich vereinzelte *Allmenden* – der gemeinschaftlichen Nutzung verfügbare natürliche und geschaffene Güter, wie etwa Wasser, Wälder, Wege, Weideflächen etc. – erhalten. Doch in der Gesellschaft der hermetisch durchgesetzten Eigentumsgier, in der wir heute leben, fällt es uns – auch aufgrund sehr konkreter Erfahrungen mit dem Entzug von Verfügungsmöglichkeiten – schwer, jenes Vertrauen aufzubauen, das einer solchen kollektiven Mächtigkeit vorausgesetzt wäre.

7.3 Umgebung: Lernen in gestalteten Räumen

Artefakte müssen keine handlichen Gebrauchsgegenstände, Werkzeuge oder Maschinen sein. Die Rede der Science and Technology Studies von den „verorteten" Wissensprozessen (siehe 7.1) deutet schon an, dass auch die gesamte Gestaltung des uns umgebenden Raums – von Schlafstelle und Arbeitsplatz bis hin zur Besiedelung und kulturellen Gestaltung des gesamten Planeten – als Artefakt betrachtet werden kann: „Das Nächstbegegnende", so Heidegger, sei „das Zimmer", und zwar „nicht als das ‚Zwischen den vier Wänden' in einem geometrischen räumlichen Sinne – sondern als Wohnzeug" (2001, 68).

Bedeutungsvoll für unser Lernen sind also auch jene architektonisch konzipierten Räumlichkeiten, die diesem Lernen ausdrücklich gewidmet sind, wie etwa ein Schulgebäude oder ein Klassenzimmer. Auch bei diesen handelt es sich ja um vergegenständlichtes Wissen, um dingliche Vorrichtungen, die der Mensch zu Zwecken hergestellt hat. Im genannten Fall bestehen sie darin, den Aufenthalt vieler Heranwachsender an einem Ort zu organisieren, ihr Lernen in möglichst effektiver Weise zu unterstützen, ihre Eingliederung in die Prozesse der Gesellschaft sicherzustellen etc. Werfen wir also einen Blick auf diese pädagogischen Umgebungen und untersuchen wir, wie sie sich auf das Lernen auswirken.

Wie lässt sich zunächst erklären, dass und auf welche Weise von der Architektur oder Einrichtung eines Schulgebäudes tatsächlich pädagogische Effekte zu erwarten sind? Ist es nicht egal, in welcher baulichen Hülle die tägliche schulische Arbeit vonstatten geht? Unter dem Blickwinkel des Lernens repräsentiert gestalteter Raum wie jedes Artefakt eine spezifische Konstellation von Weltwissen. Er enthält also Ressourcen, die unserem Handeln bestimmte Möglichkeiten eröffnen. Heidegger bezeichnet auch die Gestaltung von Raum als die Organisation eines ‚Zeugganzen'. Seiner Analyse zufolge richtet sich die Welt „nicht in einem zuvorgegebenen Raum ein, sondern ihre spezifische Weltlichkeit artikuliert in ihrer Bedeutsamkeit den bewandtnishaften Zusammenhang einer jeweiligen Ganzheit von umsichtig angewiesenen Plätzen." (Heidegger 2001, 104)

Wenn wir unter diesem Blickwinkel etwa den Begriff der *Einrichtung* betrachten, so können wir an ihm eine doppelte Bedeutung erkennen: Er verweist einerseits auf die Anordnung der (Einrichtungs-)*Gegenstände,* mit denen der Raum ausgestattet ist, wie andererseits auf den *Vorgang,* durch den diese Gegenstände an ihren Platz kommen. Dieser Vorgang besteht im (es und sich) räumlich *Richten,* welches auf eine Weise erfolgt, die dann entsprechende durch das Zeug strukturierte Aktivitäten ermöglicht. So gesehen ist Architektur also keineswegs so etwas wie eine bloße Hülle um unser Dasein herum, sondern – wie alle Artefakte – *baulich materialisierte lebenspraktische Erfahrung,* vergegenständlichtes *Wissen um die Handlungsmöglichkeiten unseres Daseins.* Dieses Wissen kann durch eine entsprechende *Interaktion* mit dem Raum erschlossen und durch Lernen auf Dauer zugänglich gehalten werden. Auch in der Gestalt unseres Umraumes treten uns also jene Artefakte entgegen, deren periphere Wahrnehmung uns erlaubt, allzeit im Wissen um ihre Zweckmäßigkeit und ihre zweckmäßige Gestaltetheit zu handeln.

Architektur ist aber nicht nur Zeug zur Organisation unseres *Handelns,* sondern auch ein solches der *Repräsentation* nach außen und nach innen. Nach außen hin zeigt sie gegenüber dem umliegenden Siedlungsgebiet ein Bild, das zu erkennen gibt (oder verbirgt), was in einem Bauwerk vorgeht und welcher Funktion es gewidmet ist. So erkennt man etwa eine Kirche zumeist nicht nur schon von weitem als eine solche, sondern kann auch das je spezielle Verständnis von Religiosität wahrnehmen, das die Erbauer in ihr praktiziert sehen wollten. Aber auch nach innen hin wird Architektur von ihren Bewohnern nicht nur *benützt,* sondern auch *betrachtet,* etwa zu Zeiten der Erholung, der Muße, der Feier, der Selbstreflexion o.ä. Dann repräsentiert sie die in ihr situierte Praxis im Sinne einer *Selbstvergewisserung* ihrer Bewohner. Diese finden dann in Stil und Ausstattung des Bauwerks eine Vergegenwärtigung, Bekräftigung und Differenzierung dessen, was ihnen an diesem Ort wichtig ist. Auch dafür wäre die Kirche wieder ein gutes Beispiel: Die Gläubigen versammeln sich in einem Raum, der ihnen ihre religiösen Ambitionen in der von ihnen bevorzugten spirituellen Spezifik auf unmittelbar-anschauliche Weise gewahr werden lässt.

Besonders gut lassen sich diese Funktionen auch an privaten Räumen veranschaulichen. Noch in der lieblosest eingerichteten Wohnung finden sich Merkmale einer individuellen Widmung und Aneignung, die daran erinnern, dass hier ein eigenständiger Mensch wohnt und diesen Raum gemäß seinen eigenen Maßgaben benützt. Wer sich etwa ein Haus baut, entscheidet sich zunächst einmal dafür, wie er ,nach außen hin aussehen' möchte: Avantgardistisch oder klassisch, bewegt oder ruhig, betonkalt modern oder umweltbewusst romantisch, auffällig oder bescheiden etc. Nach innen hin richtet er sich so ein, wie er selbst seine unmittelbare Umgebung auf Dauer erleben möchte. Und auch hier bieten sich zwischen angeräumt und kahl, verspielt und zweckmäßig, Ikea-Masse und Jugendstil-Original wieder unzählige Varianten. Selbst wer sein Inventar völlig ignorant einfach aus irgendwelchen ‚beliebigen' Fundstücken zusammenwürfelt, hat dann Tag für Tag *sein Selbstverständnis* als architektonisch indifferenter Mensch in sinnlich-unmittelbarer Anschauung einprägsam vor Augen.

Dabei inkorporieren wir die gesamte von uns alltäglich bewohnte und benützte räumliche Umgebung in der selben Weise wie der weiter oben zitierte Blinde seinen Stock. Dies bewirkt, dass wir sie auf eine genau so selbstverständliche Weise handhaben wie jener diesen. Wir sind in sie eingelassen, mit ihr verzahnt und verflochten, wir nehmen beständig ihre Eigenheiten und Gegebenheiten auf und entsprechen ihnen in unserem Handeln. Wenn die Formulierung ‚*sich* einrichten' das Gleiche bedeutet wie ‚die eigene *Wohnung* einrichten', lässt dies schon erkennen, dass die Grenze zwischen uns und unseren Behausungen verschwimmt. Wir *sind* sie auch – zumindest in dem Sinne, dass wir nicht die Gleichen wären, würden sie nicht permanent die in ihr materialisierten Eigenheiten an uns herandrängen, uns aufprägen und uns im Wissen um die in ihnen repräsentierten Bedeutungen handeln lassen.

Auch für räumliche Arrangements sind also wieder weitreichende inzidentelle Lernprozesse zu veranschlagen. Die räumlichen Bedingungen unseres Handelns verhindern oder erschweren bestimmte Praktiken, andere wiederum legen sie nahe, propagieren sie oft geradezu appellativ. Annahme wie Ablehnung sind zwar gleichermaßen möglich, es „determiniert die materiale Gestalt des Raumes nicht dessen Nutzung und Wahrnehmung durch Anwesende" (Berdelmann/Reh 2015, 201), doch entkommen beide, Akzeptanz und Widerstand, nur schwer den Möglichkeitsräumen, die abgesteckt sind durch das je konkrete Arrangement der Architekturen und der Verwendungsdinge, durch die sie bestückt wurden.

Die prägenden Wirkungen, die dadurch entstehen, sind dem alltäglichen Bewusstsein unauffällig und oft schwer durchschaubar. Dies trifft auch für pädagogische Lernumgebungen zu. Sie sind in besonderem Maße geeignet, unmerklich an Haltungen, Ansprüche, Verhaltensstile, Routinen, Machtstrukturen und Herrschaftsformen zu gewöhnen. Die Sitzordnung in der Klasse macht auf den Vorgang ihres Be-Deutens nicht lauthals aufmerksam, sondern wirkt indirekt und unauffällig. Man lernt, was man muss und darf, wem man sich unterzuordnen hat und wessen sich zu bemächtigen erlaubt ist, ohne dieses Lernen ausdrücklich bemerken zu müssen.

Betrachten wir zunächst ein historisches Beispiel, das geeignet erscheint, die Bedeutung des Lernens durch den gestalteten Raum vielsagend zu dokumentieren: die pädagogische Diskussion um die *schulische Sitzordnung* im 19. Jahrhundert. Mit der beginnenden Verwirklichung der allgemeinen Schulpflicht ergibt sich das Problem einer ökonomisch effizienten und pädagogisch disziplinierenden Organisation des Unterrichts (vgl. Göhlich 1993, 110) und die baulich-technische Einflussnahme auf die Verwahrung und Ordnung der Schülermassen erscheint den Schulverwaltungen dazu als geeigneter Beitrag. Aus diesem Grund wird der akribischen Planung der Klassenzimmer und vor allem der Sitzordnung und der Schulbänke eine geradezu hingebungsvolle Aufmerksamkeit geschenkt.

Ich greife hier nur einige Beispiele heraus, etwa jene Sitzordnung, die mir selbst noch aus meiner eigenen Schulzeit gut in Erinnerung ist: die Anordnung der Heranwachsenden neben- und hintereinander in parallel angeordneten Reihen. Diese gleichsinnige Ausrichtung aller Schülerplätze zum Lehrertisch und zur zentral dominierenden Tafel legt fest, dass primär *simultane* Aneignungsprozesse unter der Bedingung *kollektiver* Unterweisung erfolgen sollen. Es handelt sich idealtypisch um ein „auditorium-scriptorium" (Freinet 1965, 54), also einen Raum, der ausschließlich dem Zuhören und Schreiben als zentraler Lernaktivität gewidmet ist: Die Kargheit der Einrichtung und des Wandschmucks soll Anlässe für Ablenkungen von der intendierten Polarisierung auf zu erteilende Anweisungen und Lehrvorträge minimieren, das stets von links einfallende Licht das Anfertigen von Mitschriften in gleichgerichteter Aktion unterstützen.

Die Anordnung der Sitze folgt der geometrischen Logik eines Rasters oder einer Tabelle, wie sie auch als administrative Werkzeuge Verwendung finden: Alles, was hier erfasst wird, ist in waagrechte Reihen und senkrechte Spalten gegliedert. Indem dies auch den in der Klasse sitzenden Heranwachsenden widerfährt, finden sie sich entindividualisiert, in der Rolle von Gleichen unter Gleichen wieder. Die inszenierte Gleichheit der Lernenden entspricht einem alten Wunschdenken aller technokratischen Pädagogen – beschwört sie doch ästhetisch herauf, was faktisch nur schwer zu bewerkstelligen ist: die Sicherung einer kontrollierten Kollektivbeschulung, die an Gleichen ansetzt und sie im kontrollierten Gleichschritt gemeinsam in immer weiter entwickelte Gleiche verwandelt.

Doch zeigt gerade das Gleichheitsmotiv, dass architektonischer Form immer wieder auch eine gewisse Vieldeutigkeit zu eigen ist: Die geometrische ‚Rasterklasse' bildet ja nicht nur eine Beschneidung der Individualität der Lernenden, sondern auch eine demonstrative Zurückweisung jeder Bevorzugung oder Benachteiligung aufgrund von sozialer Herkunft, Reichtum, Macht oder anderer leistungsunspezifischer Kriterien. Nach einer langen bis in das 20. Jahrhundert hineinreichenden Geschichte einer schicht- und klassenspezifischen Schulerziehung konnte dieses Motiv daher zunächst eine durchaus demokratische Ausstrahlung entwickeln und den Menschen als fortschrittliche Errungenschaft erscheinen.

Die traditionelle schulische Raumordnung hat auch die Funktion, eine wichtige Differenzierung zu markieren: Die Position des *Lehrenden* wird räumlich *hervorgehoben* und *gegen* die Lernenden gewendet und das Arrangement sieht nicht vor, dass es sich durch ein noch so erfolgreiches Lernen verändern ließe. Damit signalisiert es eine prinzipielle und unveränderliche Ungleichheit zwischen dem Lehrenden und den Lernenden. Die räumliche Anordnung der Akteure repräsentiert die ihnen institutionell zugewiesenen Rollen und nicht ihre in jeder einzelnen Situation sich bewährende Kompetenz im Umgang mit einer jeweils thematischen Sache.

Individualisierung lässt sich innerhalb dieser Ordnung lediglich durch Positionswechsel verwirklichen: Man kann zum Beispiel weiter nach vorne versetzt werden. Dies lässt sich dann entweder als positive („Anerkennung') oder negative Auszeichnung („erhöhte Kontrolle') verstehen. Dabei ist aber jedenfalls zu bedenken, dass man auch im ‚positiven' Fall versetzt *wird,* und schon dadurch erfahren die Heranwachsenden ihre passive Ausgeliefertheit, die sie durch stetige Gewöhnung in steigendem Maße als Normalzustand zu empfinden lernen.

Lassen sich diese Vorhaltungen nicht sogleich wieder relativieren? Die Entindividualisierung wird ja zunächst nicht *faktisch vollzogen,* sondern lediglich in der Form eines räumlichen Gestaltungsprinzips *zum Ausdruck gebracht.* Kein Heranwachsender verliert schlagartig seine Individualität, wenn er in eine Inszenierung eingebaut wird, die sie unsichtbar macht, und natürlich ist auch kein Erzieher gezwungen, sie unter diesen ‚äußeren' Umständen als solche zu ignorieren oder zu unterdrücken. Jedoch: Vor dem Hintergrund meiner bisherigen Darstellung der fundamentalen Eingelassenheit unseres Seins in unser *leibliches Befinden* (auf das sich die räumliche Gestaltung der Situation auswirkt), in unsere *sozialen Interaktionen* (die durch die räumliche Gestaltung der Situation in bestimmte Formen gedrängt werden) und in die von uns *verwendbaren Dinge* (die uns durch die räumliche Gestaltung der Situation auf eine bestimmte Weise verfügbar werden) lässt sich sofort ermessen, dass eine entindividualisierende Gestaltung der Raumverhältnisse mindestens dazu *beiträgt,* Entindividualisierung unauffällig zu begünstigen und als selbstverständlich erscheinen zu lassen.

Michel Foucault hat ausführlich beschrieben, welche Bedeutung einer solchen räumlichen Anordnung für das inzidentelle Lernen Heranwachsender zukommt. In seinem Text *Überwachen und Strafen* zeigt er die mannigfachen Vorkehrungen, mit denen die Menschen in der beginnenden Moderne dazu gebracht werden, sich in die Gesellschaft und ihre Anforderungen einzupassen. Dabei steht nicht die Ausübung physischer Gewalt im Vordergrund, sondern die gleichsam ‚sanfte' Eingewöhnung in alltägliche Lebensvollzüge: Die körperlichen Praktiken werden in Raum und Zeit strikt vorgegeben und ihr regelmäßiger Vollzug bewirkt, dass die vorgegebenen Strukturen inkorporiert werden. „Die Disziplin macht sich zunächst an die Verteilung der Individuen im Raum." (Foucault 1994, 181) Dabei setzt sie unterschiedliche Strategien ein: Die *Klausur,* die bauliche Abtrennung eines Ortes von den anderen Orten (z.B. als Schule, als Fabrik, als Krankenhaus, als Gefängnis) und die *Parzellierung,* die räumliche Binnengliederung innerhalb der Klausur. Diese folgt der Maxime: „Jedem Individuum seinen Platz und auf jeden Platz ein Individuum" (ebd., 183). An die Parzellierung schließt die *Zuweisung von Funktionsstellen* an, die für bestimmte Tätigkeiten bestimmte Orte festlegt. Zuletzt bildet die *Rangreihung* eine besonders effiziente, weil dynamisch sich verändernde und den einzelnen Akteuren eine aktive Beteiligung eröffnende Ordnungsstrategie, die gerade auch in der Schule herausragende Wichtigkeit erlangen sollte: „Schüler-reihen in der Klasse, Korridore, Kurse; jeder erhält bei jeder Aufgabe und bei jeder Prüfung einen Rang zugewiesen" (ebd., 188), auf diese Weise

> „erhält jeder Schüler nach seinem Alter, seinen Leistungen, seinem Benehmen bald diesen Rang und bald einen anderen; er verschiebt sich ständig auf jenen Reihen, von denen die einen rein ideal eine Hierarchie des Wissens und der Fähigkeiten markieren, während die andern die Verteilung der Werte und der Verdienste materiell in den Raum der Klasse oder des Kollegs übersetzen." (Foucault 1994, 188)

Besondere Beachtung erfährt in diesem Zusammenhang das Artefakt *Schulbank* (vgl. Hnilica 2010), das den planungswütigen Technokraten, die an der Inszenie-rung akribischer Ordnung interessiert sind, ein besonderes Anliegen ist: So wer-den etwa Anleitungen für das korrekte Schreiben entwickelt, die bis zu genauen Vorschriften einer korrekten Fingerhaltung reichen. Diese Anleitungen sehen u.a. vor, dass man zum ‚ordentlichen' Schreiben den Stuhl *unter den Tisch ziehen* muss. Dies führt nun aber in ein Dilemma, denn zum anderen zählt es zu den unablässig geübten Disziplinierungsritualen, die Kinder *sich erheben zu lassen*: zur Begrüßung des Lehrers, wenn sie Antwort geben, wenn sie singen etc. Dazu muss der Stuhl nun aber wieder zurück *oder* die Tischplatte nach vor geschoben werden und beides verursacht v.a. akustische und lokomotorische Störungen der peniblen Kontrolle des Unterrichtsgeschehens. Nachdem mannigfache Versuche mit unterschiedli-chen Klapp- und Schiebemechanismen die gewünschte Synchronisierung nicht gewährleisten können, landet man zuletzt bei einem Typus von Schulbank *für zwei Personen*. Diese Neuerung gegenüber den davor von mehreren Heranwachsenden besetzten Tischen ermöglicht es nun, beiden Schülern aufzustehen, indem sie die Sitzbank nach links oder rechts verlassen und so kann die Sitzplatte an der vorge-sehenen Position unter der Tischplatte dauerhaft fixiert werden.

Am Vergleich mit einem Gegenmodell lassen sich Besonderheiten immer besonders gut sichtbar machen. Ein illustratives Beispiel schildert Michael Göhlich: In den Rechenschulen der Deutschen Kaufmannsjugend, deren Geschichte sich vom 13. bis in das 19. Jahrhundert hinein erstreckt (vgl. Göhlich 1993, 144), hatte sich eine gänzlich andere Logik der Schulraumgestaltung entwickelt:

> „Es gab dort keine räumliche Binnenzentrale. Das Katheder und sogar der Lehrstuhl fehl-ten ebenso wie die Rute. ... Ins Auge fällt auf allen Bildern der große Tisch, um den einige Schüler in der Regel gemeinsam mit dem Schulmeister herumsaßen. Auf ihm wurden Hilfslinien gezogen, Rechenpfennige gesetzt, er diente als Rechenbrett, als Ersatz und Ab-art des römischen Abacus." (Göhlich 1993, 143)

Man sieht sofort, was diese Gruppierung um den zentralen Tisch herum bewirkt: Die Aufmerksamkeit der Lerngruppe richtet sich nicht zur Vorderseite des Rau-mes, an der sich die Tafel, bzw. zu dem Punkt hin, an dem sich der Lehrer be-findet; sie richtet sich vielmehr auf die vor den Augen aller Akteure in gleicher

Weise ausgebreitete Lernarbeit und deren Utensilien: „Zentrum waren die operablen Lernmittel, die Hilfslinien, Rechensteine, Zirkel" (ebd.). In einer solchen Anordnung fallen wesentliche Momente der ‚räumlichen' Disziplinierung, wie sie etwa Foucault beschrieben hat, weg und so ist es völlig plausibel, wenn Göhlich den Rechenschulen einen *höchst liberalen heimlichen Lehrplan* attestiert, „nämlich: Selbstorganisation und Selbstkontrolle" (ebd., 144).

Die pädagogische Gestaltung der schulischen Lernumgebung beschränkt sich – wie gerade im letzten Beispiel noch einmal deutlich geworden – nicht auf die architektonische Gestaltung i.e.S., also die Gestaltung der baulichen Anordnung und Einrichtung mit Mobiliar, sondern bezieht sich auch auf die Ausstattung des Schulraumes mit Gegenständen, die das Lernen *direkt und ausdrücklich* anregen und unterstützen sollen (vgl. etwa Stieve 2008; Röhl 2015; Wiesemann/Lange 2015). Solche pädagogischen Funktionsobjekte ermöglichen den Lernenden nun, auch ohne direkte Beauftragung und Kontrolle durch den Lehrenden zu lernen und werden daher bevorzugt von solchen pädagogischen Konzepten propagiert, die stärker auf ein selbsttätiges und eigenverantwortliches Lernen setzen.

Die Ausstattung von Lernräumen mit solchen Lernobjekten nimmt über die Geschichte der Pädagogik hinweg sehr unterschiedliche Formen an. Dem italienischen Schulreformer Loris Malaguzzi wird gerne das Diktum vom Raum als ‚drittem Erzieher' zugeschrieben, doch findet sich schon bei Jean-Jacques Rousseau der Hinweis auf die Welt der Dinge als *dritter Lehrmeister* (etwa 1963, 109). Die Funktion eines solchen könne beispielsweise ein pädagogisch *vernünftiges Zimmer* innehaben: „Kleine Spiele etwa, Ausschneidearbeiten, ein wenig Zeichnen, Musik, Instrumente, ein Prisma, ein Mikroskop, ein Brennglas und tausend andere kleine Raritäten …" (Rousseau 1983, 148)

Die in der Geschichte des Erziehungsdenkens beanspruchte Palette pädagogischer Raum- und Materialausstattung reicht über spezifisch gestaltete Möbelstücke und Teile des Baukörpers (z.B.: ‚Wände' und ‚Ecken', die durch ihre Behängung oder Bestückung speziellen Themen gewidmet sind), über die Anlegung von Schulwerkstätten und Schulgärten bis hin zur hermetischen Gesamtgestaltung des Schulgebäudes als ‚Lernlandschaft'. Was immer das Arsenal der lernstimulierenden Gegenstände dabei enthält – seien es anschauliche Rechenhilfen, geometrisches Anschauungsmaterial, Lese- und Selbstlernbücher, Bilder, Lernspiele, Modelle und Originale technischer Vorrichtungen, präparierte Pflanzen und Tiere, Skelette, astronomische Modelle, Werkzeuge, Maschinen, letztlich Natur- und Kulturgegenstände aller denkbaren Art – es ist ihre Aufgabe, ein Stück lebensweltlicher Wirklichkeit zu repräsentieren, das Neugier und Erkundungsbedürfnis der pädagogischen Adressaten provozieren soll.

Besonders in der *Reformpädagogik* des ausgehenden 19. und beginnenden 20. Jh. werden diese Ideen aufgegriffen und zu einem zentralen Angelpunkt der angestrebten *totalen Schulreform* gemacht. Neben den neuen pädagogisch-didaktischen

Vorgangsweisen sollte auch die architektonische Gestaltung der Schule und ihre möglichst üppige Ausstattung mit lernförderlichen Gegenständen zur *Pädagogik vom Kinde aus* beitragen. Heute erleben diese reformpädagogischen Ideen eine Renaissance und stehen etwa Pate für die zeitgenössischen Beobachtungs-, Rechen-, Schreib-/Lese- oder Kuschelecken, wie sie v.a. in Schulen eingerichtet werden, die eine traditionell gestaltete Bausubstanz mit reformpädagogisch inspirierten Einrichtungsmaßnahmen zu erneuern versuchen (vgl. Göhlich1993, 154ff).

Zu den Pionieren der reformpädagogischen Raumstrategie zählt die italienische Reformpädagogin Maria Montessori mit ihrem Konzept der *vorbereiteten Umgebung* (Montessori 2011, 44ff, 50ff), welches vorsieht, durch eine planvolle Anlage der schulischen Lernumgebung einen möglichst hohen Grad an lernender Selbststeuerung der Heranwachsenden zu erreichen. Dies soll erreicht werden durch eine altersgerechte Möblierung, die sowohl von den ergonomischen Maßen als auch von der praktischen Handhabung her an die Voraussetzungen und Bedürfnisse der Heranwachsenden angepasst ist (Beweglichkeit, Größe, Gewicht, Augenhöhe, Griffnähe etc.). Die vorbereitete Umgebung soll auch möglichst gehaltvolle Informationsquellen bereitstellen, die durch ihre sachliche Geordnetheit, ästhetisch anregende Form und eine möglichst gediegene Materialität zur Vorsicht und Wertschätzung gegenüber den Dingen anregen und sie sollte mindestens fünf Themenbereiche abdecken: das tägliche Leben, Sinnesanregung, Mathematik, Sprache und ‚kosmische Erziehung'.

In Bezug auf schulische Sitzmöbel hatte Montessori ein ganz anderes Lernen im Sinn als die amtlichen Schultechnokraten ihrer Zeit. Ganz im Sinne ihres pädagogischen Leitgedankens *Hilf mir, es selbst zu tun*, war sie primär darauf bedacht, Lernerfahrungen zu organisieren, die die Eigenverantwortung der Kinder stärken würden, daher sollten Sitzmöbel zwar in kindgerechter Größe und anatomisch korrekt ausgeführt sein, *nicht* aber schon konstruktionstechnisch alle denkbaren Probleme auszuräumen versuchen:

> „Wirft ein Kind durch eine ungeschickte Bewegung einen Stuhl um, der mit Geräusch zu Boden fällt, so erhält es hiermit einen eindringlichen Beweis seiner eigenen Ungeschicklichkeit, wäre dieselbe Bewegung in festen Bänken ausgeführt worden, so wäre sie unbemerkt hingegangen. ... Die Geschicklichkeit in den Bewegungen, die es sich hier erworben hat, wird ihm das ganze Leben hindurch von Nutzen sein. Noch im Kindesalter erlangt es die Fähigkeit, sich geordnet und doch mit vollkommener Freiheit zu bewegen." (Montessori zit. nach Hnilica 2010, 160)

Auch ambitionierte architektonische Projekte wurden im Zuge der Schulreformbewegung lanciert. Als ein herausragendes Beispiel erwähne ich die – bis auf einen exemplarischen Versuchspavillon unverwirklicht gebliebene – Berliner Dammwegschule. Sie wurde in gemeinsamer Arbeit vom Schulreformer Fritz Karsen und dem Architekten Bruno Taut geplant und sollte durch eine perfekte Organisation des Raums ein Musterbeispiel ‚gebauter Pädagogik' werden:

„Sie dient einerseits der Förderung des Wohlbefindens der Kinder, andererseits bedingt sie gegenüber der alten Schule Veränderungen im Verhalten der Lehrer und Schüler. Sie erzwingt einen Umgang mit Gruppentischen und Material, sie gibt Verkehrswege vor, vermeidet Störungen im Betriebsablauf und verringert auf diese Weise Konflikte zwischen Lehrern und Schülern." (Kemnitz 2003, 264)

Die Schule sollte als Zeichen ihrer Offenheit gegenüber der Welt weite helle, von oben belichtete Unterrichtsräume erhalten, ausgestattet mit Glastüren zum Korridor hin und geöffnet in eine überdachte Pergola ins Freie. Ganz im Sinne der Überlegungen Rousseaus sollte jeder Raum schon durch seine funktionale Gestalt genau jene Aufenthalte und Ortsveränderungen ermöglichen, die als erwünscht erachtet wurden und damit von vornherein Anweisungen und Durchsetzungskonflikte überflüssig machen. So etwa im Bereich der Schwimmhalle, in dem alle Türen automatisch in vorgegebenem Zeittakt sich öffneten und wieder schlossen, durch eine armaturenlose automatische Beregnung in der Dusche, durch eine präzise Wege- und Zeitplanung. Alle klassischen Beschädigungsquellen und disziplinären Problemstellen wurden baulich ausgeräumt: „Nicht vorhandene Brausearmaturen, Türen, die keine Griffe brauchen, weil sie sich automatisch öffnen und schließen, Treppengeländer, die nicht da sind und an denen man folglich auch nicht herunterrutschen kann ..." (ebd., 266). Es ist offensichtlich, dass eine solche Architektur nicht den weitaus klügeren pädagogischen Einsichten Montessoris (etwa in Bezug auf die zur *eigenen* Verantwortung erziehenden Sitzmöbel; s.o.) entspricht.

Auch nach Kriegsende wurden immer wieder pädagogisch ambitionierte Schulbauten umgesetzt. Als herausragendes Beispiel verweise ich auf die *folkeskole* (,Volksschule') im Stadtteil Hellerup der dänischen Hauptstadt Kopenhagen (vgl. LOOP 2013). Die vielleicht spektakulärste Eigenheit der Schule besteht darin, dass sie überhaupt keine Klassenzimmer aufweist. Als Ersatz gibt es lediglich relativ kleine sechseckige boxenartige Raumabtrennungen, die man zum Zweck einer Zusammenkunft in der Großgruppe aufsuchen kann. Die verantwortliche Planungsgemeinschaft aus Lehrern, Schülern, Eltern und Architekten hat sich nach eingehender Auseinandersetzung mit dem menschlichen Lernen dafür entschieden, das gesamte Schulgebäude als eine multifunktionale Aneignungslandschaft zu gestalten, die allen Heranwachsenden (immerhin in der Altersspanne von sechs bis sechzehn Jahren) zur Verfügung steht. Der gesamte verbaute Raum ist vielfältig gegliedert in unterschiedliche Funktionszonen: Arbeitstische, Computer, Materialsammlungen, Bücherregale, Werkzeuge, Musikinstrumente, Nischen und Ecken mit bequemen Sitzen für unterschiedliche frei wählbare soziale Formate der Lernarbeit. Jedes Detail vermittelt eine lebendige, freundliche, anregende Atmosphäre und *lädt ein*, anstatt *einzuengen*. Alle Funktionselemente sind auf leichte, auch von den Heranwachsenden selbst bewältigbare Handhabung angelegt.

Auf den ersten Blick scheint das Beispiel der Hellerup-Schule zu demonstrieren, dass Schularchitektur nicht bloß auf Eingewöhnung in gesellschaftliche Machtstrukturen orientiert sein muss, sondern die Heranwachsenden auch in ihren Lebens- und Lernbedürfnissen ernst nehmen und dadurch ihre Autonomie befördern kann. Doch auch die Hellerup-Schule sozialisiert, gewöhnt, provoziert inzidentelles Lernen. Auch die Hellerup-Schule ist ein Kind ihrer Zeit und formt ihre Bewohner zu zeitgenössischen Subjekten. Man sollte daher auch ihr gegenüber die Frage nie außer acht lassen, zu welchen unbeachteten Normierungen unserer Wahrnehmungs-, Denk- und Handlungsmöglichkeiten die Strukturmuster beitragen, die in einer – wenn auch noch so innovativ – gestalteten Lernumgebung ihren Niederschlag gefunden haben.

Betrachten wir die architektonischen Artefakte noch einmal unter systematischen Gesichtspunkten, so lässt sich feststellen, dass in ihnen drei unterschiedliche Arten von ‚Bedeutungen‘, von ‚Wissen‘, ‚Aufforderungen‘ oder ‚Praktiken‘ materialisiert sind: *instrumentelle, ikonische* und *symbolische*. Diese Unterscheidung entspricht der schon mehrfach angeführten Gliederungslogik des reflexiven Funktionsaspekts (vgl. etwa Tab. 1). Auf die ikonische und symbolische Repräsentation werde ich in Kap. 8 noch genauer eingehen und skizziere sie hier daher im Vorgriff nur überblicksartig.
Die *instrumentelle* Dimension besteht zunächst in den *funktional zweckdienlichen* Eigenschaften einer Räumlichkeit: Was kann man in ihr tun? Was lässt sie offensichtlich erkennen? Wo befindet sich wieviel Licht. Wie strömt frische Luft herein? Wohin kann man von wo aus wie sehen? Von wo aus kann man sich wohin und wie bewegen? Funktional betrachtet erleichtert oder behindert jeder konkrete Unterrichtsraum bestimmte Vorgänge, manche erzwingt oder verunmöglicht er sogar: Wo das traditionelle rasterförmige Klassenzimmer die Aufmerksamkeit nach vorne zum Lehrenden und zur Tafel lenkt, tut dies jener der dargestellten ‚Rechenschule‘ auf die zentrale Tischfläche und den Lerngegenstand, der sich auf ihr befindet. Instrumentelle Bedeutungen liegen relativ offensichtlich zutage, bzw. werden im Zuge der faktischen Nutzung einer architektonischen Anordnung offensichtlich. Für die instrumentelle Dimension gilt alles, was ich bisher über Zweckgegenstände ganz allgemein erläutert habe.
Die *ikonische* Dimension besteht in den unmittelbar spürbaren atmosphärischen Anmutungen einer Räumlichkeit: Ist ihr Erleben erhebend oder beklemmend, sind die Farben warm oder kalt, ist die Formensprache anregend oder einschläfernd, der Raumgestus einladend oder überwältigend? Ein konkreter Unterrichtsraum kann hell und freundlich oder düster und beklemmend wirken, er kann kahl und streng eingerichtet, aber auch bunt und überladen vollgeräumt sein. Eine geometrische Rasterung der Sitze ruft eine statischere sinnliche Anmutung hervor als eine unregelmäßige oder organische Anordnung der Sitze, ihre Farben und Formen lassen unterschiedliche Stimmungsqualitäten entstehen. Ästhetische Bedeutungen erreichen uns, indem sie uns ‚berühren‘, indem wir sie ‚spüren‘, indem wir ihren Gehalt sinnlich-unmittelbar, oder, in anderer Formulierung, *mimetisch-leiblich* wahrneh-

men. Man könnte auch sagen, sie sehen so aus, wie das, was sie bedeuten, daher muss man über ihren Inhalt nicht erst erklärend informiert werden. Ihre Formen (z.B. eine spitze Form, eine kalte Farbe, eine große Weite, eine erdrückende Schwere etc.) repräsentieren leibliche Erfahrungen unseres Zur-Welt-Seins.

Die *symbolische* Dimension besteht in den in einem sprachlichen oder allegorischen Sinne ‚dekodierbaren‘ *Informationen, Zeichen* und *Verweisen*, wie etwa in Schriftzeichen, sozialen Herkunftsmarkierungen, kulturellen, ethnischen und religiösen Zugehörigkeitssignalen, Traditionsemblemen u.ä., bis hin zur Ausstattung mit dichten Akkumulationen symbolisch vermittelten Wissens, wie etwa Beschriftungen, Aushängen, Tabellen, Landkarten o.ä. Indem es sich bei den symbolischen um sprachliche oder sprachanaloge Bedeutungen handelt, müssen sie *dekodiert* werden und dies ist nur möglich, wenn das der Kodierung zugrundeliegende Regelwerk bekannt ist. Im Falle von Sprache handelt es sich dabei um deren grammatische Struktur, im Falle von bildhaften Zeichen um ‚Übersetzungsregeln‘, die etwa den Hund als Repräsentanten für Treue, ein rotes Ampellicht für ‚Stop‘ oder auseinander gespreizte Zeige- und Mittelfinger als Zeichen für ‚Sieg‘ vorsehen (siehe 8.1). In Hinblick auf seine symbolischen Bedeutungen kann ein pädagogisch gewidmeter Raum manchmal auch sehr sparsam ausgestattet sein, aber dennoch finden sich zumeist Aushänge, Gebrauchsanleitungen, beschriftete Plakate, Bücher etc. sowie allegorische Objekte oder Zeichen wie etwa das aufgehängte Kreuz für die christliche Weltanschauung.

Das hier verwendete Drei-Ebenen-Schema wurde vom Kunsthistoriker Erwin Panofsky zunächst auf Werke der bildenden Kunst, dann aber auch ausdrücklich auf architektonische Werke angewandt (vgl. 2006). Er hat mehrere Versionen des Schemas erarbeitet und spricht – in sinngemäßer Analogie zu meiner Darstellung – beispielsweise von ‚Tatsachensinn‘, ‚Ausdruckssinn‘ und ‚Bedeutungssinn‘. Als vierte Dimension des Verstehens von künstlerischen Gebilden bestimmt Panofsky dann noch den ‚Dokumentsinn‘ oder die *ikonologische* Rekonstruktion. In diese gehen dann alle genannten Dimensionen im Sinne eines umfassenden Verständnisses ihrer Bedeutung gemeinsam ein.

Die konkrete Wirkung einer räumlichen Umgebung entsteht nämlich erst aus dem komplexen Zusammenwirken der Details *aller drei Bedeutungsdimensionen* und dieses Zusammenwirken kann zu entsprechenden wechselseitigen Verstärkungen aber auch zu inneren Widersprüchen führen. Ich habe an einigen Beispielen von Schulgebäuden und Klassenräumen versucht, solche ‚ikonologische‘ Rekonstruktionen vorzunehmen. Da solche Ausdeutungen architektonischer Sinngehalte dazu tendieren, umfangreich zu werden, kann ich hier nur auf die entsprechenden Quellenangaben verweisen (Hackl 2009b, 2010, 2015; Hackl/Steger 2012).

8 Der Sinn der Zeichen

Eine besondere Form der hergestellten Dinge bilden die Zeichen und Zeichengebilde, in denen Erkenntnisse über die Welt explizit festgehalten und dem Lernen durch diskursives Denken und ästhetische Erfahrung verfügbar gemacht wird.

8.1 *Die Situiertheit unserer Lebensvollzüge in den Zeichen* – Entfaltetes menschliches Vergegenwärtigen beruht auf der Verwendung von *sprachlichen* und *bildlichen* Zeichen. Erstere folgen einer abstrakten Logik und ermöglichen *Aussagen*, letztere beruhen auf einer Kombination von abstrakten und anschaulichen Momenten und begründen *Vorstellungen*. Daneben gibt es auch noch *hinweisende* Zeichen, welche der Anwesenheit ihres Gegenstandes bedürfen, auf den lediglich *aufmerksam* gemacht wird. Zeichen repräsentieren Begriffe, die das Produkt abstraktiver Verallgemeinerungen aus konkreten Gegebenheiten darstellen. Ihr mentaler und kommunikativer Gebrauch bildet die Grundlage unseres entfalteten *reflexiven* Zugangs zur Welt. Dieser beruht gleichwohl auf der *intuitiven* Beherrschung der Praktiken, mittels welcher wir diesen Gebrauch vollziehen.

8.2 *Das diskursive Moment des Lernens: Argumentieren* – Diskursives Lernen besteht in der Aneignung und aneignenden Verwendung von sprachlichen oder sprachanalogen Symbolen. Gegebenheiten der Welt werden in abstrakter Weise vergegenwärtigt, um ihre *wechselseitigen Relationen und Wirkungen* gedanklich erfassen und behalten zu können. Diese Vergegenwärtigung geschieht im Rahmen der grammatischen Struktur der Sprache durch *Argumentieren*. Etwas gelernt zu haben bedeutet dann, *Gründe angeben zu können*, die für oder gegen bestimmte Annahmen sprechen. Argumentationen lassen sich in ihrer Logik danach unterscheiden, ob sie sich auf Tatsachen, Normen, Selbstauskünfte, Werte oder symbolische Regelkonformität beziehen. Sie folgen dem Motiv, Zusammenhänge von Weltgegebenheiten angemessen zu *verstehen*, um auf sie handelnd *einwirken* zu können.

8.3 *Die Situiertheit des Handelns und Lernens in Bildern* – Die ikonische Vergegenwärtigung bildet eine Zwischenform von *praktischem* und *diskursivem* Weltbezug. Ihre Gegenstände werden *ästhetisch*, also ganzheitlich-mimetisch *erfasst*, *gezeigt* und *nachvollzogen*. Die Abstraktion bleibt dabei durch einen anschaulichen Bezug dem unmittelbaren Weltbezug verbunden: In den bildhaften Zeichengebilden wird *sinnlich-konkret einsichtig*, was sie auszusagen beanspruchen. Lernend inkorporieren wir das Können, die uns auf dem Wege *spontan-vorsprachlicher Gewissheit* überzeugendsten ästhetischen Praktiken zu vollziehen. Auch ästhetische Vergegenwärtigungen beziehen ihre Gestalt nicht nur *von* der Welt, sondern richten sich gleichermaßen umgekehrt *gestaltend auf sie zurück*.

8.1 Die Situiertheit unserer Lebensvollzüge in den Zeichen

Ich habe schon mehrfach erwähnt, dass unser Denken uns nicht nur dazu befähigt, an der Welt etwas so zu erfassen, wie es uns faktisch vorliegt, sondern es auch in Frage zu stellen, zu bewerten, zu kritisieren und neu zu konzipieren, schließlich sogar Gegebenheiten zu vergegenwärtigen, die weder hier noch jetzt bestehen, vielleicht nicht einmal noch überhaupt je bestanden haben oder bestehen werden. Diese Fähigkeit beruht auf einer speziellen Art von Artefakten: den Zeichen. Bei ihnen handelt es sich um Dinge, deren Gebrauchszweck darin besteht, dass sie *auf andere Dinge verweisen*: „Zeichen sind aber zunächst selbst Zeuge, deren spezifischer Zeugcharakter im Zeigen besteht. ... Als ein Zeug ist dieses Zeigzeug durch Verweisung konstituiert. Es hat den Charakter des Um-zu, seine bestimmte Dienlichkeit, es ist zum Zeigen" (Heidegger 2001, 77f).

Während ein *realer* Hammer zum Schlagen da ist, dient das *Wort* Hammer dazu, im Sprechen und Denken als abstrakter Stellvertreter des Hammers zu fungieren. Eine ähnliche Funktion hat auch die Abbildung eines Hammers. Auch bei ihr handelt es sich um ein Zeichen, denn auch sie erfüllt den Zweck, auf den Hammer zu verweisen, ihn also quasi in Abwesenheit oder zumindest (er könnte ja auch anwesend sein) befreit von seiner wirklichen Erdenschwere in unserem Denken zu vertreten. In Wort und Bild können wir mit ihm also tun, was uns einfällt und was wir wollen, ihn in jeden erdenklichen Kontext stellen oder ihm eine Form geben, die es bislang noch gar nicht gibt.

Das Beispiel lässt sogleich erkennen, dass die Zeichen in unterschiedlich beständiger Weise ausgefertigt sein können: Das *Wort* Hammer ist, kaum ausgesprochen, schon wieder verflogen, die Abbildung des Hammers kann Jahrtausende lang bestehen bleiben. Doch lässt sich auch das Wort auf Dauer stellen, etwa indem es schriftlich abgefasst wird. Man kann einen Hammer auch akustisch oder pantomimisch darstellen und auch dann wäre seine Repräsentanz schnell wieder vergangen. Ungeachtet ihrer Flüchtigkeit oder Beständigkeit haben die Zeichen jedenfalls die Funktion, einen Gegenstand, Sachverhalt oder Zusammenhang ‚festzuhalten' oder ‚aufzuzeichnen', also stellvertretend gegenwärtig und dem Denken verfügbar zu machen. Die Art und Weise, wie sie dabei verfahren, ist unterschiedlich. *Sprachliche* oder *symbolische* Zeichen haben die Eigenschaft, dass sie zu dem, was sie bezeichnen, keine sinnlich-unmittelbar erfahrbare Beziehung aufweisen. Salopp ausgedrückt: Man sieht ihnen nicht an, worauf sie verweisen. Das Wort *Baum* sieht nicht aus, hört sich nicht an, riecht nicht, schmeckt nicht und lässt sich in keiner vergleichbaren Weise ertasten wie der Baum, den es repräsentiert. Indem es so keine konkrete Gestaltausprägung vorwegnimmt, hat das sprachliche Zeichen den größten Allgemeinheitscharakter: Mit dem Wort *Baum* lässt sich jeder denkbare Baum bezeichnen, es steht also nicht für *einen wirklichen* Baum, sondern für den *Begriff* des Baumes, für das *Konzept* dessen, was einen Baum ausmacht. Für den allgemeinen Begriff des Baumes ist jede sinnlich-unmittelbar wahrnehmbare Eigenschaft (Größe, Farbe, Blattform etc.) unerheblich, daher wäre es störend, wenn eine dieser Eigenschaften im Wort Baum aufschiene. Diese Abstraktheit des sprachlichen Begriffs zeigt sich auch darin, dass er in unterschiedlichen Sprachen durch ganz unterschiedliche Zeichengestalten repräsentiert werden kann.

Aus diesem Grund bezeichnet man sprachliche (bzw. schriftliche) Zeichen auch häufig als *konventionell*: Es muss eine Übereinkunft geben, dass die Laut- und Buchstabenfolge *Baum* einen Baum bezeichnet, oder eben ersatzweise das Wort *tree* oder das Wort *arbre* etc. Der bereits mehrfach erwähnte Charles Sanders Peirce formuliert das so: „Ein Symbol ist ein Zeichen, dessen zeichenkonstitutive Beschaffenheit ausschließlich in der Tatsache besteht, daß es so interpretiert werden wird." (Peirce 1993, 65) Man darf den Begriff *konventionell* allerdings nicht dergestalt missverstehen, dass der Zeichenverwendung eine Art Konferenz vorausgegangen wäre, in der man nach längerer Diskussion die Konvention aufgestellt hat, den Baum *Baum* zu nennen. Eine Übereinkunft bezüglich kulturspezifischer Wortbedeutungen entsteht im Normalfall nicht durch einen gezielten Beschluss, sondern im Rahmen eines gleichsam evolutionären Prozesses einer über längere Zeit sich sukzessive herausbildenden Verwendungsgewohnheit, die sich aus dem Gesamt der jeweiligen Lebenspraxis ergibt: Ein Zeichen ist nicht bloß ein *einzelnes* Ding, das auf ein *einzelnes* anderes Ding verweist, „sondern *ein Zeug, das ein Zeugganzes ausdrücklich in die Umsicht hebt.* ... Die Zeichen zeigen primär immer das, ‚worin' man lebt, wobei das Besorgen sich aufhält, welche Bewandtnis es damit hat" (Heidegger 2001, 80).

Bildhafte oder *ikonische* Zeichen haben nun die Eigenschaft, dass sie das, worauf sie verweisen, *nicht in allen* wahrnehmbaren Eigenschaften in völlig abstrakter Weise wiedergeben. Das Bild eines Baumes sieht mindestens in bestimmten Aspekten einem Baum tatsächlich ähnlich und dies schränkt seine Allgemeinheit naturgemäß ein: Sieht das Bild aus wie eine Tanne, schließt sie alle anderen Bäume schon aus. Gleichzeitig ist ein solches Bild aber in anderen Aspekten auch abstrakt, denn sonst wäre es kein Zeichen. So besteht es vielleicht bloß aus schwarzen Linien, zeigt keinen Schattenwurf oder gibt die bezeichneten Gegenstände in verfremdeter Gestalt wieder. Selbst eine Wachsfigur im Kabinett der Madame Tussaud, die uns vielleicht einen Augenblick lang täuschend den Eindruck vermitteln kann, hier stünde tatsächlich die wirkliche Person, weil sie in Größe, Form und Farbe dem Original zum Verwechseln ähnelt, sieht von konkreten Eigenschaften ab, z.B. von den Bewegungen, die das lebende Original auszuführen pflegt. Im Normalfall ist die Logik der bildhaften Repräsentation einfach nachzuvollziehen: „Das Bild ... eines Dreiecks im Geist eines Denkenden ist eine Repräsentation von allem, was ihm auch immer ähneln mag und zwar ausschließlich deswegen, weil es die Qualität der Dreieckigkeit besitzt." (Peirce 1993, 64)

Wie angeführt, werden bildhafte Zeichen häufig als ikonische Zeichen angesprochen. Zwar bedeutet das griechische Wort εἰκών (eikón) auch wieder nur *Bild*, aber der fremdsprachliche Ausdruck löst seinen Sinn ein wenig von der Vorstellung, es müsste sich dabei um ein Bild im engeren Sinne, also um eine optische Darstellung handeln. Als ikonische Zeichen können auch Töne, Bewegungen, räumliche Anordnungen, Erzählungen, Gedichte und andere sinnlich wahrnehmbare Ereignisse fungieren.

Bildhafte Momente finden sich auch in vielen sprachlichen Zeichen. Zunächst rufen ja auch Schriftbild oder Wortklang schon für sich genommen einen Eindruck hervor, der in uns Assoziationen auslöst. Diese anschaulichen Momente können so stark ausgeprägt sein, dass sie für die Bedeutung des Zeichens ebenso erheblich werden wie die abstrakten. Dies ist typischerweise bei sog. onomatopoetischen oder onomatopoetisch gefärbten Ausdrücken wie etwa ‚knallen‘, ‚summen‘, ‚zack‘ oder ‚kikeriki‘ der Fall. Ähnlich verhält es sich bei der musikalischen Notenschrift. An dieser lassen sich ja nicht nur abstrakt-symbolische Verweisungsprinzipien erkennen, sie zeigt etwa durch die Position der Noten in Relation zu den Zeilenlinien auch ikonisch etwas an, die Tonhöhe nämlich: Weiter oben eingezeichnete Noten repräsentieren ‚höhere‘ Töne, weiter unten angebrachte stehen für ‚tiefere‘.

Warum habe ich auch *Erzählungen* und *Gedichte* als ikonisch bezeichnet, wenn sie doch ganz eindeutig *sprachlich* konfigurierte Zeichenkomplexe darstellen? Sie haben zwar schon definitionsgemäß ausschließlich sprachliche Bestandteile, doch setzen sie diese zu einer bildhaften Gestalt zusammen. Eine gut vorgetragene *Geschichte* erweckt nämlich durchaus einen *sinnlich-unmittelbaren Eindruck* vom Erzählten, oder wie Peirce formuliert: Zeichen können ikonisch auch „in Bezug auf ihre intellektuellen Eigenschaften, also Beispiele" sein. (Peirce 1993, 64f) Sie sind dann quasi *sprachliche Bilder*.

Sprachliche Bilder sind das primäre Mittel der Literatur. Sie ermöglichen es, unserer Wahrnehmung eine Einsicht oder Erkenntnis in der Form einer sprachlich realisierten unmittelbar sinnlich-anschaulichen, ganzheitlich-synthetischen, man könnte auch sagen: ästhetischen Ausdrucksgestalt zu präsentieren, eine Gestalt also, die bei uns eine spontan-intuitive sprachlich vermittelte *Vorstellung* oder *Imagination* erzeugt. Dies ist generell die Aufgabe und Möglichkeit der Kunst, ihre Gattungen unterscheiden sich lediglich darin, dass sie unterschiedliche sinnlich-unmittelbare Wahrnehmungs- und Vorstellungsmöglichkeiten ansprechen: optische, akustische, räumliche, sprachliche etc.

Dagegen wird Sprache in wissenschaftlichen Verwendungen grundsätzlich anders eingesetzt. Ein wissenschaftlicher Text *erzählt* nicht in *ästhetischer*, sondern *rekonstruiert* in *diskursiver* Absicht. Dazu werden sprachliche (oder sprachanaloge) Zeichen und Zeichensysteme verwendet, die einen Sachverhalt dann in abstrakter, zerlegender, aspektierend-analytischer Weise nachzeichnen, um die dabei zutage geförderte Erkenntnis in Form von einzelnen (miteinander verbundenen) *Aussagen* zu dokumentieren und einsichtig zu machen. Man könnte hier anstatt von *sprachlichen* Zeichen auch von *theoretischen* Zeichen sprechen. Eine psychologische Studie über Eifersucht wird etwa versuchen, alle *erdenklichen* Anlässe und Verlaufsformen von Eifersucht auszuloten und ihre unterschiedlichen Aspekte und Dimensionen systematisch zu erfassen. Shakespeares oder Verdis *Othello* dagegen bündelt alle Einsicht in die Eifersucht in einer *erlebbaren* Ausdrucksgestalt, die uns vielleicht weniger befähigt, präzise analytisch über Eifersucht zu sprechen, die dafür aber unser intuitives Verstehen der Eifersucht erweitert (siehe 8.3).

Dabei präsentiert die ästhetische Vergegenwärtigung nicht einfach einen beliebigen Fall von Eifersucht, sondern eine verdichtete Verallgemeinerung aus vielen wirklichen oder möglichen Fällen. Othello zeigt keine Katastrophe, die tatsächlich *genau so* stattgefunden hat oder demnächst bevorstünde, sondern eine ästhetische Verdichtung des Wesentlichen, gleichsam die komponierte Essenz ihrer inneren Logik und Gesetzmäßigkeit. Ein solches Kunstwerk ist das Ergebnis präziser Beobachtung und tiefen intuitiven Verstehens und als solches eben auch eine Form der zeichenhaften *Abstraktion*, also des ‚Abziehens‘ allgemeiner Eigentümlichkeiten von den wirklichen einzelnen Ereignissen. Gleichwohl enthalten Kunstwerke – wie ich am Beispiel der Architektur schon gezeigt habe (siehe 7.3) – daneben immer auch sprachanalog-konventionell codierte *symbolische* Bedeutungen.

Es bleibt noch, neben der symbolischen und der ikonischen eine dritte Art von Zeichenlogik zu erwähnen: jene des *Index*. Der Index ist sozusagen ein unvollständiges Zeichen, weil er das, worauf er verweist, nicht von sich aus alleine repräsentieren kann. Er benötigt dazu die Gegenwart des Bezeichneten: Wenn ich mit dem Finger auf etwas zeige, so ist der Finger der Index, allerdings nur solange und nur dadurch, dass da auch wirklich etwas ist, worauf ich zeige. „Ein Index erfordert …, daß sein Objekt und er selbst individuelle Existenz besitzen müssen. … Das indizierte Objekt muß tatsächlich vorhanden sein." (Peirce 1993, 65) Ähnlich wie mit dem Finger verhält es sich mit Äußerungen wie *Da! Dort! He! Hallo! Du! Toll! Wow! Igitt!* o.ä. Der Index kann also nur etwas vergegenwärtigen, das mit etwas bereits Gegenwärtigem in unmittelbarem Zusammenhang steht.

Wie bereits erwähnt, handelt es sich bei den Zeichen um eine besondere Art von Artefakten und auch durch sie speichert der Mensch sein Wissen in der materiellen Welt, damit er selbst oder andere es aufgreifen oder zu einem späteren Zeitpunkt wieder abrufen können. Die Verwendung von Zeichen bildet eine höchst effektive Ressource der menschlichen Einwirkung auf die Welt und daraus erklärt sich auch seine Koevolution mit der Herausbildung des *homo sapiens* und dessen gesellschaftlicher Lebensweise. Die Entwicklung der Weltaneignung durch Herstellung zunächst von instrumentellen Artefakten, dann auch von Vorformen ikonischer und symbolischer Objekte, führt bei den späten subhumanen Gesellungseinheiten zur Produktion von Überschüssen und macht damit Tätigkeiten möglich, die nicht mehr unmittelbar der materiellen Überlebenssicherung gewidmet sind. Damit verlieren die den Individuen gegebenen Lebensumstände ihren Charakter als *Verhaltensdeterminanten.* Die Bedingungen fungieren jetzt als „dem Individuum gegebene gesellschaftliche Handlungsmöglichkeiten." (Holzkamp 1985, 236; Hervorhebungen des Originals entfernt) Diese Entwicklung bildet schließlich am Ende des Tier-Mensch-Übergangsfeldes eine Basis für die Herausbildung der *Gesellschaft* als einer Organisationsform, die die einzelnen nunmehr *menschlichen* Individuen in einer anonymen, über-persönlichen Ordnung zusammenfasst und eine gewisse Freistellung von *unausweichlichen* Handlungszwängen verbürgt. Der sich an der Schwelle zur Menschwerdung herausbildende

> „gesamtgesellschaftliche Zusammenhang bietet sich dem Individuum … als ein ‚in sich' lebensfähiges Erhaltungssystem dar, in dem in verallgemeinert-vorsorgender Weise menschliche Lebensmittel/-bedingungen produziert werden, unter denen der Einzelne prinzipiell auch dann seine Existenz erhalten kann, wenn er sich nicht an der Erhaltung dieses ‚Systems' beteiligt." (Holzkamp 1985, 235)

Die konkreten Handlungsbeiträge des Einzelnen sind nun durch die äußeren Bedingungen, unter denen sie stattfinden, nicht mehr von vornherein festgelegt. Indem die Gesellschaft gegenüber dem einzelnen Individuum eine relativ selbständige Struktur bildet, erlaubt sie und macht damit erstmalig denkbar, dass durch eigene Entscheidung unterschiedliche Formen der gesellschaftlichen Partizipation *gewählt* werden können. Der Mensch kann entdecken, was er dann später einmal seine Freiheit nennen wird. Seine Aktivitäten stehen im Zeichen disponierbarer Motive des individuellen Denkens und Handelns, mittels welcher unter Bezug auf Bedingungen und Notwendigkeiten *subjektive Handlungsgründe* entwickelt werden (siehe 4.3). Holzkamp spricht in diesem Zusammenhang vom ‚problematischen' Verhältnis bzw. von der ‚Möglichkeitsbeziehung' des Individuums zu den gesellschaftlichen Bedingungen/Bedeutungen (vgl. Holzkamp 1985, 315f und 342ff). Sie *erlauben* Entscheidung und machen sie zugleich *notwendig.*

Schließlich können in der Gesellschaft die Teilbeiträge ihrer Mitglieder zum Gesamtprozess nicht mehr über direkte kollektive Aushandlungsprozesse (etwa nach dem Muster einer Stammesversammlung) im Medium *gesprochener* Sprache bestimmt, dimensioniert und zugeordnet werden. Zwischen sie treten daher Strukturen der Koordination, die sich des Mediums *schriftlich materialisierter* Sprache bedienen, wie etwa politische, rechtliche, militärische, erzieherische, religiöse etc. Institutionen, Infrastrukturen der Versorgung mit lebensnotwendigen Gütern, der Verteidigung nach außen etc. Realhistorisch lässt sich diese Vergesellschaftung des Menschen etwa an den frühen Hochkulturen in Mesopotamien, Ägypten, Indien oder Mittelamerika studieren.

Durch die (mentalen, lautlichen, gegenständlichen) Zeichen können wir auf jedes Ereignis, auf jeden Sachverhalt, auf jede Betroffenheit, auf jedes Sehnen und Wollen in Gestalt ihrer ‚Aufzeichnung' noch einmal zurückkommen, sie also noch einmal betrachten, sie wieder und wieder, wenn auch nur virtuell, betrachten und bedenken, ihre Zeichengestalt in der Fantasie oder in materialisierter Form verändern und in neue Situationen und Zusammenhänge versetzen, sie also *reflektieren*. Durch diese über die Zeichen möglich werdende Wiederbegegnung mit allem, was der Mensch in der Welt vorgefunden und durch Verausgabung körperlich-geistiger Aktivitäten umgestaltet hat, sind wir dieser Welt nicht mehr einfach ausgeliefert wie der dressierte Schimpanse. Wir können vielmehr jede mögliche Alternative zum Bestehenden zunächst einmal *denken*, dann aber auch in der wirklichen Welt *umzusetzen versuchen*.

Dabei sind die unterschiedlichen symbolischen, ikonischen und instrumentellen Artefakte – wie die einzelnen Aspekte der Situiertheit unseres Denkens und Handelns generell – in unserer wirklichen Praxis unauflöslich miteinander verflochten. Der Wissenschaftssoziologe Christian Greiffenhagen beobachtet etwa, dass selbst eine so *abstrakte* Praxis wie jene der Mathematik zugleich eine höchst *materielle* Praxis darstellt: „Wer Mathematiker beim Ausüben ihres Berufs beobachtet, wird sie selten bloß ,denken' sehen. Mathematik zu treiben heißt vor allem: Auf Papier und Tafel zu schreiben." (Greiffenhagen 2015, 283) So greifen also die Teilmomente ineinander: Das *Denken* des Mathematikers verwendet sowohl mental vergegenwärtigte als auch material verschriftlichte mathematische *Zeichen*. Letztere werden mit entsprechenden *Werkzeugen* durch entsprechende *Körperbewegungen* angefertigt. Auch bedient er sich des öfteren der Möglichkeit, mit anderen Personen fachlich zu *kommunizieren*. Mentale und motorische Aktivitäten, Schrift und Schreibwerkzeug, eigene und interaktive Beiträge bilden so – in diesem Anschauungsbeispiel wie in jedem anderen menschlichen Handeln – vielfach verbundene und wechselseitig aufeinander verweisende Bestandteile eines integralen Prozesses der Produktion von Sinn.

Die Zeichen sind also ein hochelaboriertes Instrumentarium, das wir für unsere Zwecke gezielt einsetzen können. Wie weiter oben am Beispiel indianischer Sprachen dargestellt, bedeutet dies zwar nicht, dass wir über sie in jeder Hinsicht völlig frei verfügen können. Wir übernehmen mit den Zeichen – wie mit allen Dingen – ja auch die in ihnen vergegenständlichten Eigenlogiken und Zwecksetzungen (siehe 7.1). Allerdings wenden wir Zeichengebilde nicht nur als bereits fertige an, sondern *gestalten* und *erzeugen* sie auch mit: Wir *schreiben* Einkaufszettel, Liebesbriefe, Kontobilanzen oder das Manuskript einer wissenschaftlichen Abschlussarbeit. Und wenn wir versuchen, den komplexen Zusammenhang zwischen Wirtschaftskrisen, Inflation und Benzinpreisen zu erfassen, *zeichnen* wir eine Tabelle oder ein Diagramm und tragen Werte und Zusammenhänge ein, um auf diese Weise unser Fassungsvermögen zu steigern.

Indem wir auf eine gemachte Erfahrung ,noch einmal zurückkommen', sie uns erneut ,begegnen' lassen, machen wir mit ihr (in Gestalt ihrer Aufzeichnung) *noch einmal weitere Erfahrung*. Erfahrungen mit Bedeutungen von Zeichenkonstellationen sind also gleichsam ,Erfahrungen über Erfahrungen', eine Art ,Erfahrung höherer Ordnung'. Dies begründet nun auch die Möglichkeit einer selbstreflexiven

Wendung des Denkens: Indem wir unseren Umgang mit den Zeichen selbst *in Zeichen fassen*, emanzipieren wir es von den Erkenntnisbeschränkungen, die uns im Augenblick seiner praktischen Anwendung den Zugang zu ihm verstellen. Wir können so auf unser Denken denkend ‚zurückkommen‘, wenngleich eben nur in Gestalt seiner zeichenhaften Repräsentation. Als gerade *in Anwendung befindliches* Vermögen bleibt es uns dagegen verschlossen.

Was unterscheidet das Lesen eines *Buches über Vögel* vom Betrachten eines *Vogels in der Natur*? Am wirklichen Vogel nehme ich jene Eigenschaften wahr, die sich in meiner Wahrnehmung unmittelbar einstellen: Ich sehe seine Farbe, seine Form, seine Bewegung, ich höre seinen Flügelschlag, seinen Warnschrei etc. Im Lesen bin ich zunächst bloß mit langen Reihen von Buchstaben, Worten, Sätzen zugange. In beiden Fällen vollziehe ich *motorische* Handlungen (ich nehme die Beschreibung zur Hand/drehe meinen Körper zum Vogel, ich bewege meine Augen so, dass sich mein Blick nacheinander auf unterschiedliche Details der Beschreibung/des Vogels richtet etc.) und ich vollziehe *mentale* Handlungen (ich fokussiere meine Aufmerksamkeit auf die unterschiedlichen Aussagen des Texts/auf die unterschiedlichen Eigenschaften des Vogels). Im Lesen wie im Betrachten greifen also motorische und mentale Aktivitäten ineinander und in beiden Fällen beruht mein Handeln auf inkorporierten Praktiken, also auf Erfahrungen zurückliegender Ausführungsaktivitäten.

Der entscheidende Unterschied besteht darin, dass ich im Lesen eine Fähigkeit anwende, die ich im Betrachten nicht benötige: die Fähigkeit, bestimmte Konstellationen der im Lesen begegnenden *Sprach-* und *Bildzeichen* verzögerungslos in *Aussagen* und *Vorstellungen* umzuwandeln, die sich auf die Eigenschaften des Vogels beziehen und ihnen daher in der einen oder anderen Weise entsprechen (auf sie ‚verweisen‘; s.o.). Diese Fähigkeit lenkt meine Wahrnehmung von den *vorliegenden Zeichen* quasi um wie eine spiegelnde Oberfläche auf *etwas Vergegenwärtigtes*, das sie nicht selbst sind: Ich habe die Zeichen ‚vor Augen‘ und bin *subjektiv* doch mit dem Vogel konfrontiert.

Die Zeichen können sich nun von ihren Materialisierungen(etwa den Schriftzeichen) gleichsam ablösen und in Form der *inkorporierten Erinnerungsspuren ihrer Verwendung* in unser Denken eingehen. Auf diese Weise staffieren sie dann die imaginäre Bühne unseres Bewusstseins aus, jenes „reflexive monitoring", wie Giddens es metaphorisch genannt hat (1986, 41), mit dem wir zwischen uns und der uns begegnenden Welt vermitteln. Dieses Bewusst=sein beruht dann auf den *mentalen Repräsentationen* der uns in der Lebenspraxis begegnenden *materialen* Zeichenartefakte und wir verfahren mit ihnen *im Denken* nach der Logik, die wir uns im Handhaben ihrer materialen Vorbilder angeeignet haben.

Wir können daher nicht nur den *realen* Vogel durch einen *gedachten* ersetzen, sondern auch die material ausgeführte *Beschreibung* eines Vogels (etwa in besagtem Buch) durch bloßes *Denken*, indem wir diese *mental* in gleicher Weise Aussage für

Aussage voranschreiten lassen, wie wir sie im *Lesen* nachvollziehen oder im eigenen *Schreiben* selbst entwerfen würden. Wir können uns auch ein *Bild* des Vogels vergegenwärtigen, indem wir uns seine Teile in ihrer wechselseitigen Bezogenheit nur *vorstellen*, ganz so, wie wir das im *Anschauen* eines materialen Bildes tun würden. Im bloßen Denken der Artefakte, deren Figurationen wir durch wiederholtes Handhaben ihrer wirklichen Vorbilder mental behalten haben, sind wir von diesen jedoch unabhängiger und können unseren Umgang mit ihnen willkürlicher gestalten. Wir verwenden dabei die selben Gehalte ('Begriffe'), wie wir sie in den Worten, Sätzen und Argumenten, die selben inhaltlichen Motive und die selben formalen Gestaltungselemente, wie wir sie in den wirklichen Bildern antreffen – nur eben in rein *ideeller* Formatierung.

Fokal präsent ist uns beim Betrachten wie beim bloßen Denken dabei lediglich jenes Betrachtete/Gedachte, dem wir uns intentional zuwenden, während der gesamte Vorgang der Herbeiführung der Präsenz im subsidiären Modus hintergründig bleibt. Wir fassen also die Weltgegebenheiten *in* Zeichen, nicht aber fassen wir im selben Moment *die* Zeichen, sie sind hier lediglich *Mittel*, nicht *Objekt*: „Eigentlich ,erfaßt' wird das Zeichen gerade dann *nicht*, wenn wir es anstarren, als vorkommendes Zeigding feststellen", vielmehr ist es dazu da, uns „eine Orientierung innerhalb der Umwelt" zu geben (Heidegger 2001, 79). Im Normalfall des souveränen Denkens ist unsere Aufmerksamkeit also ganz von jenem Wissen absorbiert, das uns im Handhaben der Artefakte *thematisch* wird.

Das zeichenvermittelte Denken gilt nun geradezu als Inbegriff unseres reflexiven Vermögens. Dies gilt ganz besonders für das auf *sprachlichen Zeichen* beruhende Denken, das häufig mit der Bezeichnung *diskursiv* versehen und dem praktisch wirksamen *intuitiven* Weltzugang gegenüber gestellt wird. Das lateinische Wort *discurrere* bedeutet soviel wie ,hin und her laufen' oder ,durchlaufen': Durch die ,Fixierung' der Sinnzusammenhänge in den Zeichengebilden lassen sie sich systematisch von verschiedenen Seiten betrachten, indem wir sie wiederholt ,durchqueren' und damit die Position zu ihren Bestandteilen wechseln. Es ist daher nicht zufällig, dass ein solches Discurrieren als zentrales Medium des Erkennens und Verstehens betrachtet wird. Gleichwohl beruht die *Steuerung* dieses Durchlaufens (das unthematische ,Fassen in Zeichen') wieder auf einem sprachlosen Können, das durch praktische Erfahrung angeeignet und *intuitiv* kontrolliert wird. Aus diesem Grund können wir etwa *spüren*, dass ein Satz grammatikalisch fehlerhaft ist, ohne aber erklären zu können, aufgrund welcher Regelverletzung ein Fehler vorliegt. Wir registrieren die Musterabweichung ,gefühlsmäßig', müssen deswegen aber nicht schon über die analytischen Mittel verfügen, sie sprachlich zu erläutern. Es geht uns dabei ganz genau so wie in meinem früheren Beispiel vom Abbiegen auf dem Weg zur Arbeit, wo uns der sinnliche Eindruck der räumlichen Situation intuitiv spüren lässt, dass wir hier abbiegen müssen, ohne dass wir dies analytisch begründen müssten (siehe 5.3).

Dies scheint nun zunächst einigermaßen widersprüchlich: Wie kann ein *diskursiver* Vorgang durch ein *intuitives* Können angemessen gesteuert werden, wenn doch diese beiden Begriffe gerade einen so offensichtlichen Gegensatz markieren? Um diesen Widerspruch sinnvoll aufzulösen, muss man sich präzise vor Augen führen, worin *Vorgang* und *Effekt* der Verwendung von symbolischen Zeichen im Denken bestehen.

Unser Können *in und mit der wirklichen Welt* entsteht aus der Verkörperung der wiederholten Vollzüge sich bewährender Handlungsweisen und für unser Können *im Umgang mit sprachlichen Artefakten* gilt nichts anderes: Es bildet sich aus als Materialisierung wiederholter sich bewährender Aktionen mit den (materialisierten oder nur gedachten) Sprachzeichen. Alle Zeichen, die wir denkend handhaben – bildliche wie sprachliche – sind ja nichts weiter als *Hilfsmittel unserer Vergegenwärtigung*: Wir stellen uns ‚bildlich‘ etwas vor, wir formulieren ‚sprachlich‘ eine Aussage. Bild und Aussage führen uns eine Gegebenheit, einen Sachverhalt, einen Zusammenhang, auf eine Weise *vor Augen*, die uns eine *Ein=sicht* in einen Weltausschnitt vermittelt und uns dadurch eine bessere Orientierung unseres Daseins ermöglicht. Aussagen bewährt sich wie Vorstellen dadurch, dass es uns davon überzeugt, tatsächlich eine Einsicht in das Ausgesagte oder Vorgestellte zu gewährleisten.

Unser subjektives Vergegenwärtigen unter Verwendung der Zeichen wendet sich dabei den unterschiedlichsten Materien zu und wir scheinen dabei *zweierlei Erfahrungen* zu machen: Einmal evaluieren wir in diesem Denken die erfolgreichsten *Praktiken der Handhabung* der Zeichen (so wie wir etwa im Tanzen die beste Art der motorischen Koordination unseres Körpers erproben) und zum anderen erfahren wir in dieser Handhabung die uns am meisten ansprechenden, am sinnvollsten erscheinenden, überzeugendsten *Bedeutungen der Zeichenkonstellationen*, die wir im denkenden Durchgang durch die unterschiedlichen Materien vergegenwärtigen (so wie wir im Tanzen die Schritte und Figuren erproben, die unseren Ausdrucksbedürfnissen am besten entsprechen).

Lernend *wiederholen* und *inkorporieren* wir nun jene Praktiken, durch die uns die *überzeugendsten* Einsichten zugänglich werden und das bedeutet: Wir lernen nicht das Handhaben der Zeichen *und zusätzlich* das Verstehen der Bedeutungen, wir lernen vielmehr das Verstehen der Bedeutungen *durch* das Handhaben der Zeichen (wie wir nicht Tanzen lernen, um uns *dann zusätzlich* die Schritte und Figuren anzueignen, sondern: *indem* wir sie uns aneignen). Handhaben-Lernen und Verstehen-Lernen sind also ein und derselbe Vorgang.

Wir lassen uns den Satz des Pythagoras erklären und vollziehen die zeichnerische Darstellung seines geometrischen Beweises mit. Dadurch gelangen wir zu einer Einsicht, einer Erkenntnis, einer verständigen Vorstellung über die Zusammenhänge zwischen den Quadraten über den Seiten eines rechtwinkeligen Dreiecks. Diese Einsicht, dieses Verstehen können wir ‚mitnehmen‘, indem wir die einzelnen

Schritte der verbalen Erklärung und grafischen Demonstration oft genug wiederholen, um sie *selbst* in *eigenständiger* geistiger Anstrengung ausführen zu können. Wenn uns dies gelungen ist, haben wir dem schon bisher verfügbaren Können unseres Umgangs mit Artefakten eine Spezifizierung zugefügt. Wir haben gelernt, entweder neue Zeichen zu handhaben oder mit den uns bereits verfügbaren Zeichen auf eine neue Weise umzugehen, und zwar auf eine Weise, die uns eine neue Einsicht vermittelt.

Damit haben wir unser *Reflektieren* (das Herbeiführen der Einsicht durch Zeichengebrauch) in einem praktischen, selbst sprachlosen, *intuitiv* zu verausgabenden Können auf Dauer gestellt. Unsere intuitiven Vollzüge sind also nicht einfach das *Gegenteil* der reflexiven, sondern *auch für diese konstitutiv*. Auch wenn es also zunächst so aussieht, als würden sich in der Verwendung der Zeichen zwei unterschiedliche ,Bestände' von Wissen – das sprachlos-praktische Können des Umgangs mit den Zeichen und das ausdrücklich-reflexive Wissen, das uns in der Verwendung der Zeichen subjektiv zur Erscheinung kommt – ausbilden, handelt es sich doch bei beiden nur um einen einzigen Vorgang, der lediglich zwei ,Ansichten' bzw. um ein einziges Können, das zwei unterscheidbare ,Qualitäten' aufweist: Die Einsicht, die wir in den Pythagoras erleben, während wir uns ihm intentional zuwenden, ist nichts als die *subjektive* ,Ansicht' oder ,Qualität', der erlebte Effekt jener *objektiven* Ausführungs- und Einprägungsvorgänge, die uns diese Einsicht vermitteln.

Darin zeigt sich zugleich, dass dem Reflektieren nicht nur ein Können zugrundeliegt, auf das alles zutrifft, was ich weiter oben für das Können ganz allgemein festgestellt habe (siehe 5.2), sondern dass es auch der Realisierung jener *praktischen Begriffe* entspricht, die in *allen* Artefakten vergegenständlicht sind (siehe 7.2), in den dinglichen Gebrauchsobjekten, in den bildlichen Zeichen und in den sprachlichen Zeichen. In den Zeichen erhalten die praktischen Begriffe, wie sie in den instrumentellen Artefakten ,zuhanden' sind, lediglich ,Doppelgänger' in Form abstrahierend *zeichenhafter* Repräsentanzen. Diese sind nicht mehr an den materialen ,Körper' der Gegenstände gebunden, sondern können im Denken und Sprechen frei gehandhabt werden, wie Holzkamp am Beispiel der Sprache erläutert:

> „Während die *praktischen* Begriffe selbst als ideell antizipierender Aspekt in die *konkreten Herstellungshandlungen* einbezogen ... sind, ist ihre *Repräsentanz in der Sprache* nicht an den real sich vollziehenden Arbeitsprozeß gebunden, sondern in *erweiterten und verschiedenartigen Lebenszusammenhängen kommunizierbar*." (Holzkamp 1985, 228)

Zeichenhafte Begriffe sind demgemäß also nicht etwas *fundamental anderes* als praktische, sondern lediglich ihre spezialisierte Form. Sie sind wie alle Artefakte selbst wieder Dinge, *durch die sich auf andere Dinge Wirkungen hervorrufen lassen*, nur handelt es sich jetzt bei diesen Wirkungen nicht mehr um materielle, sondern um ideelle: um *Be-Deutungen*. Wie die dinglichen Artefakte (etwa Werkzeuge, Gebrauchsgegenstände etc.) weisen auch ihre zeichenhaften Nachläufer eine je spezifische *Eigengesetzlichkeit* auf, die auf ihre zweckentsprechende Gestaltung zurückgehen und daher eine angemessene Handhabung beanspruchen: Ich schreibe an diesem Buch und schon nehmen die Worte, Sätze, Kapitel aufeinander Bezug und bilden eine Struktur von Sinnbezügen, die ihren eigenen logischen Gesetzmäßigkeiten gehorcht. Ihnen muss ich Folge leisten wie den Funktionseigentümlichkeiten eines technischen Geräts, ich muss sie in analoger Weise ,bedienen': Jeder willkürlichen Beugung durch mich würden sie sofort entschiedenen Widerstand leisten, der sich durch Verstörungen ihres Sinnes zur Geltung brächte. In der hermeneutischen Untersuchung künstlerischer Gebilde wurde dieses Eigenleben der Bedeutungen als die ,intentio operis' (vgl. Eco 1992, 35ff), als ,Eigensinn des Werkes' bezeichnet.

Der Modus der *Erfahrung* bildet indessen nicht nur die operative Logik der *Ausführung* von zeichenhaften Vergegenwärtigungs-Vorgängen, sondern zugleich auch ihren genetischen *Ausgangspunkt*, quasi ihre Verankerung in unmittelbarer Weltbegegnung. Das reflexive Denken ist

> „nicht nur in actu intuitiv ,gesteuert' und insofern auf der Grundlage impliziten Wissens ausgeübt, sondern auch insoweit durch und durch in implizitem Wissen verwurzelt, als die Explikationen im Kopf immer Explikationen von etwas sind, das seinerseits letztlich keine Explikation mehr sein kann, weil es sonst keine Bedeutung hätte." (Neuweg 2015, 143 mit Bezug auf eine nicht ausreichend präzise frühere Darstellung meinerseits in Hackl 2004)

Denken wir an ein Wort wie *Tisch*: Es handelt sich um fünf Buchstaben oder einen kurzen harten und zischenden Laut, mit dem wir sehr unterschiedliche Dinge repräsentieren können: große, kleine, runde, eckige, unterschiedlich färbige Tische etc. Eine so abstrakte Zeichengestalt könnte in unserer Vorstellung für sich alleine keine Bedeutung hervorrufen, die etwas mit wirklichen Tischen zu tun hat. Niemand kann zu dem Wort *Tisch* etwas imaginieren, der nicht schon Tische *erlebt* hat.

Auf diesen Zusammenhang verweist auch schon die Rede vom *Begreifen* als besonders konkreter Form des gedanklichen Erfassens: Man kann etwas falsch verstehen, aber nicht falsch begreifen. Be=greifen drückt also unmissverständlich aus, dass es hier um die Realisierung eines Verstehens geht, das durch einen sinnlich-unmittelbaren Weltkontakt fundiert ist. Dass eine solche Fundierung unverzichtbar ist, lässt sich gut nachvollziehen, wenn wir uns etwa vorstellen, wie es uns geht, wenn uns jemand den Geschmack einer exotischen Frucht beschreibt, die wir noch nie gekostet haben. Das einzige, das hier vielleicht noch einen gewissen Erfolg verspricht, besteht darin, den Geschmack der Frucht durch Ähnlichkeiten mit dem Geschmack anderer, uns bereits bekannter Früchte auszudrücken. Die basale Qualität von allem, dessen wir uns reflexiv bewusst werden können, muss bereits in wirklicher sinnlicher Präsenz von uns erfahren worden sein.

Selbst dort, wo wir das, worauf sich unsere Zeichen beziehen, niemals anschaulich kennen gelernt haben, entwickeln wir dazu Vorstellungsbilder, die wir aus unseren eigenen bereits gemachten Erfahrungen komponieren. So können wir etwa über den Nordpol nachdenken, indem wir auf unsere eigene Erfahrung von Eis, Schnee, Kälte und Landschaften zurückgreifen. Auch wenn wir uns Löwen in freier Wildbahn, die Gefühle der gallischen Kämpfer bei der Schlacht um Alesia oder den atomaren Aufbau der Materie (vgl. Buck/Rehm 2010) vorstellen, dann ergänzen wir die abstrakten Konzepte mit Anschauungsbildern, die wir aus unseren *bereits vorhandenen* Weltwahrnehmungen beziehen und deren Übertragung uns jeweils plausibel erscheint. Allein auf eine solche – quasi ‚stellvertretend' – erfahrungsgesättigte Vorstellung können wir uns dann reflexiv oder diskursiv beziehen (also uns auf sie *zurückwenden*, sie gedanklich *durchlaufen)* und so in unterschiedlichen Blickrichtungen betrachten.

Unsere Orientierung in der Welt beruht also auf der reflexiven Abstraktion ebenso wie auf der unmittelbaren Anschauung, und nur wenn beide ineinander greifen, erlaubt das Mittel der Zeichen dem Menschen, der Welt erkennend und verstehend zu begegnen. Dies ist indessen eine lange bekannte Einsicht:

> „Unsere Natur bringt es so mit sich, daß die *Anschauung* niemals anders als *sinnlich* sein kann, d.i. nur die Art enthält, wie wir von Gegenständen affiziert werden. Dagegen ist das Vermögen, den Gegenstand sinnlicher Anschauung zu *denken*, der *Verstand*. Keine dieser Eigenschaften ist der anderen vorzuziehen. Ohne Sinnlichkeit würde uns kein Gegenstand gegeben, und ohne Verstand keiner gedacht werden. Gedanken ohne Inhalt sind leer, Anschauungen ohne Begriffe sind blind." (Kant 1995a, 101)

8.2 Das diskursive Moment des Lernens: Argumentieren

Erinnern wir uns des Aristotelischen Diktums: Wir lernen, indem wir tun, was wir lernen wollen. Begeben wir uns also in die Welt jener subjektiv erlebten Einsichten und Erkenntnisse, die wir uns durch den Umgang mit den *sprachlichen Zeichen* verschaffen (mit den bildlichen Zeichen beschäftige ich mich dann in 8.3) und betrachten wir genauer, was wir tun, wenn wir die Welt in abstrakten Begriffen reflektieren und die Strukturen dieses Tuns dabei lernend inkorporieren. Wir treffen hier abermals auf ein Beispiel für das Phänomen der Vorgängigkeit der objektiven Welt und der damit verbundenen Eröffnung und Begrenzung der Entfaltung menschlicher Subjektivität: Zunächst müssen wir die in unserer Kultur bereits vorhandenen sprachlichen Zeichen aufgreifen, um das in ihnen gespeicherte Wissen nachzuvollziehen, man könnte auch sagen: die durch ihre Verwendung ermöglichten Erfahrungen *selbst noch einmal machen.*

Das erste und wichtigste sprachliche Artefaktsystem ist unsere Erstsprache. Wir eignen sie uns an, *indem* wir uns im sprachlichen Umgang mit Sachbüchern, Liebesbriefen, Vorträgen, Fahrplänen, Gebrauchsanleitungen etc. jene *Erfahrungen* zu organisieren beginnen, die uns das in all diesen Sprachgebilden aufbewahrte Wissen subjektiv vermitteln. Zwar finden diese Erfahrungen nun in der *virtuellen* Welt der Symbole statt, durch die in ihnen angelegten Verweisungen auf frühere *reelle* Erfahrungen (s.o.) haben sie aber einen jeweils mehr oder minder realistischen Bezug zur wirklichen Welt und wir können daher – im besten Falle – *auch über diese* entsprechende Erkenntnisse gewinnen.

Wie lässt sich die Entstehung solcher Erkenntnisse vorstellen? Was tun wir, wenn wir bereits entwickelte sprachliche Artefakte aufgreifen, um an dem in ihnen aufbewahrten Wissen zu partizipieren? Denken wir als Beispiele an die Erklärung der Menschenrechte, die Formel für Schwefelsäure oder die Anzahl der Menschen, die auf der Erde leben. Wie lässt sich so etwas gemäß der Überlegung des Aristoteles *tun*? Die einfachste Form eines solchen Tuns wäre das *Aussagen*: „Die Grundform des diskursiven Erkennens ist das Urteil, in dem wir etwas von etwas denken und etwas über etwas aussagen. … Unser Wissen hat die logische Form der Prädikation." (Koch 2008, 65) Ein erstes mögliches Lernen könnte also darin bestehen, bestimmte Aussagen so oft zu wiederholen, bis wir sie mental behalten.

Nun folgen wir ja der Absicht, uns im denkenden Umgang mit den Artefakten *Erfahrungen, Einsichten* und *Erkenntnisse* zu verschaffen. Eine bloße *Aussage* ist dazu aber noch keineswegs ausreichend. Sie impliziert ja noch keine verlässliche Sicherung ihrer Nachvollziehbarkeit, Relevanz oder Wahrheit. Die einfache Prädikation enthält also erst einen initialen Keim einer sprachlichen Erkenntnis, sie ist sozusagen *latent reflexiv*: Durch sie wird eine Bezugnahme auf die Welt lediglich als Artefakt fixiert, dies ermöglicht aber nun, provoziert sogar gewissermaßen, auf sie wieder ‚zurückzukommen'.

Erst ein solches erneutes ‚Sich-Zurückwenden' auf die Aussage ermöglicht eine kritische Prüfung ihrer Qualität. Wir *wenden* uns auf sie *zurück* (re=flectere), um sie noch einmal und immer wieder zu *durchlaufen* (dis=currere). Dabei versuchen wir, die Relationen ihrer einzelnen Elemente zueinander zu eruieren, herauszubekommen, worin jeweils Ursachen und Wirkungen bestehen, welche Konsequenzen sich aus dem Zusammenwirken welcher Einflüsse ergeben, welche Alternativen zum Gegebenen unter welchen Bedingungen möglich wären und vieles mehr. Es ließe sich dann etwa fragen, *wodurch* die Menschenrechte *begründet werden können*, *was es bedeutet*, dass die Formel für Schwefelsäure H_2SO_4 lautet und wie sich die lapidare Zahl der Erdenbewohner *in einen verständigen Zusammenhang* mit umfassenderem Wissen über den Planeten und seine Bewohner bringen lässt. Im Verfolgen solcher Fragen wäre erst ein wirklich sinnstiftendes Lernen möglich. Wie lässt sich das Verfolgen solcher Fragen genauer beschreiben?

Der Hamburger Soziologe Max Miller nähert sich dem menschlichen Lernen von vornherein über die Annahme, dass es „Handlungsprobleme" (1986, 10) sind, die seinen Ausgangspunkt bilden und wie seine Darstellung deutlich macht, ist die lernende Bezugnahme auf die Welt keine *solipsistische* Angelegenheit: Nur wo es darum ginge, „kollektive Lösungen für interindividuelle Koordinationsprobleme zu entwickeln, kann (wenn überhaupt) sinnvollerweise angenommen werden, daß durch sie grundlegende Lernprozesse ausgelöst werden können" (1986, 23).

Lernen diene also nicht bloß einer individuellen Veränderung, sondern der in unserer Lebensführung existentiell notwendigen Kooperation mit anderen Menschen. Wir seien gezwungen, unsere Auffassungen über die Welt mit ihnen abzustimmen und unsere Fragen an die Welt zu klären, *indem wir uns über sie verständigen*. Man kann dies auch *Begründen* oder *Argumentieren* nennen: „Nur *ein* sozialer bzw. kommunikativer Handlungstyp scheint diese Bedingung zu erfüllen, und dies ist der *kollektive Diskurs* oder, um einen etwas genaueren Terminus zu verwenden, die *kollektive Argumentation*" (ebd.). Im Argumentieren gewinnt das Prädizieren seine *manifest* reflexive Form: Die einzelnen Aussagen stehen hier nicht mehr selbstgenügsam ‚im Raum', sondern verbinden sich zu einem nachvollziehbaren Sinnzusammenhang, der die angesprochene Plausibilität, Überzeugung und damit mögliche Akzeptanz durch die Denkenden oder im sozialen Kontext Sprechenden herbeiführt.

Nun ist zwar offensichtlich, dass wir auch *ganz alleine* reflektieren können, doch auch wenn wir in völliger Abgeschiedenheit denken, sind uns andere Menschen als imaginierte mögliche Sekundanten oder Kritiker immer gegenwärtig. Wie wir in unserem Denken die materialen *Artefakte* mental vergegenwärtigen, holen wir bei Bedarf auch die (tatsächlich erlebten oder denkbar möglichen) *Interaktionen* (die sich wiederum bestimmter Artefakte bedienen) in Form von Vorstellungen in unser mentales Geschehen herein: Was wir auch erwägen, wir erwägen es in einem *inneren Sprechen*, befinden uns also – wenn auch nur in Gedanken – in Verständigung mit einem oder mehreren, mit bekannten oder erfundenen, mit zustimmenden oder widersprechenden Personen.

Intuitive Orientierungen, inzidentelle Lernvorgänge o.Ä. scheinen in Millers Konzept nicht auf. Er schränkt jedoch auch gleich von sich aus den Geltungsbereich seiner Auffassungen zum ‚kollektiven Lernen' ein. So möchte er nicht behaupten, „daß eine Theorie des kollektiven Lernens die Entwicklung von Sprache, Kognition und Moral umfassend und erschöpfend erklären kann" (1986, 12). Damit entzieht sich Miller zwar dem möglichen Vorwurf, einer reduktionistischen Theorie des Lernens anzuhängen, er beschneidet damit aber zugleich die Möglichkeit erheblich, ein Gesamtverständnis des menschlichen Lernens durch sein Konzept zu begründen. Ich erwähne es dennoch, weil Miller wie wenige Autoren das *Argumentieren* so nachdrücklich als Medium des Lernens herausstellt.

Wie lässt sich nun die spezifische Logik des Argumentierens beschreiben? Jürgen Habermas hat sich im Rahmen seiner *Theorie des kommunikativen Handelns* an prominenter Stelle damit beschäftigt, was es heißt, vernünftig zu denken und dadurch *begründete Überzeugungen zu gewinnen*. Seine diesbezüglichen Überlegungen erheben nicht den Anspruch, selbst eine Lerntheorie zu sein, beschreiben jedoch präzise, worin die Spezifik jener Praktiken besteht, die zur *Aneignung* von Überzeugungen und Haltungen führt. Unter diesem Gesichtspunkt stellt er seine Konzeption ausdrücklich in den Zusammenhang des Lernens:

> „Rationale Äußerungen sind aufgrund ihrer Kritisierbarkeit auch verbesserungsfähig: wir können fehlgeschlagene Versuche korrigieren, wenn es gelingt, die Fehler, die uns unterlaufen, zu identifizieren. Das Konzept der Begründung ist mit dem des Lernens verwoben. Auch für Lernprozesse spielt die Argumentation eine wichtige Rolle." (Habermas 1987a, 39)

Das Habermassche Rationalitätskonzept kommt meiner bisherigen Darstellung auch dadurch entgegen, dass er die menschliche Rationalität nicht auf Substanzen oder Zustände zurückführt, sondern als *aktives Tun* konzipiert: Grundlage der kommunikativen Entfaltung von Rationalität ist die *Erörterung* verallgemeinerter Geltungsansprüche im *Diskurs*. Ein solcher wird dadurch eröffnet, dass ein Sprecher eine von ihm als sinnvoll erachtete Vorstellung äußert, die im Rahmen einer „reflexiv gewendete[n] Fortsetzung verständigungsorientierten Handelns mit anderen Mitteln" (Habermas 1987a, 48) die Geltung einer Auffassung über etwas in der Welt begründen oder widerlegen soll. Argumentieren bedeutet also Handeln *im Medium der Sprache*.

Betrachten wir genauer, worin die Logik eines solchen Argumentierens besteht: Im Diskurs stellt der Argumentierende fünf unterschiedliche Weltbezüge her und verfolgt fünf ihnen jeweils zugeordnete Fragestellungen (vgl. auch Tab. 4): (1) einen zur *objektiven* Welt der *Tatsachen* (Was ist der Fall?), (2) einen zur *sozialen* Welt der *Handlungsnormen* (Was soll geschehen?) und (3) einen zur *subjektiven* Welt seiner inneren *Erlebnisse* (Was bewegt mich?). Dabei sind ihm (1) *wahre* Aussagen über Gegebenheiten bzw. diesen Rechnung tragende *wirksame* Handlungen, (2) moralisch *richtige* Aussagen über Handlungsgrundsätze und (3) *wahrhaftige* Aussagen über seine eigenen Absichten möglich. Diese ersten drei Weltbezüge entsprechen dem klassischen Kanon des Wahren, Guten und Schönen. Mit der Notwendigkeit des kooperativen Handelns in der Welt sind sie dergestalt verknüpft, dass nur auf der Basis (1) einer (ausreichend) *zutreffenden* Auffassung über die *objektiven* Komponenten der Handlungssituation, (2) einer für alle Beteiligten (ausreichend) *legitimen* Festlegung der *Handlungsziele* und interpersonalen *Beziehungen* und (3) einer (ausreichend) *aufrichtigen* Bekanntgabe der persönlichen *Intentionen* sinnvolles kooperatives Handeln in der Welt möglich ist. Diese Voraussetzung gilt zumindest so lange, als die Kooperation nicht durch die Ausübung von Zwang bewerkstelligt werden soll. Zusätzlich ermöglicht die Kommunikation einen Austausch (4) über die *Nachvollziehbarkeit* der je subjektiven *Wertstandards* und setzt (5) die *Verständlichkeit* der ausgetauschten *Mitteilungen* voraus (vgl. 1987a, 34ff).

Tab. 4: Argumentativ herstellbare Weltbezüge (vgl. Habermas 1987a, 45)

Themen	Logik der Thematisierung	Geltungsansprüche
Tatsachen	kognitiv-instrumentell	Wahrheit propositionaler Äußerungen
Normen	moralisch-praktisch	Richtigkeit normativer Äußerungen
Erlebnisse	performativ	Wahrhaftigkeit expressiver Äußerungen
Werte	evaluativ	Angemessenheit von Vorlieben/ Abneigungen
Verständlichkeit	–	Wohlgeformtheit symbolischer Konstrukte

Für seine Aussagen beansprucht der Argumentierende *Geltung* und relativiert diesen Anspruch zugleich an der Möglichkeit, dass seine Aussagen begründet bestritten werden. Menschliche Kommunikation hat ihre elementare Funktion in der Prüfung solcher Geltungsansprüche durch Rede und Gegenrede und der dadurch möglichen rationalen Handlungsorientierung in der Welt: Der gemeinsame Bezug auf allgemeine Kriterien ermöglicht, worauf Argumentation ihrer Intention nach gerichtet ist: den *Konsens* der am Diskurs Teilnehmenden. Dieser Konsens entsteht kraft jenes „eigentümlich zwanglosen Zwang(s) des besseren Argumentes" (1987a, 47), also jener Dynamik der *Überzeugung*, die durch die mögliche Einsicht in sinnvolle Begründungen hergestellt wird. Diese Überzeugung ist es auch, die die Annahme einer veränderten Sicht auf Gegebenheiten und ihre Qualitäten und Zusammenhänge, also *neues Wissen* und damit *Lernen* ermöglicht. In faktischen Argumentationen wird dieser Konsens wohl häufig ausbleiben, aber auch dort, wo er *nicht* erreicht werden kann, bestimmt er die Logik des Vorbringens, Kritisierens, Modifizierens und Akzeptierens von Geltungsansprüchen gleichsam als ‚Fluchtpunkt' der Auseinandersetzung.

Ich habe weiter oben davon gesprochen, dass wir in unseren gedanklichen Klärungsversuchen, auch wenn wir sie in sozialer Abgeschiedenheit vollziehen, eine *Auseinandersetzung* mit einem *virtuellen Gegenüber* austragen. Habermas erweitert diese Überlegung zu einer systematischen Rekonstruktion der logischen Möglichkeitsbedingungen des Argumentierens: Wann immer wir für unsere Überzeugungen Gründe angeben, so versuchen wir, „ein universales Auditorium zu überzeugen und für eine Äußerung allgemeine Zustimmung zu erreichen". (1987a, 49) Die Intuition, die unser Argumentieren aus innerer Notwendigkeit leitet, besteht in der Vorstellung eines unsere Argumente prüfenden Publikums. Dabei ist in diesem Publikum *jede denkbare* argumentative Position repräsentiert. Es handelt sich also um die fiktive Menge *aller* Personen, die gegenüber einer von mir geäußerten Auffassung Einwände oder Zustimmung äußern *könnten*.

Das universale Auditorium ist sozusagen die Generalversammlung aller vorstellbaren Diskursteilnehmer, die natürlich unter keinen denkbaren Umständen tatsächlich einberufen werden kann. Der tiefere Sinn des Denkmodells besteht aber auch nur darin, dass wir im diskursiven Reflektieren keine Vorbringungen geltend machen können, die bloß für ein *begrenztes Publikum* zustimmungsfähig sind, sondern solche, gegen die *schlechthin niemand* etwas überzeugend vorbringen könnte. Die Zustimmung unseres Freundeskreises, unseres ‚Biertisches‘, unserer ‚Inländer‘ etc., die vielleicht schnell geneigt sind, uns Zustimmung zu gewähren, wäre dagegen keine *ausreichend verlässliche* Prüfung unserer Äußerungen.

Das Verfahren ist natürlich durch unsere Fähigkeit begrenzt, uns entsprechend unterschiedliche und intelligente Einsprüche überhaupt vorzustellen. Das bedeutet aber lediglich, dass Argumente eben immer nur relativ und transitorisch so etwas wie Wahrheit repräsentieren können – nämlich genau bis zum ersten vorstellbaren argumentativ zwingenden Einwand. Und es bedeutet auch, dass die Anerkennung einer Behauptung als einer Wahrheit gar nicht anders zustande kommen kann als dadurch, dass es jemandem gelingt, uns, oder es uns gelingt, jemanden von ihr zu überzeugen.

Ich illustriere die Logik des universalen Auditoriums auch noch am zweiten, dem *normativen* oder *praktischen* Argumentationstypus: Habermas zeigt, dass eine Handlungsregel nur *universale* Zustimmung erhalten kann, wenn sie ihre Materie so regelt, dass die Interessen aller möglicherweise von ihr Betroffenen gewahrt sind, denn: „Handlungsnormen treten für ihren Geltungsbereich mit dem Anspruch auf, im Hinblick auf eine jeweils regelungsbedürftige Materie ein *allen* Betroffenen *gemeinsames* Interesse auszudrücken und darum allgemeine Anerkennung zu *verdienen*“ (1987a, 40), weswegen sie „grundsätzlich auch die rational motivierte Zustimmung aller Betroffenen finden können“ müssten (ebd.). Für die Norm: ‚Du sollst nicht töten‘ trifft dies offensichtlich zu, für die Norm ‚Man darf nur die Bewohner des feindlichen Territoriums töten‘ ganz offensichtlich nicht, denn selbstverständlich sind auch diese im *universalen* Auditorium (es ist eben kein *partikulares*) vertreten. Habermas reaktualisiert hier offensichtlich das von Kant aufgestellte Grundgesetz der praktischen Vernunft, welches lautet: „Handle so, daß die Maxime deines Willens jederzeit zugleich als Princip einer allgemeinen Gesetzgebung gelten könnte.“ (Kant 1995b, 310)

Ganz anders verhält es sich bei Materien, die durch *Argumente* gar nicht erfasst werden können. Im Gegensatz zur Beweisführungsmöglichkeit nämlich, die der propositionale (1), der normative (2), aber auch der symbolkritische Typus (5) eröffnet, kann über expressive (3) und evaluative Aussagen (4) kein Diskurs i.e.S. eröffnet werden, da sie auf eine *subjektive* Weltbeziehung abstellen. Dennoch lassen sich zu beiden *rationale Stellungnahmen* vorbringen: Zum einen kann die Wahrhaftigkeit einer *Selbstbekundung* (3) mit beobachtbaren Gegebenheiten und Ereignissen mehr oder weniger weitgehend in Einklang stehen. Wenn etwa die Bekundung ‚Ich liebe dich‘ in ein Spannungsverhältnis zu einem als lieblos erfahrbaren faktischen Verhalten tritt, so lässt sich dadurch ein Zweifeln an der Authentizität der Aussage begründen. Da jedoch sowohl die Beweggründe des bekundenden Sprechers von außen nicht einsichtig, als auch die Lieblosigkeit seines Verhaltens allein subjektiv feststellbar sind, ergibt sich keine Möglichkeit einer zwingenden Beweisführung. Zum anderen entziehen sich persönliche *Vorlieben* oder *Abneigungen* (4) einer intersubjektiven Nachweisbarkeit. So ließe sich etwa (mit hoher Zustimmungswahrscheinlichkeit) behaupten, dass das Würzen einer Schwarzwälder Kirschtorte mit Knoblauchsauce zu einem kulinarisch abstoßenden Produkt führe. Da die subjektive Wertorientierung aber gar nicht den Anspruch erhebt, sich einem universalen Urteil zu stellen, sondern lediglich das persönliche Verhältnis zu einer Materie ausdrückt, haben auch diesbezügliche Vorbringungen keine Beweiskraft.

Warum wird das Argumentieren nicht von einem Bedürfnis geleitet, sich im Reden *einfach durchzusetzen?* Natürlich wird es im Alltag häufig vorkommen, dass wir jemanden dazu drängen wollen, unsere Meinung als die richtige anzunehmen. Soferne dies aber zur leitenden Absicht wird, handelt es sich für Habermas um kein Argumentieren mehr. Das Ziel des Diskurses ist die Wahrheitsfindung *gemeinsam mit* Anderen, nicht die bloße Durchsetzung von Auffassungen *gegen* Andere. Ginge es lediglich um das faktische Erreichen von Zustimmung, so wäre das Sprechen lediglich *zweckrational* angelegt. Notwendig wäre dazu nur die Identifizierung einer *effektiven Zweck-Mittel-Konstellation.* Habermas würde dann nicht von *kommunikativem,* sondern von *strategischem* Handeln sprechen und dessen Logik wäre dem propositionalen Weltbezug und seinem *objektiven* Blick auf *Tatsachen* zuzuordnen. Der Erfolg *dieses* Handelns liegt nicht in einer möglichst vollständigen Vergegenwärtigung von etwas in der Welt, sondern in „der indirekten Einflußnahme auf die Entscheidungen eines konkurrierenden Gegenspielers." (Habermas 1989, 277) Seine Logik besteht darin, dass „ein sozialer Zusammenhang wie ein kausaler interpretiert und soziale Normen als soziale Fakten in den objektiven Weltbezug der Tatsachen eingemeindet werden" (ebd.). Der andere Argumentierende ist dann kein die Wahrheit *Mitsuchender,* sondern ein den eigenen Interessen im Wege stehender *Gegner* und dieser wird behandelt, wie ein objektives Faktum, das erfolgreich unter Kontrolle gebracht werden soll.

Um vorstellbar zu machen, wie der Vorgang des Stellens und Überprüfens von Geltungsansprüchen gegenüber Formen diskursfeindlicher Einflüsse abgesichert werden kann, entwirft Habermas zuletzt das Szenario einer *idealen Sprechsituation,* „in der Kommunikationen nicht nur nicht durch äußere kontingente Einwirkungen, sondern auch nicht durch Zwänge behindert werden, die sich aus der Struktur der Kommunikation selbst ergeben." (1984, 177) Dies sei dann gegeben, „wenn für alle Diskursteilnehmer eine symmetrische Verteilung der Chancen, Sprechakte zu wählen und auszuführen, gegeben ist." (1984, 177) Aus dieser Forderung leitet Habermas ab, dass kein Teilnehmer eines Diskurses eine *Vorrangstellung* bezüglich seiner Möglichkeiten haben darf, Diskurse zu eröffnen, argumentativ zu führen, dabei seine Ambitionen auszudrücken und die Einhaltung von Normen einzufordern (vgl. ebd.).

Es ist offensichtlich, dass die ideale Sprechsituation nicht umstandslos empirisch angetroffen werden kann. Sie lässt sich aber auch nicht einfach missachten, denn sie ist weder „ein empirisches Phänomen noch bloßes Konstrukt, sondern eine in Diskursen unvermeidliche, reziprok vorgenommene Unterstellung" (1984, 180), sie „kann, sie muß nicht kontrafaktisch sein; aber auch wenn sie kontrafaktisch gemacht wird, ist sie eine im Kommunikationsvorgang operativ wirksame Fiktion" (ebd.). Es macht eben einfach keinen Sinn, zu argumentieren, wenn man nicht davon ausgeht, dass ihre Regeln anerkannt und befolgt werden und wie der zwanglose Zwang des Arguments drängen sie sich einem Gegenüber geradezu auf, sobald man ihn mit stimmigen Argumenten konfrontiert.

Habermas beschreibt hier also detailliert, nach welchen Gesetzmäßigkeiten menschliche Akteure ihr Selbst- und Weltverhältnis immer wieder aufs Neue prüfen, korrigieren und erweitern, also *lernen*. Dabei wird unzweideutig sichtbar: Lernen durch Argumentieren bildet eine außerordentlich komplexe Strategie der Herstellung unseres Welt- und Selbstbezuges. Ihre Grundlage bildet zunächst die Fähigkeit der korrekten Sprachverwendung, also des regelgerechten Umgangs mit dem sprachlichen Artefaktsystem. Auch diese Fähigkeit muss durch Lernen erworben werden und auch hier gilt wieder: Es muss *praktisch ausgeführt* werden, was gelernt werden soll. Im frühesten Stadium beginnt ein Kind daher zunächst damit, das Sprechen der Erwachsenen auf der Grundlage bloßer ‚Miterregung' nachzuahmen (siehe 6.2). Von einer solchen bloß formalen Imitation *akustischer Ereignisse* schreitet es dann voran zu deren Koppelung mit bestimmten konstanten *Bedeutungen*. Es lernt etwa, die Lautfolge *Mama* mit der Person seiner Mutter in Verbindung zu bringen.
Eine sinnvolle Sprachbeherrschung ist damit noch keineswegs erreicht. Solange das Kind nicht realisiert, dass das Wort *Mama* keine Bezeichnung für *diese eine Person* ist, sondern für *jede Person*, die das begriffliche Konzept einer Mutter erfüllt, also etwa auch für die Mutter eines anderen Kindes oder die Mutter der eigenen Mutter, hat es das Prinzip der sprachlichen Abstraktion nicht bewältigt und es wäre daher unsinnig zu sagen, es würde bereits über Sprachfähigkeit verfügen. Dieser Sachverhalt bleibt häufig übersehen, wenn etwa behauptet wird, dass manche Tiere der Sprachverwendung mächtig wären, nur weil es in dem einen oder anderen Experiment gelingt, intelligenten Primaten, Delphinen oder auch (weniger intelligenten) Papageien bestimmte Reiz-Reaktions-Verknüpfungen zwischen Objekten und Lautfolgen anzutrainieren.
Das Kind muss also zur Abstraktion und Verallgemeinerung der sprachlichen Bedeutungen, also zur Ausbildung von *Begriffen* vorankommen. Zur Erklärung dieses Aneignungs- und ihn unterstützenden Vermittlungsgeschehens darf man nun keinesfalls *sprachliche Verständigungsprozesse* heranziehen (auch wenn diese etwa von geduldigen Eltern immer wieder versucht werden), denn die Sprache, deren Gebrauch *gerade erst erlernt* werden soll, steht ja aus genau diesem Grund *noch nicht zur Verfü-*

gung. Wir müssen also Ermöglichungsbedingungen des Sprach- und Sprechverstehens identifizieren, die *vor* dessen Konsolidierung bereits realisierbar sind.

Wir finden sie im sukzessiven Durchgang durch *praktische Erfahrungen* mit Artefakten, zunächst mit deren erster Form: den dinglich-praktischen Begriffen, wie ich sie weiter oben etwa am Löffel-Beispiel demonstriert habe (siehe 7.2). Das Kind lässt sich (unter den ebendort erörterten sachlichen und motivationalen Bedingungen) darauf ein, dem Beispiel der Eltern zu folgen und den Löffel – oder hier nun: die Worte, Sätze, grammatischen Formen – selbst vorbildgemäß einzusetzen und *erfährt* dabei die bedürfnisgerechteren Wirkungen der sachgerechten gegenüber einer willkürlichen Verwendung. In weiterer Folge erkennt das Kind durch eigene Herstellungsbemühungen das Prinzip der zweckdienlichen Hergestelltheit des Löffels, der sprachlichen Ausdrucksmittel ebenso wie jenes aller anderen Artefakte.

Das Kind erhält also nicht einfach eine bloße *Information* darüber, dass es Zeichen gibt und worin im einzelnen ihre Bedeutung besteht. Dies wäre weder ausreichend, um eine ausreichende Lernmotivation zu mobilisieren, noch um das Prinzip der argumentativen Symbolverwendung inhaltlich erschließbar zu machen. Wie schon das Probieren, das Nachahmen anderer Menschen und das Handhaben von Dingen lernen wir auch das Verwenden von Zeichen im Kontext der Bewältigung ihrer praktischen Verwendung, indem sie sich *als zweckdienlich erweisen* bzw. *herstellen lassen.* Wir haben ihren Sinn erst verstanden, wenn wir *durch eigenes Tun erfahren* haben, dass und in welcher Weise sie als Mittel eines bedürfnisgerechten Daseins in der Welt eingesetzt und produziert werden können.

Damit kann wieder vor sich gehen, was jedem Lernen zugrunde liegt: Durch nachhaltige Wiederholung inkorporiert das Kind jene Praktiken, die dem als erfolgreich erlebten Umgang mit dem Löffel, mit der Sprache, mit der gesamten kulturellen Welt zugrunde liegt. So kann die Fähigkeit der Sprachverwendung entstehen, ohne dass sie durch sprachliche Unterstützungsakte vermittelt werden müsste. Das Kind lernt *praktisch sprechen,* zunächst also „ganz ohne Grammatik. ... Es lernt deutsch sprechen und kann nicht sagen, dass es vier Kasus gibt, und dennoch gebraucht es sie mehr oder weniger richtig." (Waldenfels 2000, 170)

Ist die Fähigkeit des Sprechens erst einmal entwickelt, so kann sie sich *im Nachgang* auch auf sich selbst beziehen. Ein sprachmächtiger Mensch weiß im allgemeinen, was er tut, wenn er spricht, was also dieses Sprechen bedeutet, das er sprechend vollzieht, und er kann die Gesetzmäßigkeiten der Sprache auch denkend einordnen. Dies muss ihn nicht unbedingt zu einer elaborierten Theorie des Kasus führen, auch wer sich nur denkt: Mein letzter Satz hat irgendwie fehlerhaft geklungen, reflektiert ihn bereits.

Für das *Argumentieren* scheint sich hier nun eine grundlegende Änderung abzuzeichnen. Da es eine Spezifizierung des Sprechens darstellt, können wir die Beherrschung des Sprechens ja aus logischen Gründen bereits voraussetzen. Können wir dann also dem *sprachlos-praktischen* Erfahrungmachen nicht doch eine zusätzliche *sprachlich-reflexive* Steuerung des Lernvorgangs zur Seite stellen?

Betrachten wir seine notwendigen Komponenten ein wenig genauer: Zunächst beruht die Aneignung des Argumentierens (wie die jedes Könnens) auf dem bereits bekannten Grundvorgang: Das Kind *erfährt imitierend-probierend*, dass bestimmte Weisen der Artikulation von Geltungsansprüchen mehr oder weniger erfolgreich sind, dass sie also mehr oder weniger dazu geeignet sind, andere Menschen zu bestimmten Kooperationsaktivitäten zu veranlassen. Es begreift so mit der Zeit, dass es die anderen Menschen *überzeugen*, seine *Zeichenverwendung also so anlegen* muss, dass es diesen anderen Menschen dadurch die selbe *Einsicht* in die thematisierten Zusammenhänge *offenbart*, wie sich selbst.

Dazu muss das Kind die Logik dieses Überzeugens nicht in sprachlichen Formen fassen können, es muss also nicht erläutern können, worin die Logik des Argumentierens besteht. Das wäre ja auch schon deshalb eine weit überzogene Anforderung, da selbst die Philosophie und die Wissenschaften sich lange an einer solchen Erklärung (wie ich sie weiter oben vorgestellt habe) abgemüht haben. Es gilt also zunächst für das Argumentieren, was für jedes zu erlernende Können genügt: Man muss *tun*, was man *lernen* möchte.

Da wir ein Mindestmaß an Sprachbeherrschung bereits unterstellen können, ließe sich nun vermuten, dass in das probierende praktische Argumentieren auch bereits Impulse *reflexiver Qualität* einfließen. Mehr noch: Gemäß meinen bisherigen Ausführungen ist es ja ab dem Moment, an dem das Sprechen erlernt *wurde*, genau genommen gar nicht vorstellbar, dass weiteres Lernen *ohne jede* sprachliche Bezugnahme auskommt (siehe 1.1, 2.3). Schon alleine die *sprachliche Kategorisierung unseres Tuns* konstituiert ja eine reflexive Rahmung des Probierens. Es ist eben ein Unterschied, ob der Schimpanse das Fahrradfahren bloß *imitierend* probiert oder ein Mensch *weiß*, dass *es Fahrradfahren ist*, was er probiert.

Dabei muss das Niveau einer solchen kategorialen Erschlossenheit, also Reflexivität des Handelns keinesfalls den Ansprüchen einer *elaborierten Theorie* des jeweiligen Artefaktgebrauchs genügen. So gelingt etwa Radfahrern das Halten des Gleichgewichts,

> „indem sie jeden auftretenden Neigungswinkel kompensieren durch eine Lenkbewegung in die Richtung des Ungleichgewichts, die eine die Wirkung der Schwerkraft aufhebende Zentrifugalkraft auslöst, wobei der Radius, der mit der Lenkbewegung beschriebenen Kurve dem Quadrat der Geschwindigkeit dividiert durch den Neigungswinkel entsprechen muss." (Neuweg 1999, 107)

Kaum jemand, der Radfahren *kann*, ist in der Lage, über diese Gesetzmäßigkeit *Auskunft zu geben,* und niemand könnte Radfahren lernen, indem er versuchen würde, ihr absichtsvoll zu entsprechen. Dennoch bedeutet dies nicht, dass Radfahren *ohne jede* reflexive Bezugnahme auf das Fahrrad, das Lenken, die zu beachtenden Verkehrsregeln etc. gelernt wird. Alleine ein Hinweis wie etwa: ‚Das ist ein

Fahrrad' oder ‚Du musst da in die Pedale treten', beansprucht ja schon ein *Wissen um* den angemessenen Umgang mit einem Ding ‚dieser Art'.

Das bloße Halten des Gleichgewichts bildet dabei lediglich ein untergeordnetes Teilmoment des Radfahrens *als kulturell vermittelter Tätigkeit.* Ein Mensch lernt nicht, sein Gleichgewicht *lediglich zu halten* (wie der Schimpanse), sondern *Radfahren* und das Gleichgewichthalten wird dabei als unselbständiger Teil des letzteren *mitgelernt.* Selbstverständlich könnte ein Mensch das Balancieren auch ohne Fahrrad lernen, dann aber stünde es wieder in einem (nun eben anderen) kulturellen und damit sprachlich vermittelten Kontext (etwa des Seiltanzens, des Geräteturnens, des Bergsteigens oder auch eines wiederum *sprachlich-ausdrücklich* von allen Verwendungszwecken frei gehaltenen ‚Balancierens um seiner selbst willen').

Umso mehr werden also auch in das imitierend-probierende *Argumentieren* entsprechende reflexive Impulse einfließen. Diese Feststellung trifft ebenso unabweisbar zu wie sie sich zugleich hervorragend für ein gravierendes Missverständnis eignet: Die *sprachliche Reflexion* des Argumentierens kommt nämlich nicht *zur praktischen Erfahrung* des Argumentierens *hinzu,* sondern bildet eine spezielle Form, die *diese selbst ausbildet.* Wie weiter oben schon ausgeführt, bedeutet Sprechen lediglich ein spezielles Arrangieren der Zeichen, das uns ganz bestimmte Einsichten gewährt, es kann aber niemals zum Steuerungsmechanismus seiner selbst werden. Das lernende Probieren verfügt über keine Symbole, in unseren Körper kann sich nichts einschreiben, als die sprachlosen Strukturmuster von vollzogenen Handlungen, die wir dann als *praktisches Können* anwenden können. Die sprachlich gewonnen Einsichten können uns lediglich dazu veranlassen, bestimmte Praktiken häufiger zu vollziehen als andere und sie damit einer bevorzugten Inkorporierung zuzuführen. Wir ‚üben' also am intensivsten, was sich am besten bewährt und auf diese Weise erfahren die *reflexiven* Erkenntnisse ihre *praktische* Materialisierung.

Das Kind versucht, mit Lügen, Befehlen oder trotzigem Gebrüll etwas zu bekommen und wird damit nicht erfolgreich sein. Die sozialen Widerstände, auf die es trifft, werden wohl auch in der einen oder anderen Form *sprachlich* ausgedrückt, begleitet oder erläutert werden: *So* kriegst Du gar nichts. *Warum* willst Du das haben? Das kann ich Dir aus diesem oder jenem *Grund* nicht geben. Das Kind beginnt zu verstehen, dass es seine Umgebung überzeugen muss, um zu seinem Ziel zu kommen und es sind die sprachlichen Äußerungen der anderen Menschen, also die von ihnen gewählten Zeichen-Arrangements, die diesen Zusammenhang eindeutig erkennen lassen. Dessen ungeachtet kann das Kind selbst nicht anders argumentieren lernen, als indem es *praktisch argumentiert.* Dabei arrangiert es nun seinerseits sprachliche Aussagen über die Welt in einer Weise, die es selbst und andere zur Zustimmung bewegt. Die sprachlich gewonnenen Einsichten, alle durch sie gewonnenen Erkenntnisse können also nicht anders in das Lernen einfließen, als über ihre Bewährung in ihrer *praktischen* Erprobung und Optimierung. Und sie können nicht anders behalten werden, als indem das Kind die erfolgreichen

Arrangements der Zeichengebilde in *praktischem* Argumentieren wieder und wieder reproduziert und verkörpert.

Argumentieren lernen wir also, indem wir Argumentationen selbst ausführen, dabei ihre erfolgreichen Versionen ermitteln, diese wiederholen und uns einprägen. Die Resultate des lernenden Argumentierens sedimentieren dabei wieder als ganzheitliche raumzeitlich angeordnete Bedeutungsstrukturen (siehe 5.2), in welchen die *ausdrücklichen* Bedeutungen der Zeichengestalten mit den *praktischen* Bedeutungen der mentalen und motorischen Akte zu einer einzigen Gesamterfahrung verschmelzen. Wie wir die *Vorbringungen anderer Menschen* als Prüfinstanz von Behauptungen in unser eigenes Denken implantieren (das ‚innere Sprechen‘) und wie wir uns im *Umgang mit materiellen Zweckgegenständen* diese als Erweiterungen unseres eigenen Körpers einverleiben (der ‚Stock des Blinden‘), so absorbieren wir dabei auch die *Zeichenartefakte* im Kontext der Praktiken unseres Umgangs mit ihnen in einer Weise, die sie uns zuletzt als ganz und gar ureigenster Ausdruck *unseres eigenen* Denkens erscheinen lassen.

Obwohl dieses argumentierende Lernen nun im Zeichen eines *fokalen Reflektierens* steht, kann es sich wieder um ein *inzidentelles* Lernen handeln, soferne die bewusste Absicht der Argumentierenden lediglich auf eine erfolgreiche Ausführung gemeinsamer Denkvorgänge gerichtet ist. Um ein *intentionales* Lernen handelt es sich dagegen erst, wenn dieses aktive Reflektieren auch die Prämissen, Verlaufsformen, Widersprüche etc. *des Argumentierens selbst* erfasst und zur Absicht weiter leitet, sie in eine den eigenen Bedürfnissen angemessenere Form zu bringen. Die Unterscheidung zwischen inzidentellem und intentionalem Lernen folgt also auch hier dem schon bekannten Prinzip: Ersteres ereignet sich dort, wo subjektiv lediglich *erfahrungsoffen gehandelt*, letzteres, wo *bewusst gelernt* wird.

Schließlich benötigen wir auch im Argumentieren das bereits früher skizzierte Zusammenwirken unserer *intentionalen Zuwendung* zu jeweils besonderen Problemstellungen und des *subsidiären Gewahrseins* eines darüber hinausgehenden Wissens, das diese Zuwendung einbettet und stützt. In der Praxis des Argumentierens können wir ja niemals die gesamte Choreografie unserer argumentierend entwickelten Weltzugänge fokussieren. Entschwände diese Choreografie unserem denkenden Vergegenwärtigen jedoch völlig, könnten wir sie also nicht argumentierend aufnehmen und berücksichtigen, bliebe unser Argumentieren auf den dürren Bestand unserer *in einem Augenblick* konzentriert erfassbaren Zusammenhänge beschränkt und unser Argumentieren käme nicht über Banalitäten hinaus.

Wir ‚laden‘ daher in Situationen des Überzeugenwollens unser Denken auf, indem wir sukzessive in uns selbst materialisierte Erfahrungen ‚durchgehen‘, indem wir uns mit anderen Menschen interaktiv ‚austauschen‘ und indem wir dingliche, bildliche und sprachliche Artefakte ‚aufgreifen‘, sie dabei also abwechselnd *fokussierend erfassen* oder ihrer *peripher gewahr bleiben*. Aus dem damit verfügbaren Fundus an aktiviertem und aktiv gehaltenem Wissen gewinnen wir dann die Bausteine unserer

Rede und Gegenrede, unserer Rückfragen und Antworten, unseres Widerspruchs und unserer Zustimmung.

Auch für das sprachliche Reflektieren lässt sich wieder eine Überlegung anstellen, die mich schon bei den drei vorangegangenen Funktionsaspekten des Lernens beschäftigt hat, jene nach den motivationalen Grundlagen nämlich, die ihnen in allgemeinerer Weise zugrundeliegen. Es war dort und ist hier wieder meine Absicht, die früher dargelegte Idee der *produktiven Bedürfnisse* (siehe 4.3) durch beispielhafte Konkretionen zu veranschaulichen. Ich möchte damit v.a. präsent halten, dass bei der Rekonstruktion aller Lernereignisse immer mitzudenken ist, in welcher Weise sie von konkret wirksamen *emotionalen Dispositionen* abhängig sind.

Was könnte nun ein allgemein fassbares Bedürfnis sein, das die Bereitschaft zu einem diskursiven Lernvorgang begründen kann? Aus meiner Sicht lässt sich hier eine Motivation veranschlagen, das namentlich die Philosophen als das konstituierende Motiv ihrer Disziplin anzusehen pflegen: das Bedürfnis, die Welt *zu verstehen* oder über sie *Erkenntnis zu gewinnen.* So hat etwa schon Aristoteles seine Metaphysik mit dem Satz begonnen: „Alle Menschen streben von Natur aus nach Wissen" (Aristoteles 2000, 17).

Dies wäre zunächst schon angesichts der Tatsache unmittelbar einleuchtend, dass nur auf dem Wege eines Verstehens der Welt und speziell der in ihr in unablässiger Verwendung befindlichen Artefaktsysteme eine einigermaßen selbstkontrollierte Lebensführung möglich wird. Man kann sich in die Gestaltung der Welt ja nur in dem Maße einmischen, in dem man ihre Logiken, Mechanismen und Gesetzmäßigkeiten durchschaut. An dieser Stelle ließen sich etwa auch noch einmal die Millerschen ‚Handlungsprobleme' ins Treffen führen (s.o.). Diese Überlegung erscheint mir so unmittelbar einleuchtend, dass ich davon absehe, auf die Suche nach detaillierteren wissenschaftlichen Bekräftigungen ihrer Triftigkeit zu gehen.

Man muss allerdings auch hier wieder bedenken, dass sich die *Erfahrung des Effekts* eines solchen Strebens erst im Nachgang einstellen kann. Es lässt sich also auch hier wieder vermuten, dass die ursprüngliche Veranlassung dazu auf genetische Disposition zurückzuführen ist. Die Sehnsucht nach Erkenntnis ist also ein geradezu idealtypisches *produktives Bedürfnis,* denn sie bewegt uns nicht in erster Linie deswegen, weil wir kalkulieren, dass es uns an verschiedenen Fronten der Realitätsbewältigung irgendwelche taktischen Vorteile bringt. Wir erleben es vielmehr als ganz *für sich selbst bestehendes* Glück, wenn es uns gelingt, der Welt ein Stück grundlegenden Verstehens abzuringen. Und auch hier scheint uns Aristoteles beipflichten zu wollen, der das Erkenntnisbedürfnis zunächst am Beispiel der Liebe zu den *Sinneswahrnehmungen* erläutert und dabei sogleich feststellt, dass diese „abgesehen vom Nutzen … *um ihrer selbst willen geliebt*" (ebd.; Hervorhebung B. H.) werden. Die grundlegende Bedeutung dieser Liebe kommt vielleicht am unmittelbarsten dadurch zum Ausdruck, dass das Streben nach Erkenntnis schon in der Gattungsbezeichnung des Menschen als *homo sapiens* zum Inbegriff des Menschlichen schlechthin erhoben wurde.

Dessen ungeachtet zeitigt die Befriedigung dieses Erkenntnisbedürfnisses *länger-fristig*, quasi ,auf Umwegen', auch erhebliche auf die pragmatischen Erfordernisse unseres Leben bezogene Vorteile: Sachwissen und das intellektuelle Vermögen, sich seiner zu bedienen, lassen sich ja auch im alltäglichen Handeln umsetzen und so wird ein Mensch, der viele Einsichten gewonnen und vielleicht sogar so etwas wie Weisheit entwickelt hat, wohl ein besseres Leben führen können, als ein orien-tierungsloser. Dies bestätigt noch einmal die Auffassung, dass die Funktion der *produktiven* Bedürfnisse ja auch genau darin besteht, die Befriedigung der *sinnlich-vitalen* langfristig abzusichern (siehe 4.3).

An dieser Stelle ist auch noch einmal zu bekräftigen, was ich schon an anderen Stellen hervorgehoben habe: Die von mir verschiedentlich so genannte ,biologische Vorsor-ge' für die Aktivierung der unterschiedlichen Funktionsaspekte des Lernens in Ge-stalt genetisch fixierter (jedoch in ihrem konkreten Weltbezug weitestgehend offener) Bedürfnisgrundlagen besteht nicht in *isolierten* Emotions*arten*, die sich dann etwa als Erkundungsbedürfnis (siehe 5.2), Anerkennungsbedürfnis (siehe 6.2), Wirkmächtig-keitsbedürfnis (siehe 7.2) und hier nun: Erkenntnisbedürfnis voneinander absondern ließen. Was ich hier lediglich aus darstellungstechnischen Gründen gesondert behan-dle, ist uns nicht in der Gestalt von distinkten Bereichen oder Aggregaten gegeben, die unabhängig voneinander bestehen wie unsere Gliedmaßen. Meine Rede von den Funktions*aspekten* soll eben gerade präsent halten, dass es sich bei ihnen um ge-meinsam wirkende Momente eines integralen Vorgangs handelt. Auch die genannten Bedürfnisgrundlagen bilden daher nur *einen* Wirkungszusammenhang, der die aktive Aufnahme der für unser Lernen und Leben unabdingbar notwendigen Aktivitäten gesamtheitlich initiiert, ermöglicht und kontinuierlich stimuliert.

8.3 Die Situiertheit des Handelns und Lernens in Bildern

Ich habe mich bei der Darstellung des zeichenvermittelten Handelns bis jetzt vor allem auf seine *sprachliche* Form konzentriert und diese spielt für das reflexive Den-ken des Menschen auch zweifellos eine herausragende Rolle. Damit habe ich vorerst die *bildhafte*, *ikonische* oder *ästhetische* Form noch weitgehend ausgespart. Das The-ma Ästhetik mag auf den ersten Blick ein randständiges Spezialphänomen anzeigen. Doch die Welt, in der wir leben, ist hermetisch durchsetzt von Bild-, Ton-, Raum- und Bewegungsgestalten, die unablässig unterschiedlichste Formen *inzidentellen* und *intentionalen Lernens* bei uns auslösen und unser Ich-Welt-Verhältnis vor sich her treiben und orientieren: nächtliche Großstadtkulissen, Kleidungsmoden, Web-seiten, Schmuckstücke, Werbespots, Open-Air-Konzerte, Plakatwände, Architek-turdenkmäler, Kinderlieder, Landkarten, Baupläne, Piktogramme, Kennmelodien, Kalender, Verkehrszeichen, Wohnräume und anderes mehr.

Worin besteht das Prinzip des Ästhetischen? Betrachten wir dazu als Beispiel das Bild *Erschießung der Aufständischen* von Francisco de Goya (vgl. Abb. 4). Wir haben hier nun keine argumentative Rekonstruktion vor uns, sondern eine unmittelbar anschauliche sinnlich wahrnehmbare Gesamtgestalt. Die Konfiguration, aus der sie besteht, ist von Goya gewählt worden, weil sie ihm die geeignetste erschien, das Gemeinte sinnlich-anschaulich auszudrücken. Zwingend ist die Darstellung für uns als Rezipienten in ihrem Ausdruck daher nicht aufgrund überzeugender sprachlicher Begründung (eine solche kommt hier ja gar nicht vor), sondern aufgrund der *Stimmigkeit der spontanen Erfahrung*, die sie uns vermittelt. Wir mögen (sprachlich) davon informiert sein, dass es sich hier um die Armee Napoleons und um spanische Patrioten handelt, aber das alles bildet nur *einen* Aspekt des Werkes. Die *ästhetische* Bedeutung des Werkes, sein *Ausdruck*, entsteht durch die Farben, Formen, Schatten, Bewegungen, durch die verzweifelte Geste des zentral abgebildeten Aufständischen, durch die aggressive Dynamik der Gewehrläufe, die sich gegen seine Brust richten, durch die gepenstische Anonymität der Soldaten im Kontrast zu den personalisierten schreckgeweiteten Gesichtern der Delinquenten. Diese Gestaltungsmomente machen uns *leiblich spüren*, geben uns einen *sinnlichen Begriff* davon, was militärischer Terror bedeutet.

Abb. 4: Francisco de Goya: Erschießung der Aufständischen. Quelle: https://es.wikipedia.org/wiki/
Francisco_de_Goya#/media/File:El_Tres_de_Mayo,_by_Francisco_de_Goya,_from_Prado_
in_Google_Earth.jpg (Zugriff am 27.10.2015)

Ikonische Artefakte finden sich aber auch in ganz alltäglichen Vorkommnissen: Wenn ich meine neue Kücheneinrichtung plane und mir zu diesem Zweck einen bebilderten Küchenkatalog anschaue, wenn ich beim Einkaufen im Supermarkt von musikalischen Klangtapeten eingekreist werde oder wenn ich am Flughafen den zur Orientierung angebrachten Piktogrammen folge, so lerne ich etwas auf ikonische Weise. Aber auch wenn ich meinerseits den Küchengrundriss aufzeichne, eine bekannte Melodie vor mich hin summe oder mich in der Diskothek selbst erfundenen Tanzbewegungen hingebe, realisiere ich einen ikonischen Sinnbezug, diesfalls die Artefakte eben *selbst aktiv gestaltend*.

Manchmal versuchen wir, uns durch ein *Beispiel* verständlich zu machen, wenn wir bemerken, dass die abstrakte Erklärung, die wir versucht haben, nicht überzeugend war. Ein Beispiel ist, wie dargestellt (s.o.), keine analytische Darlegung, sondern so etwas wie ein sprachliches Bild. Symbole bilden zwar sein Medium, es wird aber *erzählt*, also gemäß der Logik einer ganzheitlich-sinnlichen Gestaltgebung zum Ausdruck gebracht, sein Thema wird nicht analysiert, sondern *synthetisiert*. Eine solche Erzählung rekonstruiert die wesentlichen Zusammenhänge nicht, sondern *macht sie unmittelbar einsichtig*. Das unterscheidet sie von einer theoretischen Erläuterung, die ihren Gegenstand durch den Einsatz der sprachlichen Mittel in prüfender Attitüde *auseinanderlegt*.

Auch die Wissenschaft, obwohl als Ort der systematischen Kultivierung des diskursiven Begriffs eingerichtet, bedient sich häufig anschaulicher, unmittelbar fasslicher, ikonischer Repräsentationen, besonders dort, wo sie die Vergegenwärtigung der Welt im Denken mit einem Maximum an Komplexität und inhaltlichen Bezügen auszustatten versucht. Sie nimmt dann Tabellen, Grafiken, literarisch-anschaulich formulierte Textteile, bildgebende Verfahren, Fallgeschichten oder eben Beispiele zu Hilfe. Sie erleichtern uns, einen *Begriff* ihres Gegenstandes zu entwickeln, worin ja einer der prominentesten Ansprüche besteht, der an Wissenschaft zu stellen ist. Er verweist uns – wie schon mehrfach angesprochen – darauf, dass wir etwas *be=greifen,* also (auch) sinnlich erfahren müssen, um es umfassend zu erschließen.

Es zählte zu meinen großen schulischen Aha-Erlebnissen, dass es möglich ist, logische Relationen, die in der Form *algebraischer Gleichungen* (also spezieller mathematischer *Symbol*anordnungen) ausgedrückt werden, mit gleicher Aussagekraft auch als *geometrische Zeichnungen* (also *ikonische* Gebilde) darzustellen. Es bereitete mir dann für einige Zeit eine unbändige Freude, diese Möglichkeit immer und immer wieder durchzuspielen, und dies vor allem deswegen, weil ich dadurch die für mich quälende Abstraktheit der Gleichungen durch ein unmittelbares *Anschauen* der in ihnen formulierten Zusammenhänge ersetzen konnte.

Ein ikonisches Zeichen bewegt sich in gewisser Weise *zwischen* dem dingvermittelten (instrumentellen) und dem sprachvermittelten (symbolischen) Weltbezug, zwischen konkret-praktischem und abstrakt-sprachlichem Begriff. Um seine Funktionsweise verständlich zu machen, unternehme ich zunächst abermals einen Ausflug in die evolutionäre Entstehungsgeschichte des Menschen. Betrachten wir die berühmten Höhlenmalereien nahe dem kleinen französischen Ort Lascaux: Man sieht hier unterschiedliche Tiere an den dreidimensional sich wölbenden Höhlenwänden: Büffel, Pferde, Steinböcke, Hirsche, Raubkatzen etc. (vgl. Abb. 5).

Abb. 5: Tierdarstellungen, Höhle von Lascaux (handgezeichnete Skizze). Originalabbildungen z.B. unter https://commons.wikimedia.org/wiki/File:Lascaux_painting.jpg (Zugriff am 27.10.2015)

Die Tiere sind in einem geradezu überwältigenden Realismus dargestellt. Man vermeint, die Tiere in ihrer lebendigen Bewegung zu sehen: die gewaltige bedrohliche Massigkeit des Büffels, die elegante Geschmeidigkeit des springenden Wildpferds, die angespannte Haltung des Hirsches, der eine plötzliche Gefahr wittert. Die Tiere sind in linearen und flächigen Techniken dargestellt, manche sind nur durch wenige wie schnell hingeworfen wirkende Striche erfasst, manche durch monochrome Farbflecke, viele sind unvollständig erhalten oder ausgeführt. Die Figuren könnten einem Skizzenbuch Leonardos oder Picassos entstammen.

Was wir hier vor uns haben, sind Artefakte, die auf etwas außerhalb ihrer selbst verweisen und mit diesem Etwas einige signifikante Ähnlichkeiten aufweisen. Die Darstellungen halten jedoch nur einen ausschnitthaft fixierten Augenblick jener Szenen präsent, die sie zur Erscheinung bringen, einen Eindruck, der durch sie der Verflüchtigung entzogen und auf Dauer gestellt wurde. Keine der Abbildungen lässt den Versuch erkennen, eine naturalistische, quasi fotografische *Kopie* des dargestellten Tieres anzufertigen. Die Darstellungen konzentrieren sich vielmehr auf das *Wesentliche*, auf das, was den Büffel, das Pferd, den Hirsch als *idealen Typus* seiner Gattung ausmacht. Dabei wird dieses Charakteristische oft stärker betont, als es am realen Tier wohl zu erkennen sein mochte. Es ging hier offensichtlich nicht darum, ein bestimmtes individuelles Tier zu zeigen, sondern sein *Prinzip*, man könnte fast sagen: die *Seele des Tieres*. Wir haben es also nicht mit Dubletten, sondern mit *Abstraktionen* zu tun, mit *Verallgemeinerungen*, die sich allerdings einer grundsätzlich anderen Strategie bedienen, als die sprachlichen Begriffe.

Auch hier wird *etwas als etwas* dargestellt, doch im Gegensatz zu ihren sprachlichen Pendants zeigen ikonische Repräsentationen ihre Bedeutung sinnlich-unmittelbar:

> „In der Bildlichkeit des ikonischen Symbols [hier synonym mit *Zeichen* gemäß meiner bisherigen Diktion; B. H.] verbinden sich, anders als beim bloßen Verweisungs- und Repräsentanzcharakter des sprachlich-diskursiven Symbols, sinnliche Anwesenheit des Büffels und symbolische Verweisung auf ihn: der Büffel als Präsenz und Repräsentant. Das ikonische Symbol ist quasi ein Zwischenreich zwischen der bloßen Anwesenheit nicht-symbolischer Gegebenheiten und dem bloßen Hinweischarakter des sprachlichen Symbols, liegt damit zwischen lediglich gedanklichem Operieren und der vollen sinnlichen Wirklichkeit des Welt- und Selbsterlebens, hat, indem es auch ‚ist‘ was es ‚bedeutet‘, nicht die Eindeutigkeit, aber auch nicht die unsinnliche Abgelöstheit des sprachlichen Symbols, nicht die Unmittelbarkeit, aber auch nicht die blinde Gegenwartsverhaftetheit des bloßen Lebensvollzugs." (Holzkamp 1978, 22)

Betrachtet man die Höhlenbilder mit Blick auf die Beziehung der einzelnen Tiere zueinander, so fällt auf, dass diese sich nicht zu einer Gesamtdarstellung gruppieren. Größenverhältnisse, Ausrichtungen, Überschneidungen, das Fehlen von Hintergründen und wechselseitigen Bezugnahmen zeigen, dass zumindest die meisten der abgebildeten Tiere als einzelne dargestellt wurden, ohne jeden Bezug zu den anderen und zu anderen Details ihrer räumlichen Umgebung. Es sind ‚weltlose‘ Bilder: Tiere, die in Wirklichkeit größer sind, wurden *vor* anderen kleineren *kleiner* dargestellt, die Darstellungen vieler Tiere überlappen sich in unterschiedlichen Winkeln, wie es keiner möglichen Wirklichkeit entspricht.

Es geht hier also um nichts weniger als um eine Landschaftsdarstellung mit Tieren, es ging überhaupt nicht um ein ‚Gemälde‘, es ging nicht einmal um Kunst in unserem heutigen Verständnis (vgl. etwa Behn 1963, 12ff; Leroi-Gourhan 1988, 244ff). Darauf weisen auch Beschädigungsspuren hin, die nur davon herrühren können, dass schon zu ihrer Entstehungszeit auf sie geschossen wurde. Dies erlaubt die Annahme, dass sie in magische Rituale eingebunden waren, die vielleicht der Herbeiführung von Jagdglück, vielleicht anderen Zwecken diente. Dazu benötigte man nicht eine Darstellung der Tiere *in ihrer natürlichen Umgebung*, sondern eine der Tiere *als solche*.

Dass wir hier keine Bilder vor uns haben, die dem ‚Kunstgenuss' gewidmet sind, erhellt auch schon aus dem Umstand, dass die Höhle unzugänglich und innen völlig lichtlos war. Doch war man im finsteren Schoß der Erde bestimmten Geistern oder Gottheiten vielleicht näher und konnte besser mit ihnen in Beziehung treten und auf diese Weise Gewalt über den Büffel erlangen. Indem der prähistorische Schamane den Büffel in all seiner sinnlichen Präsenz an der Wand erscheinen lässt, ihn geradezu zum Leben erweckt, beweist er sich, dass er ihn physisch wie geistig fassen kann, ihn real wie magisch durchdringen, Macht über ihn gewinnen, ihn im wahrsten Sinne des Wortes *bannen* und *bezwingen* kann.

Der ursprüngliche ästhetische Akt findet seinen Sinn also keineswegs im bloßen *Nachbilden* von Eindrücken *aus* der Wirklichkeit. Die Darstellung wird vielmehr – wie jedes Artefakt – angefertigt, um eine entsprechende Rückwirkung *auf* die Wirklichkeit zu gewährleisten. Der Büffel findet Eingang in das Bild und das Bild wirkt auf den Büffel zurück. Der prähistorische Maler hat damit vollzogen, was Adorno auch noch dem späteren *Kunstwerk* als charakteristisch attestiert:

> „Nicht für sich, dem Bewußtsein nach, jedoch an sich will, was ist, das Andere, und das Kunstwerk ist die Sprache solchen Willens und sein Gehalt so substantiell wie er. Die Elemente jenes Anderen sind in der Realität versammelt, sie müßten nur, um ein Geringes versetzt, in neue Konstellation treten, um ihre rechte Stelle zu finden. Weniger als daß sie imitierten, machen die Kunstwerke der Realität diese Versetzung vor. Umzukehren wäre am Ende die Nachahmungslehre; in einem sublimierten Sinn soll die Realität die Kunstwerke nachahmen." (Adorno 1997c, 199f)

Es geht also im Kontext der Herstellung und Verwendung von ikonischen Artefakten nicht nur um die Anähnlichung von Dingen an wirkliche Gegebenheiten, sondern auch um die Anähnlichung dieser Gegebenheiten an jene. Schon in der archaischen Erscheinungsform liegt ihr eigentlicher Sinn in einer *Interaktion* zwischen Nachahmer und Nachgeahmtem, es geht dem Schamanen – wie dem Künstler späterer historischer Zeiten – nicht einfach darum, „ein ‚Abbild' zu machen, sondern darum, mit der Schöpfung selbst in Wettstreit zu treten." (Gombrich 2004, 80) Anders als Adorno wendet Gombrich dieses Ziel so: „Das Wesentliche an einem Bild ist weder, daß es lebenswahr, noch daß es ähnlich ist, sondern daß es dieselbe Wirkung auszuüben vermag wie das, was es darstellt" (ebd., 94). Einig sind sich beide Deutungen darin, dass der ikonische Weltbezug nicht bloß ein rezeptives, sondern vielmehr ein interaktives Verhältnis zwischen Mensch und Welt begründen soll.

Was können wir aus dieser Betrachtung für das menschliche Lernen beziehen? Am Beispiel der paläolithischen Malerei können wir ein solches Lernen schon beobachten bzw. selbst an ihm teilhaben: Zunächst impliziert die Herstellung der Bilder eine spezifische Re=flexion: Die subhumanen Höhlenmaler ringen durch ihre Nachschöpfung der Wirklichkeit dieser zunächst ein spezifisches Wissen ab und materialisieren es an den Felsvorsprüngen der Höhle: Der Jäger-Magier-Maler aus der Epoche des Magdalénien muss die Tiere als Jagdbeute wie als Bedrohung auf das Genaueste studieren. Ein präzises Bild von den Gewohnheiten und Reaktionsweisen, von der Wendigkeit, Schnelligkeit, von den Bewegungsabläufen, von der Masse eines Tieres kann im Augenblick der Begegnung über Leben und Tod entscheiden und natürlich über Erfolg oder Misserfolg bei der Schaffung einer Ernährungsgrundlage durch das Erlegen der Tiere:

> „Die Angst ist eine sinnlich erfahrbare Qualität des Büffel-Bildes, aber nicht als die aktuelle, überwältigende Angst vor dem Tier, das mich jetzt bedroht, sondern als eine trotz ihrer sinnlichen Wirklichkeit der Zufälligkeit entkleidete, gestaltete Angst, die im Begreifen und Beherrschen des Büffels begreifbar und beherrschbar wird." (Holzkamp 1978, 23)

Seine blanken Überlebensnotwendigkeiten sichern dem prähistorischen Maler eine sensible Detailkenntnis der mannigfachen Eigenschaften des Büffels. Sie wird nicht direkt aus der vorangegangenen Jagd einfach mitgenommen, und dann nur noch aufgezeichnet, sie muss vielmehr in der Arbeit am Bild, in der Zwiesprache mit dem entstehenden Werk *aus diesem herausgearbeitet* werden, indem eine sukzessive Anähnlichung des Bildes an die allgemeinen Prinzipien der erinnerten Ereignisse vollzogen wird. Die Entwicklung und Ausgestaltung der Darstellung impliziert einen Lernprozess, der die bedeutsamen Zusammenhänge einsichtig, fassbar und verfügbar macht. Sie bedeutet eine ‚Arbeit am Begriff', durch die Weltgegebenheiten erkannt und verstanden werden.

Die dabei sich auskristallisierende Abstraktion von den Zufälligkeiten der jeweils einzelnen Ereignisse führt zu einer Bildgestalt, die nicht irgendeinen Büffel in irgendeiner Haltung oder Bewegung zeigt, sondern einen verallgemeinerten Büffel, einen Büffel, der die Vielfalt der unmittelbaren Wahrnehmungen von Büffeln in freier Wildbahn zusammenfasst, auf den Punkt bringt, also eine *Erkenntnis*, einen *Begriff des Büffels* bildet:

> „Das Bild des Büffels, … ist faktisch ein sinnlicher Begriff des Büffels; hier tritt das Allgemeine des Büffel-Seins, das ‚Wesen' des Büffels, im Besonderen dieses prägnanten Bildes sinnlich wahrnehmbar zutage. Das Bild ist verallgemeinertes Wissen über ‚Büffel' in der Form der Sinnlichkeit." (Holzkamp 1978, 22)

Indem das Bild also keine schlichte Ab=bildung, sondern eine Abstraktion darstellt, kann es das mentale Vergegenwärtigen durch seinen *Betrachter* auf verständig ‚begreifende' Bahnen leiten: nicht bloß nach *ad hoc* sich ergebenden Gesichtspunkten, wie sich das beim Betrachten der zufällig angetroffenen *Wirklichkeit selbst* oder von *zufälligen* Abbildungen dieser Wirklichkeit ergäbe, sondern auf wesentliche Momente des Dargestellten hin zugespitzt. Was dem Betrachter so unmittelbar anschaulich zugänglich wird, ist nicht eine *zufällige* Konstellation, sondern jene *begriffene Ordnung* der wirklichen Gegebenheiten, wie sie der Hersteller der Darstellung entwickelt hat.

Das Bild eröffnet dann *im Anschauen* die Möglichkeit, an der Einsicht in das Wesen des Büffels, in die Interaktion mit ihm, in seine Kraft und Ausdauer, in seine Wildheit und Gefährlichkeit bereits in einer geordneten, vertieften und verdichteten Weise teilzuhaben, *auch durch das bloße Betrachten* kann man am Büffel Wesentliches begreifen, erfassen, also: lernen. Man muss sich nur darauf einlassen, dieser Ordnung zu folgen und die in den Bildern gewonnene, komprimierte und materialisierte Erkenntnis in eigenem ästhetischem Erleben nachzuvollziehen. Die Wahrnehmung der Bilder ermöglicht dann, zurückliegende Erfahrung erneut zu wiederholen, auf sie zu *re=flektieren*, wenn auch nur im virtuellen Raum der Fantasie, die Materialisierung als Artefakt stellt die Möglichkeit sinnlich-anschaulicher Erfahrung auf Dauer.

In dieser *ikonisch* vermittelten Weltbegegnung etwas zu lernen, bedeutet dann, dass wir unser Wissen nicht wie im diskursiven Lernen durch allgemein überzeugende Argumente erweitern, sondern vielmehr dadurch, dass wir uns (zunächst) im Erschaffen des Werkes offen und unvoreingenommen der *intuitiven Anschauung der Welt* inkl. ihrer Materialisierung in ästhetischen Artefakten und/oder (dann) im Rezipieren der *intuitiven Anschauung des dabei entstandenen Werkes* hingeben. In die kontemplativen Praktiken, durch die wir ein solches Hingeben realisieren, ist daher das Wissen eingelagert, dass ikonisch vermittelte Erfahrung nur in einer der undistanzierten, anteilnehmenden, unmittelbaren Berührung und Betroffenheit geöffneten Haltung möglich ist, dass dieses ‚sich Hingeben' und das daraus resultierende ‚Mit-Erleben' jedoch zugleich *andererseits* nicht mit einem praktisch handlungsrelevanten Kontakt mit *wirklicher* Lebensrealität verwechselt werden darf: Wir wohnen der Schlussszene von Othello bei *im Wissen darum*, dass es sich dabei um eine szenische Aufführung handelt. Auch wenn uns die finale Wendung also noch so erschüttert, werden wir nicht zum Telefon greifen und die Polizei verständigen, um die schreckliche Gewalttat an Desdemona zur Anzeige zu bringen.

Ikonisch-sinnliche Begriffe haben – wie ja schon deutlich geworden ist – mit den symbolisch-abstrakten einiges gemeinsam. Dazu zählt auf alle Fälle auch der Umstand, dass sie nicht nur in der Form *materialisierter* Artefakte zirkulieren, sondern auch in ihren *mentalen* Entsprechungen, mittels derer wir uns auf die Welt beziehen. Bei der Produktion mentaler ‚Bilder' handelt es sich dann um jenes *bildliche Vorstellen,* wie ich es schon bisher vom Formulieren *sprachlicher Aussagen* unterschieden habe. Das reflexive Potential des bildlichen Vorstellens (etwa gegenüber dem optischen Wahrnehmen, zu dem auch ein Tier fähig ist) liegt dabei in der Möglichkeit, es nicht nur zu ‚erleben', sondern es auch *umzugestalten*. Die visuellen (oder akustischen, räumlichen, lokomotorischen etc.) Vorstellungen unseres Denkens werden ja erst dadurch *Bilder* in einem engeren Sinne, dass wir an ihnen jede denkbare unseren Bedürfnissen gemäße Veränderung vornehmen können, wie sie uns eben mit allen Artefakten offen steht.

Ferner gilt auch für ikonische Artefakte wieder, dass sie auf *praktischen Begriffen* beruhen, wie sie in allen (eben zu allgemeinen Zwecken hergestellten) Artefakten verobjektiviert sind. Auch der *ästhetische Begriff* ist also nicht etwas *ganz anderes* als der praktische, sondern seine auf die Erzeugung von Vorstellungen spezialisierte Form. Die Wirkung, die man hier ‚vor Augen‘ durch *Dinge auf Dinge* hervorrufen kann, bestehen darin, dass die Sinngehalte aller Darstellungsdetails auf die Sinngehalte aller anderen Darstellungsdetails Bezug nehmen, also quasi ‚indexikalisch‘ (siehe 8.1) auf sie verweisen und dieser Verweisungszusammenhang kann sinnreich oder sinnverstörend ausgeformt sein. Die auch in der ikonischen Ausdrucksgestalt sich geltend machende ‚intentio operis‘ – also die immanente Sinnstruktur der gesamten Ausdrucksgestalt – erlaubt keine willkürliche Konfigurationspraxis.

Verweigert sich das Herstellen ikonischer Ausdrucksgebilde diesem Anspruch, ignoriert es also die *Eigengesetzlichkeit* der zueinander in Stellung gebrachten Bestandteile, so vernichtet es (wie jeder praktische Begriff) seine reflexiven Potentiale. Was es dann hervorbringt, sind brüchige Figuren, unglaubwürdige Formen, irrealer Schein oder wie man in Bezug auf künstlerische Hervorbringungen auch zu sagen pflegt: *Kitsch*. Das ‚Ausmalen in der Fantasie‘, das uns ein solcher Kitsch vermittelt, hat keinen ernstzunehmenden Erkenntniswert. Willkürlich und verkürzend zusammengeschustert, ignorant und verlogen gegenüber der wirklichen Welt, ist das hergestellte Artefakt auf diese nicht mehr aufklärend beziehbar. Was könnte uns dies anschaulicher illustrieren, als die unsägliche Banalität und Einfalt jener Bild-, Ton- und Spracherzeugnisse, mit denen uns die moderne Kultur- und Unterhaltungsindustrie tagtäglich überschwemmt, vom ‚actiongeladenen‘ Hollywood-Blockbuster über die ‚romantische‘ Fototapete bis hin zur ‚volkstümlichen‘ Schlagermusik.

Es lassen sich jedoch auch entscheidende Unterschiede zwischen den einzelnen Artefakttypen aufweisen: Wenn wir den sinnlichen mit dem praktischen Begriff (siehe auch 7.1) vergleichen, der in Verwendungsdingen vergegenständlicht ist, so lässt sich feststellen, dass er nicht, wie dieser, bloß *implizit* in deren *angemessener Handhabung* zur Erscheinung kommt, sondern *explizit* in Form einer eigenständigen, *dem Vergegenwärtigen* des Begriffs *als solchem* gewidmeten Gestalt. Wenn wir den sinnlichen Begriff dagegen mit dem symbolischen Begriff (siehe auch 8.1) vergleichen, der sich sprachlicher Mittel bedient, so sehen wir, dass er nicht, wie dieser, uns seinen Gegenstand *analytisch* als Verknüpfung seiner als einzelne bestimmten Detailaspekte vor Augen führt, sondern *synthetisch* als Gesamtschau der lebendigen Wechselwirkung dieser Details. Das Bild des Büffels bildet einen ganzheitlichen, nacherlebbaren Bedeutungszusammenhang, der sich als spontane Gewissheit über Büffel konstituiert.

Es ist an dieser Stelle vielleicht hilfreich, wenn ich die unterschiedlichen dargestellten Möglichkeiten der Begriffsbildung hier noch einmal tabellarisch gegenüberstelle (siehe Tab. 5).

Tab. 5: Lernspezifische Logik der unterschiedlichen Artefakt- und Begriffstypen

Artefakttypus	begrifflicher Modus	Lernproblematik	Lernen durch …
instrumentell: praktischer Begriff	impliziter Sinn der angemessenen Handhabung	pragmatisches Erfassen von Aktivitäts-Ursache-Wirkungs-Zusammenhängen	Herstellen und Benutzen von Gebrauchsdingen
ikonisch: sinnlicher Begriff	expliziter Sinn der bildlichen Vorstellung	imaginatives Erfassen propositionaler, normativer und expressiver Zusammenhänge	Erschaffen und Betrachten von ästhetischen Gebilden
symbolisch: abstrakter Begriff	expliziter Sinn der sprachlichen Aussage	prädikatives Erfassen propositionaler, normativer und expressiver Zusammenhänge	Vorbringen und Nachvollziehen von Argumentationen

Die Zusammenschau legt auch noch einmal die Überlegung nahe, dass menschliches Reflektieren keinesfalls in einem bloßen diskursiven *Argumentieren,* einem bloßen ästhetischen *Miterleben* oder einem bloßen sachlich angemessenen *Dinggebrauch* bestehen kann. Es verwirklicht sich vielmehr, indem wir alle drei Logiken des reflexiven Handelns – praktisches Begreifen, ästhetische Anschauung und diskursive Rekonstruktion (vgl. Tab. 2) – in ihrer sich aus der jeweiligen Anforderungssituation ergebenden Spezifizierung und organischen Verschränkung praktizieren. Die Unmöglichkeit einer Isolierung der einzelnen Reflexionslogiken ist schon deswegen völlig undenkbar, weil in die in sich vielfältig vernetzten Bedeutungsstrukturen der kulturellen Welt und unseres individuellen Denkens grundsätzlich alle vorstellbaren Arten von Erfahrungsmaterialisierungen eingehen.

Auch das ästhetische Erschaffen und Erleben setzt also anspruchsvolle Fähigkeiten voraus und es bildet eine biografisch eigenständige Aufgabe, sie sich lernend anzueignen. Dabei sind auch hier wieder die schon früher (siehe 7.2, 8.2) skizzierten Bestandteile des Lernprozesses zu veranschlagen: Kennenlernen durch soziales Vorbild, erprobendes Adaptieren aus eigenem Bedürfnis, reflexives Bevorzugen der am überzeugendsten erscheinenden ikonischen Zeichengebilde und damit das bevorzugte Inkorporieren der entsprechenden konsumtiven und produktiven ästhetischen Praktiken.

Lässt sich das dargelegte Konzept des menschlichen Lernens zuletzt auch auf Praktiken ausdehnen, die der archaischen Vorstellung einer *ästhetischen Rückwirkung* auf die Wirklichkeit entsprechen? Oder ist eine solche Vorstellung einer gleichsam magischen Vorahmung in unserer aufgeklärt entzauberten Kultur bereits zum völligen Anachronismus geworden? Sicher: In unserer Kultur hat sich das kontemplative Genießen als die angemessenste Form der ästhetischen Praxis etabliert, doch wird in anderen Kulturen bisweilen auch ein rituelles Handeln praktiziert, welches ikonische Zeichengebilde in ein ganzheitliches Einwirken auf die Welt ausdrücklich einbindet. Haben wir westlich zivilisierte Menschen solche Praktiken tatsächlich schon völlig aus unserem Leben ausgeschieden?

Vergleichen wir den archaischen Magier der Höhlenmaler-Kultur mit dem Fahrer einer PS-starken Harley-Davidson, so können wir sehen, dass ästhetische Magie auch in unserer wissenschaftlich hochgerüsteten Mitte praktiziert wird. Wie der Höhlenmaler den Büffel nachbildet, um seiner fühlend, handelnd, ihn bezwingend Herr zu werden, so wird dem Motorrad eine Gestalt gegeben, die seinen Besitzer mit herausragender Potenz und Aggressivität ausstatten soll. Von der Umrisslinie über die Bewegungsbeschleunigung bis zur akustischen Gebärde ist jedes Detail daraufhin optimiert, in sinnlich-unmittelbarer Weise eine übermächtige Urgewalt zur Erscheinung zu bringen. Wie der Höhlenmagier bezieht der Fahrer dieses Denkmal eines schnellenden, brüllenden Raubtiers nun in sein Handeln ein: Indem er in ritualkundiger Weise mit ihm verfährt, verschmilzt er mit ihm zu einem hybriden Wesen, die Stärke, das Brüllen, die aggressive Beschleunigung wird zu *seiner* Stärke, *seinem* Brüllen, *seinem* Tempo. Er inkorporiert das Artefakt wie der von mir schon vorgestellte Blinde seinen Stock, den er als Verlängerung seines eigenen Körpers empfindet. Ich habe diese Funktion (und auch ihre Gefahren) als *technische* ja schon in Zusammenhang mit den instrumentellen Eigenschaften der Artefakte ausführlich diskutiert (siehe 7.2). Im Handeln mit den Gegenständen wird aber auch deren *ästhetische* Wirkung einverleibt, die *Anmutung des Artefakts* zur eigenen gemacht. Wie der prähistorische Jäger hat der Motorradfahrer damit seinen Jagderfolg, seinen Sieg im Kampf gegen andere, die Verwirklichung seiner Mächtigkeit in einer Art virtueller Vorahmung beschworen. Der Ausritt mit der stählernen Bestie wird so zum magischen Tanz, der unmittelbar mimetisch in die Wirklichkeit eingreift.

Doch beschränken sich die Praxen unserer mimetischen Einwirkung auf die Wirklichkeit keineswegs auf derlei exotisch anmutende Rituale. Überall dort, wo wir *uns* und *unser Handeln* mit ikonischen Hinweisen ausstatten, geben wir immer auch *uns ein Bild von uns,* eine *Vision*, die zu verwirklichen wir beanspruchen und erstreben und ein Stück der *Kraft*, uns ihr auch tatsächlich anzunähern. Eine solche ‚Vorahmung‘ reicht vom berühmten Pfeifen im Wald, durch das wir uns in selbst hervorgerufenen ikonischen Figuren unseres ungerührt souveränen Mutes versichern über unsere Körpergestaltungs-, Kleidungs- und Inszenierungsvorlieben, durch die wir das, was wir gerne sein möchten, in uns heraufbeschwören bis hin zur Interaktion mit ‚künstlerischen‘ Artefaktkonstellationen. Wenn wir uns etwa erlauben, für Augenblicke eins zu werden mit dem euphorischen Rhythmus des Sambatanzes, an dem wir uns beteiligen, mit der Anmutung des Grauens, die Picasso in dem Gemälde Guernica verewigt hat, mit der zärtlichen Sehnsucht, die uns aus Schuberts ‚Serenade‘ entgegenweht, mit der manischen Überheblichkeit, die uns im Schlosspark von Versaillles umfängt oder mit dem entrückenden Om, das der tibetische Mönch in kunstvollem Obertongesang anstimmt, dann *konsumieren* wir nicht nur interessante Eindrücke, sondern *erzeugen auch tatsächliche Wirklichkeit*. Wir tragen dann in ästhetischem Lernen dazu bei, das kulturelle Erbe der Menschheit in ihren unterschiedlichsten Facetten in uns zum Leben zu erwecken, uns selbst also werden zu lassen, was wir sind: Exemplare, Bewahrer und Wegbereiter der Gattung *homo sapiens*.

9 Literaturverzeichnis

Adorno, T.W. (1997a): Minima Moralia. Reflexionen aus dem beschädigten Leben (1951). Gesammelte Schriften, Bd. 4. Frankfurt a.M.: Suhrkamp.

Adorno, T.W. (1997b): Theorie der Halbbildung (1959). In: Gesammelte Schriften, Bd. 8. Frankfurt a.M.: Suhrkamp, 93-121.

Adorno, T.W. (1997c): Ästhetische Theorie (1970). Gesammelte Schriften, Bd. 7. Frankfurt a.M.: Suhrkamp.

Althusser, L. (1977): Ideologie und ideologische Staatsapparate. Hamburg: VSA.

Anders, G. (1995): Die Antiquiertheit des Menschen. Bd. 2. Über die Zerstörung des Lebens im Zeitalter der dritten technologischen Revolution. 4. Aufl., München: Beck.

Aristoteles (2000): Metaphysik. Stuttgart: Reclam.

Aristoteles (2003): Nikomachische Ethik. Stuttgart: Reclam.

Bateson, G. (1971): Ökologie des Geistes. Frankfurt a.M.: Suhrkamp.

Behn, F. (1963): Vorgeschichtliche Kunst in Europa [Ullstein-Kunstgeschichte, Bd. 1]. Frankfurt a.M. u.a.: Ullstein, 7-61.

Benner, D. (1995): Wilhelm von Humboldts Bildungstheorie. Eine problemgeschichtliche Studie zum Begründungszusammenhang neuzeitlicher Bildungsreform. 2. Aufl., Weinheim: Juventa.

Benner, D. (1996): Allgemeine Pädagogik. Eine systematisch-problemgeschichtliche Einführung in die Grundstruktur pädagogischen Denkens und Handelns. 3. Aufl., Weinheim u.a.: Juventa.

Benson, H./Lehmann, J./Malhotra, M./Goldman, R./Hopkins, J./Epstein, M. (1982): Body temperature changes during the practice of gTummo yoga. In: Nature 295, 234-236.

Berdelmann, K./Reh, S. (2015): Adressierung durch den Raum – (Lieblings-)Plätze in der Schule. Eine fotoethnografische Exploration. In: T. Alkemeyer/H. Kalthoff/M. Rieger-Ladich (Hrsg.): Bildungspraxis. Körper – Räume – Objekte. Weilerswist: Velbrück, 183-205.

BioMotionLab (2013): BMLwalker. Verfügbar unter: http://www.biomotionlab.ca/Demos/BMLwalker.html (Zugriff am 25.10.2013).

Borneman, E. (1979): Das Patriarchat. Ursprung und Zukunft unseres Gesellschaftssystems. Frankfurt a.M.: Fischer.

Bourdieu, P. (1998): Praktische Vernunft. Zur Theorie des Handelns. Frankfurt a.M.: Suhrkamp.

Bourdieu, P. (1999): Sozialer Sinn. Kritik der theoretischen Vernunft. 3. Aufl., Frankfurt a.M.: Suhrkamp.

Bourdieu, P. (2005): Ökonomisches Kapital – Kulturelles Kapital – Soziales Kapital. In: Die verborgenen Mechanismen der Macht. Schriften zu Politik und Kultur. Hamburg: VSA, 49-79.

Bourdieu, P. (2014): Die Regeln der Kunst. Genese und Struktur des literarischen Feldes. Frankfurt a.M.: Suhrkamp.

Brecht, B. (1967): An die Nachgeborenen. In: Gesammelte Werke, Bd. 9. Frankfurt a.M.: Suhrkamp, 722-725.

Breidenstein, G. (2006): Teilnahme am Unterricht. Ethnografische Studien zum Schülerjob. Wiesbaden: VS.

Breinbauer, I.M. (2008): Nachhaltiges Lernen. Über die Unmöglichkeit, Prozess und Ergebnis mit dem gleichen Begriff zu verhandeln. In: K. Mitgutsch/E. Sattler/K. Westphal/I.M. Breinbauer (Hrsg.): Dem Lernen auf der Spur. Die pädagogische Perspektive. Stuttgart: Klett-Cotta, 51-64.

Buck, G. (1989): Lernen und Erfahrung – Epagogik. Zum Begriff der didaktischen Induktion. 3. Aufl., Darmstadt: Wissenschaftliche Buchgesellschaft.

Buck, P./Rehm, M. (2010): Wenn das Phänomen nicht erscheint – oder: Wie viel gesellschaftlich formatierte ‚andere Intentionalität' notwendig ist, wenn man adäquat über die Atome unterrichten soll. In: B. Hackl/R. Egger (Hrsg.): Sinnliche Bildung? Pädagogische Prozesse zwischen vorprädikativer Situierung und reflexivem Anspruch. Frankfurt a. M.: Verlag für Sozialwissenschaften, 123-140.

Castells, M. (2004): Der Aufstieg der Netzwerkgesellschaft. Das Informationszeitalter, Bd. 1. Opladen: Leske & Budrich.

Copei, F. (1950): Der fruchtbare Moment im Bildungsprozess. Heidelberg: Quelle & Meyer.

Corell, W. (1967): Aspekte des programmierten Lernens. In: B. F. Skinner/W. Corell (Hrsg.): Denken und Lernen. Braunschweig: Westermann, 61-163.

Csikszentmihalyi, M. (2010): Das flow-Erlebnis. Jenseits von Angst und Langeweile: im Tun aufgehen. 10. Aufl., Stuttgart: Klett-Cotta.

Deutscher, G. (2013): Im Spiegel der Sprache. Warum die Welt in anderen Sprachen anders aussieht. 3. Aufl., München: Deutscher Taschenbuch Verlag.

Dilts, R. B. (1997): Kommunikation in Gruppen und Teams. Paderborn: Junfermann.

Eccles, J. C. (2000): Wie das Selbst sein Gehirn steuert. 3. Aufl., München u.a.: Piper.

Eco, U. (1992): Die Grenzen der Interpretation. München u.a.: Hanser.

Ekman, P. (2004): Emotions Revealed. Understanding Faces and Feelings. London: Orion Books.

Elias, N. (1976): Über den Prozeß der Zivilisation. Soziogenetische und psychogenetische Untersuchungen. Bd. 1: Wandlungen des Verhaltens in den weltlichen Oberschichten des Abendlandes. Frankfurt a. M.: Suhrkamp.

Falkenberg, M. (2013): Stumme Praktiken. Die Schweigsamkeit des Schulischen. Stuttgart: Lucius & Lucius.

Faulstich, P. (2013): Menschliches Lernen. Eine kritisch-pragmatistische Lerntheorie. Bielefeld: transcript.

Foerster, H. (1985): Sicht und Einsicht, Versuche zu einer operativen Erkenntnistheorie. Wiesbaden: Springer.

Foucault, M. (1974): Die Ordnung der Dinge. Frankfurt a. M.: Suhrkamp.

Foucault, M. (1994): Überwachen und Strafen. Frankfurt a. M.: Suhrkamp.

Foucault, M. (2003): Die Ordnung des Diskurses. 9. Aufl., Frankfurt a. M.: Fischer.

Freinet, C. (1965): Die moderne französische Schule. Paderborn: Schöningh.

Freud, S. (1999a): Zur Dynamik der Übertragung. In: Gesammelte Werke, Bd. VIII. Frankfurt a. M.: Fischer, 365-374.

Freud, S. (1999b): Das Unbewußte. In: Gesammelte Werke, Bd. X. Frankfurt a. M.: Fischer, 265-303.

Freud, S. (1999c): Die Fixierung an das Trauma. In: Gesammelte Werke, Bd. XI. Frankfurt a. M.: Fischer, 285-295.

Frisch, M. (1973): Andorra. In: Stücke, Bd. 2. Frankfurt a. M.: Suhrkamp, 185-285.

Galliker, M. (1990): Sprechen und Erinnern. Zur Entwicklung der Affinitätshypothese bezüglich verbaler Vergangenheitsweise. Göttingen u.a.: Hogrefe.

Galliker, M. (1997): Lernen im raum-zeitlichen Kontext: Bemerkungen zu Problemen der Lernpsychologie auf der Grundlage von Wittgenstein. In: Forum Kritische Psychologie 38, 18-34.

Gebauer, G./Wulf, C. (1992): Mimesis – Kultur, Kunst, Gesellschaft. Reinbek: Rowohlt.

Giddens, A. (1986): The Constitution of Society. Outline of the Theory of Structuration. Berkeley u.a.: University of California Press

Giddens, A. (1995): Die Konstitution der Gesellschaft. Grundzüge einer Theorie der Strukturierung. 2. Aufl., Frankfurt a. M. u.a.: Campus

Gipper, H. (1972): Gibt es ein sprachliches Relativitätsprinzip? Untersuchungen zur Sapir-Whorf-Hypothese. Frankfurt a. M.: Fischer.

Goffman, E. (1959): The Presentation of Self in Everyday Life. New York: Anchor Books

Goffman, E. (1986): Interaktionsrituale. Über Verhalten in direkter Kommunikation. Frankfurt a. M.: Suhrkamp.

Göhlich, M. (1993): Die pädagogische Umgebung. Eine Geschichte des Schulraums seit dem Mittelalter. Weinheim: Deutscher Studien Verlag.

Göhlich, M./Zirfas, J. (2001): Kommunikatives Handeln in der Lebenswelt. Die Theorie der performativen Einstellung von Jürgen Habermas. In: C. Wulf/M. Göhlich/J. Zirfas (Hrsg.): Grundlagen des Performativen. Eine Einführung in die Zusammenhänge von Sprache, Macht und Handeln. Weinheim u.a.: Juventa, 47-73.

Göhlich, M./Zirfas, J. (2007): Lernen. Ein pädagogischer Grundbegriff. Stuttgart: Kohlhammer.

Gombrich, E. H. (2004): Kunst und Illusion. Zur Psychologie der bildlichen Darstellung. 2. Aufl., Berlin: Phaidon.

Greiffenhagen, C. (2015): Die Materialität der Mathematik. Wie Mathematik an der Tafel vorgeführt wird. In: T. Alkemeyer/H. Kalthoff/M. Rieger-Ladich (Hrsg.): Bildungspraxis. Körper – Räume – Objekte. Weilerswist: Velbrück, 283-308.

Grimm, J./Grimm, W. (2014): Stichwort ‚Subject‘. In: Das Deutsche Wörterbuch. Online-Version. Verfügbar unter: http://woerterbuchnetz.de/DWB/?sigle=DWB&mode=Vernetzung&lemid=GS55775 (Zugriff am 13.2.2012).

Gruschka, A. (2009): Erkenntnis in und durch Unterricht. Empirische Studien zur Bedeutung der Erkenntnis- und Wissenschaftstheoorie für die Didaktik. Wetzlar: Büchse der Pandora.

Habermas, J. (1980): Handlung und System – Bemerkungen zu Parsons' Medientheorie. In: W. Schluchter (Hrsg.): Verhalten, Handeln und System. Talcott Parsons' Beitrag zur Entwicklung der Sozialwissenschaften. Frankfurt a. M.: Suhrkamp, 68-105.

Habermas, J. (1987a): Theorie des kommunikativen Handelns. Bd. 1. 4. Aufl., Frankfurt a. M.: Suhrkamp.

Habermas, J. (1987b): Theorie des kommunikativen Handelns. Bd. 2. 4. Aufl., Frankfurt a. M.: Suhrkamp.

Habermas, J. (1988a): Die Einheit der Vernunft in der Vielfalt ihrer Stimmen. In: Nachmetaphysisches Denken. Frankfurt a. M.: Suhrkamp, 153-186.

Habermas, J. (1988b): Der philosophische Diskurs der Moderne. Zwölf Vorlesungen. Frankfurt a. M.: Suhrkamp.

Habermas, J. (1989): Vorstudien und Ergänzungen zur Theorie des kommunikativen Handelns. 3. Aufl., Frankfurt a. M.: Suhrkamp.

Hackl, B. (1992): Wissen – Bildung – Widerstand. Warum der Schulunterricht an seinen emanzipatorischen Ansprüchen scheitert. In: Forum Kritische Psychologie 30, 29-45.

Hackl, B. (2004): Explizites und implizites Wissen. Menschliches Handeln im Spannungsfeld von Intentionalität, Rationalität und praktischem Können. In: B. Hackl/G. H. Neuweg (Hrsg.): Zur Professionalisierung pädagogischen Handelns. Münster: Lit, 69-113.

Hackl, B. (2006): Ohne Worte. Über Sinn, Sprache und Domestizierung des Körpers. In: U. Greiner/M. Heinrich (Hrsg.): Schauen, was 'rauskommt. Kompetenzförderung, Evaluation und Systemsteuerung im Bildungswesen. Münster: Lit, 241-266.

Hackl, B. (2008): Va pensiero! Warum die Sache mit der Selbstbestimmung in der Schule nicht so einfach ist. In: T. Rihm (Hrsg.): Teilhaben an Schule. Zu den Chancen wirksamer Einflußnahme auf Schulentwicklung. Wiesbaden: Verlag für Sozialwissenschaften, 219-235.

Hackl, B. (2009a): Gefühle der Veränderung. Die Bedeutung der Emotionen in einem nicht-intellektualistischen Lernkonzept. In: R. Esterbauer/S. Rinofner-Kreidl (Hrsg.): Emotionen im Spannungsfeld von Phänomenologie und Wissenschaften. Frankfurt a. M.: Peter Lang, 69-91.

Hackl, B. (2009b): Space Oddity. Schularchitektur zwischen Funktionalismus und Animation. In: Pädagogische Korrespondenz 35, 98-115.

Hackl, B. (2010): True Lies. Über die Dilemmata einer reformpädagogischen Aneignung tayloristisch entworfener Lernräume. In: B. Hackl/R. Egger (Hrsg.): Sinnliche Bildung? Pädagogische Prozesse zwischen vorprädikativer Situierung und reflexivem Anspruch. Frankfurt a. M.: Verlag für Sozialwissenschaften, 163-194.

Hackl, B. (2014): Körper, Ausdruck, Sinn. Methodologische Überlegungen zur hermeneutischen Rekonstruktion nonverbaler Kommunikation. In: Journal für LehrerInnenbildung 1 (14), 15-24.

Hackl, B. (2015): Zimmer mit Aussicht. Räumlichkeiten als Medium von Bildungsprozessen. In: T. Alkemeyer/H. Kalthoff/M. Rieger-Ladich (Hrsg.): Bildungspraxis. Körper – Räume – Objekte. Weilerswist: Velbrück, 131-158.

Hackl, B. (2017): Plato und Heidegger als Wertanlage? Zur widersprüchlichen Verfasstheit schulischer Bildungsprozesse zwischen Aufklärung und Systemreproduktion. In: C. Grabau/M. Rieger-Ladich (Hrsg): Bourdieu: Pädagogische Lektüren. Wiesbaden: Springer VS, 37-62.

Hackl, B./Hummel, S. (2012): Easter Holidays – Corporal Communication and What is Learned in School. In: B. Bergstedt/A. Kraus/C. Wulf (Hrsg.): Tacit Dimensions of Pedagogy. Münster u.a.: Waxmann, 73-95.

Hackl, B./Steger, M. (2012): Vielsagende Räume. Die Sprache der Schulgebäude und ihre pädagogischen Implikationen. In: H. Schröteler-von Brandt/T. Coelen/A. Zeising/A. Ziesche (Hrsg.): Raum für Bildung. Bielefeld: transcript, 195-206.

Hackl, B./Stifter, A. (2011): Ein ordentliches Schnitzel. Eine Fallstudie zur Bedeutung des Unterrichtseinstiegs. In: Zeitschrift für Bildungsforschung 1 (3), 219-234.

Haug, F. et al. (1978): Entwicklung der Arbeitstätigkeiten und die Methode ihrer Erfassung. Berlin: Argument.

Haug, W. F. (1985): Die Frage nach der Konstitution des Subjekts. In: K. H. Braun/K. Holzkamp (Hrsg.): Subjektivität als Problem psychologischer Methodik. Frankfurt: Campus, 60-81.

Heidegger, M. (2001): Sein und Zeit. 18. Aufl., Tübingen: Niemeyer.

Herbart, J. F. (1965a): Allgemeine Pädagogik aus dem Zweck der Erziehung abgeleitet. In: Pädagogische Schriften. Herausgegeben von W. Asmus. Bd. 2. Düsseldorf u.a.: Küpper, 9-155.

Herbart, J. F. (1965b): Umriß pädagogischer Vorlesungen. In: Pädagogische Schriften. Herausgegeben von W. Asmus. Bd. 3. Düsseldorf u.a.: Küpper, 155-300.

Hillebrandt, F. (2014): Soziologische Praxistheorien. Eine Einführung. Wiesbaden: Springer.

Hnilica, S. (2010): Schulbank und Klassenzimmer. Disziplinierung durch Architektur. In: R. Egger/B. Hackl (Hrsg.): Sinnliche Bildung? Pädagogische Prozesse zwischen vorprädikativer Situierung und reflexivem Anspruch. Frankfurt a. M.: Verlag für Sozialwissenschaften, 141-162.

Holzkamp, K. (1973): Sinnliche Erkenntnis. Historischer Ursprung und gesellschaftliche Funktion der Wahrnehmung. Frankfurt a. M.: Athenäum.

Holzkamp, K. (1978): Kunst und Arbeit – ein Essay zur ,therapeutischen' Funktion künstlerischer Gestaltung. In: Gesellschaftlichkeit des Individuums. Aufsätze 1974-1977. Köln: Pahl-Rugenstein, 17-39

Holzkamp, K. (1985): Grundlegung der Psychologie. Studienausgabe. Frankfurt a. M. u.a.: Campus.

Holzkamp, K. (1987): Lernen und Lernwiderstand. Skizzen zu einer subjektwissenschaftlichen Lerntheorie. In: Forum Kritische Psychologie 20, 5-36.

Holzkamp, K. (1995): Lernen. Subjektwissenschaftliche Grundlegung. Studienausgabe. Frankfurt a. M. u.a.: Campus.

Holzkamp-Osterkamp, U. (1982): Grundlagen der psychologischen Motivationsforschung, Bd. 2. 3. Aufl., Frankfurt a. M.: Campus.

Humboldt, W. v. (1980a): Ideen zu einem Versuch, die Gränzen der Wirksamkeit des Staates zu bestimmen (Erstausgabe 1792). In: Werke. Bd.1: Schriften zur Anthropologie und Geschichte. Stuttgart: Cotta, 56-233.

Humboldt, W. v. (1980b): Über den Geist der Menschheit (Erstausgabe 1797). In: Werke. Bd.1: Schriften zur Anthropologie und Geschichte. Stuttgart: Cotta, 506-518.

Humboldt, W. v. (1996): Über die Verschiedenheit des menschlichen Sprachbaues und ihren Einfluss auf die geistige Entwicklung des Menschengeschlechts (Erstausgabe 1830-1835). In: Werke. Bd.3: Schriften zur Sprachphilosophie. Stuttgart: Cotta, 506-518.

Iacoboni, M. (2011): Woher wir wissen, was andere denken und fühlen. Das Geheimnis der Spiegelneuronen. München: Goldmann.

Joas, H. (1987): Einleitung. In: Mead, G. H.: Gesammelte Aufsätze, Bd. 1. Herausgegeben von Hans Joas. Frankfurt a. M.: Suhrkamp, 7-18.
Joas, H. (1996): Die Kreativität des Handelns. Frankfurt a. M.: Suhrkamp.
Jörissen, B. (2001): Aufführungen der Sozialität. Aspekte des Performativen in der Sozialphilosophie George Herbert Meads. In: C. Wulf/M. Göhlich/J. Zirfas (Hrsg.): Grundlagen des Performativen. Eine Einführung in die Zusammenhänge von Sprache, Macht und Handeln. Weinheim u.a.: Juventa, 181-201.

Kant, I. (1995a): Kritik der reinen Vernunft. Werke in sechs Bänden, Bd. 2. Köln: Könemann.
Kant, I. (1995b): Kritik der praktischen Vernunft. Werke in sechs Bänden, Bd. 3. Köln: Könemann.
Kedrow, B. M. (1973): Zur Frage der Psychologie der wissenschaftlichen schöpferischen Arbeit. In: G. Ulmann (Hrsg.): Kreativitätsforschung. Köln: Kiepenheuer und Witsch, 249-278.
Kemnitz, H. (2003): ‚Neuzeitlicher Schulbau' für eine ‚moderne Pädagogik' – Das Beispiel der Berliner Dammwegschule. In: F.-J. Jelich/H. Kemnitz (Hrsg.): Die pädagogische Gestaltung des Raums. Geschichte und Modernität. Bad Heilbrunn: Verlag Julius Klinkhardt, 249-268.
Koch, L. (2008): Zur Urteilsform des Lernens. Bemerkungen zur Logik des Lernens. In: K. Mitgutsch/ E. Sattler/K. Westphal/I. M. Breinbauer (Hrsg.): Dem Lernen auf der Spur. Die pädagogische Perspektive. Stuttgart: Klett-Kotta, 65-77.
Köhler, W. (1963): Intelligenzprüfungen an Menschenaffen. 2. Aufl., Berlin u.a.: Springer
Kokemohr, R. (2007): Bildung als Welt- und Selbstentwurf im Anspruch des Fremden. Eine theoretisch-empirische Annäherung an eine Bildungsprozesstheorie. In: H. C. Koller/W. Marotzki/ O. Sanders (Hrsg.): Bildungsprozesse und Fremdheitserfahrung. Beiträge zu einer Theorie transfomatorischer Bildungsprozesse. Bielefeld: transcript, 13-68.
Koller, H.C. (2007): Probleme einer Theorie transformatorischer Bildungsprozesse. In: H. C. Koller/ W. Marotzki/O. Sanders (Hrsg.): Bildungsprozesse und Fremdheitserfahrung. Beiträge zu einer Theorie transfomatorischer Bildungsprozesse. Bielefeld: transcript, 69-82.
Koller, H. C. (2010): Grundzüge einer Theorie transformatorischer Bildungsprozesse. In: A. Liesner/ I. Lohmann (Hrsg.): Gesellschaftliche Bedingungen von Bildung und Erziehung. Eine Einführung. Stuttgart: Kohlhammer, 288-300.
Koller, H.C./Lüders, J. (2004): Möglichkeiten und Grenzen der Foucaultschen Diskursanalyse. In: N. Ricken/M. Rieger-Ladich (Hrsg.): Michel Foucault: Pädagogische Lektüren. Wiesbaden: Verlag für Sozialwissenschaften, 57-76.
Konersmann, R. (2003): Der Philosoph mit der Maske. Michel Foucaults L' ordre du discours. In: M. Foucault: Die Ordnung des Diskurses. 9. Aufl., Frankfurt a. M.: Fischer, 51-94.
Kuhn, T. S. (1997): Die Struktur wissenschaftlicher Revolutionen. 14. Aufl., Frankfurt a. M.: Suhrkamp.
Künkler, T. (2011): Lernen in Beziehung. Zum Verhältnis von Subjektivität und Relationalität in Lernprozessen. Bielefeld: transcript.

Lakoff, G./Johnson, M. (2011): Leben in Metaphern. Konstruktion und Gebrauch von Sprachbildern. 7. Aufl., Heidelberg: Carl Auer.
Langer, A. (2008): Disziplinieren und Entspannen. Körper in der Schule – eine diskursanalytische Ethnografie. Bielefeld: transkript.
Latour, Bruno (2006): Über technische Vermittlung: Philosophie, Soziologie und Genealogie (1994). In: A. Belliger/D. Krieger (Hrsg.): ANThology. Ein einführendes Handbuch zur Akteurs-Netzwerk-Theorie. Bielefeld: transcript, 483-528.

Lave, J. (1988): Cognition in Practice. Mind, Mathematics and Culture in Everyday Life. Cambridge: University Press.

Lave, J. (1997): On Learning. In: Forum Kritische Psychologie 38, 120-135.

Lave, J./Wenger, E. (1991): Situated Learning. Legitimate Peripheral Partizipation. Cambridge: University Press.

Leontjew, A. (1987): Tätigkeit, Bewußtsein, Persönlichkeit. Berlin: Volk und Wissen.

Leroi-Gourhan, A. (1988): Hand und Wort. Die Evolution von Technik, Sprache und Kunst. Frankfurt a. M.: Suhrkamp.

Liessmann, K. (2006): Theorie der Unbildung. Die Irrtümer der Wissensgesellschaft. Wien: Zsolnay.

LOOP (2013): Hellerup School. Verfügbar unter: http://www.youtube.com/watch?v=glmSEAgSsok& feature=related (Zugriff am 25.10.2013).

Lorenz, K. (1978): Vergleichende Verhaltensforschung. Grundlagen der Ethologie. Wien u.a.: Springer.

Lüders, J. (2004): Bildung im Diskurs. Bildungstheoretische Anschlüsse an Michel Foucault. In: L. Pongratz/M. Wimmer/W. Nieke/J. Masschelein (Hrsg.): Nach Foucault. Diskurs- und machtanalytische Perspektiven der Pädagogik. Wiesbaden: Verlag für Sozialwissenschaften, 50-69.

Mead, G. H. (1968): Geist, Identität und Gesellschaft aus der Sicht des Sozialbehaviorismus. Frankfurt a. M.: Suhrkamp.

Merleau-Ponty, M. (1966): Phänomenologie der Wahrnehmung. Berlin: De Gruyter.

Meyer-Drawe, K. (2000): Illusionen von Autonomie. Diesseits von Ohnmacht und Allmacht des Ich. 2. Aufl., München: Kirchheim.

Meyer-Drawe, K. (2007): Menschen im Spiegel ihrer Maschinen. 2. Aufl., München: Wilhelm Fink.

Meyer-Drawe, K. (2008): Diskurse des Lernens. München: Wilhelm Fink.

Miller, M. (1986): Kollektive Lernprozesse. Studien zur Grundlegung einer soziologischen Lerntheorie. Frankfurt a. M.: Suhrkamp.

Mitgutsch, K. (2008): Lernen durch Erfahren. Über Bruchlinien im Vollzug des Lernens. In: K. Mitgutsch/E. Sattler/K. Westphal/I. M. Breinbauer (Hrsg.): Dem Lernen auf der Spur. Die pädagogische Perspektive. Stuttgart: Klett-Cotta, 263-277.

Molcho, S. (1997): Körpersprache im Beruf. München: Goldmann.

Montessori, M. (2011): Grundlagen meiner Pädagogik und weitere Aufsätze zur Anthropologie und Didaktik. 11. Aufl., Wiebelsheim: Quelle & Meyer.

Neuweg, G. H. (1999): Könnerschaft und implizites Wissen. Zur lehr-lern-theoretischen Bedeutung der Erkenntnis- und Wissenstheorie Michael Polanyis. Münster: Waxmann.

Neuweg, G. H. (2015): Der Tacit Knowing View – eine Diskussion zentraler Einwände. In: Das Schweigen der Könner. Gesammelte Schriften zum impliziten Wissen. Münster: Waxmann, 133-150.

Oevermann, U. (2001): Die Struktur sozialer Deutungsmuster – Versuch einer Aktualisierung. In: Sozialer Sinn 1 (01), 35-81.

Panofsky, E. (2006): Ikonografie und Ikonologie. Köln: DuMont.

Paris, R. (2002): Über die Schwierigkeit zu loben. Dilemmata pädagogischer Autorität heute. In: G. Brinek/A. Schirlbauer (Hrsg.): Lob der Schule. Wien: Universitätsverlag, 11-23.

Peirce, C. S. (1993): Phänomen und Logik der Zeichen. 2. Aufl., Frankfurt a. M.: Suhrkamp.

Pico della Mirandola, G. (1990): Über die Würde des Menschen. Hamburg: Meiner.

Platon (1994): Menon. Übersetzt von Margarita Kranz. Stuttgart: Reclam.

Plessner, H. (2003): Lachen und Weinen. Eine Untersuchung der Grenzen menschlichen Verhaltens. In: Ausdruck und menschliche Natur. Gesammelte Schriften VII. Frankfurt a. M.: Suhrkamp, 201-387.

Polanyi, M. (1962): Personal Knowledge. Towards a Post-Critical Philosophy. London: Routledge.

Polanyi, M. (1985): Implizites Wissen. Frankfurt a. M.: Suhrkamp.

Reckwitz, A. (2010): Subjekt. 2. Aufl., Bielefeld: transcript.

Rieger-Ladich, M. (2004): Unterwerfung und Überschreitung. Michel Foucaults Theorie der Subjektivierung. In: N. Ricken/M. Rieger-Ladich (Hrsg.): Michel Foucault: Pädagogische Lektüren. Wiesbaden: Verlag für Sozialwissenschaften, 203-224.

Rizzolatti, G./Sinigaglia, C. (2012): Empathie und Spiegelneurone. Die biologische Basis des Mitgefühls, 4. Aufl., Frankfurt a. M.: Suhrkamp.

Röhl, T. (2015): Auffordern. Postphänomenologische Überlegungen zur Materialität schulischen Unterrichtens. In: T. Alkemeyer/H. Kalthoff/M. Rieger-Ladich (Hrsg.): Bildungspraxis. Körper – Räume – Objekte. Weilerswist: Velbrück, 235-260.

Rousseau, J. J. (1963): Emile oder Über die Erziehung. Stuttgart: Reclam.

Rousseau, J. J. (1983): Plan für die Erziehung des Herrn de Sainte-Marie. In: H. Röhrs (Hrsg.): Jean-Jacques Rousseau. Preisschriften und Erziehungsplan. Bad Heilbrunn: Verlag Julius Klinkhardt.

Rumpf, H. (2008): Lernen als Vollzug und als Erledigung. In: K. Mitgutsch/E. Sattler/K. Westphal/I. M. Breinbauer (Hrsg.): Dem Lernen auf der Spur. Die pädagogische Perspektive. Stuttgart: Klett-Kotta, 21-32.

Rumpf, H. (2010): Was hätte Einstein gedacht, wenn er nicht Geige gespielt hätte? Gegen die Verkürzungen des etablierten Lernbegriffs. Weinheim u.a.: Juventa.

Schirlbauer, A. (2008): 37 Elefanten. Oder: Kann man ohne Lerntheorie unterrichten? In: K. Mitgutsch/E. Sattler/K. Westphal/I. M. Breinbauer (Hrsg.): Dem Lernen auf der Spur. Die pädagogische Perspektive. Stuttgart: Klett-Kotta, 197-211.

Schmidt, R. (2012): Soziologie der Praktiken. Konzeptionelle Studien und empirische Analysen. Frankfurt a. M.: Suhrkamp.

Schmitz, H. (2005a): Der Leib. System der Philosophie. Studienausgabe, 2. Bd., 1. Teil. Bonn: Bouvier.

Schmitz, H. (2005b): Der Leib im Spiegel der Kunst. System der Philosophie. Studienausgabe, 2. Bd., 2. Teil. Bonn: Bouvier.

Sørensen, E. (2015): Verortete und verteilte Wissensprozesse in einer Mathematik-Unterrichtsstunde. In: T. Alkemeyer/H. Kalthoff/M. Rieger-Ladich (Hrsg.): Bildungspraxis. Körper – Räume – Objekte. Weilerswist: Velbrück, 207-232.

Spiegel, Der (1997): Hans Jürgen Eysenck, Nachruf. Verfügbar unter: http://www.spiegel.de/spiegel/print/d-8779924.html (Zugriff am 10.3.2014).

Sternberg, R. J. (2009): Thinking Styles. 6. Aufl., Cambridge: University Press.

Stieve, C. (2008): Von den Dingen lernen. Die Gegenstände unserer Kindheit. München: Fink

Szanto, T. (2012): Bewusstsein, Intentionalität und mentale Repräsentation. Husserl und die analytische Philosophie des Geistes. Berlin: De Gruyter.

Troje, N. F. (2002): Decomposing biological motion: A framework for analysis and synthesis of human gait patterns. In: Journal of Vision 2, 371-387.

Waldenfels, B. (1980): Der Spielraum des Verhaltens. Frankfurt a. M.: Suhrkamp.

Waldenfels, B. (1994): In den Netzen der Lebenswelt. 2. Aufl., Frankfurt a. M.: Suhrkamp.

Waldenfels, B. (2000): Das leibliche Selbst. Vorlesungen zur Phänomenologie des Leibes. Frankfurt a. M.: Suhrkamp.

Watzlawick, P./Beavin, J. H./Jackson, D. D. (1996): Menschliche Kommunikation. 9. Aufl., Bern u.a.: Huber.

Werlen, I. (2002): Sprachliche Relativität. Eine problemorientierte Einführung. Tübingen: Francke.

Whorf, B. L. (1963): Sprache, Denken, Wirklichkeit. Beiträge zur Metalinguistik und Sprachphilosophie. Reinbek: Rowohlt.

Wickler, W. (1967): Erfindungen und die Entstehung von Traditionen bei Affen. In: Umschau 6, 725-730.

Wiesemann, J./Lange, J. (2015): Schülerhandeln und die Dinge des Lernens. Zum Verhältnis von Sinn und Objektgebrauch. In: T. Alkemeyer/H. Kalthoff/M. Rieger-Ladich (Hrsg.): Bildungspraxis. Körper – Räume – Objekte. Weilerswist: Velbrück, 261-282.

Wiesing, L. (2009): Das Mich der Wahrnehmung. Eine Autopsie. Frankfurt a. M.: Suhrkamp.

Wikipedia (2014a): Mnemotechnik. Verfügbar unter: http://de.wikipedia.org/wiki/Mnemotechnik (Zugriff am 17.1.2014).

Winnicott, D. W. (1998): Die menschliche Natur. 2. Aufl., Stuttgart: Klett-Cotta.

Wulf, C. (2001): Mimesis und performatives Handeln. Gunter Gebauers und Christoph Wulfs Konzeption mimetischen Handelns in der sozialen Welt. In: C. Wulf/M. Göhlich/J. Zirfas (Hrsg.): Grundlagen des Performativen. Weinheim u.a.: Juventa, 253-272.

Zahavi, D. (2007): Phänomenologie für Einsteiger. Paderborn: Fink.

Ziegler, J. (2015): Ändere die Welt. Warum wir die kannibalische Weltordnung stürzen müssen. München: Bertelsmann.